독자의 **1초**를 아껴주는 정성!

—

세상이 아무리 바쁘게 돌아가더라도

책까지 아무렇게나 빨리 만들 수는 없습니다.

인스턴트 식품 같은 책보다는

오래 익힌 술이나 장맛이 밴 책을 만들고 싶습니다.

길벗이지톡은 독자 여러분이 우리를 믿는다고 할 때 가장 행복합니다.

나를 아껴주는 어학도서, 길벗이지톡의 책을 만나보십시오.

독자의 1초를 아껴주는 정성을 만나보십시오.

미리 책을 읽고 따라 해본 2만 베타테스터 여러분과 무따기 체험단, 길벗스쿨 엄마 2% 기획단,

시나공 평가단, 토익 배틀, 대학생 기자단까지!

믿을 수 있는 책을 함께 만들어주신 독자 여러분께 감사드립니다.

―――――――――――――――――――――――――――――――――――――

(주)도서출판 길벗 www.gilbut.co.kr

길벗이지톡 www.gilbut.co.kr

길벗스쿨 www.gilbutschool.co.kr

mp3 파일 다운로드 무작정 따라하기

길벗 홈페이지(www.gilbut.co.kr)로 오시면 mp3 파일 및 관련 자료를 다양하게 이용할 수 있습니다.

1단계   도서명 ▼ [   ] 검색 에 찾고자 하는 책이름을 입력하세요.

2단계   검색한 도서로 이동하여 〈자료실〉 탭을 클릭하세요.

3단계   mp3 파일 및 다양한 자료를 받으세요.

비즈니스
일본어회화
& 이메일
표현사전

비즈니스 일본어회화 & 이메일 표현사전
Business Japanese Expression Dictionary

초판 발행 · 2016년 1월 10일
초판 8쇄 발행 · 2023년 9월 30일

지은이 · 인현진
발행인 · 이종원
발행처 · (주)도서출판 길벗
브랜드 · 길벗이지톡
출판사 등록일 · 1990년 12월 24일
주소 · 서울시 마포구 월드컵로 10길 56(서교동)
대표 전화 · 02)332-0931 | 팩스 · 02)323-0586
홈페이지 · www.gilbut.co.kr | 이메일 · eztok@gilbut.co.kr

기획 및 책임편집 · 오윤희(tahiti01@gilbut.co.kr) | 디자인 · 황애라 | 제작 · 이준호, 손일순, 이진혁
마케팅 · 이수미, 장봉석, 최소영 | 영업관리 · 김명자, 심선숙 | 독자지원 · 윤정아, 전희수

편집진행 및 교정교열 · 이경숙 | 전산편집 · 김희정 | 오디오녹음 · 와이알미디어
CTP 출력 · 예림인쇄 | 인쇄 · 예림인쇄 | 제본 · 예림바인딩

ISBN 979-11-5924-004-1 03730
(길벗 도서번호 300858)

정가 20,000원

독자의 1초를 아껴주는 정성 길벗출판사

(주)도서출판 길벗 | IT교육서, IT단행본, 경제경영서, 어학&실용서, 인문교양서, 자녀교육서 www.gilbut.co.kr
길벗스쿨 | 국어학습, 수학학습, 어린이교양, 주니어 어학학습, 학습단행본 www.gilbutschool.co.kr

비즈니스
일본어회화
& 이메일
표현사전

—— 인현진 지음 ——

회화는 물론 이메일 표현까지 한 권에!
국내 유일의 비즈니스 표현사전

길벗
이지:톡

비즈니스 일본어회화와 이메일에
필요한 실무 표현 총망라!

비즈니스 일본어라는 산을 만났다… 어떡하지?

일본어로 어느 정도 의사소통을 할 수 있다고 해도, 일본어능력시험 자격증이 있다고 해도, 심지어 회사에서 실제로 일본 비즈니스 업무를 하고 있다고 해도 '비즈니스 일본어'라는 문턱에 서면 이유 없이 어깨가 움츠러드는 분이 많을 겁니다. 내가 쓰는 문장이 문법적으로 맞는지, 뉘앙스를 따져 봤을 때 의도와 다른 말을 하는 건 아닌지, 격식과 예의에 맞는 표현인지…. 생각해야 될 게 한두 가지가 아니죠. 그렇다고 누구에게 일일이 물어볼 수도 없고, 비즈니스 회화 책을 뒤져 봐도 자기가 표현하고 싶은 문장을 만나기란 모래사장에서 바늘 찾기만큼이나 어렵습니다. 회사에서 일본어를 쓸 일이 일어나지 않기를 바라며 매일 전전긍긍할 수도 없는 노릇이죠.

비즈니스 상에서 필요한 모든 표현을 담았습니다

《비즈니스 일본어회화 & 이메일 표현사전》은 일본어로 비즈니스를 해야 하는 실무자들에게 꼭 필요한 표현을 총망라하고 실무에 바로 응용 가능한 실용적인 문장들만 엄선해서 실었습니다. 일본 취업에 필요한 면접에서부터 회사 업무, 회의, 비즈니스 방문, 프레젠테이션, 계약 및 협상, 업무 이메일과 비즈니스 문서와 같은 현장 실무에서 꼭 필요한 상황을 간결하고 알기 쉽게 수록하였습니다. 뿐만 아니라 회사에서 이루어지는 동료와의 가벼운 대화를 비롯하여 인간관계에서 중요한 대화 주제 및 대화 기술, 사교 활동 관련 표현들과, 출장이나 일본 체류를 염두에 둔 교통, 관광, 쇼핑 관련 표현들까지 한데 모았습니다.

또한 급격하게 변화하는 비즈니스 경향과 추세, 트렌드에 맞춘 표현들을 수록하여 현장감을 높였으며, 현재 기업들이 열을 올리고 있는 SNS 홍보, 즉 트위터나 페이스북 등을 이용한 마케팅 관련 내용뿐만 아니라, 현재 일본에서는 어떤 상품이 인기를 끌고 있고 일본 사람들은 어떤 제품에 흥미를 느끼는지 자연스럽게 익힐 수 있도록 내용에 반영했습니다.

그리고 비즈니스 업무를 하며 맞닥뜨릴 수 있는 다양한 상황을 장면별로 나누고, 소주제로 세분화하였기 때문에 신속하게 내가 쓰고 싶은 말을 찾을 수 있습니다. 책상 위에 꽂아 두고 필요할 때마다 펼쳐 보세요. 따로 시간을 내서 공부하기 힘든 바쁜 직장인들에게 안성맞춤입니다.

혼자서도 문제 없이 활용한다!

《비즈니스 일본어회화 & 이메일 표현사전》은 책을 펼쳤을 때 막막함이 느껴지지 않도록 세부 구성에도 신경을 썼습니다. 주요 단어에 한자 읽는 법을 달아 굳이 사전을 찾지 않아도 한자의 뜻과 음을 자연스럽게 익힐 수 있습니다. 문장 해석 역시 되도록 직역하여 독학하는 학습자들이 어렵지 않게 문장을 익힐 수 있습니다. 주요 표현에는 상황별 대화문을 추가로 수록하여, 이 문장을 어떤 상황에서 응용할 수 있는지 공부할 수 있습니다. 또한 〈Biz tip〉 코너에는 표현과 관련된 문법이나 패턴 활용, 일본 비즈니스 문화 등을 꼼꼼하게 다뤄 혼자 공부하는 학습자들의 궁금증을 확실하게 해결해 줄 것입니다.

취업에 도움이 되는 일본어를 공부하고 싶은 분, 일본 관련 업무를 하고 있지만 비즈니스 일본어에 솔직히 자신이 없는 분, 중고급 일본어를 본격적으로 공부하고 싶은 분들께 적극 추천합니다. 실용적인 표현 습득과 더불어 일본 문화에 기반을 둔 비즈니스 커뮤니케이션 기술까지 자연스럽게 섭렵할 수 있을 것입니다.

이 책이 일본 비즈니스의 든든한 지원군으로 활약하기를 기대해 봅니다.

인현진

이 책의 구성

이 책은 바쁜 직장인들이 필요한 표현을 최대한 빨리 찾을 수 있게 구성했습니다. 인터넷 검색보다 빠른 《비즈니스 일본어회화 & 이메일 표현사전》의 구성을 살펴보세요.

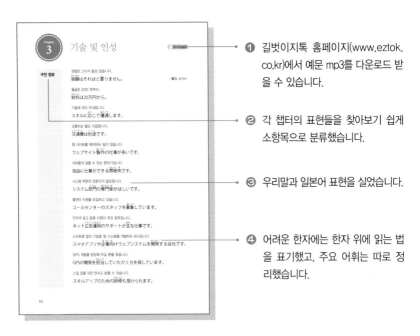

❶ 길벗이지톡 홈페이지(www.eztok.co.kr)에서 예문 mp3를 다운로드 받을 수 있습니다.

❷ 각 챕터의 표현들을 찾아보기 쉽게 소항목으로 분류했습니다.

❸ 우리말과 일본어 표현을 실었습니다.

❹ 어려운 한자에는 한자 위에 읽는 법을 표기했고, 주요 어휘는 따로 정리했습니다.

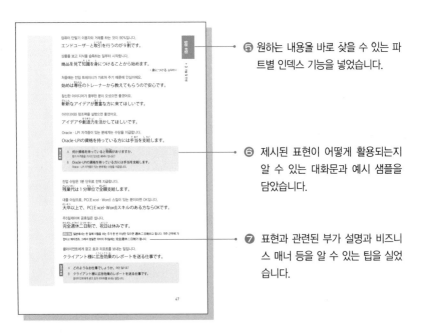

❺ 원하는 내용을 바로 찾을 수 있는 파트별 인덱스 기능을 넣었습니다.

❻ 제시된 표현이 어떻게 활용되는지 알 수 있는 대화문과 예시 샘플을 담았습니다.

❼ 표현과 관련된 부가 설명과 비즈니스 매너 등을 알 수 있는 팁을 실었습니다.

PART 3   전화

PART 5   소셜 네트워킹 서비스(SNS)

PART 7 회의

PART 8 프레젠테이션

PART 9 계약 및 협상

PART 10   이메일과 기타 문서

일본의 비즈니스 문화와 매너

본격적인 비즈니스 일본어 학습에 앞서 꼭 알아야 할 비즈니스 기본 지식을 살펴보겠습니다. 원활하고 성공적인 비즈니스를 하기 위해서는 일본이라는 나라의 문화를 이해하고 일본인의 의식과 성향을 파악하는 작업이 우선입니다. 표현 하나하나를 공부하는 것보다 더 중요한 공부라고 할 수 있죠. 일본만의 고유한 비즈니스 문화를 이해하는 데 도움이 될 만한 기본적인 내용과 비즈니스 매너를 익혀 봅시다.

① 일본 비즈니스를 이해하는 네 가지 키워드

1) 일본의 정신, 和(화합)

일본 사람들은 '和(화합)'를 중시합니다. '和'란 서로 대립하지 않고 조화와 균형을 이루어간다는 뜻으로, 일본 사람들은 항상 '和'를 생각하며 살아갑니다. 일본의 화폐단위인 '엔' 역시 둥글고 원만한 것을 의미하는 한자 '円'을 쓰고 있는데, 모나지 않고 둥근 상태가 궁극적인 '和'의 상태라고 생각하는 일본인의 가치관이 엿보입니다. 그들은 논리가 아니라 서로 타협함으로써 원만한 관계, 즉 화합이 이루어진다고 믿습니다. 그래서인지 경영자의 가장 중요한 역할은 전 사원에게 가족과 같은 운명 공동체 의식을 심어

주는 것이고, 실제 그러한 기업이 성공을 거두었습니다. 일본 경제의 성장 동력이 된 굴지의 기업들의 이면에는 모두 '和'를 중시하는 경영자가 있습니다. 사전에 면밀한 계획을 세우고, 탄탄한 팀워크를 바탕으로 조직을 이끌어가는 일본의 소프트파워는 바로 이러한 '和'에서 출발합니다.

2) 화합을 유지하는 전략, 根回し(사전교섭)

'和'를 최고 가치로 보는 일본 기업은 전체의 화합을 깨는 개인적 의견이나 돌출 행동을 달가워하지 않습니다. 바로 이러한 경향 때문에 생겨난 것이 '根回し'입니다. 원래 '根回し'란 나무를 옮겨 심기 전에 나무 둘레를 파고 주된 뿌리 이외의 잔뿌리들을 쳐내는 것을 말하는데, 이렇게 하면 주된 뿌리 부분에 있는 흙까지 모두 파낼 수 있어서 옮겨 심기 편할 뿐더러 나무가 좋은 열매를 맺는다고 합니다. 여기서 유래하여 일이 잘 풀리도록 미리 손을 써두는 것을 '根回し'라고 부르게 되었습

니다. 이를테면 프로젝트를 진행하거나 중요한 결재를 받아내기 전에 미리 별도의 자리를 마련하여 개인적인 합의를 얻어내는 것이죠. 이와 같이 '根回し'는 비공식적인 자리를 통해 의견을 교환하고 합의를 얻어 가는 작업으로서, 화합을 유지하는 전략이 되고 있습니다.

3) 일본인의 의사소통 방식, 혼네(本音)와 다테마에(建前)

일본인의 가장 큰 특성은 '혼네(本音 : 속마음)'와 '다테마에(建前 : 겉치레, 의례적인 말과 행동)'입니다. 혼네와 다테마에는 '和'를 중시하는 마음에서 생겨났는데요. 장소와 상대에 따라 혼네와 다테마에를 적절히 구분하여 의견을 교환함으로써 모든 사람과의 화합을 도모하고, 다른 사람들과 원만하게 지내려는 의지의 표현입니다.

혼네와 다테마에를 이해하려면 우선 '우치(内)'와 '소토(外)'를 알아야 합니다. '우치'란 가족을 필두로 자신이 소속한 단체나 공동체, 그리고 국가를 말합니다. '우치'에 속하지 않는 사람이나 사회는 '소토'가 되는 것이죠. 결국 '우치'에 속하는 사람에게 속마음을 전달하는 것이 '혼네'이며, '소토'에 속하는 사람에게 하는 의례적인 말이 '다테마에'가 되는 것입니다.

이러한 문화적 배경을 모르는 상태에서 비즈니스를 하게 되면 무조건 밀어붙이는 어리석은 행동을 하게 됩니다. 일본 비즈니스에서는 꾸준한 인간관계를 통해 먼저 친해져야 '혼네'로 이야기하는 '우치' 관계가 될 수 있습니다. 일본 특유의 '집단의식(仲間意識)'은 '남'이 아닌 나의 '동료', 즉 '우치'라는 의식에서 생겼습니다. 같은 동료에 대한 절대적인 의리와 배려가 나타나는 집단의식은 어려운  위기가 닥칠 때마다 똘똘 뭉쳐 이겨내게 만드는 일본인들의 저력이 되고 있습니다.

4) 일본 사회의 독특한 비즈니스 문화

❶ 유비무환

모든 것을 완벽하게 준비하려는 일본인의 심리 배경에는 '유비무환'의 정신이 있습니다. 일본에서는 합의 없이 진행했다가 일이 잘못 되면 엄청난 책임을 추궁당하기 때문에 되도록 시간을 갖고 모든 관계자에게 알려 합의를 구합니다. 그러다 보니 사업의 계획 과정에서 상당한 시간이 걸립니다. 하나하나 체크하여 확인이 되어야 다음 단계로 진행할 수 있으니까요. 일본을 상대로 거래를 할 때 답답하다고 느끼는 것은 바로 이 때문입니다. 하지만 정리가 되면 중간에 계획을 수정하는 일 없이 100% 확실하게 일이 추진됩니다.

❷ 매뉴얼 사회

매뉴얼에 쓰여 있는 대로만 하면 되기 때문에 일본에서 일하는 것이 오히려 편할 때가 있습니다. 일본에 놀러 갔다가 메뉴에 미소시루가 없어서 결국 먹을 수 없었다는 우스갯소리가 있는데, 일본 사람들은 매뉴얼에 있는 내용에 한해서는 빠르게 일을 처리하지만, 매뉴얼에 없는 내용에 대해서는 대응 능력이 부족합니다. 유비무환의 정신으로 모든 위험 요소를 상정하여 그 대비책을 마련해 놓았지만, 예외적 상황을 100% 예상한다는 것은 무리니까요. 그렇지만 불확실성을 최소화한다는 점에서 매뉴얼 사회가 가진 저력은 무시할 수 없습니다. 비즈니스에서도 이러한 매뉴얼 사회에 대한 이해가 필요합니다.

❸ 메이와쿠(迷惑) 문화와 엔료(遠慮) 문화

후쿠시마 원전 사고 때 세계가 놀란 것은 일본인들이 보여준 질서의식과 다른 사람에 대한 배려의 모습이었습니다. 일본의 시민의식은 어릴 때부터 가정과 학교에서 가르치는 '메이와쿠(迷惑) 문화'에서 나온 것입니다. '남에게 폐를 끼치지 말라'는 가르침이 일본인의 DNA에 녹아 있는 셈이죠. 일본 사람들이 시간을 철저히 지키는 것도 결국은 남에게 폐를 끼치지 않기 위해서입니다. '메이와쿠 문화'와 더불어 겸손을 최고의 미덕으로 생각하는 일본 사람들은 무슨 일에든 '遠慮(사양, 조심, 겸손)' 하는 경향이 있습니다. 일본인에게 '和'는 모든 가치관의 상위개념이므로 서로의 개인적 영역을 중시하고 이를 침범하지 않도록 모두가 조심하는데, 여기서 나온 것이 바로 '遠慮'입니다. 일본 사람들과의 교제에 있어서도 이 점에 유의하여 장소, 상황에 따라 상대방과 적절한 거리를 유지하는 '遠慮'의 매너가 필요합니다.

❹ 오추겐(お中元)과 오세이보(お歳暮)

일본에서는 여름이나 연말에 신세 진 사람들에게 선물을 보내는 일상적인 관습이 있습니다. 우리나라의 추석에 즈음해서 '오추겐(お中元)'을 보내고, 연말에는 '오세이보(お歳暮)'를 보냅니다. 우리나라에서 명절 때 하는 선물에 비하면 저렴한 선물(3천~5천 엔 안팎)이 많지만, 한번 보내기 시작하면 상당 기간 계속하는 것이 특징입니다. 비싼 선물은 오히려 뇌물적 성격이 있다고 여겨 꺼립니다. 이러한 선물 문화는 소중한 사람에 대해 늘 그 고마움을 느끼고 있다는 표시가 되면서, 유대를 이어간다는 의미가 강합니다. 여건이 허락되고 계속 교제를 이어갈 만한 상대라면 한 번쯤 고려해 보는 것도 좋을 것 같네요.

❷ 일본의 식사 매너와 술 문화

1) 식사 매너

❶ 자리 배치

출입구에서 멀수록 상석입니다. 대접하는 쪽이라면 상대편을 안쪽으로 모시도록 합니다. 만약 대접을 받는 쪽이라면 상대가 자리를 권해줄 때까지 기다리다가 인사를 나누고 방석에 앉습니다. 방석을 발로 밟는 행위는 예의에 어긋납니다. 따라서 방석의 위치를 이동하고자 할 때는 일단 무릎을 꿇고 앉아서 손으로 하는 것이 좋습니다.

❷ 일본 요리

일본의 정통요리로는 연회석 요리(会席料理)가 있습니다. 일본의 풀코스 정찬인 셈입니다. 어떤 음식들이 제공되는지 알아볼까요?

* 전채요리(前菜)

  맨 처음 나오는 요리입니다. 식사가 나올 때까지 술과 함께 전채요리를 먹게 되죠.

* 맑은 국(吸い物)

  전채요리 후에 입안을 개운하게 만들어주는 음식입니다. 시간이 지나면 뚜껑을 열기가 상당히 힘들어지므로 나오자마자 뚜껑을 열어둡시다. 국그릇의 뚜껑을 열 때는 그릇의 옆을 왼손으로 누르면서 오른손으로 뚜껑을 쥐고 돌려야 잘 열립니다.

* 생선회(刺身)

  메인 요리의 하나입니다. 생선회를 먹을 때는 흰살 생선을 먼저 먹습니다.

* 구운 생선(焼き魚)이나 구운 음식(焼き物)

  생선을 발라 먹을 때는 머리 쪽에서 꼬리 쪽 방향으로 먹고, 반대쪽을 먹으려고 뒤집어서는 안 됩니다. 처음 위치 그대로 뼈를 걷어낸 다음 아래쪽 살을 먹어야 합니다. 꼬치구이가 나오는 경우에는 꼬치를 들고 먹어서는 안 되며 꿰어진 음식을 하나하나 개인 접시에 빼서 젓가락으로 집어먹는 것이 매너입니다. 경우에 따라서는 고기류가 나올 수도 있습니다.

- 계절 야채를 조린 음식(煮物)
  국물을 뚝뚝 흘리지 않도록 주의합니다.

- 튀김(揚げ物), 계란찜(茶碗蒸し), 초회(酢の物)
  초회는 입안을 깔끔하게 해주는 입가심(口直し)의 역할을 합니다.

- 식사
  왜된장국(味噌汁), 밥(ご飯), 절임 야채(お新香)의 순으로 먹는 것이 일반적입니다. 밥그릇은
  반드시 두 손으로 들어 올리는 것이 예의입니다.

- 디저트
  마지막으로 계절 과일이나 일본 과자(和菓子)와 같은 디저트가 나옵니다. 식사가 끝나면 보통
  엽차(ほうじ茶)를 마시는데, 차를 마실 때는 두 손으로 찻잔을 들고 왼손으로 찻잔 밑을 받치
  는 것이 매너입니다.

❸ 젓가락 문화

아시다시피 일본은 몇몇 음식을 제외하고는 숟가락을 사용하지 않습니다. 그래서 국도 젓가락으로
가볍게 저은 다음 그릇을 입에 대고 마시고 건더기는 따로 건져 먹습니다. 숟가락이 없으니 자연히
밥을 떠먹기가 힘들겠죠? 그래서 일본 사람들은 밥그릇을 손에 들고 먹습니다. 우리나라에서는 거
지들이나 하는 짓이라 하여 밥그릇을 들고 먹는 행위를 예의 없다고 생각하지만 일본에서는 들고
먹는 것이 정상인 셈입니다. 우리의 고유 식사 예절에 비하면 이상해 보일지 모르지만 서로의 식생
활 문화는 존중해 주어야겠죠?

모든 것을 젓가락으로 해결하는 문화인 만큼 젓가
락 매너는 미리 익혀 둘 필요가 있습니다. 우선 젓
가락 위치부터 우리와 다릅니다. 우리가 숫자 11의
모양으로 젓가락을 놓는데 비해서 일본은 자기 앞
에 한 일(一)자 모양으로 놓습니다. 젓가락을 집거
나 쥘 때도 중간 부분을 잡는다는 점이 우리와 조금
다르죠. 젓가락으로 음식을 먹을 때 주의할 점을 정
리하면 다음과 같습니다.

- 젓가락을 사용하지 않을 때는 젓가락을 받침대 위에 올려놓는다.
- 젓가락질이 서툴다고 젓가락을 움켜쥐지 않는다.
- 음식을 개인 접시로 옮길 때 공용 젓가락이 없다면 자신의 젓가락 뒤쪽을 이용한다.
- 젓가락을 빨거나 젓가락으로 음식을 입안에 밀어 넣지 않는다.
- 한 번 집은 음식을 도로 놓지 않는다.
- 젓가락으로 음식을 뒤적거리지 않는다.
- 젓가락을 세워 키 재기를 하지 않는다.

❹ 그 밖의 식사 문화

우리나라 사람들이 찌개 냄비를 가운데 놓고 함께 국물을 떠먹는 모습을 보면 일본 사람들은 굉장히 놀라곤 합니다. 일반 가정에서도 개인 접시를 사용하는 일본에서는 상상도 할 수 없기 때문이죠. 또 자신의 입에 들어갔던 젓가락으로 공용 음식을 만지는 일 역시 터부시됩니다. 함께 먹는 반찬의 경우에는 공용 젓가락으로 덜어 먹게 합니다. 그러한 일본의 식생활 문화에서 보면 하나의 찌개 그릇에 여러 숟가락이 들락날락 거리는 모습이 꽤 비위생적으로 비쳐질 수도 있겠네요.

드라마나 영화에서 본 적이 있겠지만, 일본 사람들은 라면이나 우동, 메밀국수 등을 먹을 때 후루룩 소리를 내며 먹습니다. 소리를 내는 것이 맛있다는 표현이라고 하네요. 그렇다고 모든 음식을 먹을 때 소리를 내는 것은 아니고 면류에만 국한된 이야기입니다.

일본 사람들은 축하할 일이 생기면 초밥을 자주 먹습니다. 초밥은 초밥 위에 얹어진 생선회가 길쭉하게 늘어진 쪽을 간장에 살짝 찍어 먹습니다. 초밥의 경우에는 밥알이 떨어질 수 있기 때문에 젓가락보다는 손으로 집어먹는 것이 일반적입니다.

2) 술 문화

일본은 자신이 마시고 싶은 술을 원하는 만큼만 마시는 문화이기 때문에 술잔을 돌리는 경우는 거의 없습니다. 물론 원샷을 강요하는 모습도 보기 힘듭니다. 대학 문화에서는 간혹 볼 수 있지만 비즈니스 접대 자리에서 원샷을 권유하는 것은 일본의 술 문화에서 볼 때 비매너적인 행동입니다. 일본의 술자리는 우리와 다르게 상당히 조용한 편입니다. 술을 마시지 않는 사람에게 술을 강요하지 않도록 주의하고, 각자 마시는 페이스를 존중해 주는 것이 좋습니다. 그리고 일본에서는 손윗사람 앞에서 얼굴을 돌려 술을 마시는 행위가 오히려 실례가 됩니다. 상대방을 싫어한다는 의미로 받아들여질 수 있으니 주의합시다.

우리는 첨잔이 예의가 아니라는 인식이 있어서 술잔이 다 비워져야 술을 따르지만, 일본은 첨잔을 하는 문화이기 때문에 술잔이 완전히 비워지기까지 기다리지 않아도 됩니다. 잔이 비워질 때마다 그때그때 채워 주는 식이죠. 하지만 맥주의 경우에는 술잔을 전부 비우기까지 술을 따르지 않는데, 이는 맥주의 특성상 첨잔을 하면 맛이 떨어지기 때문입니다. 술을 따를 때는 'どうぞ、お注ぎします(자, 따르겠습니다)', '何か飲まれますか(뭔가 드시겠어요?)', 'ビールでよろしいですか(맥주로 괜찮으시겠어요?)'라고 한마디 말을 건네는 것이 좋습니다. 너무 가득 따르면 마시기 어려우므로 술잔의 80% 정도까지만 따르고, 특히 맥주의 경우에는 맥주병의 라벨을 위로 하여 손으로 가리지 않도록 주의합니다.

일본 취업

현재 한국산업인력공단에서 운영하는 해외취업 사업을 통해 전문대를 중심으로 많은 학생들이 일본에 취업하고 있습니다. 최근에는 해외 취업률이 4년제 대학 이상으로 늘어나고 있죠. 일본에서 한국인 인재를 선호하는 이유는 삼성이나 엘지 등 한국의 대기업에 수출하는 회사가 많은 데다, 근면함과 우수한 외국어 능력, 한국인 특유의 열정과 패기를 인정하기 때문입니다. 그 밖에도 한국으로 진출한 일본 기업에 취직하려는 학생들의 수요도 많아지면서 일본어로 면접을 보는 기회가 늘어났습니다. 이번 파트에서는 면접 질문을 예상해 보고 모범답안을 통해 면접에 완벽하게 대비할 수 있는 힘을 길러 성공적인 취업으로 이어지는 비결을 소개합니다.

Chapter 1

인사 및 자기소개

🎧 01-1.mp3

**첫인사와
끝인사**

안녕하세요.

おはようございます。

こんにちは。

실례하겠습니다.

失礼いたします。

잘 부탁드립니다.

よろしくお願いします。

자, 들어오세요.

どうぞ、お入りください。

자, 앉으세요.

どうぞ、おかけください。

그럼, 지금부터 서울트래블 신입사원 선발을 위한 면접을 시작하겠습니다.

それでは、これからソウルトラベル、新入社員選抜のための面
接を始めます。

우선, 이력서를 보면서 진행할게요.

まず、履歴書を見ながら進めさせていただきます。

*～させていただく=する

긴장되시나요?

緊張していますか。

긴장하지 마시고 천천히 대답해도 괜찮으니까요.

緊張なさらず、ゆっくり答えても大丈夫ですから。　*なさる 하시다

한국에서 오셨군요.

韓国からいらっしゃったんですね。　*いらっしゃる 오시다

면접 기회를 주셔서 감사드립니다.

面接の機会をいただき、ありがとうございました。

제가 먼저 질문을 드릴게요.

私から先に質問させていただきます。

실전회화

A 今日は面接に来ていただき、ありがとうございます。私から先に質問さ
せていただきます。 오늘은 면접에 와 주셔서 감사합니다. 제가 먼저 질문을 드릴게요.

B はい、よろしくお願いします。 네, 잘 부탁드립니다.

아침은 드셨나요?

朝ごはんは召し上がりましたか。　　　　　　　　　　* 召し上がる 드시다

지하철을 이용하셨나요?

地下鉄をご利用になりましたか。

Biz tip 긴장을 풀어 주려는 질문처럼 들리지만 실은 긴장 상황에서 기본적인 단어를 얼마나 잘 알아듣는지
체크해 보려는 면접관의 의도가 숨어 있어요.

오늘은 수고가 많으셨습니다.

今日はお疲れ様でした。

집으로 돌아가셔도 됩니다.

お帰りになってもけっこうです。

이것으로 면접을 끝내도록 하겠습니다.

これで面接を終わりにしたいと思います。

面接は以上で終わります。

これで面接を終了させていただきます。　　　　　　　* 終了 종료

Biz tip '~たいと思う'는 직역하면 '~하고 싶다'지만, '~하겠다'는 의미로도 해석할 수 있어요.

면접 결과는 추후에 알려 드리겠습니다.

面接結果は追ってお知らせします。　　　　　　　　* 追って 곧

오늘은 감사했습니다.

本日はありがとうございました。

바쁘신데 시간 내주셔서 감사합니다.

お忙しい中、ありがとうございました。

자기소개

저는 인사부 과장인 다나카라고 합니다.

私は人事部課長の田中と申します。

Biz tip 자기 이름에 さん이나 様를 붙이지 않도록 주의하세요.

여기 왼쪽이 해외사업부의 모리타, 그리고 오른쪽이 영업부의 고바야시입니다.

こちら、左が海外事業部の森田、そして右が営業部の小林です。

Biz tip 면접관이 또 다른 면접관을 소개하는 경우에 자기 회사 사람이므로 さん과 같은 존칭을 붙이지 않아요.

간단하게 자기소개해 주시겠어요?

簡単に自己紹介していただけますか。

박○○ 씨부터 순서대로 부탁합니다.

パクさんから順番にお願いします。

Biz tip 집단 면접의 경우에는 순서대로 자기소개를 하는데요, 일대일 면접보다 주어진 시간이 짧기 때문에 강한 인상을 줄 수 있는 자기소개가 필요합니다.

처음 뵙겠습니다. 이기자라고 합니다.

はじめまして、イ・ギザと申します。

はじめまして、私の名前はイ・ギザです。

한국 출신입니다.

韓国で生まれました。

韓国出身です。

1995년생입니다.

1995年生まれです。

일곱 번 넘어져도 여덟 번 일어나는 고아라라고 합니다.

七転び八起きのゴ・アラと申します。 *七転び八起き 칠전팔기

아버지 일 때문에 초등학교까지는 일본에서 지냈습니다.

父の仕事の関係で、小学生までは日本で暮らしました。 *暮す 살다

신난다입니다. 항상 즐겁게 살라고 부모님이 지어 주신 이름입니다.

シン・ナンダでございます。いつも楽しく生きるようにと両親
につけてもらった名前です。 *生きる 살다 ～ように ～하도록

올해 24살이고 활력이 넘치는 쥐띠입니다.

今年24才で、バイタリティのあるネズミ年です。

4인 가족의 막내입니다.

四人家族の末っ子です。

제 자신을 한마디로 표현하면 '호기심'입니다.

自分を一言（ひとこと）で言いますと、「好奇心（こうきしん）」だと思います。

어릴 때부터 일본 애니메이션을 좋아해서 늘 보며 지냈습니다.

子供の時から日本のアニメが好きで親（した）しんできました。

* 親しむ 친하게 지내다

A 日本で働きたいと思ったきっかけがありましたら、教えてください。
　　일본에서 일하고 싶다는 생각을 하게 된 계기가 있다면 알려 주세요.

B 子供の時から日本のアニメが好きで親しんできました。
　　어릴 때부터 일본 애니메이션을 좋아해서 늘 보며 지냈습니다.

경력직 채용(중도 채용)을 희망합니다.

中途採用（ちゅうとさいよう）を希望（きぼう）しています。

사람들과 이야기하기를 좋아해서 의사소통이 중요한 영업직을 희망합니다.

人と話すのが好きなので、コミュニケーションが大事な営業職（えいぎょうしょく）を希望します。

열심히 일하는 아버지와 늘 미소를 잃지 않으시는 어머니 밑에서 자랐습니다.

仕事熱心（しごとねっしん）な父と、いつも笑顔（えがお）を絶（た）やさない母のもとで育（そだ）ちました。

* 絶やす 끊다

성실한 아버지와 자상한 어머니는 저에게 소중한 존재입니다.

まじめな父とやさしい母は、私にとってかけがえのない存在（そんざい）です。

* かけがえのない 둘도 없는

성격과 장점

제 강점은 자립심입니다.

私のセールスポイントは自立心（じりつしん）です。

A あなたのセールスポイントは何ですか。 당신의 강점이 뭐죠?

B 私のセールスポイントは自立心です。 제 강점은 자립심입니다.

도전하는 것을 좋아합니다.

挑戦（ちょうせん）するのが好きです。

저는 호기심이 왕성합니다.

私は好奇心（こうきしん）が旺盛（おうせい）です。

별로 낯을 가리지 않습니다.
あまり人見知りをしません。

항상 주위 사람을 배려합니다.
いつも周りの人に気を使います。　　　　　　　　* 気を使う 신경 쓰다

참을성이 강합니다.
我慢強いほうです。　　　　　　　　　　　　　* ほう 편

Biz tip 단정적인 표현을 싫어하는 일본어에서는 부드러운 느낌을 주기 위해 ~ほう를 붙이는 경우가 많아요.

장점은 끈질기다는 점입니다.
長所は粘り強いところです。　　　　　　　　　* 粘る 끈기로 견뎌내다

저는 배짱이 두둑합니다.
私は度胸が据わっています。　　　　　　　　* 度胸が据わる 배짱이 있다

관심이 있는 일은 반드시 해 보고야 마는 성격입니다.
興味を持ったことは必ずやってみる性格です。

정직하고 솔직하게 말하는 사람입니다.
正直でストレートな人です。　　　　　　　　* ストレート 단도직입적인

이해력이 빠르고 쓸데없는 프라이드는 없습니다.
飲み込みが早く、変なプライドはありません。

저는 느긋하면서 대범한 성격이라 평소에 별로 화를 내지 않습니다.
私はおおらかな性格なので、普段あまり怒りません。

제 강점은 항상 향상심을 가지고 행동할 수 있다는 점입니다.
私の強みはいつも向上心を持って行動できることです。

저는 쉴 때 쉬고 일할 때는 확실히 일합니다.
私はオンとオフがはっきりしています。

체력과 사고 면에서 지구력이 있습니다.
体力と思考の面での持久力を持っています。

동기 부여가 높고 야심도 있습니다.
モチベーションが高くて野心もあります。

스스로는 적극적이고 긍정적인 성격이라고 생각합니다.

自分では積極的で前向きな性格だと思っています。

예를 들어 친구끼리 어딘가에 가자는 이야기가 나오면, 총무를 자진해서 맡고 계획을 추진시킵니다.

たとえば、友人同士でどこかへ行こうという話しになると、幹事を買って出て、計画を押し進めます。　　　　　　　　＊～同士 ～끼리

Biz tip 면접에서는 다양한 에피소드를 통해 어떤 성격인지를 보여 주는 것이 가장 효과적입니다.

어렵지 않을까 싶을 때도 '우선 해 보자'며 모두를 격려합니다.

難しいかな、と思われる時でも「とにかくやってみようよ」とみんなを励まします。　　　　　　　　　　　　　　　＊励ます 격려하다

제로에서 시작하는 일이라도 저항하지 않고 의욕적으로 합니다.

ゼロから始めるようなことでも抵抗しないで、意欲的にやります。

Biz tip 단정적인 어감을 피하기 위해 '～ような(같은)'를 붙이기도 합니다.

선생님께서 이렇게 의욕적인 학생은 본 적이 없다고 칭찬해 주신 일이 있습니다.

先生から「これほど意欲的な学生は見たことがないよ」と誉めてくださったことがあります。

좌절했다가도 복원력이 빠릅니다.

落ち込んでいてもリセットが早いです。　　　　　　＊落ち込む 침울해지다

우울해하는 사람을 보면 어떻게든 해서 기운을 북돋아 주고 싶어집니다.

落ち込んでいる人を見ると、どうにかして元気づけてあげたいと思うのです。

어려운 문제를 만나도 마지막까지 물고 늘어집니다.

難しい問題に遭っても、最後まで粘ります。　　　＊遭う (나쁜 일을) 만나다

처음 만나는 사람과도 거리낌 없이 이야기를 나눌 수 있어요.

初対面の人ともフランクに話ができます。

'잠잘 때 빼고는 항상 웃어라'가 생활신조여서 항상 웃습니다.

「寝ている時以外は、いつも笑え」がモットーで、いつも笑います。

타고난 밝은 성격으로 분위기를 띄우는 사람이었습니다.

持ち前の明るいキャラクターでムードメーカでした。

＊持ち前 타고난 성질

제 나름대로 궁리한 방법으로 문제를 해결하려고 합니다.

自分なりに工夫したやり方で問題を解決しようと思います。

일을 할 때도 납득이 안 가면 철저하게 조사하곤 합니다.

仕事でも一度気になると、とことん調べたりします。

＊気になる 마음에 걸리다

친구들이나 가족들에게 종종 조언을 부탁받습니다.

友人とか家族によくアドバイスを求められます。 ＊求める 요청하다

이전 회사에서 5년을 일했는데, 무지각, 무결근이었습니다.

前の会社で５年いましたが、無遅刻、無欠勤でした。

꾸준히 일을 진행하는 성격이라 완성도에는 자신이 있습니다.

コツコツものごとを進める性格なので、完成度には自信があります。

Biz tip 면접에서 자주 쓰이는 성격 용어

한자	뜻	한자	뜻
おもしろい	유머가 있는	思(おも)いやりのある	배려심이 있는
明(あか)るい	밝은	穏(おだ)やかな	온화한
社交的(しゃこうてき)な	사교적인	慎重(しんちょう)な	신중한
素直(すなお)な	솔직한, 순수한	誠実(せいじつ)な	성실한
朗(ほが)らかな	명랑한	親切(しんせつ)な	친절한
気(き)さくな	싹싹한	冷静(れいせい)な	냉정한
活発(かっぱつ)な	활발한	頼(たの)もしい	믿음직한

성격과 단점

책임감이 너무 강해서 혼자서 끌어안아 버리는 경우도 가끔 있습니다.

責任感が強すぎて一人で抱えこんでしまうこともたまにあります。

Biz tip 책임감은 강할수록 좋기 때문에 단점 같지 않은 느낌을 주고, 타마니라는 부사를 통해 그다지 큰 문제가 아니라는 인상을 주도록 합니다.

단점은 잘 포기하지 않는다는 점입니다. 하지만 우선순위를 매겨서 집착을 버리도록 노력하고 있어요.

短所は諦めが悪いことです。ですが、優先順位をつけて、執着を捨てようとがんばっています。 ＊優先順位をつける 우선순위를 매기다

Biz tip 단점은 말하되, 단점을 보완하는 말을 덧붙임으로써 오히려 좋은 인상을 줄 수 있어요.

확실히 납득한 다음에 움직이는 편이라 행동이 늦다는 이야기를 들을 때도 있습니다. 그래서 우선순위를 정하고 있습니다.

はっきり納得してから動くので、行動が遅いと言われることも あります。そこで優先順位を決めています。

허물없이 사람을 대한다는 점이 단점입니다. 사회인이 되면 절도 있는 인간관계를 신경 쓰겠습니다.

なれなれしいところが短所です。社会人となってからは、節度 のある人間関係を心がけたいと思います。

생각을 바로 말하는 편이라 상황과 상대방을 배려하도록 항상 주의하고 있습니다.

考えをすぐに口にするほうなので、状況や相手に配慮するよう 心がけています。

*口にする 말하다

리드하고 싶어지는 면이 있지만, 주위 사람들의 의견을 듣도록 하고 있어요.

仕切りたくなるところがありますが、まわりの意見を聞くよう にしています。

*仕切る 일을 맡아 처리하다

무언가를 결정할 때 자꾸만 여러 가지를 생각하게 되는데, 되도록 빨리 결단하도록 노력하고 있습니다.

何かを決める時についいろんなことを考えてしまうんですが、 なるべく早く決断するように心がけております。

누구에게나 좋게 대하는 면이 있지만, 남의 말에 휘둘리지 않도록 노력하고 있습니다.

八方美人のようなところがありますが、人の言うことに振り回 されないようにがんばっています。

*振り回す 휘두르다

Biz tip 우리말의 '팔방미인'은 다방면에 걸쳐 재능이 있는 사람을 가리키지만 일본어에서 八方美人은 누구 에게나 모나지 않게 좋은 얼굴을 하는 사람을 말합니다. 별로 좋은 뜻은 아니에요.

좋아하는 일에는 흥분하는 경우가 있습니다. 순간적인 판단으로 움직이지 않도록 하고 있습니다.

好きなことには熱くなるところがあります。瞬時の判断で動か ないようにしています。

바로 행동으로 옮기는 타입이라 잠시 숨을 돌리고 움직이도록 노력하고 있습니다.

すぐ行動に移すタイプなので、一呼吸置いてから動くように努 めています。

*一呼吸を置く 한숨 돌리다

스스로에게 상당히 엄격한데요, 일을 할 때는 그런 점도 필요하다고 생각합니다.

自分にけっこうきびしいですが、仕事をする時はそういうとこ
ろも必要だと思っています。

좀처럼 'NO'라고 말하지 못하는 타입인데요, 경험을 쌓기 위해서 좋은 면도 있는 것
같습니다.

なかなか「NO」が言えないタイプですが、経験<ruby>けいけん</ruby>をつむためには
いい面もあるような気がします。　　　*～ような気がする ～인 것 같다

자신의 의사를 끝까지 관철시키려 해서 다소 고집스런 면도 있지만 그 덕분에 자격증
시험에는 항상 합격합니다.

自分の意思<ruby>い し</ruby>を最後まで通<ruby>とお</ruby>そうとするので、多少頑固<ruby>た しょうがん こ</ruby>なところも
ありますが、そのおかげで資格試験<ruby>し かく</ruby>にはいつも受<ruby>う</ruby>かっています。

내향적인 부분은 있지만, 그렇기에 자신의 창조력을 높일 수 있다고 생각합니다.

内向的<ruby>ないこうてき</ruby>な面はありますが、だからこそ自分の創造力<ruby>そうぞうりょく</ruby>が高められ
ると考えます。

유연성이 부족하다는 말을 들을 때도 있지만, 그건 정공법으로 일을 진행한다는 장점
도 됩니다.

柔軟性<ruby>じゅうなんせい</ruby>が足りないと言われる時もございますが、それはストレ
ートにものごとを進めるという長所<ruby>ちょうしょ</ruby>にもなります。

야무지지 못한 면은 있지만, 그래서 상대방이 경계심을 갖지 않게 할 때가 많습니다.

不器用<ruby>ぶ き よう</ruby>なところはありますが、そのため相手<ruby>あい て</ruby>に警戒心<ruby>けいかいしん</ruby>を持たせ
ないことが多いです。　　　*不器用 서투름

특기

컴퓨터 기술이라면 누구에게도 지지 않습니다.

パソコンの技術<ruby>ぎ じゅつ</ruby>なら、だれにも負<ruby>ま</ruby>けません。

제 홈페이지는 물론이고 친구의 홈페이지도 만듭니다.

自分のホームページはもちろん、友人のホームページも作って
います。

Biz tip 구체적으로 무엇을 할 수 있는지를 어필하세요.

컴퓨터 조립도 좋아해서 친구들한테 부탁을 받기도 합니다.

パソコンの組<ruby>く</ruby>み立<ruby>た</ruby>ても好きで、友<ruby>とも</ruby>だちに頼<ruby>たの</ruby>まれたりします。

한자를 좋아해서 한자 검정시험에 붙었습니다.
漢字が好きで、漢字の検定試験に受かりました。

Biz tip 문자와 언어에 대한 관심의 폭을 간접적으로 보여 주는 예가 됩니다.

야구와 축구를 아주 잘합니다.
野球とサッカーが得意中の得意です。

Biz tip 면접에서는 上手라는 단어보다 '자신 있게 할 수 있다'는 의미의 得意를 많이 써요.

기억력에는 자신이 있습니다.
記憶力には自信があります。

Biz tip 정보를 파악하고 매상을 올리는 데 있어서 기억력은 매우 중요한 능력의 하나입니다.

계속 서예를 배워서 사범 자격증도 갖고 있습니다.
ずっと書道を習いまして、師範の資格も持っています。

저는 DIY를 좋아해서 무엇이든지 만들 수 있습니다.
私は日曜大工が好きで、何でも作れます。

제 특기는 9년간 계속하는 수영입니다.
私の特技は9年間続けている水泳です。

Biz tip 한 가지 일을 오랫동안 계속한다는 사실은 끈기와 지구력을 어필할 수 있어요.

사진이나 동영상을 편집하는 것이 특기입니다.
写真や動画を編集するのが特技です。

분위기를 부드럽게 만드는 일에 자신이 있습니다.
場を和ませるのが得意です。 * 和む 온화해지다

노력을 거듭하는 일에는 타의 추종을 불허합니다.
努力を重ねることには他の追随を許しません。

대학 생활

컴퓨터 수리 알바를 했습니다.
PCサポートのアルバイトをしました。

항상 부모님이 하시는 가게를 도왔습니다.
いつも両親の店を手伝いました。

대학 생활을 하면서 여러 가지 활동을 했습니다.
大学生活ではさまざまな活動をしました。

만화방에서 알바를 한 적이 있습니다.

マンガ喫茶でアルバイトをしたことがあります。

손님이 없는 곳이었는데, 스스로 전단지를 만들어 나눠주기도 했습니다.

お客さんのいないところでしたが、自分でちらしを作り、配ったりもしました。

Biz tip 아르바이트생이라도 스스로 문제점을 분석하고 주도적으로 일을 했다는 점을 어필하세요.

1년간 교환 유학생으로 일본에서 공부했습니다.

一年間、交換留学生として日本で勉強しました。

마쿠하리에서 열리는 전시회에서 통역 알바를 했습니다.

幕張で開かれる展示会で通訳のアルバイトをしました。

행사장을 물색하고 프로그램 계획을 짰습니다.

会場の手配、プログラムのプランを練りました。　　　*手配 준비

도로 공사나 짐 나르기 등의 알바를 했습니다.

道路工事や荷物運びといったアルバイトをしました。

생활에 필요한 돈은 모두 알바로 벌었습니다.

生活に必要なお金は、すべてアルバイトで賄いました。

*賄う 꾸려가다

설거지로 시작해서 주임이 된 적도 있어요.

皿洗いから始めて、主任になったこともあります。

직접 그룹을 짜서 로봇 대회에 참가한 적도 있었어요.

自分でグループを作り、ロボットコンテストに参加したこともありました。

학생 때는 개호 현장에서 자원봉사를 했습니다.

学生時代には介護現場でボランティアをしました。

알바를 하면서도 성적은 항상 상위 2%를 유지했습니다.

バイトをしながらも成績はいつも上位2%を保ちました。

세미나나 동아리, 아르바이트에서도 리더를 맡았습니다.

ゼミやサークル、アルバイトでもリーダーを務めていました。

*務める (역할을) 맡다

하루키의 책을 읽고 나서 마라톤과 재즈의 매력에 빠졌습니다.

春樹の本を読んでから、マラソンとジャズの魅力にはまりました。

동아리는 사진부였는데, 사진을 통해 사물을 보는 눈을 길렀습니다.

クラブは写真部でしたが、写真を通して物を見る目を養いました。

Biz tip 동아리 활동을 통해 배운 점, 깨달은 점을 어필하세요.

어떻게 하면 사람들에게 쉽게 설명할 수 있는가를 배웠습니다.

どうすれば人にやさしく説明できるかを学びました。

무슨 일이든 열심히 하면 좋은 결과가 나온다는 것을 배웠습니다.

何事も一生懸命にやればいい結果が出るということを学びました。

여러 사람들을 만나고 많은 일을 접할 수 있는 일이었습니다.

いろんな人に会い、いろんなものに触れることができる仕事でした。

*~に触れる ~을 접하다

자전거는 스스로의 힘으로 페달을 밟아야 하므로 달리고 나면 성취감이 있어요.

自転車は自分の力で漕がなきゃならないので走った後は達成感があります。

주체적으로 생각하고 자기 나름대로 분석하는 능력이 생겼습니다.

主体的に考えて、自分なりに分析する能力がつきました。

 A　学生時代を通して、何を得ましたか。학창 시절을 통해 무엇을 얻었죠?
B　主体的に考えて、自分なりに分析する能力がつきました。
주체적으로 생각하고 자기 나름대로 분석하는 능력이 생겼습니다.

여러 나라를 여행했어요. 언어의 장벽은 있었지만 금방 친해져서 고국에 돌아와서도 연락하고 지냅니다.

いろんな国を旅しました。言葉の壁はありましたが、すぐ親しくなれて国へ帰ってからも連絡を取り合っています。

Chapter 2 학업 및 경력

🎧 01-2.mp3

**전공 및
학교 소개**

지금 대학교 4학년입니다.
今、大学 4 年生です。

대학원을 나왔습니다.
大学院を出ました。

올해 2월에 졸업했습니다.
今年の2月に卒業しました。

전기설계를 공부했습니다.
電気設計を勉強しました。

부전공은 일본어였어요.
副専攻は日本語でした。

실전회화

A 日本語がとてもお上手ですね。 일본어가 굉장히 유창하시네요.
B 副専攻は日本語でした。 부전공은 일본이였어요.

한국 대학에서 무역을 전공했어요.
韓国の大学で貿易を専攻しました。

더 공부하기 위해서 유학을 결심했습니다.
もっと勉強するため、留学を決心しました。

대학 시절에 처음으로 프로그래밍을 접했습니다.
大学時代に、はじめてプログラミングに接しました。

＊～に接する ～를 접하다

정치학과에서 국제정치를 배웠습니다.
政治学科で国際政治を学びました。

일본 취업을 위한 교육을 받았습니다.
日本就職のための教育を受けました。

Biz tip 수요가 많은 IT 취업의 경우 일본 기업에 특화된 전문교육을 받은 학생이 상대적으로 유리한 경우가 많아요.

41

컴퓨터 프로그래밍 과정을 수료했습니다.

コンピューター・プログラミング課程を修了しました。

전문대학에서 프로그래밍 언어를 배웠습니다.

短期大学でプログラミング言語を勉強しました。

전문대학의 컴퓨터 정보계열을 졸업했습니다.

短期大学のコンピューター情報系列を卒業しました。

대학에서 모바일 앱 개발 수업을 들었습니다.

大学でモバイル・アプリケーション開発の授業を受けました。

* 授業を受ける 수업을 받다

Biz tip 취업하려는 분야에 관련된 수업을 들었다면 적극적으로 어필하세요.

파워포인트와 HTML 프로그래밍을 마스터했습니다.

パワーポイントとHTMLプログラミングをマスターしました。

A 大学では何を習いましたか。 대학에서는 무엇을 배웠죠?
B パワーポイントとHTMLプログラミングをマスターしました。
   파워포인트와 HTML 프로그래밍을 마스터했습니다.

대학원 연구에서 환경을 생각하게 되었습니다.

大学院の研究で環境を考えるようになりました。

석사 과정에서 앞으로의 비즈니스맨에게 필요한 글로벌한 관점을 가질 수 있었어요.

修士課程でこれからのビジネスマンに必要なグローバルな視点を持つことができました。

직무 경험

1년간 인턴으로 일했습니다.

１年間インターンで働きました。

영업 사원으로 일했습니다.

営業マンとして働きました。

광고 벤처 기업에서 3년간 일했습니다.

広告ベンチャー企業で３年間働きました。

사무 일을 했습니다.

事務の仕事をしていました。

사원 교육도 했습니다.
社員教育もやりました。

한국자동차에서 5년간 과장을 했습니다.
韓国自動車で５年間課長をしておりました。

앱 개발에 종사했습니다.
アプリケーションの開発に携わりました。

프로젝트 예비 조사를 했습니다.
プロジェクトの下調べをしました。

모바일 마케팅 경험이 있어요.
モバイルマーケティングの経験があります。

회사에서의 실무 경험이 있어요.
会社での実務経験があります。

연구원으로서 3년간 근무했어요.
研究員として３年間勤めました。

소프트웨어 관리를 맡았습니다.
ソフトウェア管理を任されました。

＊任す 맡기다

한 달에 10대라는 할당량을 계속 달성했어요.
１ヶ月10台のノルマをつぎつぎとクリアしました。

대만 사업소를 성공으로 이끌었습니다.
台湾の事業所を成功に導きました。

A　海外での仕事の経験はありますか。 해외 업무 경험은 있나요?
B　台湾の事業所を成功に導きました。 대만 사업소를 성공으로 이끌었습니다.

상품 판촉 기획을 다뤘었습니다.
商品の販促の企画を手がけておりました。

휴대폰 성능을 조사하는 일이었어요.
ケータイの性能を調べる仕事でした。

외자계 기업을 10년간 경험했습니다.
外資系企業を10年、経験しておりました。

네트워크를 만드는 툴을 개발했습니다.

ネットワークを作るツールを開発しました。

싱가포르 지사에서 1년간 연수를 받은 적이 있어요.

シンガポール支社で1年間研修を受けたことがあります。

소셜 앱의 이메일 고객지원 서비스를 담당했어요.

ソーシャル・アプリのメール・カスタマー・サポートをしていました。

큰 회사는 아니었지만 일의 기본을 배웠습니다.

大きな会社ではありませんでしたが、仕事の基本を学びました。

실전의 장에서 무역 용어를 배울 수 있는 좋은 기회였어요.

実践の場で貿易用語を学べるいいチャンスでした。

해외 고객을 직접 만나서 상품을 팔았습니다.

海外のお客様に直接会い、商品を売り込みました。

＊売り込む (잘 선전해서) 팔다

주로 협상을 담당했습니다.

主に交渉を担当しました。

A 前の会社ではどんな仕事をなさっていましたか。 이전 회사에선 어떤 일을 하셨죠?

B 主に交渉を担当しました。 주로 협상을 담당했습니다.

영업과장으로서 매상을 5% 늘렸습니다.

営業課長として売上げを５％伸ばしました。 ＊伸ばす 신장시키다

단골을 관리하고 신규 개척을 하는 일이었어요.

お得意先の管理と新規開拓の仕事でした。

유통 분야에서는 유명한 회사에서 팀 리더였죠.

流通の分野では有名な会社でチーム・リーダーでした。

수주 · 발주 업무를 해왔습니다.

受注・発注業務をやってきました。

졸업 후 한국의 설계 사무소에서 인턴십에 참가했어요.

卒業後、韓国の設計事務所でインターンシップに参加しました。

상사에서 일했기 때문에 다양한 상품을 취급했습니다.
商事で働いたので、さまざまな商品を扱いました。

영어회화 능력을 인정받아서 번역 일을 소개받았습니다.
英会話力が買われ、翻訳の仕事を回してもらいました。

＊買う (높이) 평가하다

홍콩의 상업 빌딩을 리뉴얼하는 프로젝트에서 3년간 일했습니다.
香港の商業ビルをリニューアルするプロジェクトで３年間働きました。

학생을 500명 모아서 패션쇼를 하는 기획을 무사히 성공시켰습니다.
生徒を500人集めて、ファッションショーを行う企画を無事に成功させました。

해외 지사로 나가서 생산량을 조정하거나 했습니다.
海外の支社に出向いて生産量を調整したりしました。

Chapter 3

기술 및 인성

🎧 01-3.mp3

구인 정보

경험은 그다지 필요 없습니다.
経験はそれほど要りません。
* 要る 필요하다

월급은 20만 엔부터.
給料は20万円から。

기술에 따라 우대합니다.
スキルに応じて優遇します。

교통비는 별도 지급합니다.
交通費は別途です。

웹 사이트를 제작하는 일이 많습니다.
ウェブサイト製作の仕事が多いです。

자유롭게 일할 수 있는 분위기입니다.
自由に仕事ができる雰囲気です。

시스템 부문의 전문가가 필요합니다.
システム部門の専門家がほしいです。

콜센터 직원을 모집하고 있습니다.
コールセンターのスタッフを募集しています。

인터넷 광고 운용 지원이 주요 업무입니다.
ネット広告運用のサポートが主な仕事です。

스마트폰 앱과 기업용 웹 시스템을 개발하는 회사입니다.
スマホアプリや企業向けウェブシステムを開発する会社です。

GPS 개발을 담당해 주실 분을 찾습니다.
GPSの開発を担当していただく方を探しています。

스킬 업을 위한 연수도 받을 수 있습니다.
スキルアップのための研修も受けられます。

컴퓨터 단말기 이용자와 거래를 하는 것이 90%입니다.

エンドユーザーと取引を行うのが9割です。

상품을 보고 지식을 습득하는 일부터 시작합니다.

商品を見て知識を身につけることから始めます。

* 身につける 습득하다

처음에는 전임 트레이너가 가르쳐 주기 때문에 안심이에요.

始めは専任のトレーナーから教えてもらうので安心です。

참신한 아이디어가 풍부한 분이 오셨으면 좋겠어요.

斬新なアイデアが豊富な方に来てほしいです。

아이디어와 창조력을 살렸으면 좋겠어요.

アイデアや創造力を活かしてほしいです。

Oracle · LPI 자격증이 있는 분에게는 수당을 지급합니다.

Oracle·LPIの資格を持っている方には手当を支給します。

A 何か資格を持っていると特典がありますか。
뭔가 자격증을 가지고 있으면 혜택이 있나요?

B Oracle·LPIの資格を持っている方には手当を支給します。
Oracle · LPI 자격증이 있는 분에게는 수당을 지급합니다.

잔업 수당은 1분 단위로 전액 지급합니다.

残業代は1分単位で全額支給します。

대졸 이상으로, PC(Excel · Word) 스킬이 있는 분이라면 OK입니다.

大卒以上で、PC(Excel·Word)スキルのある方ならOKです。

주5일제이며 공휴일은 쉽니다.

完全週休二日制で、祝日は休みです。

Biz tip 일본에서는 한 달에 이틀을 쉬는 주가 한 번 이상만 있으면 週休二日制라고 합니다. 격주 근무에 가깝다고 봐야겠죠. 그래서 엄밀한 의미의 주5일제는 完全週休二日制가 됩니다.

클라이언트에게 광고 효과 리포트를 보내는 일입니다.

クライアント様に広告効果のレポートを送る仕事です。

A どのようなお仕事でしょうか。 어떤 일이죠?

B クライアント様に広告効果のレポートを送る仕事です。
클라이언트에게 광고 효과 리포트를 보내는 일입니다.

기술 및 능력

컴퓨터 스킬은 문제없을 것 같아요.

パソコンスキルは問題ないと思います。

자신 있는 프로그램은 자바와 안드로이드입니다.

得意なプログラムはジャバとアンドロイドです。

일과 사생활의 균형을 잘 잡습니다.

仕事とプライベートのバランスを取ることがうまいです。

프로젝트 리더를 몇 번이나 경험했습니다.

プロジェクト・リーダーを何度も経験しました。

모국어에 가까운 수준으로 구사할 수 있어요.

母国語（ぼこくご）に近いレベルで話せます。

 A 日本語のレベルはどれぐらいですか。 일본어 수준은 어느 정도인가요?
B 母国語に近いレベルで話せます。 모국어에 가까운 수준으로 구사할 수 있어요.

중국에 유학한 경험이 있고, 중국어는 비즈니스 수준으로 말할 수 있어요.

中国への留学経験があり、中国語はビジネスレベルで使えます。

인턴을 할 때 프로그래밍을 배웠습니다.

インターンの時にプログラミングを教えてもらいました。

네트워크 시스템의 디자인을 할 수 있어요.

ネットワーク・システムのデザインができます。

디자인상을 받은 적도 있습니다.

デザイン賞（しょう）をもらったこともあります。

저 나름대로의 영업 전략을 가지고 있어요.

自分なりの営業戦略（せんりゃく）を持っています。

영업력과 매니지먼트 능력이 몸에 배어 있어요.

営業力とマネジメント能力（のうりょく）が身についています。 *身につく 몸에 배다

저는 연구개발부 부장이었습니다.

私は研究開発部（けんきゅうかいはつぶ）の部長でした。

 A 以前の肩書（かたが）きを教えてもらえますか。 이전 직책을 말씀해 주실 수 있나요?
B 私は研究開発部の部長でした。 저는 연구개발부 부장이었습니다.

전체를 멀리 내다보는 힘이 있어요.

全体を広く見渡せる力があると思います。

창의적인 발상이 가능합니다.

クリエイティブな発想ができます。

항상 독창적인 것을 추구하고 있어요.

いつも独創的なものを求めています。

사용자 요구를 즉각 파악할 수 있어요.

ユーザーのニーズをすぐにとらえることができます。

마감을 어긴 적은 한 번도 없었습니다.

デッドラインを破ったことは一度もありませんでした。

정확하면서 적절한 지시와 스케줄 관리가 가능합니다.

的確な指示とスケジュール管理ができます。

누구보다도 빠르게 해결책을 제공할 수 있어요.

だれよりも早くソリューションを提供できます。

클라이언트의 마음을 잡으려면 어떻게 해야 하는지 잘 알고 있어요.

クライアントの心をつかむにはどうすればいいかをよく知っています。

* ~には ~하려면

A　あなたのアピールポイントは何ですか。 당신의 어필 포인트는 뭔가요?

B　クライアントの心をつかむにはどうすればいいかをよく知っています。
클라이언트의 마음을 잡으려면 어떻게 해야 하는지 잘 알고 있어요.

팀원의 센스를 최대한 발휘시킬 수 있어요.

チーム員のセンスをフルに発揮させることができます。

이벤트 기획에서 높은 평가를 받고 있습니다.

イベントの企画において高い評価を得ています。　* ~において ~에서

기획부터 설계, 운용까지 가능한 시스템 엔지니어입니다.

企画から設計、運用までできるシステムエンジニアです。

전자 기기 등의 도면을 컴퓨터로 만들 수 있어요.

電気機器などの図面をコンピューターで作ることができます。

스마트폰이나 태블릿 단말기를 비즈니스에 활용할 수 있는 노하우를 갖고 있어요.

スマホやタブレット端末をビジネスに活用できるノーハウを持っ
ています。

A あなたには何ができますか。당신은 무엇을 할 수 있죠?

B スマホやタブレット端末をビジネスに活用できるノーハウを持っています。
스마트폰이나 태블릿 단말기를 비즈니스에 활용할 수 있는 노하우를 갖고 있어요.

워드, 엑셀, 파워포인트 모두 할 수 있지만, 가장 능숙한 것은 홈페이지 디자인입니다.

WORD, EXCEL, POWERPOINT, 何でもこなせますが、得意なの
はホームページのデザインです。 * こなす (익숙하게) 다루다

경험이 많아서 상황에 따라 유연하게 대처할 수 있어요.

経験が多いので、状況に応じて柔軟に対応できます。

A 自分の持ち味はどこにあるとお思いですか。
자신의 강점은 어디에 있다고 생각하시나요?

B 経験が多いので、状況に応じて柔軟に対応できます。
경험이 많아서 상황에 따라 유연하게 대처할 수 있어요.

**기술·
어학 관련
자격 사항**

JAVA 자격증을 땄습니다.

ジャバの資格をとりました。

저는 회계사 자격증이 있어요.

私は会計士の資格を持っています。

A 何か資格をお持ちですか。 뭔가 자격증을 갖고 계신가요?

B 私は会計士の資格を持っています。 저는 회계사 자격증이 있어요.

공인 자격증이 몇 개나 있어요.

公認資格がいくつもあります。

JPT 950점을 받았습니다.

JPT950点をとりました。

일본어능력시험 N1 자격증을 1년만에 취득했어요.

日本語能力試験N1を１年でとりました。

Biz tip 각 분야 최고 등급 자격증의 경우 취득에 걸린 시간도 중요한 체크 항목입니다.

사회 보험 전문가입니다.

社会保険のエキスパートです。

마이크로소프트 오피스 스페셜리스트(MOS) 자격증을 땄어요.

マイクロソフト・オフィス・スペシャリスト(MOS)をとりました。

A　日本語関係の資格が多いですね。ほかの資格はありませんか。
　　일본어 관련 자격증이 많네요. 다른 자격증은 없나요?

B　最近マイクロソフト・オフィス・スペシャリスト(MOS)をとりました。
　　최근에 마이크로소프트 오피스 스페셜리스트 자격증을 땄어요.

맥주 어드바이저 자격증을 취득하여 맥주와 서비스 노하우를 배웠어요.

ビヤアドバイザーの資格をとりまして、ビールとサービスのノウハウを学びました。

초급 시스템 어드미니스트레이터 자격증을 취득하였습니다.

初級システム・アドミニストレーター資格を取得しました。

소프트웨어, 서버 시스템에 관한 일이라면 뭐든지 할 수 있어요.

ソフトウェア、サーバシステムに関することなら何でもできます。

A　経歴がすばらしいですね。自信のある分野は何ですか。
　　경력이 굉장하시네요. 자신 있는 분야는 뭐죠?

B　ソフトウェア、サーバシステムに関することなら何でもできます。
　　소프트웨어, 서버 시스템에 관한 일이라면 뭐든지 할 수 있어요.

기본정보기술자 시험에 붙었습니다.

基本情報技術者試験に受かりました。

C언어 프로그래밍 능력인정시험에 합격했어요.

C言語プログラミング能力認定試験に合格しました。

A　C言語プログラミング能力認定試験に合格しました。
　　C언어 프로그래밍 능력인정시험에 합격했어요.

B　どれぐらい勉強して受かったんですか。얼마나 공부해서 붙은 거죠?

목표 · 포부 · 각오

제 꿈은 사장이 되는 것입니다.

私の夢は社長になることです。

마케팅부에서 일하고 싶어요.

マーケティング部で働きたいです。

사회에 공헌할 수 있는 일을 하고 싶어요.

社会に貢献_{こうけん}できるような仕事がしたいです。

개성 넘치는 여행 상품을 기획해 보고 싶습니다.

個性_{こせい}あふれる旅行商品_{りょこうしょうひん}を企画_{きかく}してみたいです。

빨리 일을 익혀서 어엿한 엔지니어가 되고 싶습니다.

早く仕事を覚_{おぼ}えて一人前_{いちにんまえ}のエンジニアになりたいです。

Biz tip 一人前는 원래 '1인분'이란 뜻이지만 '제 몫을 함', '제구실을 함'의 의미로 발전하여 '一人前の(어엿한)'의 꼴로 자주 쓰여요.

신규 사업을 담당하고 싶습니다.

新規事業_{しんきじぎょう}を担当_{たんとう}したいと考えております。

온라인 마케팅 전문가가 되고 싶어요.

オンラインマーケティングのスペシャリストになりたいです。

세계에 통용되는 엔지니어가 되는 것이 꿈입니다.

世界_{せかい}に通用_{つうよう}するエンジニアになるのが夢です。

프로의식을 가지고 일을 하겠습니다.

プロの意識_{いしき}を持って仕事をします。

우선은 가급적 많은 경험을 쌓는 것입니다.

まずは、できるだけ多くの経験を積_つむことです。

A 短期目標_{たんきもくひょう}がありますか。 단기 목표가 있나요?

B まずは、できるだけ多くの経験を積むことです。
우선은 가급적 많은 경험을 쌓는 것입니다.

주어진 일뿐만 아니라 자진해서 일을 찾고 싶어요.

与_{あた}えられた仕事だけじゃなく、進_{すす}んで仕事を探したいと思います。

* 進んで 자진해서

52

만약에 사원이 될 수 있다면 회사의 일원으로서 보다 좋은 회사를 만들어가고 싶어요.

もし社員になれたら、会社の一員としてよりいい会社を作って
いきたいです。

중심적인 존재로까지 올라갈 각오로 일하겠어요.

中心的な存在にまで、上りつめる覚悟で働きます。

*上りつめる 끝까지 오르다

하루빨리 일에 익숙해지도록 노력하겠습니다.

一日でも早く仕事に慣れるようにがんばっていきたいと思います。

새로운 작업을 익히는 일에는 노력을 아끼지 않겠습니다.

新しい作業を身につけることには努力を惜しみません。

*惜しむ 아끼다

모두에게 존경받는 사람이 되고 싶어요.

みんなから尊敬される人になりたいです。

제가 할 수 있는 일을 열심히 노력할 뿐입니다.

自分にできることを精一杯がんばるだけです。

실전회화

A 抱負を聞かせてくださいますか。 포부를 들려주실래요?

B 自分にできることを精一杯がんばるだけです。
　제가 할 수 있는 일을 열심히 노력할 뿐입니다.

세계는 아시아 중심이 되고 있어요. 그 거점을 한국과 일본으로 만들고 싶어요.

世界はアジア中心になっています。その拠点を韓国と日本にし
たいです。

지식과 경험을 살려 주어진 업무에 최선을 다하고 싶습니다.

知識と経験を活かして、与えられた業務に最善をつくしたいと
思っております。

*最善をつくす 최선을 다하다

회사에서 기른 전문지식을 토대로 전문가를 목표로 하고 싶네요.

会社で培った専門知識をもとにスペシャリストを目指したいで
す。

*培う 배양하다　～をもとに ～를 토대로

도전 정신을 무기로 무슨 일에든 의욕적으로 몰두하고 싶습니다.

チャレンジ精神を武器に、何事にも意欲的に取り組みたいと思
います。

*～に取り組む ～에 몰두하다

보다 좋은 제품을 만들기 위해서 개발에 관여하고 싶어요.

よりよい製品を作るために開発に関わりたいです。

A　うちの会社に入ったら、どんな仕事がしてみたいですか。
　　우리 회사에 들어오면 어떤 일을 하고 싶죠?

B　よりよい製品を作るために開発に関わりたいです。
　　보다 좋은 제품을 만들기 위해서 개발에 관여하고 싶어요.

제 자신과 회사의 성장을 위해 적극적으로 일하고 싶습니다.

自分と会社の成長のため、積極的に働きたいです。

영업은 체력 승부이므로 매일 운동을 빼먹지 않습니다.

営業は体力勝負ですので、毎日運動を欠かしません。

파이낸셜 플래너 자격을 따고 싶어요.

ファイナンシャル・プランナーの資格をとりたいと思っています。

고객이 만족하는 서비스를 제공하고 싶어요.

お客様にご満足いただけるサービスを提供したいです。

Biz tip　'ご+한자어+いただく(~해 받다)'의 가능형이 'ご+한자어+いただける(~해 받을 수 있다)'입니다. いただく 앞에는 に가 온다는 것도 기억하세요.

스킬을 확실히 다지면서 일련의 업무에 종사하고 싶어요.

スキルを固めながら一連の業務に携わりたいと思っています。

A　スキルをしっかり固めながら一連の業務に携わりたいと思っています。
　　스킬을 확실히 다지면서 일련의 업무에 종사하고 싶어요.

B　SEの業務だけではなく、それ以外の仕事にも興味があるということですか。
　　SE 업무뿐만 아니라 그 이외의 일에도 관심이 있다는 말씀인가요?

계속 들르고 싶어지는 활기찬 가게로 만들어가고 싶습니다.

何度も立ち寄りたくなるような、元気なお店にしていきたいと
思います。

일을 통해서 한층 크게 성장하고 싶습니다.

仕事を通じて一回り大きく成長したいと思っております。

어떤 일에도 도전하는 마음을 잊지 않고 싶어요.

どのようなことにもチャレンジする気持ちを忘れずにいたいと
思います。

**좌우명 및
철학**

제 좌우명은 'No challenge, No life'입니다.

私のモットーは「No challenge, No life」です。

좌절했을 때도 '이를 경험으로 성장하자'라고 생각합니다.

挫折した時も「これを経験に成長しよう」と思います。

A　挫折した時はどうしますか。좌절했을 때는 어떻게 하시나요?

B　挫折した時も「これを経験に成長しよう」と思います。
　　좌절했을 때도 '이를 경험으로 성장하자'라고 생각합니다.

사람은 다양한 경험을 통해 배워가는 존재입니다.

人はさまざまな経験を通じて、学んでいくものです。

저는 감동을 낳는 일에 인생을 걸고 싶습니다.

私は感動を生む仕事に人生をかけたいです。

남에게 너무 의지하지 않고 스스로의 힘으로 끝까지 해 보고 싶어요.

人に甘えずに、自分の力でとことんやっていきたいです。

'계속은 힘이다'라는 말을 좋아합니다.

「継続は力なり」という言葉が好きです。

동료와 서로 격려하면서 성장해 가고 싶어요.

仲間と励ましあいながら成長していきたいです。　＊～あう 서로 ～하다

자신을 희생해서라도 세상을 위해 도움이 되고 싶어요.

自分を犠牲にしてでも、世の中のために役立ちたいと思っています。　＊～に役立つ ～에 도움이 되다

일이란 저에게 자아실현의 수단입니다.

仕事とは私にとって自己実現の手段です。

계속 노력해 가는 것은 사회인으로서 당연한 일입니다.

努力を重ねていくのは社会人として当然のことです。

어떤 만남이라도 소중히 하고 있습니다.

どんな出会いでも大切にしています。

55

좌우명은 유언실행입니다.

座右の銘は有言実行です。

A 座右の銘などがございましたら、お話いただけますか。
  좌우명 같은 것이 있으면 말씀해 주실래요?

B 座右の銘は有言実行です。自分の言葉に責任を持ち、言ったことは必ず
  実行するという意味です。
  좌우명은 유언실행입니다. 자신의 말에 책임을 지고 말한 것은 반드시 실행한다는 의미입니다.

프로그래머가 하는 일은 시대 변화를 재빠르게 알아채는 일입니다.

プログラマーの仕事は、時代の変化にいち早く気づくことで
す。
* ~に気づく ~을 눈치채다

하지 않고 후회하기보다 해서 실패하는 편이 자신을 위하는 길입니다.

やらないで後悔するより、やって失敗するほうが自分のため
です。

어떤 일이든 도중에 포기하는 일은 절대로 하지 않습니다.

どんな仕事であれ、途中で投げ出すようなことは絶対にしま
せん。

일이 끝나지 않았는데 데이트를 하다니 말도 안 됩니다.

仕事が片付かないのにデートをするなんて言語道断です。
* 片付く 정리되다

A デートと残業が重なった場合、どちらを優先しますか。
  데이트와 잔업이 겹치면 어느 쪽을 우선합니까?

B 自分の仕事が片付かないのにデートをするなんて言語道断です。
  일이 끝나지 않았는데 데이트를 하다니 말도 안 됩니다.

중요한 것은 서로 도우면서 자신의 역할을 다하는 것입니다.

大事なことは、助け合いながら、自分の役割を果たすことです。

Chapter 4 질문과 대답

🎧 01-4.mp3

**예상
면접 질문**

자기소개를 부탁드립니다.
自己紹介をお願いします。

1분간 자기 PR을 해 보세요.
１分間で自己PRをしてください。

Biz tip 일반적으로 면접에는 1분용, 3분용 자기 PR을 준비해 두어야 합니다. 시간을 넘기지 않도록 각별히 주의하세요.

저희 회사를 지망하신 이유를 알려 주세요.
当社を志望する理由を教えてください。

Biz tip 자기소개와 지망 이유는 가장 완벽하게 준비해야 하는 면접 질문입니다.

당신은 성격이 어떤가요?
あなたはどんな性格ですか。

당신은 협조성이 있는 편인가요?
あなたは協調性があるほうだと思いますか。

자신의 장점과 단점을 몇 가지 들어 보세요.
自分の長所と短所をいくつか挙げてみてください。 *挙げる 거론하다

특기가 뭡니까?
特技は何ですか。

뭔가 자격증을 갖고 계신가요?
何か資格を持っていますか。

대학에서는 어떤 공부를 했나요?
大学ではどんなことを学びましたか。

동아리나 서클에서는 어떤 일을 했나요?
クラブやサークルではどんなことをしていましたか。

학생 때 주력했던 것은 어떤 일인가요?
学生時代に力を入れていたのはどんなことですか。
学生時代に一番がんばったことは何ですか。

친구들은 당신을 어떻게 생각하나요?

友人からどのように思われていますか。

사람들은 당신을 어떻게 평가합니까?

人からはどのように評価されていますか。

장래 꿈은 뭡니까?

将来の夢は何ですか。

최근에 인상 깊었던 뉴스가 있다면 말씀해 주세요.

最近、印象に残ったニュースがあれば、お話ください。

당신은 어떤 일에 적성이 맞나요?

あなたはどのような仕事に向いていますか。

입사해서 해 보고 싶은 일은 뭡니까?

入社してどんな仕事をしたいと思っていますか。

入社して取り組みたい仕事は何ですか。

아르바이트 한 경험은 있나요?

アルバイトの経験はありますか。

당신이 회사를 선택하는 기준은 무엇입니까?

あなたが会社を選ぶ基準は何ですか。

희망하는 부서에서 근무할 수 없을 때는 어떻게 하겠습니까?

希望するところにつけない時はどうしますか。

저희 회사에 어떤 이미지를 갖고 있나요?

当社にどのようなイメージを持っていますか。

최근의 관심사는 무엇인가요?

最近の関心事は何ですか。 　　　　　　　　　　　　＊関心事 관심사

상사와 의견이 맞지 않을 때는 어떻게 하겠습니까?

上司と意見が違う時はどうしますか。

당신은 왜 IT업계를 골랐습니까?

あなたはどうしてIT業界を選んだのですか。

몇 군데 회사에 지원했나요?

何社ぐらいエントリーしましたか。

근무처에 대한 희망사항은 있나요?
勤務地のご希望はありますか。

일본어는 언제부터 공부하셨죠?
日本語はいつから勉強しましたか。

현재의 한일 관계에 대해 어떻게 생각하나요?
今の日韓関係についてどう思いますか。

왜 일본에서 일하고 싶다고 생각하셨죠?
なぜ日本で働きたいと思ったんですか。

당신의 실력을 회사에서 어떻게 살릴 수 있나요?
あなたの力を弊社でどのように活かせますか。

저희 회사의 강점과 약점은 무엇이라고 생각하나요?
弊社の強みと弱みは何だと思いますか。

저희 회사 상품을 어떻게 생각하나요?
弊社の商品をどう思いますか。

사회인과 학생의 차이는 무엇이라 생각하나요?
社会人と学生の違いは何だと思いますか。

회사에 대한 의견

기획 부문에서 귀사는 매우 훌륭합니다.
企画部門において御社はすごいものを持っています。

귀사가 작업하신 CM은 따뜻함이 전달되어 정말 좋아합니다.
御社が手がけたCMは暖かみが伝わってとても好きです。

* 手がける 손대다

다른 데서는 볼 수 없는 개척 정신이 있는 회사입니다.
他では見られないパイオニア精神がある会社です。

귀사의 청바지는 주목을 받고 있어요.
御社のジーンズは注目を浴びています。　　　* 注目を浴びる 주목을 받다

'절대로 포기하지 말라'는 설립 이념은 제 삶의 방식과 일치합니다.
「絶対諦めるな」という設立理念は自分の生き方と一致します。

Biz tip '동사 원형+な'는 금지에 쓰는 표현으로 '~하지 말라'는 뜻이에요.

우리 회사에는 탁아소가 없어요. 육아와 일을 병행할 수 있겠어요?

うちの会社には託児所がありません。育児と仕事との両立は大
丈夫でしょうか。

> **Biz tip** 회사에 대한 여러 가지 정보가 제공되었을 때 그에 대한 자신의 의견 또는 대처 방법을 논리적으로 말
> 할 수 있어야 해요.

> A うちの会社には託児所がありません。育児と仕事との両立は大丈夫で
>   しょうか。 우리 회사에는 탁아소가 없어요. 육아와 일을 병행할 수 있겠어요?
> B 主人が家事に協力的なので、主人と助け合えば問題ないと思います。
>   남편이 가사에 협조적이어서 남편과 서로 도우면 문제없다고 생각해요.

귀사의 기업 이념에 상당히 공감하고 있습니다.

御社の企業理念にとても共感しています。

> A 「常に前を見続ける」という御社の企業理念にとても共感しています。
>   '항상 앞을 바라본다'는 귀사의 기업 이념에 상당히 공감하고 있어요.
> B ありがとうございます。 감사합니다.

에어컨에서는 국내 점유율 1위라고 들었어요.

エアコンにおいては国内シェアトップだと聞いております。

귀사는 신속한 사업 전개를 하신다고 들었어요.

御社はスピーディーな事業展開をなさると聞きました。

전 세계적으로도 유명해질 기업이라고 생각해요.

全世界的にも有名になる企業だと思います。

귀사의 샴푸를 늘 사용하는데요, 약간 개량의 여지가 있는 것 같아요.

御社のシャンプーをいつも使っていますが、少し改良の余地があ
ると思います。

> **Biz tip** 제품이나 서비스에 대한 관심을 표하면서 실제 써 본 감상을 말하면 면접에서 높은 점수를 얻을 수 있
> 어요. 면접관도 납득할 만한 구체적인 분석이라면 금상첨화겠죠?

사원에게 의욕을 갖게 하는 방식이 독특해서 좋았습니다.

社員にやる気を持たせるやり方がユニークでいいと思いました。

환경문제에 힘쓰는 점에서 높이 평가받고 있어요.

環境問題に取り組んでいることで高く評価されています。

이제 곧 해외에도 진출한다고 들었어요.

もうすぐ海外にも進出すると聞きました。

동남아시아 진출은 위험성은 크지만 가능성은 커요.

東南アジアへの進出はリスクは大きいですが、可能性は大です。

A 当社が手がけている事業についてご存じですか。
우리 회사가 하는 사업에 대해서 아시나요?

B 東南アジアへの進出はリスクは大きいですが、可能性は大です。
동남아시아 진출은 위험성은 크지만 가능성은 커요.

귀사의 제품 디자인은 매우 창의적입니다.

御社の製品のデザインはとてもクリエイティブです。

귀사의 혁신적인 제품이 시장을 놀라게 했어요.

御社の革新的な製品がマーケットを驚かせました。

이달에 발매한 이어폰은 젊은이들 사이에서 인기가 많아요.

今月発売したイヤホンは若者の間で人気が高いです。

귀사의 영업 전략은 뛰어납니다.

御社の営業戦略は群を抜いています。   * 群を抜く 빼어나다

타사는 흉내 낼 수 없는 색감의 상품이 많아요.

他社にはまねのできない色合いの商品が多いです。

'사원은 가족이다'라는 이념에 처음엔 위화감이 들었어요.

「社員は家族」という理念に最初は違和感がありました。

A 当社の企業理念についてどう思いますか。
우리 회사의 기업 이념에 대해 어떻게 생각하세요?

B 「社員は家族」という理念に最初は違和感がありました。でも、そこには
もっと深い意味があることが分かりました。 '사원은 가족이다'라는 이념에 처음엔 위
화감이 들었어요. 하지만 거기에는 훨씬 깊은 의미가 있다는 것을 알았습니다.

온라인 사업도 시작한다는 기사를 읽었어요.

オンライン事業も始めるという記事を読みました。

'굳게 믿는다'는 사장님의 인터뷰 기사를 읽은 적이 있어요.

「強く信じる」という社長のインタビュー記事を読んだことがあ
ります。

회사 내에 스터디그룹이 있다는 이야기에 좋은 인상을 받았어요.

社内に勉強会があるという話にいい印象を受けました。

상사와도 스스럼없이 이야기할 수 있는 기업 문화에 놀랐어요.

上司ともざくばらんに話ができる企業文化に驚きました。

꿈을 가지고, 비전이 있으면 반드시 성공할 수 있는 회사라고 생각했어요.

夢を持ち、ビジョンがあれば必ず成功できる会社だと思いました。

연봉 관련

규정에 따르겠습니다.

規定に従います。

기본 수당은 귀사에 맡기겠습니다.

基本手当は御社にお任せします。   *任せる 맡기다

연봉은 250만 엔 정도였습니다.

年俸は250万円ぐらいでした。

전에 있던 회사에서는 월 20만 엔을 받았습니다.

前の会社では月20万円をもらいました。

솔직히 말해서 수입 문제가 있습니다.

正直に言いまして、収入の問題があります。

100만 엔을 올려 주시기를 희망합니다.

100万円のアップを希望します。

희망은 연봉 500만 엔 정도입니다.

希望は年収500万円ほどです。

입사할 수 있게 되면 400만 엔을 희망합니다.

入社させていただけたら、400万円を希望します。

                    *～させていただける＝できる

저와 비슷한 정도의 나이, 경험을 가진 사원 분의 연봉은 어느 정도인가요?

私と同じくらいの年齢、経験を持った社員の方の年収はどのぐ
らいでしょうか。

Biz tip 역으로 질문함으로써 대화의 흐름을 바꾸고 답변하기 어려운 질문을 피할 수 있어요.

현재 생활을 고려하면 300만 엔 정도 받으면 좋겠네요.

現在の生活を考えますと、300万円ほどいただければと思います。

면접에서 저의 실력을 평가하신 후에 결정해 주세요.

面接で自分の実力を評価していただいた上で、お決めください。

Biz tip 'お+ます형+ください'는 '~てください'의 존경표현입니다.

현재의 저에게는 돈보다 일에서 얻는 성취감이 중요합니다.

今の私にはお金より仕事で得る達成感が大切です。

A 希望の年収を教えてください。 희망하는 연봉을 말씀해 주세요.
B 前は500万円をもらっていましたが、今の私にはお金より仕事で得る達成
   感が大切です。 전에는 500만 엔을 받았지만 현재의 저에게는 돈보다 일에서 얻는 성취감이 중요
   합니다.

자격증도 새로 취득했으니 연봉으로 400만 엔은 받고 싶네요.

資格も新しくとりましたので、年収で400万円はいただきたい
です。

경력도 있고 전에 있던 회사보다는 많이 받았으면 합니다.

経歴もありますし、前の会社よりは多くいただければと思います。

전과 같은 금액이나 그 이상을 받고 싶어요.

前と同額かそれ以上をいただければと思います。

가족도 있어서요, 연봉은 어느 정도인지 가르쳐 주시면 감사하겠는데요.

家族もいますので、年収はどれほどなのか教えていただければ
ありがたいんですが。

Biz tip 면접자가 연봉에 대해 말을 꺼내지 않을 경우에는 사정을 이야기하고 먼저 질문해 보세요.

지원 상황

저희 회사 외에 어떤 회사에서 면접을 보고 있나요?

当社のほかに、どのような会社を受けていますか。

Biz tip 어떤 업종에 지원했는지 물어봄으로써 그 업계에 대한 진정성을 확인하는 질문입니다.

여기가 처음입니다.

ここが初めてです。

2, 3사 정도 있습니다.

2、3社ほどあります。

지원은 열몇 곳 했지만, 진정 원하는 곳은 귀사를 포함해서 두 곳입니다.

エントリーは十数社していますが、本命は御社を含めて2社です。

다른 무역회사에도 지원했습니다.

ほかの貿易会社にも志願しました。

가능하면 귀사에서 일하고 싶습니다.

できれば御社でお仕事をさせていただきたいです。

여기가 제1지망입니다.

こちらが第一志望です。

실전회화
A 他社の選考状況を教えてください。 타사의 전형 상황을 알려 주세요.
B こちらが第一志望です。御社でならより多くの人の生活をインターネットから支えられると感じたからです。 여기가 제1지망입니다. 귀사에서라면 보다 많은 사람의 생활을 인터넷으로 지원할 수 있을 거라 느꼈기 때문입니다.

IT업계를 중심으로 면접을 보고 있어요.

IT業界を中心に受けています。　　　　　　　　＊〜を中心に 〜를 중심으로

기업 비즈니스를 IT로 지원하는 회사를 중심으로 응시하고 있어요.

企業のビジネスをITで支援する会社を中心に受けています。

현재 응시한 회사는 NTT 데이터, IBM 등입니다.

現在、受けている会社は、NTTデータ、IBMなどです。

지금 다니는 회사에는 사표를 제출해 두었어요.

今の会社には退職願いを出してあります。

다음 달부터 일할 수 있습니다.

来月から働くことができます。

여기에서 일을 시작하기까지 2개월 정도 걸릴 듯싶어요.

こちらで仕事を始めるまで2ヶ月ぐらいかかりそうです。

지원 동기

무엇보다도 이 일에 정열을 불태우고 싶어요.

何よりもこの仕事に情熱をもやしたいと思っています。

스스로를 성장시킬 수 있는 회사라고 생각했기 때문이에요.

自らを成長させられる会社だと思ったからです。

일본에서 일하게 되기를 줄곧 꿈꾸어왔습니다.

日本で仕事をすることをずっと夢見てきました。

한국과 일본의 교류에 도움이 되고 싶었습니다.

韓国と日本の交流に役立ちたいと思いました。

일본에서 소프트 엔지니어로서 일하고 싶어서 지망했습니다.

日本でソフトエンジニアとして働きたいと思い、志望しました。

인재 교류 일을 해 보고 싶어서 지원했어요.

人材交流の仕事をしてみたいと思い、志願しました。

귀사와 같은 환경 선도 기업에서 일하고 싶어 지원했어요.

御社のようなエコ・リーディング・カンパニーで働きたく、志望しました。

Biz tip '～たく(～하고 싶어서)'는 '～たい(～하고 싶다)'의 부사형으로 정중한 문장에서 많이 써요.

가장 성장하는 업계인데도 인재가 부족하다고 들었기 때문입니다.

もっとも成長している業界なのに、人材が足りないと聞いたからです。

늘 향상심을 가지고 일할 수 있을 거라 생각했기 때문입니다.

常に向上心を持って働けると考えたからです。

외국에 지사가 많은 귀사에서 일하고 싶었어요.

外国に支社の多い御社で働きたいと思いました。

물건 만드는 일에 대한 뜻이 있었기 때문이에요.

物作りに対する思いがあったからです。　　　　* 思い 집념

65

하의상달이 원활히 이루어지는 문화라는 점이었습니다.

ボトムアップのカルチャーがあるということでした。

A 当社のどこが一番気に入りましたか。우리 회사의 어디가 가장 마음에 드셨나요?

B ボトムアップのカルチャーがあるということでした。
하의상달이 원활히 이루어지는 문화라는 점이었습니다.

사람들의 생활을 풍요롭게 하고 싶다는 생각이 있었어요.

人々の暮らしを豊かにしたいという思いがありました。

장래에는 한국과 일본의 가교 역할을 하고 싶어요.

ゆくゆくは韓国と日本の架け橋になりたいと思っております。

제가 가진 기술로 무언가를 만들 수 있다는 점에 매력을 느꼈어요.

自分の技術で何かを作れることに魅力を感じました。

항상 새로움과 변화를 추구하는 귀사의 자세에 매력을 느꼈기 때문입니다.

いつも新しさと変化を求める御社の姿勢に魅力を感じたからです。

사양대로 설계하는 프로그래머의 일을 동경했어요.

スペックどおり設計するプログラマーの仕事に憧れがありま
した。

제 실력을 귀사와 같은 글로벌 기업에서 살리고 싶어요.

自分の実力を御社のようなグローバル企業で活かしたいと思っ
ております。

우선 첫 번째는 바이오 소재에 흥미를 가졌던 점이죠.

まず一つはバイオ素材に興味を持ったことです。

A 当社で働きたいと思った理由は何でしょうか。
우리 회사에서 일하고 싶다고 생각한 이유는 뭐죠?

B まず一つはバイオ素材に興味を持ったことです。もう一つはグローバル
に活躍できる人になりたいと思ったからです。 우선 첫 번째는 바이오 소재에 흥미를
가졌던 점이죠. 또 하나는 글로벌하게 활약할 수 있는 사람이 되고 싶다고 생각했기 때문입니다.

더욱 경쟁이 치열해지는 이 업계에서 제 자신을 시험해 보고 싶어요.

もっと競争がはげしくなるこの業界で自分を試したいです。

66

손님이 기뻐하는 일을 하고 싶어서 응모(지원)했습니다.

お客様に喜ばれる仕事がしたく、応募（おうぼ）しました。

> **Biz tip** 우리는 능동태 문장을 많이 쓰지만 일본어는 수동태를 많이 쓰죠. 그래서 일본어로는 お客様が喜ぶ보다는 お客様に喜ばれる가 더 자연스러워요.

항상 새로운 일에 도전하는 회사의 기풍이 저와 맞았어요.

いつも新しいことに挑戦（ちょうせん）する社風（しゃふう）が自分に合っていると思いました。

저는 혁신적인 기업 풍토에 끌렸어요.

私は革新的（かくしんてき）な企業風土（きぎょうふうど）にひかれました。

편의점의 영향력을 깨달았기 때문입니다.

コンビニの影響力（えいきょうりょく）に気づかされたからです。

> ＊気づかされる＝気づかせられる

귀사의 사원이 타사 사원보다 즐겁게 일한다고 느꼈거든요.

御社の社員の方が他社（たしゃ）の社員より楽しく働いていると感じたからです。

오래 일할 수 있는 회사를 찾다가 이직을 결심했어요.

長く働ける会社をと思い、転職（てんしょく）を決意（けつい）しました。

새로운 도전을 한다면 지금이라고 생각해서 이직을 마음먹었어요.

新しいチャレンジをするんだったら今だと思って、転職を決めました。

제가 담당할 수 있는 범위가 한정되어 있어서요.

自分が担当できる範囲（はんい）が限（かぎ）られているからです。

A 今、大手企業（おおて）でSEとしてお勤めですね。ベンチャーである当社に転職をと思った理由をお教えください。
현재 대기업에서 SE로 일하시는군요. 벤처기업인 저희 회사로 이직을 생각하신 이유를 말씀해 주세요.

B 自分が担当できる範囲が限られているからです。
제가 담당할 수 있는 범위가 한정되어 있어서요.

장래를 진지하게 생각할 때 귀사의 구인 모집을 보았어요.

将来（しょうらい）のことをまじめに考えている時に、御社の求人募集（きゅうじんぼしゅう）を目にしました。

> ＊目にする 보다

스마트폰 콘텐츠에 주목하고 있습니다.

スマホのコンテンツに注目しています。

Biz tip 자신의 관심 분야나 주목하고 있는 아이템 등에 대해 설명할 수 있도록 미리 준비해 두세요.

저는 급속하게 신장하는 아시아 시장에 관심이 있습니다.

私は急速に伸びているアジア市場に興味があります。

체력에는 자신이 있습니다.

体力には自信があります。

팀을 짜서 일하는 것을 좋아합니다.

チームを組んで仕事をするのが好きです。

시간이 나면 고장난 가전제품을 해체해서 내부가 어떻게 되어 있는지 보는 것을 좋아
해요.

時間があれば、だめになった家電製品を解体して、中がどうなっ
ているのか見るのが好きです。

커뮤니케이션 네트워크에 가능성을 느끼고 있어요.

コミュニケーションネットワークに可能性を感じています。

정답인지 아닌지는 문제 삼지 않고 남들과 다른 생각을 조리있게 말할 수 있는가를
보는 분이었어요.

正解かどうかは問題にせず、人と違う考えを筋道立てて言える
かどうかを見る方でした。

Biz tip 누구를 존경하느냐보다는 존경하는 이유가 중요해요.

A なぜその先生を尊敬していますか。왜 그 선생님을 존경하시나요?

B その先生は正解かどうかは問題にせず、人と違う考えを筋道立てて言え
るかどうかを見る方でした。
정답인지 아닌지는 문제 삼지 않고 남들과 다른 생각을 조리 있게 말할 수 있는가를 보는 분이었어요.

이직이 많았던 것은 커리어를 높이고 싶어서였어요.

転職が多かったのはキャリアをアップしたかったからです。

Biz tip 인간관계나 회사의 대우 때문에 이직이 잦았다는 인상을 주지 않도록 주의하세요.

상사가 저와 다른 결론을 냈을 때는 상사의 지시에 따르겠어요.

上司が私と違う結論を出した時は、上司の指示に従います。

저는 전문적으로 공부한 사람과는 다른, 새로운 관점을 가지고 있어요.

私は専門的に学んだ人とは違う、新しい視点を持っています。

인터넷에서 정보를 모으고 신문이나 책도 함께 읽고 있어요.

インターネットから情報を集めて、新聞や本も合わせて読んでいます。

Biz tip 자신만의 정보 수집 방법이 있다는 사실과 정보 수집에 여러 매체를 이용하고 있음을 어필하세요.

여성이기에 남성은 알아채기 힘든 점에도 마음을 쓸 수 있죠.

女性だからこそ男性は気づきにくい点にも気を配ることができます。

* 気を配る 배려하다

우선은 확실히 제품을 이해하는 일이 중요하다고 봅니다.

まずはしっかり製品を理解することが肝心だと思います。

실업 기간이 길었던 것은 공부를 겸해서 해외를 돌았기 때문입니다.

失業期間が長かったのは勉強をかねて海外を回っていたからです。

Biz tip 취업을 준비하는 기간이 본의 아니게 길어졌을 때는 면접관이 납득할 만한 이유를 준비해 두세요.

전에 일하던 기간이 짧은 이유는 배속처가 자회사로 바뀌었기 때문이에요.

前のところで働いた期間が短いのは、配属先が子会社化されたためです。

A 前の会社では2ヶ月しかいませんでしたね。
이전 회사에서는 두 달밖에 계시지 않았군요.

B 前のところで働いた期間が短いのは、配属先が子会社化されたためです。
전에 일하던 기간이 짧은 이유는 배속처가 자회사로 바뀌었기 때문이에요.

차를 내며 대화가 이루어지는 경우도 있기 때문에 저는 적극적으로 차를 준비하거나 복사하는 일도 하고 싶어요.

お茶を出すことで会話が生まれることもあるので、私は積極的にお茶くみやコピーの仕事もさせていただきたいです。

* お茶くみ 차를 끓임

Biz tip 보잘것없이 보이는 작은 일에도 성실하게 임하는 자세를 보여 주세요.

면접관에게 질문

저희들에게 질문 있나요?

私たちに質問などありますか。

한 가지 여쭤 봐도 될까요?

一つ、お聞きしてよろしいでしょうか。

69

마지막으로 뭔가 하고 싶은 말은 없나요?

最後に何か言いたいことはありませんか。

마지막에 할 말이 있느냐고 물어오는 경우가 있어요. 간단한 포부나 다짐을 말해도 좋고 시간을 내주어 감사하다는 인사를 해도 좋아요.

A 最後に何か言いたいことはありますか。마지막으로 뭔가 하고 싶은 말은 없나요?

B 常に挑戦し、常に学び、成長したいと考えておりますので、どうかよろしくお願いいたします。本日はお時間をとっていただき、ありがとうございました。
항상 도전하고 늘 배우며 성장하고 싶어요. 잘 부탁드립니다. 오늘은 시간을 내주셔서 감사했습니다.

마지막으로 뭔가 덧붙일 말은 있나요?

最後に何かつけ加えたいことはありますか。

부서는 어떤 식으로 정해지나요?

部署はどのように決まるのでしょうか。

잔업 시간은 정해져 있나요?

残業の時間は決まっているんでしょうか。

접대 같은 것은 많나요?

接待などは多いでしょうか。

귀사에서 일함으로써 익힐 수 있는 능력은 무엇일까요?

御社で働くことによって身につく能力は何でしょうか。

저에게 개선해야 할 점이 있다면 참고삼아 가르쳐 주셨으면 좋겠어요.

自分に改善すべき点があれば参考までに教えていただけたらと思います。

자신이 면접에서 부족했던 점을 물어보고 다음 면접에 참고로 삼으세요. 경력자라면 'これまでのキャリアやスキルで足りないもの、補うべきものは何でしょうか(지금까지의 경력이나 스킬에서 부족한 부분, 보완해야 하는 것은 무엇일까요?)'라고 질문해 보세요.

입사가 결정되면 어떤 일부터 시작하는지 물어봐도 될까요?

もし入社が決まったら、どのような仕事から始めるのか聞いてもよろしいでしょうか。

A もし入社が決まったら、どのような仕事から始めるのか聞いてもよろしいでしょうか。입사가 결정되면 어떤 일부터 시작하는지 물어봐도 될까요?

B 場合によりますが、営業のサポートから始めることになります。
경우에 따라 다르지만 영업 지원부터 시작하게 됩니다.

어떤 연수 제도가 있나요?

どういった研修制度があるんでしょうか。

사원을 위한 교육 세미나 같은 것은 있나요?

社員のための教育セミナーなどはありますか。

귀사의 안정적인 성장 비결은 무엇인가요?

御社の安定的な成長の秘訣は何でしょうか。

A　御社の安定的な成長の秘訣は何でしょうか。
　　귀사의 안정적인 성장 비결은 무엇인가요?

B　さあ、どうでしょうか。あえて言うならば、無理のない投資じゃないで
　　しょうか。
　　글쎄요, 뭐라고 해야 할까요, 굳이 말하자면 무리 없는 투자가 아닐까요?

사내 분위기에 대해서 여쭤 보고 싶은데요.

社内風土についてお聞きしたいですが。

이 일에서 가장 요구되는 자질은 무엇인가요?

この仕事でもっとも求められる資質は何でしょうか。

하루 업무의 흐름은 어떤가요?

一日の業務の流れはどのようなものでしょうか。

Biz tip 의욕과 열의를 어필할 수 있는 질문으로 효과적이에요.

입사하게 되면 실제 업무에 합류하는 것은 언제쯤이 되나요?

入社できたら、実際の仕事に合流するのはいつごろになりますか。

2차 전형을 위해서 준비해 둘 것이 있다면 알려 주셨으면 합니다.

２次選考のために準備しておくことがあれば教えていただきたいです。

이 일의 최대 매력은 무엇이라고 생각하시나요?

この仕事の最大の魅力は何だとお考えですか。

Biz tip 구직자 입장에서도 면접은 상대의 회사를 가늠하는 중요한 장(場)입니다. 적극적인 질문을 통해서 회사와의 궁합을 알아보세요.

실적에 대한 평가 기준을 여쭤 봐도 될까요?

実績の評価基準をお聞きしてよろしいでしょうか。

Biz tip 'お+ます형+する'라는 겸양 표현에, '~ていいですか'의 존경 표현인 '~てよろしいでしょうか(~해도 될까요?)'가 결합된 형태예요.

회사 업무

매일 반복되는 업무 속에서 직장인이라면 누구나 하루에 한 번씩은 입에 담게 되는 표현들을 일본어로는 어떻게 표현할까요? 출근을 시작으로 상사 및 동료들과의 이런저런 대화, 업무와 관련된 갖가지 표현뿐 아니라 기타 잡무에 이르기까지, 회사에서 매일 하는 행동과 대화를 일본어로 공부해 보겠습니다. 어느 직장이든 어떤 직업이든 응용할 수 있는 문장이 많아서 활용도가 높을 거예요. 생활 회화에서 쓰는 문장도 많으니 부담 없이 공부해 주세요.

회사 생활

02-1.mp3

출근 인사

안녕하세요.

おはよう。

おはようございます。

グッドモーニング！

Biz tip 영업직은 거래처에 들렀다가 오후에 출근하는 경우도 많은데요. 그런 경우에도 회사에서 처음 만났을 때는 こんにちは가 아니라 おはよう를 쓰는 것이 일반적이에요.

일은 잘돼 가?

仕事はうまくいってる？

仕事ははかどってる？ * はかどる 진척되다

仕事は順調？ * 順調 순조로움

어제는 수고 많으셨어요.

昨日はお疲れ様でした。

기운이 없어 보이네요.

元気、ないですね。

顔色が冴えないですよ。 * 冴えない 생기가 없다

 A 元気、ないですね。 기운이 없어 보이네요.
B いつものことです。 늘 그런 걸요.

무슨 일 있어요?

どうかしましたか。

 A どうかしましたか。 무슨 일 있어요?
B いえ、何でもないんです。ただの寝不足です。
아뇨, 아무것도 아니에요. 그냥 잠을 못 자서요.

푹 쉬셨어요?

ゆっくり休みましたか。

피곤하신 거 아니에요?

お疲れじゃありませんか。

75

하루 종일 잠만 자고 싶어요.

一日中、寝ていたいですよ。

푹 주무셨어요?

よく眠れましたか。

얼굴색이 안 좋아요.

顔色が悪いですよ。

A 何か悪いことでもありましたか。顔色が悪いですよ。
　무슨 안 좋은 일이라도 있었어요? 얼굴색이 안 좋아요.
B 昨日飲みすぎちゃって。어제 과음해 버려서요.

아침 대화

주말에 어땠어요?

週末、どうでしたか。

어제 잔업했어요?

昨日、残業でしたか。

어제 회식이 있었거든요.

昨日、飲み会があったんです。

어제 잔업 후에 다 같이 한잔했어요.

昨日、残業の後、みんなで一杯飲みました。

오늘 무슨 좋은 일이라도 있어요?

今日、何かいいことでもありますか。

A 今日、何かいいことでもありますか。오늘 무슨 좋은 일이라도 있어요?
B どうして分かった？彼女とデートなんだ。어떻게 알았어? 여자 친구랑 데이트거든.

지각하는 줄 알고 아침 댓바람부터 뛰었어.

遅刻するんじゃないかと思って、朝っぱらから走ったよ。

오늘 미세 먼지가 굉장하다고 하네요.

今日、PM2.5がすごいんですって。

A 今日、PM2.5がすごいんですって。오늘 미세 먼지가 굉장하다고 하네요.
B 下手に出歩かないほうがいいよね。쓸데없이 돌아다니지 않는 게 좋겠어.

벌써부터 여름을 타는 것 같아요.

早くも夏ばてしそうです。

아침부터 푹푹 찌네요.

朝から蒸し暑いですね。

오늘 소나기가 지나간대요.

今日、夕立があるそうですよ。

우중충한 날씨가 이어지네요.

いやな天気が続きますね。

가을 하늘은 좋네요. 상쾌해서.

秋空はいいですね。すがすがしくて。

아침은 먹고 왔어요?

朝ごはんは食べてきましたか。

 A　朝ごはんは食べてきましたか。 아침은 먹고 왔어요?

B　そんな時間、ありませんよ。 그럴 시간이 어디 있어요.

일기예보 아나운서가 말했어요. 오늘 폭풍우가 온대요.

お天気お姉さんが言っていました。今日、暴風雨ですって。

Biz tip 출근 준비 시간에 TV에 나오는 미인 기상 캐스터를 お天気お姉さん이라고 하는데요. 시청률이 높은 시간인 만큼 인기가 높습니다.

벌써 봄이네요.

もう春ですね。

무슨 걱정거리라도 있으세요?

何か心配事でもありますか。

어제 봤어요? 스캔들 뉴스.

昨日、見ました？スキャンダルニュース。

A　昨日、見ました？スキャンダルニュース。 어제 봤어요? 스캔들 뉴스.

B　あれでしょう。政治家の収賄ってやつ。

그거잖아요. 정치가가 뇌물을 받았다는 거. ＊収賄 수뢰

월요일 9시 드라마 봤어요?

月9、見ましたか。

A　月9、見ましたか。 월요일 9시 드라마 봤어요?

B　見ていないけど、すごい人気らしいですね。 못 봤지만, 굉장한 인기라더군요

지각·조퇴·결근

늦어서 죄송해요.

遅れてすみませんでした。　　　　　　　　　　　　* 遅れる 늦어지다

遅刻してすみませんでした。　　　　　　　　　　* 遅刻 지각

遅くなってすみません。　　　　　　　　　　　　* 遅くなる＝遅れる

지연 증명서를 발급받았어요.

遅延証明書を出してもらいました。

Biz tip 일본에도 철도 사업자나 버스 사업자가 열차나 버스의 지연에 대해 공식적으로 발행하는 증명서가 있습니다. 이 증명서를 제출하면 회사에서도 지각 처리되지 않습니다.

왜 늦었어요?

どうして遅れましたか。

遅刻した理由は何ですか。　　　　　　　　　　　* 理由 이유

なぜ遅刻したんですか。

아침부터 배탈이 나서요.

朝からお腹を下しまして。　　　　　　　　　　　* お腹を下す 배탈 나다

A　また遅刻ですか。 또 지각이에요?

B　朝からお腹を下しまして。 아침부터 배탈이 나서요.

콘택트렌즈를 잃어버려서 찾고 있었더니 시간이 흘러 버렸어요.

コンタクトをなくして探していましたら、時間が経ってしまいました。

Biz tip '～たら(～하면)'는 뒷문장이 과거형이면 '～했더니'로 해석이 바뀝니다.

늦잠을 자고 말았어요.

寝坊をしてしまいました。

길이 막혔어요.

道が込んでいました。　　　　　　　　　　　　　* 道が込む 길이 막히다

자전거에 펑크가 나서요.

自転車がパンクしてしまって。

아침부터 고객이 불러서 직행했다가 왔어요.

朝からお客さんに呼び出されて直行してきました。

과음을 해 버려서 아침에 못 일어났어요.

飲みすぎてしまって、朝起きられませんでした。

몸이 좋지 않아서 병원에 들렀다가 왔어요.

体調が悪くて、病院に寄ってきました。　　　　　　　　＊寄る 들르다

(내릴 역을) 지나쳐 버렸어요.

乗り過ごしてしまいました。

숙취로 늦었습니다.

二日酔いで遅くなりました。

알람시계가 울리지 않은 것 같아요.

目覚まし時計が鳴らなかったみたいです。

실전회화

A　目覚まし時計が鳴らなかったみたいです。 알람시계가 울리지 않은 것 같아요.

B　そんなうそが通用すると思うんですか。 그런 거짓말이 통할 것 같아요?

사원증을 잊어서 가지러 돌아갔더니 시간이 걸려 버렸어요.

社員証を忘れましたので、取りに戻っていたら、時間がかかってしまいました。

끈덕진 캐치 세일즈에 잡혀서 꼼짝을 못했어요.

強引なキャッチセールスに捕まって、動きがとれませんでした。

＊動きがとれない 꼼짝 못하다

업무상의 문제가 생겨서 집에서 그 대응을 하고 있었어요.

仕事上のトラブルがあり、自宅でその対応をしていました。

이제 곧 도착하니까 과장님께 말씀 좀 잘 전해 주세요.

もうすぐ着きますので、課長によろしくお伝えください。

이것으로 벌써 네 번째예요.

これで、もう４度目ですよ。

한 번 더 지각하면 시말서니까 알아서 하세요.

もう一回遅刻したら、始末書ですからね。

오후에 조퇴해도 될까요?

午後から早退してもいいですか。

午後から早退させてください。

午後から早めに帰ってもいいですか。

午後から早引きさせてもらえませんか。

A 午後から早退してもいいですか。田舎から父が来るので。
오후에 조퇴해도 될까요? 고향에서 아버지가 오셔서요.

B そうですか。せっかくですから、親孝行してくださいね。
그래요? 모처럼의 기회니까 효도하세요.

감기에 걸려서 쉬고 싶은데요.

風邪をひいてしまってお休みをいただきたいのですが。

구역질이 심해서 오늘은 쉬고 싶어요.

吐気がひどくて、今日は休ませていただきたいです。

개인적인 용무(사정)로 오늘은 쉴게요.

個人的な用事で今日はお休みします。

個人的な都合で今日はお休みしたいんです。

個人的な事情がありまして、今日は休ませてください。

 휴가

유급 휴가를 써도 될까요?

有休をとってもよろしいでしょうか。　　　　　　　　　　＊有休＝有給休暇

A 明日、有休をとってもよろしいでしょうか。 내일 유급 휴가를 써도 될까요?

B 今はちょっとまずいよ。プロジェクトでみんな徹夜しているの、知らないわけ？　지금은 좀 곤란해. 프로젝트 때문에 모두 밤새는 거 모르는 거야?

병가를 내도 될까요?

病気休暇をとってもいいでしょうか。

휴가는커녕 계속 잔업만 하고 있어요.

休暇どころか残業続きです。　　　　　　　　　　＊～どころか ～하기는커녕

올해는 한국에 돌아갈 생각이에요.

今年は韓国に帰るつもりです。

여름엔 역시 하와이죠.

夏はやっぱりハワイでしょう。

A 休暇でどこに行きますか。 휴가로 어디에 가세요?

B 夏はやっぱりハワイでしょう。 여름엔 역시 하와이죠.

8월 1일부터 5일까지 휴가 갑니다.

8月1日から5日まで休暇をとります。

제가 없는 동안 잘 부탁드려요.

留守の間、よろしくお願いします。

A 留守の間、よろしくお願いします。 제가 없는 동안 잘 부탁드려요.

B お土産、買ってきてくださいね。 선물 사다 주세요.

프로젝트 건은 박○○ 씨에게 맡겼어요.

プロジェクトの件はパクさんに任せました。

할머니 장례식으로 상중(喪中) 휴가를 받고 싶은데요, 괜찮을까요?

祖母の葬儀で忌引き休暇をとりたいんですけど、よろしいでしょうか。

휴가 중이라도 연락은 가능하니까 고객 전화는 돌려 주세요.

休暇中でも連絡はできるので、クライアントの電話は回してください。

A お留守中にソウルトラベルから電話が来たらどうしましょうか。
안 계시는 동안에 서울트래블에서 전화가 오면 어떡하죠?

B 休暇中でも連絡はできるので、クライアントの電話は回してください。
휴가 중이라도 연락은 가능하니까 고객 전화는 돌려 주세요.

연차 휴가, 어느 정도 남아 있어요?

年休、どれぐらい残っていますか。 　　*年休=年次有給休暇

A 年休、どれぐらい残っていますか。 연차 휴가, 어느 정도 남아 있어요?

B 10日ぐらいは残っていると思います。 열흘 정도는 남아 있는 것 같아요.

다나카 씨가 없는 동안에는 김○○ 씨가 대신 애를 좀 써 주세요.

田中さんのいない間は、キムさん、フォローをお願いします。

＊フォロー 보조

회사 상황

영업 실적을 회복하고 있어요.
業績を回復しています。

우리 회사의 주가가 떨어지고 있어요.
わが社の株価が下落しています。

＊下落 하락

해외로 사업을 확장하고 있어요.
海外へ事業を拡大しています。

A 海外へ事業を拡大しています。 해외로 사업을 확장하고 있어요.
B 海外とおっしゃいますと、どこでしょうか。 해외라고 하시면 어디 말인가요?

개발에 주력하고 있어요.
開発に力を入れています。

＊力を入れる 힘을 쏟다

우리 회사는 지금 중대한 국면에 서 있어요.
わが社は今きびしい局面に立たされています。

Biz tip 立たされる는 사역수동형으로 立たせられる와 같습니다. 즉 '어쩔 수 없이 본의 아니게 그러한 상황에 처하게 되었다'는 뉘앙스가 되죠.

이번에 신상품을 개발했어요.
今回、新商品を開発しました。

이제 곧 상장합니다.
もうすぐ上場します。

경비 삭감을 목표로 하겠어요.
コスト削減を目指します。

A コスト削減を目指します。 경비 삭감을 목표로 하겠어요.
B 具体的に何をすればいいでしょうか。 구체적으로 무엇을 하면 되는 거죠?

적자가 계속되고 있어요.
赤字が続いています。

＊続く 계속되다

2년 연속으로 흑자예요.

2年連続、黒字です。

올봄에 한국상사와 합병을 합니다.

この春、韓国商事と合併を行います。

이번 분기에 시장 점유율이 크게 신장되었어요.

今期、市場シェアが大きく伸びました。

해외로 생산 거점을 옮기는 것을 고려 중이에요.

海外への生産拠点のシフトを考えています。

우리 회사는 전환기를 맞이하고 있어요.

わが社は転換期を迎えています。

A　わが社は転換期を迎えています。 우리 회사는 전환기를 맞이하고 있어요.

B　新しい戦略が必要な時ですね。 새로운 전략이 필요할 때군요.

도쿄에 지점을 낼 준비에 착수했어요.

東京に支店を出す準備に取りかかりました。

실적 전망을 하향 수정했어요.

実績見通しを下方修正しました。

올해부터 서류는 모두 전자화합니다.

今年から書類はすべて電子化を行います。

컬러 복사는 가급적 사용하지 않도록 협조해 주세요.

カラーコピーはできるだけ使わないようにご協力ください。

원유 가격 급등으로 생산비가 늘고 있어요.

原油価格の高騰で、生産コストが増えています。

행사 · 연수

신상품 아이디어에 관한 사내 공모전을 실시합니다.

新商品のアイデアに関する社内コンペを行います。

공모전 마감일은 21일입니다.

コンペの締め切りは21日です。

사원이라면 누구나 참가할 수 있습니다.

社員ならだれでも参加できます。

A 参加資格はあるんですか。참가 자격은 있나요?

B 社員ならだれでも参加できます。 사원이라면 누구나 참가할 수 있습니다.

새로 나온 스낵 상품 시식이 금요일 11시부터 열립니다.

新しいスナック商品の試食が金曜11時に開かれます。

제5회 사내 기부 콘서트를 개최합니다.

第5回社内チャリティコンサートを開催します。

워크숍은 제주도에서 개최될 예정이에요.

ワークショップはチェジュ島で行われる予定です。

8월 15일에 소방 훈련이 있습니다.

8月15日に消防訓練があります。

사내 이벤트에는 전원이 참석해야 해요.

社内イベントには全員が参加しなければいけません。

연수는 20시간으로 짜여 있어요.

研修は20時間となっております。

이번 연수는 신입사원을 위한 것입니다.

今回の研修は新入社員のためのものです。

선착순 50명까지는 책을 무료로 드립니다.

先着50名までは本を無料でさしあげます。

출결은 가토 씨가 담당합니다.

出欠は加藤さんが担当します。

오추겐(음력 7월 15일) 이벤트로서 제비뽑기 대회를 엽니다.

お中元のイベントとしてくじ引き大会を開きます。

A お中元のイベントとしてくじ引き大会を開きます。
오추겐(음력 7월 15일) 이벤트로서 제비뽑기 대회를 엽니다.

B 賞品は何ですか。 상품은 뭔가요?

팸플릿은 정문에 놔두었습니다.

パンフレットは正門に置いてあります。

안내역은 기획부의 노무라 씨가 맡습니다.

案内役は企画部の野村さんが務めます。　　　　*務める (임무를) 맡다

과자와 음료도 준비했습니다.

お菓子と飲み物も用意しました。

연수 프로그램에 대해서는 총무부에 문의해 주세요.

研修プログラムに関しては総務部にお問い合わせください。

강사는 유명한 분을 초청했습니다.

講師は有名な方をお招きしました。

A　講師は有名な方をお招きしました。강사는 유명한 분을 초청했습니다.
B　どなたか教えてもらえませんか。누구인지 알려 주실 수 없나요?

전체의 사기와 단결력을 높이기 위해서 바비큐 파티를 할 거예요.

全体の士気や団結力を高めるためにバーベキューパーティーを
行います。

스킬 업을 위한 연수가 이달 25일부터 3일간 열리니 적극적으로 참석해 주세요.

スキルアップのための研修が今月の25日から3日間行われます
ので振るってご参加ください。　　　　*振るって 자진해서

외출 · 퇴근

외근 다녀오겠습니다.

外回り、行ってきます。

A　外回り、行ってきます。외근 다녀오겠습니다.
B　いってらっしゃい。다녀오세요.

지금 돌아왔습니다.

ただ今、戻りました。

A　ただ今、戻りました。지금 돌아왔습니다.
B　お帰りなさい。お疲れ様でした。어서 오세요. 수고하셨어요.

먼저 가 볼게요. (퇴근)

お先に。

お先に失礼します。

お先に失礼させていただきます。

뭔가 도와 드릴 거 있어요?

何か手伝えること、ありますか。

Biz tip 아직 퇴근하지 못하고 남아 있는 사람에게 건네는 배려의 인사말로 기억하세요.

A 何か手伝えること、ありますか。 뭔가 도와 드릴 거 있어요?
B いえ、一人でも大丈夫です。ありがとうございます。
아뇨, 혼자서도 괜찮아요, 고마워요.

수고하셨습니다. 내일 봐요.

お疲れ様でした。また、明日。

과장님은 방금 전에 퇴근하셨습니다.

課長は先ほどお帰りになりました。

일이 아직 남아 있어서 퇴근을 못해요.

仕事がまだ残っていて、帰れません。

먼저 퇴근했다고 전해 주세요.

先に帰ったと伝えてください。

벌써 회사를 나와서요, 그 일은 내일 아침 일찍 해 놓을게요.

もう会社を出てしまいまして、そのことは明日、朝一でやって
おきます。

A 頼みたいことがあるんだが。 부탁하고 싶은 일이 있는데….
B もう会社を出てしまいまして、そのことは明日、朝一でやっておきます。
벌써 회사를 나와서요, 그 일은 내일 아침 일찍 해 놓을게요.

일이 끝나면 식사라도 어떠세요?

仕事が終わったら、食事でもいかがですか。

오늘 밤에 뭔가 약속 있어요?

今晩、何か予定ありますか。   * 予定 예정

A 今晩、何か予定ありますか。 오늘 밤에 뭔가 약속 있어요?
B どうしました？ 一杯やりましょうか。 무슨 일 있어요? 한잔하실래요?

전근 · 단신부임

オサカロ 전근 갑니다.
大阪へ転勤になりました。

大阪に転勤します。

A 大阪へ転勤になりました。 오사카로 전근 갑니다.
B ずいぶん急ですね。 너무 갑작스럽네요.   * ずいぶん 상당히

전근은 회사에도 사원에게도 경비가 듭니다.
転勤は会社にも社員にもコストがかかります。

인수인계라든가 이사 등으로 힘드시겠어요.
引き継ぎとか引っ越しなどで、大変でしょうね。

전근함으로써 출세 코스에 오른다는 이야기도 있어요.
転勤することで出世コースに乗るという話もあります。

작년에 동북 지방에서 돌아온 지 얼마 안 되었어요.
去年、東北から戻ってきたばかりです。

아이들 학교 문제도 있고 해서 혼자 가기로 했어요.
子供の学校の問題もあるので、一人で行くことにしました。

    * ～ことにする ～하기로 하다

A ご家族もごいっしょですか。 가족들도 같이 가시나요?
B 子供の学校の問題もあるので、一人で行くことにしました。
아이들 학교 문제도 있고 해서 혼자 가기로 했어요.

전근 가는 곳이 좋은 곳이면 좋겠네요.
転勤先がいいところだったらいいですね。

여러 가지 하다 만 일도 있지만, 나머지 일은 잘 부탁드려요.
いろいろやり残した仕事もあるのですが、後のことはよろしく
お願いいたします。

전근을 잠시 보류했어요.
転勤を一時見合わせました。   * 見合わせる 보류하다

A 転勤を一時見合わせました。 전근을 잠시 보류했어요.
B 会社側は受け入れてくれたんですか。 회사 측은 받아들여 주었나요?

전국에 지점이 많다 보니 전근도 많아요.

全国に支店が多くて、転勤も多いです。

새로운 부임처에서 여러 가지 힘드시겠지만 힘내세요.

新しい赴任先でいろいろ大変でしょうけど、がんばってください。

다나카 과장님이 없는 영업부가 이전처럼 잘 돌아갈 수 있을지 너무 걱정이에요.

田中課長のいない営業部が前みたいに回れるか心配でなりません。

                                                  ＊～でならない 매우 ～하다

너른 시야와 간부로서의 경험이 생겨서 좋은 것 같아요.

広い視野と幹部としての経験ができていいと思います。

A	広い視野と幹部としての経験ができていいと思います。 너른 시야와 간부로서의 경험이 생겨서 좋은 것 같아요.
B	自分の経験を広げるチャンスにもなりますしね。 제 자신의 경험을 넓히는 기회도 되니까요.

단신부임은 여러 가지로 불편하겠네요.

単身赴任はいろいろ不便でしょうね。

단신부임이 요즘 늘고 있다고 하더군요.

単身赴任が最近増えているそうです。

A	単身赴任が最近増えているそうです。 단신부임이 요즘 늘고 있다고 하더군요.
B	60才以上は10年で2倍になったらしいです。 60세 이상은 10년 만에 2배가 되었다고 하더군요

단신부임이라고 들으면 아무래도 나쁜 이미지가 앞서지만 반드시 그런 것은 아니에요.

単身赴任と聞くと、どうしても悪いイメージが先行してしまいますが、必ずしもそうではありません。

                                                  ＊先行 선행

가급적 주말은 돌아오려고 해요.

できるだけ週末は戻ってこようと思っています。

업무 관련

**보고 및
확인**

공장에서 사고가 있었나 봅니다.
工場で事故があったようです。

자세한 사항은 이 보고서에 정리해 두었습니다.
詳しいことはこのレポートにまとめておきました。

서류 만드는 것을 도와줄래요?
書類を作るのを手伝ってもらえますか。

Biz tip 남에게 부탁을 할 때는 가능형으로 묻는 것이 일반적입니다. 부탁을 들어줄 수 있는 상황에 있는지를 물음으로써 부탁에 대한 부담을 덜어 주려는 배려가 숨어 있죠.

이번 주 발주표 올라왔어요.
今週の発注表、上がってきました。

제 대신에 업무 일지를 써 줄래요?
私の代わりに、業務日誌を書いてもらえますか。

사내 설문 조사는 끝났나요?
社内アンケートは終わりましたか。

회의 자료는 정리했나요?
会議の資料はまとめたんですか。

이건 언제까지 하면 되죠?
これはいつまでやればいいですか。

기획서는 벌써 완성되어 있나요?
企画書はもうできていますか。   * できる 완성되다

샘플이 와 있는지 확인했어요?
サンプルが来ているか確認しましたか。

납기 확인, 했어요?
納期の確認、やりました？

지난주 부탁한 건은 어느 정도 진행되었나요?

先週頼んだ件はどれぐらい進みましたか。

서류를 5부 복사해서 각 팀장에게 나누어 주었나요?

書類を５部コピーして各チーム長に配りましたか。

A 書類を５部コピーして各チーム長に配りましたか。
서류를 5부 복사해서 각 팀장에게 나누어 주었나요?

B すみません。今、ちょっと手が離せなくて。
죄송해요. 지금 좀 손을 뗄 수 없어서요.

월요일까지 끝내기로 되어 있던 자료는 어떻게 되었나요?

月曜日までに終わらせることになっていた資料はどうなりましたか。

가능한 한 빨리 부탁드려요.

できるだけ早くお願いします。

고객이 보고 싶다고 말씀하시니까 급히 부탁할게요.

クライアントがご覧になりたいとおっしゃるので、至急お願いします。

A クライアントがご覧になりたいとおっしゃるので、至急お願いします。
고객이 보고 싶다고 말씀하시니까 급히 부탁할게요.

B はい、今、やります。 네, 지금 할게요.

다시 해 줄래요?

やり直してくれますか。　　　　　　　　　　＊やり直す 다시 하다

신규 데이터 입력을 서둘러 주었으면 좋겠는데요.

新規のデータ入力を急いでほしいんですけど。

네, 바로 시작할게요.

はい、すぐにとりかかります。　　　　　　　＊とりかかる 착수하다

네, 확인이 끝났습니다.

はい、確認が終わりました。

はい、確認済みです。　　　　　　　　　　　＊済み 완료

はい、確認できています。

はい、確認しました。

90

현재로서는 문제가 없는 것 같아요.

今のところ、問題はないようです。

今のところ、大丈夫みたいです。

今のところ、トラブルは起きていません。

今のところ、心配ありません。

今のところ、異常ありません。　　　　　　　　　　　　　* 異常 정상이 아닌 상태

今のところ、オッケーです。

반쯤 했어요.

半分ぐらいやりました。

(정해진) 시간까지는 할 수 있을 거예요.

時間までにはできると思います。

저쪽과는 연락이 되었나요?

先方とは連絡がとれましたか。　　　　　　　　　　　　　* 先方 상대편

무슨 일이 있어도 월요일까지는 할 테니까요.

何が何でも月曜日までにはやりますので。　　* 何が何でも 무슨 일이 있어도

A　いつまでならできあがりますか。 언제까지라면 완성되나요?
B　何が何でも月曜日までにはやりますので。 무슨 일이 있어도 월요일까지는 할 테니까요.

부장님한테 부탁받은 일이 있어서 그것이 끝나면 할게요.

部長に頼まれたことがありまして、それが終わったらやります。

단언할 수는 없지만, 오늘 중에 할 수 있을 거예요.

言い切ることはできませんが、今日中にできると思います。

부탁하기

한 가지 부탁드려도 될까요?

一つお願いしてもいいですか。

일의 ABC부터 가르쳐 주세요.

仕事のいろはから教えてください。　　　　　　　* いろは 알파벳 ABC에 해당

잠시 자리를 비울 텐데 대신 전화를 받아 줄래요?

ちょっと席をはずしますので、代わりに電話に出てもらえますか。

이 다음을 쳐 줬으면 좋겠는데, 가능해요?

この続きを打ってもらいたいんですけど、お願いできますか。

＊打つ (타이핑) 치다

> **실전회화**
> A　この続きを打ってもらいたいんですけど、お願いできますか。
> 　　이 다음을 쳐 줬으면 좋겠는데, 가능해요?
> B　ええ、いいですよ。何枚ですか。네. 해 드릴게요. 몇 장이죠?

이번 일 (제가) 해도 될까요?

今回の仕事、やらせていただけますか。

Biz tip '사역형+ていただけますか'는 '～てもいいですか'와 의미가 같은 겸양 표현이에요.

누구 시간 있는 사람 없어요?

だれか、手空いている人、いないですか。　　＊手が空く 손이 비다

잠깐 얘기 좀 할 수 있어요?

ちょっといいですか。
ちょっとよろしいでしょうか。
ちょっとお時間よろしいでしょうか。
ちょっとお話したいことがありまして。
ちょっとお話できればと思うんですが。
ちょっとお話、聞いていただけますか。

이번 연수회 신청, 하는 김에 같이 해 줄 수 있어?

今度の研修会の申し込み、ついでにいっしょにやってもらえる？　　＊～ついでに ～하는 김에

기획서 쓰는 방법을 잘 모르겠는데, 가르쳐 주실 수 있어요?

企画書の書き方がよく分からないんですが、教えていただけますか。

판촉 캠페인 준비를 도와줄 수 있어요?

販促キャンペーンの準備を手伝ってもらっていいですか。

이 일에 대해 설명해 주셨으면 해서요.

この仕事について説明していただきたいんです。

다음 주 회의에서 발표할 자료를 만들었는데 한 번 읽어 봐 주실래요?

来週の会議で発表する資料を作ったんですけど、一読していただけますか。　　＊一読 대강 읽음

거래처와 약속 잡는 거, 부탁해.

取引先とのアポ、頼む。

A 取引先とのアポ、頼む。 거래처와 약속 잡는 거, 부탁해.
B 大阪物産の田中さんとのアポですか。 오사카물산의 다나카 씨와의 약속 말인가요?

표를 프린트해 줄래요?

表をプリントアウトしてくれますか。

회의실을 확보해 주면 고맙겠는데요.

会議室を押えておいてくれるとありがたいんですけど。

＊押える 확보하다

서울전기와의 회의를 준비해 줄 수 있어요?

ソウル電気との会議を手配してもらえますか。

A ソウル電気との会議を手配してもらえますか。
　서울전기와의 회의를 준비해 줄 수 있어요?
B はい、分かりました。来週の火曜日あたりで調整してみます。
　네, 알겠습니다. 다음 주 화요일쯤으로 조정해 볼게요.

견적서에 (막)도장 부탁드려요.

見積書に認め印、お願いします。

오늘 감기로 출근할 수 없으니 도쿄상사에 견적서를 보내줄 수 있어요?

今日、風邪で出社できないので、東京商事に見積書を送っても
らえますか。

바쁘신데 죄송했어요.

お忙しいのにすみませんでした。

Biz tip 부탁한 후에 쓰는 인사말이에요.

A お忙しいのにすみませんでした。 바쁘신데 죄송했어요.
B 忙しい時はお互い様です。 바쁠 때는 서로 도와야지요.　　＊お互い様 피차일반

거절 · 보류

지금 너무 바빠서요.

今、とても忙しいんです。

今、手が離せないんです。　　＊手が離せない 손을 뗄 수 없다

93

今、かかりっきりなんです。 　　　　　　*～っきり ～한 채

今、ほかのことに手が回らないんです。 　　*手が回る 손길이 미치다

今、取り込み中なんです。 　　　　　　　　*取り込み 경황이 없음

今、ばたばたしているんです。 　　　　　　*ばたばた 바쁜 모양

미안한데요, 지금 하던 일이 있어서요.

悪いんですけど、今やりかけの仕事がありまして。

급히 해야 할 일이 있어서요.

急ぎの仕事を頼まれまして。

急ぎの仕事を抱えていまして。 　　　　　　*抱える 떠맡다

急いでやらなければならない仕事がありまして。

(정해진) 시간까지 못할지도 모르겠어요.

時間までにできないかもしれません。

지금은 좀 어려울 것 같은데, 어쩌죠?

今はちょっと難しいようですが、どうしましょう。

A 今はちょっと難しいようですが、どうしましょう。
　좀 어려울 것 같은데, 어쩌죠?

B だったら、頼める人、探してもらえるかな。
　그렇다면 부탁할 수 있는 사람, 찾아 봐 주겠어?

4시 이후가 될 텐데, 괜찮으시겠어요?

4時以降になると思いますが、よろしいですか。

Biz tip　되도록 완전한 거절은 하지 말고 보류시키면서 늦어지더라도 부탁을 들어 주는 편이 좋아요.

사정은 알겠지만 지금은 좀 힘들 것 같아요.

事情は分かりますが、今はちょっと。

오늘 중으로는 좀 무리지만 내일이라면 가능해요.

今日中にはちょっと無理ですが、明日にならできます。

이거 끝내고 나서 도와 드리러 갈게요.

これ、やってから手伝いに行きます。

지금 막 나가려던 참이거든요.

今、ちょうど出かけるところなんです。　　*〜ところ 〜할참

 A　今、ちょうど出かけるところなんです。지금 막 나가려던 참이거든요.
B　10分でいいから、お時間、作ってもらえません？ 10분이면 되니까 시간 좀 내줄래요?

제 담당이 아니어서요, 담당자를 찾아올게요.

私の担当じゃないので、担当者を探してきます。

도움 · 제안

언제라도 물어보세요.

いつでも聞いてください。

도움이 되고 싶어요.

お役に立ちたいです。

이런 식으로 쓰면 됩니다.

このように書けばいいです。

 A　お詫び状の書き方がよく分からなくて困っています。
　　사과문을 어떻게 써야 하는지 몰라서 난감하네요.
B　それは、このように書けばいいです。 그것은 이런 식으로 쓰면 됩니다.

정리하는 법은 그다지 어렵지 않아요. 이것을 보세요.

まとめ方はそれほど難しくありません。これを見てください。

프레젠테이션 연수를 하고 있으니 참가해 봐요.

プレゼンの研修をしているから、参加してみて。

체크해 볼 테니 자료가 완성되면 가져오세요.

チェックしてみますから、資料ができたら持ってきてください。

참고가 될 만한 자료가 있으니까 메일로 보내 줄게.

参考になるような資料があるから、メールで送るね。

 A　先輩、プレゼンの資料を来週までに作らないといけません。
　　선배님, 프레젠테이션 자료를 다음 주까지 만들어야 해요.
B　参考になるような資料があるから、メールで送るね。
　　참고가 될 만한 자료가 있으니까 메일로 보내 줄게.

점심이라도 같이 먹으면서 그 문제에 대해서 이야기해 볼까요?

お昼でもいっしょに食べながら、その問題について話してみましょうか。

제가 도와 드릴게요.

私、手伝います。

私に手伝わせてください。

何か私にできることがあればやります。

何か手伝うことありますか。

何かお手伝いしましょうか。

手を貸しましょうか。

* 手を貸す 돕다

문제 상황

전부 제 책임이에요.

全部私の責任です。

견적서에 실수가 있었던 것 같아요.

見積書に誤りがあったようです。

* 誤り 잘못

사토 씨와 연락이 안 돼요.

佐藤さんと連絡がとれません。

생각보다 상황이 나쁩니다.

思ったより状況がよくありません。

프로젝트가 중단되었어요.

プロジェクトが中止となりました。

A　プロジェクトが中止となりました。 프로젝트가 중단되었어요.
B　予算のせいですか。 예산 때문인가요?

설명서를 잘못 읽어 버렸어요.

説明書を読み間違えてしまったんです。

고객에게 설명이 부족했던 것 같아요.

クライアントに説明が足りなかったようです。

주문이 취소된 이유를 물어보고 오세요.

注文が取消された理由を聞いてきてください。

고객님께 직접 잘못을 빌러 갔다올게요.

お客様に直接謝りに行ってきます。 　　　　　　　　　　　* 謝る 사과하다

생각했던 것 이상으로 저쪽이 노발대발입니다.

思った以上に向こうがかんかんに怒っています。

　　　　　　　　　　　　　　　　　　　　　　　* かんかん 화내는 모양

전혀 진전이 없어요.

全然進展がありません。

실전회화

A　全然進展がありません。アイデアもありませんし。
　　전혀 진전이 없어요. 아이디어도 없고요.

B　大丈夫ですか。企画会議は明日ですよ。 괜찮으세요? 기획 회의는 내일이에요.

계획이 죄다 허사가 되었어요.

計画がすべてだめになりました。

計画がすべてパーになりました。 　　　　　　　* パー 완전히 없어짐

計画がすべて水の泡になりました。 　　　　　* 水の泡 물거품

計画がすべておじゃんになりました。 　　　* おじゃん 계획이 깨짐

計画がすべてふいになりました。 　　　　　　　* ふい 허사

計画がすべて徒労に終わりました。 　　　　　　* 徒労 헛수고

**충고 및
주의**

감기에는 생강차가 좋아요.

風邪にはショウガ茶がいいです。

버스 투어도 좋지 않을까 싶은데요.

バスツアーもいいんじゃないかと思うんですが。

무난한 이야기부터 시작하는 것이 제일 좋아요.

当たりさわりのない話から始めるのが一番です。

　　　　　　　　　　　* 当たりさわりがない 지장이 없다

역시 규칙은 지키면 어떨까 싶어서 말이야.

やっぱり規則は守ったらどうかなあと思って。

잠시 쉬는 게 어때? 기분전환도 되고.

ちょっと休んだらどう？気晴らしにもなるし。

　　　　　　　　　　　　　　* 気晴らし＝気分転換

조금 더 무난한 색깔이 좋을 것 같은 생각도 드네요.

もう少し無難な色がいいような気もします。

이렇게 해 보면 어떨까요?

こういうふうにしたらどうですか。

과장님은 저래 봬도 이해심이 있는 사람이니까 상의해도 괜찮아.

課長はああ見えても理解のある人だから相談して大丈夫よ。

A 課長はああ見えても理解のある人だから相談して大丈夫よ。
　　과장님은 저래 봬도 이해심이 있는 사람이니까 상의해도 괜찮아.

B おかげでちょっと気が楽になりました。 덕분에 약간 마음이 편안해졌어요.

그래선 안 된다고 생각해.

それじゃだめだと思うよ。

실례되는 말이라고는 생각하지만 그런 부분은 고치는 편이 좋아.

失礼だとは思うけど、そういうところは直したほうがいいよ。

좀 더 조심해 주지 않으면 곤란해요.

もう少し気をつけてくれないと困ります。

좀 더 주변 사람에 대해서도 생각하지 않으면 안 돼요.

もう少し周りのことも考えないといけません。 ＊〜のこと 〜에 대한 것

더욱 정신 차리지 않으면 안 돼요.

もっとしっかりしてもらわないと。 ＊しっかり 정신 차려서

의욕을 가졌으면 좋겠어요.

やる気を出してほしいんです。

고객에게 그런 말을 하면 곤란해요.

クライアントさんにそんなことを言っちゃまずいですよ。

＊〜ちゃ＝〜ては

A クライアントさんにそんなことを言っちゃまずいですよ。
　　고객에게 그런 말을 하면 곤란해요.

B すみません。これからは言葉に気をつけます。 죄송해요. 앞으로는 말을 조심할게요.

나도 신인 시절에 늘 실수했었는데, 이마이 씨도 똑같은 실수를 하고 있어요.

ぼくも新人の頃、いつもミスしていたんですけど、今井さんも
同じことをやっていますよ。

> **Biz tip** 자신의 실수담을 곁들여 최대한 상대에게 상처를 주지 않으면서 주의를 주는 표현이에요.

근무 중에 사적인 전화는 곤란해요.

勤務中に私用電話は困ります。

저쪽에 아직 샘플이 도착하지 않은 것 같은데, 뭔가 아는 거 있어요?

先方にまだサンプルが届いていないようだけど、何か知ってい
ますか。

> **Biz tip** 직접 잘못을 지적하지 않고 최대한 에둘러서 주의를 주는 표현이에요. 스스로 깨닫고 조치를 취하게 하는 거죠.

밝은 목소리로 인사를 하면 더욱 좋을 텐데요.

明るい声で挨拶すればもっといいと思うけど。

이 기획, 재검토할 필요가 있는 것 같은데요.

この企画、見直す必要があると思います。

A この企画、見直す必要があると思います。 이 기획, 재검토할 필요가 있는 것 같은데요.

B アドバイスありがとうございます。どの部分なのか教えていただけますか。
충고 고마워요. 어느 부분인지 가르쳐 주실래요?

공지 사항

업무 연락입니다.

業務連絡です。

앞으로의 예정입니다.

今後の予定です。

건강진단 통지입니다.

健康診断のお知らせです。

4분기 영업 회의 진행자는 요시토미 부장님입니다.

四半期営業会議の進行役は吉富部長です。

대표자를 변경했습니다.

代表者を変更しました。

회의는 다음 주에만 오후 2시부터입니다.

打ち合わせは来週のみ午後2時からです。

이번 회의는 기획부 주도로 실시합니다.

今回の会議は企画部主導で行います。

해외사업부 고바야시 과장님이 프레젠테이션을 합니다.

海外事業部の小林課長がプレゼンを行います。

지점장님과 각 부장님들은 출석 필수입니다.

支店長および各部長は出席必須です。

2016년도 임원직을 고지합니다.

2016年度役職を告知します。

경과 보고 회의를 개최합니다.

経過報告会議を開催します。

고객 만족도 조사에서 1위에 선정되었습니다.

お客様満足度調査で1位に選ばれました。

인도네시아 1호점을 오픈했습니다.

インドネシア1号店をオープンしました。

사내 게시판

여름 캠프에 관한 조사에 협조해 주세요.

夏のキャンプに関する調査に協力してください。

꽃구경 계절이 돌아왔어요!

花見の季節がやってきました！

2015년 송년회 사진입니다.

2015年忘年会の写真です。

올해 송년회에는 100명 가까운 많은 사원들이 참가해 주었습니다.

今年の忘年会には100名近い多くの社員が参加してくれました。

신년회 장소 모집 중. 의견 주세요.

新年会の場所、募集中。ご意見ください。

함께 야구 안 하실래요? 회원 모집 중!

いっしょに野球、やりませんか。会員募集中！

참가는 자유지만 가능하면 출석해 주세요.

参加は自由ですが、できればご出席ください。

자원봉사 활동에 참가해 주세요.

ボランティア活動に参加してください。

마지막에 나오는 분은 불을 꺼 주세요.

最後に出る方は電気を消してください。

절전합시다.

節電しましょう。

중요한 서류를 폐기할 때는 반드시 세단기로 처리합시다.

重要な書類を廃棄する時は必ずシュレッダーにかけましょう。

TV 받아주실 분 계세요?

テレビ、もらってくれる方いますか。

가토 과장님이 드디어 결혼합니다.

加藤課長がとうとう結婚します。

이런 일이 있었어요. 정말로 민폐입니다.

こんなことがありました。本当に迷惑です。

2층 여자 화장실, 빨리 고쳐 주세요.

２階の女子トイレ、早く直してください。

솔깃한 정보입니다.

耳よりの情報です。   ＊耳より 솔깃해짐

다음 주 14일 회식, 회비는 1인당 4,000엔입니다.

来週14日の飲み会、会費は一人4,000円です。

주말에 벼룩시장에 가자!

週末、フリーマーケットに行こう！

사무기기 및 인터넷 사용 🎧 02-3.mp3

**복사기·
팩스**

이 팩스, 어떻게 사용하나요?

このファックス、どう使いますか。

A このファックス、どう使いますか。 이 팩스, 어떻게 사용하나요?
B まず、原稿をこういうふうに入れて、ここを押します。それからダイヤルすればいいです。 우선 원고를 이런 식으로 넣고 여기를 누릅니다. 그리고 다이얼하면 됩니다.

팩스로 보내 주시지 않을래요?

ファックスで送ってくださいませんか。

팩스용 잉크리본은 얼마 정도 하나요?

ファックス用インクリボンはいくらぐらいするんですか。

팩스는 도착했나요?

ファックスは届きましたか。

A ファックスは届きましたか。 팩스는 도착했나요?
B まだ届いておりません。再送信してもらえますか。
아직 안 왔어요. 재송신해 주실래요?

팩스기가 이상해졌어요.

ファックス機の調子がおかしくなりました。

팩스 수신이 안 돼요.

ファックスの受信ができません。

A ファックスの受信ができません。 팩스 수신이 안 돼요.
B ファックス受信ランプが点滅していませんか。
팩스 수신 램프가 켜졌다 꺼졌다 하지 않나요?

그 옆에 있는 빨간색 버튼을 누르세요.

その隣の赤色のボタンを押してください。

이 선에 용지의 왼쪽 끝을 맞춥니다.

この線に用紙の左端を合わせます。

양면 복사하는 방법을 알려 주세요.

両面コピーの方法を教えてください。

실전회화

A　両面コピーの方法を教えてください。 양면 복사하는 방법을 알려 주세요.

B　まず、普通にコピーします。出てきたコピーを、上下と裏表をひっくり
　返さないで、そのまま入れればいいんです。
　　우선 평소처럼 복사하시고요 나온 복사물을 상하와 앞뒤를 뒤집지 말고 그대로 넣으면 돼요.

그리고 전원을 넣으세요.

それから電源を入れてください。

이 페이지만 50% 축소 복사해 줄래요?

このページだけ、50%縮小コピーしてもらえますか。

복사기가 고장 난 것 같아요.

コピー機が故障したようです。

コピー機が壊れたようです。

수리하고 돌아온 지 얼마 안 되었는데요.

修理から戻ってきたばかりですが。

복사기에 종이가 끼어 버렸어요.

コピー機に紙が詰まってしまいました。　　＊詰まる 막히다

복사기 토너를 교환해 주세요.

コピー機のトナーを交換してください。

실전회화

A　薄すぎて字が読めません。 너무 흐려서 글씨를 읽을 수가 없어요.

B　コピー機のトナーを交換してください。 복사기 토너를 교환해 주세요.

복사지 한 상자 주세요.

コピー用紙、一箱ください。

복합기는 팩스도, 프린트도, 복사도 가능해요.

複合機はファックスも、プリントも、コピーもできます。

복사기는 리스 계약으로 사용하고 있어요.

コピー機はリース契約で使っています。

컴퓨터에 록(lock)이 걸려 있어서 로그인이 안 돼요.

パソコンにロックがかかっていてログインができません。

실전회화 A パソコンにロックがかかっていてログインができません。
컴퓨터에 록(lock)이 걸려 있어서 로그인이 안 돼요.

B ここにパスワードがありますよ。여기 패스워드가 있어요.

백업을 해 두세요.

バックアップを取っておいてください。

컴퓨터를 초기화할 수밖에 없어요.

パソコンを初期化_{しょきか}するしかありません。

컴퓨터가 멈춰 버렸어요.

パソコンがフリーズしてしまいました。

마우스가 먹통이에요.

マウスが反応_{はんのう}しません。

マウスがまったく動_{うご}きません。

마우스 포인터(커서)의 움직임이 갑자기 느려져요.

マウスポインター(カーソル)の動きが急_{きゅう}に鈍_{にぶ}くなるんです。

*鈍い 둔하다

컴퓨터의 기동이 늦어요.

パソコンの立_たち上_あがりが悪いです。

컴퓨터가 금방 뜨거워져요.

パソコンがすぐに熱_{あつ}くなります。

파워포인트는 잘하세요?

パワーポイントはお上手ですか。

실전회화 A パワーポイントはお上手ですか。파워포인트는 잘하세요?

B いいえ、それほどでもありません。아뇨, 그렇게 잘하지는 못해요.

엑셀 파일을 PDF 형식으로 변환하려면 어떻게 하면 되죠?

エクセルのファイルをPDF形式_{けいしき}に変換_{へんかん}するにはどうすればいい
ですか。

컴맹이에요.

パソコンがまったくできません。

パソコンがまったく使えません。

컴퓨터 타이핑이 꽤 빨라요.

パソコンのタイピングがけっこう早いです。

キーボードが早く打てます。

タッチタイピングができます。　　　　＊タッチタイピング 자판을 보지 않고 치기

ブラインドタッチができます。

엑셀의 행 삽입은 어떻게 하는 거죠?

エクセルの行挿入はどうやるんですか。

열려 있는 창을 모두 닫아 보세요.

開いているウィンドウをすべて閉じてみてください。

일이 끝나면 컴퓨터 전원을 꺼 주세요.

仕事が終わったら、パソコンの電源をお切りください。

데이터는 어느 폴더에 들어 있죠?

データはどのフォルダに入っていますか。

바이러스 대책 소프트웨어를 설치해 주세요.

ウイルス対策ソフトをインストールしてください。

 A　パソコンの動きがおかしいです。 컴퓨터가 느려요.

B　ウイルス対策ソフトをインストールしてください。
　　바이러스 대책 소프트웨어를 설치해 주세요.

모르는 사이에 바이러스에 감염되어 있었어요.

知らないうちにウイルスに感染していました。

데이터와 개인정보가 해킹당했어요.

データや個人情報がハッキングされました。

인트라넷에 접속할 수가 없어요.

イントラネットに接続できません。

 A　イントラネットに接続できません。 인트라넷에 접속할 수가 없어요.

B　IPアドレスが正しく設定されていないかもしれませんね。
　　IP 주소가 맞게 설정되지 않은 건지도 몰라요.

이메일 CC에 제 주소를 넣어 주세요.

メールのCCに私のアドレスを入れてください。

데이터를 공유할 수 없어서 난감하네요.

データが共有できなくて困っています。

패스워드를 가르쳐 주세요.

パスワードを教えてください。

스팸메일 때문에 골치 아파 죽겠어요.

迷惑メールで困っています。

홈페이지 주소를 알려 주세요.

ホームページのアドレスを教えてください。

'비즈니스 일본어'라고 검색하세요.

「ビジネス日本語」とウェブ検索してください。

홈피에 업로드 했어요.

ホームページにアップロードしました。

검색 엔진은 무엇을 쓰세요?

検索エンジンは何を使っていますか。

메신저를 사용하세요?

メッセンジャーを使っていますか。

서버가 다운되어 버렸어요.

サーバーがダウンしてしまいました。

툴바는 설치하지 마세요.

ツールバーはインストールしないでください。

A ツールバーはインストールしないでください。 툴바는 설치하지 마세요.
B 各サービスへすぐアクセスできて便利なのに、どうしてですか。
각 서비스에 바로 연결되어서 편리한데 왜요?

**기타
사무기기**

읽어야 하는 종이를 끼워 넣고 스캔 버튼을 누르기만 하면 빨아들이듯이 스캔해요.

読み取る紙を差し込んでスキャンボタンを押すだけで吸い取る
ようにスキャンします。

* 差し込む 꽂다

A 読み取る紙を差し込んでスキャンボタンを押すだけで吸い取るように
スキャンします。 읽어야 하는 종이를 끼워 넣고 스캔 버튼을 누르기만 하면 빨아들이듯이 스캔해요.
B 画期的なスキャナですね。 획기적인 스캐너군요.

요즘에는 펜 모양의 스캐너도 나왔어요.

最近はペン型のスキャナも出ました。

문서 세단기에 종이가 들어가지 않아요.

シュレッダーに紙が入っていかないんです。

A シュレッダーに紙が入っていかないんです。 문서 세단기에 종이가 들어가지 않아요.
B 電源はちゃんと入っていますか。 전원은 제대로 들어가 있나요?

종이를 놓고 버튼을 누르면 자동으로 세단해 줍니다.

紙を置いてボタンを押せば自動でシュレッダーしてくれます。

프린터가 꿈쩍을 하지 않아요.

プリンターがまったく反応しません。

A プリンターがまったく反応しません。 프린터가 꿈쩍을 하지 않아요.
B 壊れたんじゃありませんか。 고장 난 거 아니에요?

프린터 헤드가 움직이지 않게 되었어요.

プリンターヘッドが動かなくなりました。

보증기간 1년이 지났어요.

保証期間の1年が過ぎています。

잉크가 막혀 버렸어요.

インクが詰まってしまいました。

A　インクが詰まってしまいました。잉크가 막혀 버렸어요.

B　インクが乾燥して固まったようですね。잉크가 말라서 굳어진 모양이네요. *乾燥 건조

잉크젯 프린터보다 레이저 프린터를 사용하는 회사가 많아졌어요.

インクジェットプリンターよりレーザープリンターを使う会社
が多くなりました。

순정품 잉크를 쓰지 않으면 문제가 생기기 쉬워요.

純正品のインクを使わないと、トラブルが起きやすいです。

A/S센터에 전화합시다.

サービスセンターに電話しましょう。

**우편물
부치기**

등기로 부쳐 주세요.
書留めでお願いします。

번호표를 뽑으셨나요?
番号札をお取りになりましたか。　　　　　　　　　　　　　* お取りになる 뽑으시다

부를 때까지 기다려 주세요.
お呼びするまでお待ちください。　　　　　　　　　　　　* お呼びする 불러 드리다

안에 뭐가 들었죠?
中身は何ですか。　　　　　　　　　　　　　　　　　　* 中身 내용물

실전회화
A 中身は何ですか。 안에 뭐가 들었죠?
B 書類と印刷物です。 서류와 인쇄물입니다.

이 엽서는 얼마짜리 우표를 붙여야 할까요?
このハガキはいくら分の切手を貼らないといけないんでしょう
か。　　　　　　　　　　　　　　　　　　　　　　　　* 分 분량

배편이면 며칠 걸리나요?
船便だと何日かかりますか。

이코노미 항공편(SAL)으로 보내면 조금 저렴해집니다.
エコノミー航空で送ると少し安くなります。

Biz tip SAL소포우편은 선편(船便) 소포우편과 항공 소포우편의 중간 형태로, 배편보다 훨씬 빠르면서도 요금은 항공편보다 저렴해요.

국제 소포는 30킬로그램까지라면 보낼 수 있어요.
国際小包は30キロまでなら送れます。

보험을 드실래요?
保険をつけますか。

Biz tip '보험에 들다'는 保険に入る지만 우편물 보험은 옵션이기 때문에 그런 경우에는 保険をつける라
고 표현하기도 해요.

전용 라벨에 주소 등의 필요사항을 기입해 주세요.

専用ラベルに住所などの必要事項をお書きください。

지인의 생일에는 배달 날짜를 지정해서 카드를 보낼 수 있어요.

お知り合いの方の誕生日には配達日指定でカードが送れます。

A お知り合いの方の誕生日には配達日指定でカードが送れます。
지인의 생일에는 배달 날짜를 지정해서 카드를 보낼 수 있어요.

B それって別料金ですよね？ 그건 별도 요금인 거죠?

착불로 보내 주세요.

着払いで送ってください。

한꺼번에 보내면 10~20% 할인돼요.

まとめて送りますと、10~20%の割引があります。

＊まとめる 합치다

우편번호는 썼나요?

郵便番号は書きましたか。

A 郵便番号は書きましたか。 우편번호는 썼나요?

B よく分からないんですが、こちらで調べてもらえますか。
잘 모르겠는데요, 여기에서 알아봐 주실래요?

우체국 택배를 이용해 주세요.

ゆうパックをご利用ください。

A ゆうパックをご利用ください。 우체국 택배를 이용해 주세요.

B 希望の日に配達してもらえるんですか。 희망하는 날짜에 배달해 주실 수 있는 건가요?

잔심부름

이 서류를 저쪽 거래처에 건네주고 와 줄래요?

この書類を先方に渡してきてもらえますか。 ＊先方 상대편

돌아오는 길에 커피를 한 잔 사오세요.

帰りに、コーヒーを一杯買ってきてください。

A 帰りに、コーヒーを一杯買ってきてください。 돌아오는 길에 커피를 한 잔 사오세요.

B 他には、ありませんか。 다른 건 없나요?

110

가는 김에 이 보고서도 가져가세요.

ついでに、この報告書も持っていってください。

* ついでに ~(하는) 김에

과장님이 샌드위치 드시고 싶은 모양이니까 대신 사다줄래요?

課長がサンドイッチ食べたいらしいから、代わりに買ってきて
くれますか。

A　課長がサンドイッチ食べたいらしいから、代わりに買ってきてくれますか。
　　과장님이 샌드위치 드시고 싶은 모양이니까 대신 사다줄래요?

B　ええ、いいですよ。 네, 그러죠.

고객이 오셨는데, 차 좀 내다줄래요?

クライアントがお見えになったんだけど、お茶を出してもらえ
ますか。

* お見えになる 오시다

제1회의실에 의자가 모자라는 모양이에요.

第一会議室に椅子が足りないみたいです。

A　第一会議室に椅子が足りないみたいです。 제1회의실에 의자가 모자라는 모양이에요.

B　はい、私に任せてください。 네, 저에게 맡겨 주세요.

내일 점심 약속은 취소해 주세요.

明日のお昼の約束はキャンセルしてください。

영업부의 하야시 씨, 불러다 줄래요?

営業部の林さん、呼んできてもらえますか。

이거, 복사 50장 부탁해요.

これ、コピー50枚、頼みますね。

우편물 정리 부탁해.

郵便物の整理、お願いするね。

A　郵便物の整理、お願いするね。 우편물 정리 부탁해.

B　ダイレクトメールは捨ててもいいですか。 DM은 버려도 되나요?

오세이보로는 뭐가 좋을지 카탈로그에서 골라 둬.

お歳暮には何がいいかカタログから選んでおいてね。

* お歳暮 연말에 보내는 선물

오늘 회식이 있대요.

今日、飲み会があるんですって。

A 今日、飲み会があるんですって。 오늘 회식이 있대요.

B よりによって、今日ですか。 하필이면 오늘이에요?

참가 못하시는 분, 계세요?

参加できない方、いらっしゃいますか。

회비는 얼마죠?

会費はいくらですか。

술 무한리필 포함해서 4,500엔으로 생각 중이에요.

飲み放題込みで4,500円と考えています。　　　　　*〜込み 〜포함

A 飲み放題込みで3000円と考えています。
　술 무한리필 포함해서 3,000엔으로 생각 중이에요.

B ちょっと高くありませんか。 좀 비싸지 않아요?

술로 커뮤니케이션을 도모해 봅시다.

飲みニケーションを図りましょう。

> **Biz tip** 飲みニケーション은 (酒を)飲む와 コミュニケーション의 합성어로, 술을 마시면서 서로의 거리를 좁혀 보자는 의미로 쓰이곤 해요.

이번 송년회 말인데요, 총무를 맡아 줄래요?

今度の忘年会のことですが、幹事を引き受けてくれませんか。

*引き受ける 맡다. 인수하다

2차는 각자 알아서 하세요.

二次会は各自でお願いします。

꽃구경 자리를 잡는 역할은 개발부의 노무라 군으로 정해졌어요.

お花見の場所取り役は開発部の野村君に決まりました。

A お花見の場所取り役は開発部の野村君に決まりました。
　꽃구경 자리를 잡는 역할은 개발부의 노무라 군으로 정해졌어요.

B 新人にできますか。 신입이 할 수 있을까요?

> **Biz tip** 일본 직장인에게 お花見는 중요한 연례행사인데요, 신입사원에게 자리를 잡게 하는 경우가 많아요. 얼마나 성공적인 お花見가 되었느냐에 따라 신입사원의 평가가 달라지기 때문에 신입사원들에게 있어서 'お花見 자리 잡기'는 매우 중요한 미션이 되기도 하죠.

꽃구경도 할 겸 등산을 가게 되었어요.

花見も兼ねて山登りをすることになりました。　　＊兼ねる 겸하다

경품도 있으니까 기대해도 좋아요.

景品もありますから、お楽しみに。

도시락과 술은 회사에서 준비합니다.

お弁当とお酒は会社から準備します。

스낵 과자는 챙겨 오세요.

スナック菓子はご持参ください。　　＊持参 지참

이번 신년회는 그냥 넘어갑니다.

今度の新年会は中止です。　　＊中止 중지

직원
경조사

다나카 씨의 결혼식 초대장 왔나요?

田中さんの結婚式の招待状、来ていますか。

결혼 피로연은 2시부터입니다.

結婚披露宴は2時からです。

두 사람의 경사스러운 출발을 축하하며, 건배!

お二人のめでたい門出を祝して、乾杯！

결석 쪽을 선으로 지워 주세요.

欠席のほうを線で消してください。

 A　招待状に返信用のハガキが入っていましたけど、結婚式に行く人は出席
のところにマルをつければいいんですか。
초대장에 반신용 엽서가 들어 있었는데요, 결혼식에 가는 사람은 출석 부분에 동그라미를 치면 되나요?

B　いえ、欠席のほうを線で消してください。 아뇨, 결석 쪽을 선으로 지워 주세요.

축의금은 얼마 넣으면 되나요?

祝儀はいくら包めばいいですか。　　＊包む 돈을 싸서 주다

 A　祝儀はいくら包めばいいですか。 축의금은 얼마 넣으면 되나요?

B　友人だったら、1万円でいいんじゃないですか。 친구라면 만 엔이면 되지 않을까요?

113

사회는 야마다 씨입니다.

司会は山田さんです。

아기가 태어났다고 하니까 모두 같이 아기 옷을 사 줍시다.

お子さんが生まれたそうだから、みんなでベビー服でも買いましょう。

*お子さん 자제분

실전회화

A　お子さんが生まれたそうだから、みんなでベビー服でも買いましょう。
아기가 태어났다고 하니까 모두 같이 아기 옷을 사 줍시다.

B　そうしましょう。赤ちゃん、かわいいでしょうね。
그렇게 하죠. 아기, 귀엽겠네요.

박○○ 씨의 어머님이 어제 돌아가셨습니다.

パクさんのお母様が昨日お亡くなりになりました。

오늘 밤이 문상이고, 내일은 발인이에요.

今夜がお通夜で、明日は告別式です。

친족이 아니니까 짙은 회색 정장으로 충분해요.

親族じゃないから、ダークグレーのスーツで十分です。

실전회화

A　黒いスーツは持っていないんですけど。 검은색 정장은 없는데요

B　親族じゃないから、ダークグレーのスーツで十分です。
친족이 아니니까 짙은 회색 정장으로 충분해요

부조금은 5,000엔 정도 냈어요.

お香典は5,000円ほど出しました。

병문안 가서 오래 있어서는 안 돼요.

お見舞いで長居は禁物です。

*長居 오래 있음　禁物 금물

Chapter 5 상사 및 동료와의 대화

🎧 02-5.mp3

자기 계발

스킬을 갈고 닦기 위해서 무엇을 하면 좋을까요?

スキルを磨くために何をしたらいいでしょうか。

실전회화

A　スキルを磨くために何をしたらいいでしょうか。
스킬을 갈고 닦기 위해서 무엇을 하면 좋을까요?

B　ビジネススキルですか。 비즈니스 스킬을 말하는 건가요?

커뮤니케이션 능력을 키우는 비결은 없나요?

コミュニケーション力を上げるコツはありませんか。

화제를 풍부하게 하려면 페이스북이 최고죠.

話題を豊富にするにはフェースブックが一番です。

자신감을 붙게 하기 위해서는 성공 체험을 쌓으면 좋아요.

自信をつけるには成功体験を積めばいいです。

요즘 요가를 시작했어요.

最近、ヨガを始めたんです。

일주일에 3번은 헬스클럽에 다녀요.

週3回はジムに通っています。　　　　　　　＊〜に通う 〜를 다니다

실전회화

A　週3回はジムに通っています。 일주일에 3번은 헬스클럽에 다녀요.

B　道理でスリムでかっこういいと思いました。
어쩐지 날씬하고 멋있다고 생각했어요.

자기 계발에 너무 빠지지 않는 게 좋아요.

自己啓発にあまりはまらないほうがいいですよ。

실전회화

A　自己啓発にあまりはまらないほうがいいですよ。
자기 계발에 너무 빠지지 않는 게 좋아요.

B　何でもやり過ぎはよくないですね。 무엇이든지 지나치게 하는 것은 좋지 않죠.

가능한 한 세미나에 참가하고 있어요.

なるべくセミナーに参加しています。

한 달에 4권은 읽어요.
一ヶ月に４冊は読んでいます。

외국어학원을 다니면서 TOEIC 900점을 땄어요.
外語学院に通ってTOEIC900点をとりました。

매일 아침, 영어회화 공부를 하고 있거든요.
毎朝、英会話の勉強をしているんです。

프로그래밍을 배울 수 있는 동영상 사이트가 많이 있어요.
プログラミングが学べる動画サイトがたくさんあります。

A プログラミングが学べる動画サイトがたくさんあります。
프로그래밍을 배울 수 있는 동영상 사이트가 많이 있어요.

B ただで見られるんですか。공짜로 볼 수 있는 건가요?

자격증을 따는 데도 돈이 들어요.
資格をとるにもお金がかかります。

승진

올해 승진 시험을 보려고 생각 중이에요.
今年、昇進試験を受けようと思っています。 *試験を受ける 시험을 보다

A 今年、昇進試験を受けようと思っています。올해 승진시험을 보려고 생각 중이에요.
B 私は去年落ちました。전 작년에 떨어졌어요.

과장이 되어서 기쁘지만 부담이 커요.
課長になってうれしいけど、荷が重いです。 *荷が重い 짐이 무겁다

승진 시험에서 논문을 써야 하나요?
昇進試験で論文を書かされるんですか。 *書かされる＝書かせられる

A 昇進試験で論文を書かされるんですか。승진시험에서 논문을 써야 하나요?
B 考える力を見るらしいんです。사고하는 힘을 보는 모양이에요.

내년에는 상무이사가 되시는 거네요.
来年は常務になられるんですね。 *なられる 되시다

승진은 하늘에 별 따기예요.

昇進は夢のまた夢です。

 A 昇進は夢のまた夢です。 승진은 하늘에 별 따기예요.

B そんなこと、ありませんよ。希望を持ってください。
그렇지 않아요, 희망을 가지세요.

책임이 막중하네요.

責任重大ですね。

역할급 제도가 있어요.

役割給制度があります。

 A 役割給制度があります。 역할급 제도가 있어요.

B 私も知っています。役割にどれぐらいの価値があるかを判断して給料を払う制度ですよね。
저도 알아요. 역할에 어느 정도의 가치가 있는지를 판단해서 급료를 지급하는 제도죠?

월급은 얼마나 오르나요?

給料はどれぐらい上がるんですか。

승진하면 기본급이 올라가요.

昇進すると基本給がアップします。

승진 선물로 다 같이 동전지갑을 샀어요.

昇進お祝いとしてみんなで小銭入れを買いました。

A 昇進お祝いとしてみんなで小銭入れを買いました。どうぞ、お使いください。 승진 선물로 다 같이 동전지갑을 샀어요. 부디 써 주세요.

B そんなことやらなくていいのに……。 그런 거 안 해도 되는데….

좀 더 일찍 부장님이 되셔야 했어요.

もっと早く部長になられるべきでした。

관리직으로 승진하는 이야기가 왔는데 거절했어요.

管理職に昇進する話が来ましたけど、断りました。

A 管理職に昇進する話が来ましたけど、断りました。
관리직으로 승진하는 이야기가 왔는데 거절했어요.

B もしかして管理職になるより現場が楽しいからですか。
혹시 관리직이 되는 것보다 현장이 즐거워서인가요?

잡담

스포츠는 좋아하세요?

スポーツはお好きですか。

A スポーツはお好きですか。 스포츠는 좋아하세요?

B 見るのは好きです。 보는 건 좋아해요.

사장님이 텔레비전에 나오시는 모양이에요.

社長がテレビに出るらしいです。

A 社長がテレビに出るらしいです。 사장님이 텔레비전에 나오시는 모양이에요.

B ええっ、どうして？ 엣, 왜요?

회의는 어땠어요?

会議はどうでしたか。

A 会議はどうでしたか。 회의는 어땠어요?

B 意外とすんなりいきました。 의외로 잘 풀렸어요.

이번 보너스는 안 나온다는 소문 들었어요?

今度のボーナスは出ないといううわさ、聞きましたか。

*～という ～라는

과장님이 다른 곳으로 좌천된다는 얘기, 정말이에요?

課長が飛ばされるっていう話、本当ですか。

A 課長が飛ばされるっていう話、本当ですか。
과장님이 다른 곳으로 좌천된다는 얘기, 정말이에요?

B 異動先は？ 어디로 발령이 났대요?

점심은 무엇으로 할까요?

お昼は何にしましょうか。

A お昼は何にしましょうか。 점심은 무엇으로 할까요?

B 近くに中華料理屋がオープンしたみたいです。そこにしませんか。
근처에 중국요리집이 문을 열었나 봐요. 그리로 할래요?

'설국열차'라는 영화 봤어요?

「スノーピアサー」という映画、見ました？

118

A 「スノーピアサー」という映画、見ました？ '설국열차'라는 영화 봤어요?
B 韓国で大ヒットしたあの映画ですよね、見ました。
한국에서 대박 난 그 영화 말이죠? 봤어요.

프로젝트 팀장이 되고 나서 눈코 뜰 새 없이 바빠요.

プロジェクトのリーダーになってから、目が回るほど忙しいん
です。 ＊目が回る 매우 바쁘다

주식 하세요?

株、やっていますか。

 A 株、やっていますか。 주식 하세요?
B いいえ、でも株で儲けることってありますか。
아뇨, 근데 주식으로 이익을 남기는 일이 있나요?

야마모토 씨 말이에요, 분위기 파악을 못하는 사람인가 봐요.

山本さんって、空気が読めない人らしいですよ。

다음에 여자들끼리 모이지 않을래요?

今度、女子会やりません？

Biz tip 주로 여자들만 모여서 하는 모임을 女子会라고 합니다. 2010년 신조어 대상을 수상한 말이기도 해요.

사과하기

대단히 죄송합니다.

本当にすみませんでした。

まことに申し訳ございません。

大変失礼いたしました。

번거롭게 해서 미안해요.

お手を煩わせてすみません。 ＊煩わす 귀찮게 하다

お手数をかけてすみません。

手間を取らせてすみません。 ＊手間をとらせる 수고를 끼치다

연락을 못해서 죄송해요.

連絡できず、すみませんでした。

폐를 끼쳐서 죄송했습니다.

ご迷惑をおかけして、申し訳ございませんでした。

오해하게 해서 미안해요.

誤解させるようなことをしてすみません。

誤解を招いてしまってすみません。　　　　　　*招く 초래하다

A 誤解させるようなことをしてすみません。오해하게 해서 미안해요.

B いえ、誤解したのはこっちにも責任がありますから。
아뇨, 오해한 것은 저에게도 책임이 있으니까요.

앞으로는 정신을 다잡고 열심히 할게요.

今後は気を引き締めてがんばります。

용서해 주세요.

お許しください。

ご勘弁ください。　　　　　　　　　　　　　*勘弁 용서함

ご容赦ください。　　　　　　　　　　　　　*容赦 용서, 양보

A お許しください。용서해 주세요

B これからは気をつけてください。앞으로는 조심해 주세요.

힘이 되어 드리지 못해 죄송해요.

力になれなくて、申し訳ありません。

A 何とかできませんか。어떻게 안 될까요?

B 力になれなくて、申し訳ありません。힘이 되어 드리지 못해 죄송해요.

불쾌하게 만들어서 미안합니다.

不快な思いをさせてしまってすみません。

난리를 피워서 죄송해요.

お騒がせしてすみませんでした。　　　　　　*騒がせ 소동

A 私の勘違いで、お騒がせしてすみませんでした。
제 착각으로 난리를 피워서 죄송해요.

B とにかくインボイスが見つかってよかったです。
하여튼 송장을 찾아서 다행이에요.

시간을 뺏어서 미안해요.

時間をとらせてしまってすみません。

뭐라 사과의 말씀을 드려야 할지.

何とお詫びしてよいのやら。

걱정을 끼쳐 드려 죄송해요.

ご心配をおかけしてすみませんでした。

전혀 몰랐어요. 죄송해요.

まったく気がつきませんでした。失礼しました。

반성하기

앞으로는 조심할게요.

今後気をつけます。

これからは注意します。

두 번 다시 이런 일이 없도록 주의하겠습니다.

二度とこのようなことがないように注意します。　＊二度と 두 번 다시

있어서는 안 될 일이었어요.

あってはならないことでした。

A　どうしてこんなことに……。왜 이런 일이….

B　申し訳ありません。あってはならないことでした。
　　죄송합니다. 있어서는 안 될 일이었어요.

변명의 여지도 없어요.

弁解の余地もありません。

제가 잘못 생각했어요.

私の誤解です。

私の思い違いでした。

私の勘違いでした。

제 잘못이었어요.

私の誤りでした。

私が間違っていました。

私のミスでした。

私の失態でした。　＊失態 실수

121

깊이 반성하고 있어요.

深く反省しています。

할 수 있는 만큼은 한 것 같은데, 제 역량이 부족했어요.

できるだけのことはやったつもりですが、私の力不足でした。

Biz tip '～たつもり'에는 '～했다고 생각했는데 사실상 그렇지 못했다'는 의미가 있어요.

제가 부주의했습니다.

私の不注意でした。

私の不行き届きでした。　　　　　　　　　　　　　　*不行き届き 소홀

私の不始末でした。　　　　　　　　　　　　　　　　*不始末 부주의

注意を怠っていました。　　　　　　　　　　　　　　*怠る 소홀히 하다

A　報告書に記載ミスがありましたよ。 보고서에 기재 실수가 있었어요.

B　私の不行き届きでした。管理者としてもう一度確認すべきでした。
　　제가 부주의했습니다. 관리자로서 한 번 더 확인해야 했어요.

그럴 생각은 전혀 없었어요.

そのようなつもりはまったくありませんでした。

그런 말을 해서는 안 되었어요.

そういうことを言うべきじゃありませんでした。

말실수를 하고 말았어요.

口がすべってしまいました。　　　　　　　　　　　　*口がすべる 말실수하다

不用意な発言をしてしまいました。　　　　　*不用意な 조심성 없는 発言 발언

용서하기

이제 괜찮아요.

もう大丈夫です。

그런 의미로 말한 건 아니니까요.

そういう意味で言ったわけではありませんので。

A　すべて私の責任です。 모두 제 책임이에요.

B　そういう意味で言ったわけではありませんので。
　　그런 의미로 말한 건 아니니까요.

122

당신이 사과할 필요는 없어요.

あなたが謝ることはありません。　　　* ～ことはない ～할 필요는 없다

너무 심각하게 생각할 필요는 없어요.

そんなに思い詰めることはないです。

그렇게까지 말씀하신다면야….

そこまでおっしゃるんでしたら……。

 A　土下座してでも謝りたいです。무릎을 꿇어서라도 사죄드리고 싶어요.

B　そこまでおっしゃるんでしたら……。그렇게까지 말씀하신다면야….

사과한다고 끝나는 문제는 아니지만 이번엔 묵인해 드리죠.

謝って済むような問題じゃありませんが、今回は目をつぶりましょう。　　　　　　　　　　　　　　　　* 目をつぶる 묵인하다

이번에만 너그럽게 봐 드리죠.

今回だけは大目に見ましょう。

신경 쓰지 않아도 됩니다.

気にしなくてもいいです。

두 번 다시 그런 실수는 용서하지 않겠어요.

二度とそのようなミスは許しません。

 A　二度とそのようなミスは許しません。今回だけですよ。
두 번 다시 그런 실수는 용서하지 않겠어요. 이번뿐이에요.

B　ありがとうございます。二度とへまはしません。
감사합니다. 두 번 다시 실수는 안 할게요.　　　　　　　　* へま 실수

감사하기

정말 큰 도움이 되었어요.

とても助かりました。

일을 도와줘서 고마워요.

手伝ってくれてありがとう。

일을 같이 할 수 있어서 기뻤어요.

仕事が一緒にできてうれしかったですよ。

걱정해 줘서 고마워요.

心配してくれてありがとう。

그렇다면 감사히 받아들일게요.

それではお言葉に甘えさせていただきます。

＊〜させていただく＝〜する

A いつもお世話になっていますし、今日のところは私に払わせてください。
　늘 신세를 지고 있으니까 오늘만큼은 제가 낼게요

B それではお言葉に甘えさせていただきます。그렇다면 감사히 받아들일게요.

배려해 주셔서 감사합니다.

お気遣いありがとうございます。

언제나 친절하게 대해 주셔서 감사합니다.

いつもご親切に、ありがとうございます。

늘 말벗이 되어 주어서 고마워요.

いつも私の話を聞いてくれて、ありがとう。
話し相手になってくれてありがとう。

그렇게 말해 줘서 고마워.

そう言ってくれて、ありがとう。

A そう言ってくれて、ありがとう。그렇게 말해 줘서 고마워.
B 仲間でしょう？元気、出してよ。동료 좋은 게 뭐야. 힘내!

이 은혜는 결코 잊지 않을게요.

この恩は決して忘れません。

덕분에 기분 전환을 할 수 있었어요.

おかげさまで気持ちの切り替えができました。

따뜻한 말씀, 큰 격려가 되었어요.

温かいお言葉、励みになりました。

마음만으로도 충분해요(기뻐요).

お気持ちだけでも十分です。

A 何か私にできることありませんか。뭔가 내가 할 수 있는 일이 있어요?
B お気持ちだけでも十分です。마음만으로도 충분해요(기뻐요).

칭찬하기

오늘 멋있네요.

今日、カッコいいですね。

센스가 있으시네요.

センスがいいですね。

양복 멋져요.

スーツ、素的ですね。

헤어스타일 바꿨나요? 잘 어울려요.

ヘアスタイル、変えました？よく似合いますよ。

정말 잘 도와주시네요! 역시 선배님이세요.

ナイスフォロー! さすが先輩ですね。　　　＊フォロー 도움, 보조

항상 일이 빠르시네요.

いつも仕事が早いですね。

다나카 씨의 발뒤꿈치도 못 따라가요.

田中さんの足下にも及びませんよ。　　　＊及ぶ 이르다

저는 도저히 흉내도 못 낼 거예요.

私には、とてもまねできませんね。　　　＊まね 흉내

역시 착안점이 남다르세요.

やはり目のつけどころが違いますね。

 A　今はベトナムを狙うべきです。 지금은 베트남을 타깃으로 삼아야 해요.
　　　　B　やはり目のつけどころが違いますね。 역시 착안점이 남다르세요.

해내셨네요!

やりましたね!

능력 있는 사람은 역시 다르네요.

仕事のできる人はやはり違いますね。　　　＊できる 능력이 있다

아직 경험도 적은데 매우 열심히 했다고 생각해요.

まだ経験も浅いのによくがんばったと思います。

늘 믿고 있어요.

いつも頼りにしています。　　　＊頼りにする 믿다, 의지하다

굉장히 완성도가 높았어요.

すばらしい出来でした。

A　今度の企画書、すばらしい出来でした。 이번 기획서, 굉장히 완성도가 높았어요.

B　ぼくの企画書、読んでくださったんですか。 제 기획서, 읽어 주신 거예요?

이렇게까지 꼼꼼히 할 수 있는 사람은 그리 많지 않아요.

ここまで丁寧にできる人はなかなかいません。

상당히 읽기 쉽게 정리되어 있었어요.

とても読みやすくまとめられていました。

다나카 씨가 있어 주면 마음이 든든해요.

田中さんがいてくれると心強いです。

잘했어! 열심히 했군.

上出来だ! よくがんばったわね。

이 기술에서는 선배님보다 뛰어난 사람이 없어요.

この技術では先輩の右に出るものがいません。

＊～の右に出るものがいない ～가 제일 뛰어나다

전보다 실력이 늘었어요.

前よりも腕が上がりましたね。

＊腕が上がる 솜씨가 늘다

여기까지 할 수 있을 줄은 솔직히 생각 안 했는데 대단하군요.

ここまでできるとは正直思わなかったけど、すごいですね。

이시다 씨는 예의가 발라서 단골 거래처에서도 칭찬이 자자해요.

石田さんは礼儀正しいから、得意先でも評判がいいんです。

＊評判 평판

상사로서 자네를 자랑스럽게 생각해.

上司として、君のことを誇りに思うよ。

자네에게 맡기기를 정말 잘했군.

君に任せて本当によかった。

부장님 지도 덕분입니다.

部長のご指導のおかげです。

126

사장님의 말씀은 정말 피가 되고 살이 돼요.

社長のお言葉はとてもためになります。 　　　 ＊ためになる 유익하다

저는 낼 수 없는 아이디어예요. 역시 부장님이십니다.

私には出せないアイデアです。さすが部長です。

과장님 같은 직장 상사가 되고 싶어요.

課長のような上司になりたいです。

실전회화

A 課長のような上司になりたいです。 과장님 같은 직장 상사가 되고 싶어요.

B パクさんなら私なんかより上を行くと思うよ。
박○○ 씨라면 나 같은 사람보다 잘할 텐데 뭐.

계장님은 회사에 꼭 필요한 존재입니다.

係長は会社に欠かせない存在です。 　　　 ＊欠かせない 꼭 필요한

이것은 전적으로 사장님의 힘과 결단력 덕분입니다.

これはひとえに社長のお力とご決断のたまものです。

＊たまもの 덕택

전화

일본에서 처음으로 직장 생활을 시작했을 때 가장 무섭고 두려웠던 것이 전화를 받는 일이었습니다. 상대방은 제가 외국인이라는 사실을 모르니까 평소 속도대로 말하는 데다 입 모양이나 얼굴 표정을 전혀 볼 수 없다 보니 전화벨이 울릴 때마다 깜짝깜짝 놀라곤 했죠. 그런 저의 경험을 살려서 이번 파트에서는 전화 받기와 전화 걸기, 전화로 약속을 잡고 메시지를 남기고 문제를 처리하는 데 필요한 모든 표현을 수록하였습니다. 미리 공부해 둔 표현은 전화의 상태가 다소 고르지 못하더라도 반드시 들립니다. 들리기만 하면 대응하기는 그리 어려운 일이 아니죠. 전화벨이 기다려지는 그 날까지 go go go!

Chapter 1

전화 걸고 받기

 03-1.mp3

전화 받기

네, 서울트래블입니다.

はい、ソウルトラベルでございます。

A　はい、ソウルトラベルでございます。 네, 서울트래블입니다.

B　あのう、大阪銀行の木下と申しますが。 저어, 오사카은행의 기노시타라고 하는데요.

네, 영업1과의 가토라고 합니다.

はい、営業1課の加藤でございます。

안녕하세요. 한국상사입니다.

おはようございます。韓国商事でございます。

전화 감사드립니다. 서울건설입니다.

お電話ありがとうございます。ソウル建設でございます。

Biz tip 대체로 오전 11시 이전에는 おはようございます를 쓰지만 그 이후 시간대에서는 다양한 표현을 통해 인사합니다. 참고로 비즈니스 회화에서는 こんにちは를 쓰는 경우가 거의 없어요.

오래 기다리셨습니다. 서울상사입니다.

お待たせいたしました。ソウル商事でございます。

Biz tip 세 번 이상 전화벨이 울렸을 때는 이런 인사를 붙이는 것이 좋고, 전화벨이 여러 번 울린 경우에는 大変이라는 부사를 앞에 붙여서 미안함을 표현합니다.

야마다 씨, 늘 매우 신세를 지고 있습니다.

山田さま、いつも大変お世話になっております。

A　おはようございます。韓国商事の山田ですけれども。
안녕하세요. 한국상사의 야마다인데요.

B　おはようございます。山田さま、いつも大変お世話になっております。
안녕하세요. 야마다 씨, 늘 매우 신세를 지고 있습니다.

담당자는 전데요.

担当者は私でございますが。

전화 바꿨습니다. 영업을 담당하는 김○○입니다.

お電話代わりました。営業担当のキムでございます。

전화

▼ 1 전화 걸고 받기

131

실례지만 누구시죠?

失礼ですが、どちら様でしょうか。

A 失礼ですが、どちら様でしょうか。 실례지만 누구시죠?
B 申し遅れました。スカイ電気の村上でございます。
　인사가 늦었습니다. 스카이전기의 무라카미입니다.

저희 쪽에서 전화를 드려야 하는데, 연락 감사합니다.

こちらからお電話すべきところ、ご連絡ありがとうございます。

　　　　　　　　　　　　　　　　　　　　　　　　　*〜べき 〜해야 함

다나카 씨시군요?

田中さまでいらっしゃいますね。

다카하시는 두 명 있는데요, 어느 부서의 다카하시 말씀이죠?

高橋は二人おりますが、何部の高橋でしょうか。

A 高橋は二人おりますが、何部の高橋でしょうか。
　다카하시는 두 명 있는데요, 어느 부서의 다카하시 말씀이죠?
B あ、失礼しました。営業部の高橋さんです。
　아, 실례했습니다. 영업부의 다카하시 씨입니다.

성함을 여쭤 봐도 될까요?

お名前をちょうだいできますでしょうか。

お名前をお伺いしてもよろしいでしょうか。　　　　　　*伺う 여쭈다

お名前をお聞かせいただけますでしょうか。

Biz tip 전화에서는 '恐れ入りますが(죄송하지만)'라는 쿠션어를 입버릇처럼 앞에 붙여줍니다. 위 표현에도
붙여주면 훨씬 정중해집니다. 쿠션어에 대해서는 Part 4의 Chapter 9에서 확인하세요.

풀 네임으로 부탁드릴 수 있을까요?

フルネームでお願いできますか。

A 林と申します。 하야시라고 합니다.
B 大変恐れ入りますが、できればフールネームでお願いできますか。
　대단히 죄송하지만, 가능하면 풀 네임으로 부탁드립니다.

그러십니까?

さようでございますか。

Biz tip 전화는 얼굴이 보이지 않으므로 최대한 예의를 갖추어야 하는데요. 상대방의 말에 맞장구를 치는 경
우에 そうですか보다 한층 정중한 さようでございますか가 좋아요.

네, 알겠습니다.

はい、かしこまりました。

실례지만, 무슨 용건으로 전화하셨나요?

失礼ですが、どういったご用件でしょうか。

失礼ですが、どのようなご用件でしょうか。

失礼ですが、ご用件は何でしょうか。

失礼ですが、ご用件を伺ってもいいでしょうか。

失礼ですが、ご用件をお聞かせください。

전화 걸기

도쿄상사의 김○○이라고 합니다.

東京商事のキムと申します。

처음 전화드립니다.

初めてお電話させていただきます。 　　　＊～させていただく=する

기무라 과장님은 계신가요?

木村課長はいらっしゃいますか。

木村課長はおいでですか。 　　　　　　　　　　　　　　＊おいで 계심

木村課長はおいでになりますか。 　　　　　　　　＊おいでになる 계시다

木村課長はご在席でしょうか。 　　　　　　　　　　＊在席 근무 중

木村課長をお願いいたします。

판매를 담당하시는 분과 이야기를 나누고 싶은데요.

販売担当の方とお話ししたいんですが。

저희들이야말로 항상 크게 신세를 지고 있습니다.

こちらこそいつも大変お世話になっております。

강○○ 씨를 연결해 주시겠어요?

カンさんにお取り次ぎいただけますか。 　　　＊取り次ぐ 연결하다

몇 번인가 전화를 드렸는데요.

何度かお電話さしあげましたが。

아침 일찍부터 미안합니다.

朝早くからすみません。

밤늦게 죄송합니다.

夜遅く申し訳ありません。

夜分に恐れ入ります。　　　　　　　　　　　　　　　　　　* 夜分 한밤중

바쁜 시간대에 죄송해요.

お忙しい時間帯に申し訳ありません。

근무 시간이 아닌데 (전화해도) 괜찮으시겠어요?

時間外ですが、よろしいでしょうか。

Biz tip 긴급한 경우가 아니면 점심시간이나 퇴근 시간 직전, 영업시간 이후에 전화하는 것은 되도록 피합시다.

점심시간에 죄송합니다.

お昼休み中に申し訳ありません。

お昼時に申し訳ありません。

몇 시쯤 돌아오시나요?

何時ごろお戻りになりますか。　　　　　　　　　　　　　* 戻る 돌아오다

何時ごろお戻りのご予定でしょうか。　　　　　　　　　　* 予定 예정

> 실전회화
> A　何時ごろお戻りになりますか。 몇 시쯤 돌아오시나요?
> B　2時ごろになると思います。 2시쯤 될 것 같아요.
> A　それでは、改めてこちらからご連絡をさしあげます。
> 　　그럼, 다시 저희 쪽에서 전화드리죠.

바쁘신데 수고를 끼쳐서 죄송합니다.

お忙しいところ、お手数をかけて申し訳ありません。

야마다 씨 휴대전화인가요?

山田さんの携帯でしょうか。

전화번호는 서울TV의 김 부장님께 들었습니다.

お電話番号はソウルテレビのキム部長に伺いました。

* 伺う 듣다(겸양어)

Biz tip 전화번호를 알아낸 경위를 미리 밝힘으로써 신뢰감을 줄 수 있어요.

5분 정도 시간 괜찮으세요?

5分ほどお時間をいただいて、よろしいでしょうか。

Biz tip 어느 정도 시간이 소요되는 전화인지 미리 밝히는 것이 예의입니다.

좀 전에 전화드린 화이트기획의 나카무라입니다. 번번이 죄송한데요, 김○○ 씨는 돌아오셨나요?

先ほど、お電話したホワイト企画の中村です。たびたび恐れ入りますが、キムさんはお戻りでしょうか。

A 先ほど、お電話したホワイト企画の中村です。たびたび恐れ入りますが、キムさんはお戻りでしょうか。
좀 전에 전화드린 화이트기획의 나카무라입니다. 번번이 죄송한데요, 김○○ 씨는 돌아오셨나요?

B 申し訳ございません。キムはまだ戻っておりません。
죄송합니다. 김○○은 아직 돌아오지 않았습니다.

10분 후에 다시 걸어도 될까요?
10分後にかけ直してよろしいでしょうか。

급한 일이라고 할 정도의 일은 아닙니다.
急用というほどのことではありません。

박○○의 집사람인데요, 근무 중에 죄송합니다. 박○○이 있으면 부탁드려요.
パクの家内でございますが、お仕事中、まことに恐れ入ります。パクがおりましたら、お願いしたいんですけれども。

A パクの家内でございますが、お仕事中、まことに恐れ入ります。パクがおりましたら、お願いしたいんですけれども。
박○○의 집사람인데요, 근무 중에 죄송합니다. 박○○이 있으면 부탁드려요.

B パク課長はただ今他の電話に出ておりますが、いかがいたしましょうか。
박 과장님은 지금 다른 전화를 받고 계신데요, 어떻게 할까요?

Biz tip 거래처 사람이라면 자기 회사 사람을 낮춰 불러야 하지만 가족에게 걸려온 전화이므로 존경을 나타내는 '과장님'이라는 호칭을 써야 해요.

오사카공장의 하야시 과장님이 귀사의 다나카 씨를 소개해 주셨는데요, 바꿔 주시겠어요?
大阪工場の林課長から御社の田中様をご紹介いただきましたが、代わっていただけますか。

**전화
연결하기**

잠시 기다려 주세요.
少々お待ちください。
今しばらくお待ち願えますか。　　　　　　　　＊お+ます형+願う ~을 부탁하다

네, 박○○ 말씀이시군요. 바로 바꿔 드리겠습니다.
はい、パクでございますね。ただ今、代わります。

135

감사합니다. 지금 담당자를 바꿔 드리겠습니다.

恐れ入ります。ただ今、担当の者と代わります。

마침 박○○은 회의 중인데요, 급하신 일인가요?

あいにくパクは会議中でございますが、お急ぎでしょうか。

모처럼 전화를 주셨는데 이마다는 지금 자리를 비웠어요.

せっかくお電話をいただきましたが、今田はただ今席をはずし
ております。　　　　　　　　　　　　　　　　＊席をはずす 자리를 비우다

사토는 지금 다른 전화를 받고 있어요.

佐藤はただ今、他の電話に出ております。　　＊電話に出る 전화를 받다

야마무라는 공교롭게도 출장을 가서 없는데요.

山村はあいにく出張で不在ですが。

마침 접객 중이어서요, 급하시면 쪽지를 넣을까요?

あいにく接客中でございまして、お急ぎのようでしたらメモを
入れましょうか。

오늘은 거래처를 돌고 있어서 오후에 출근합니다.

本日は取引先を回っておりまして、午後からの出社となってお
ります。

금방 돌아온다고 했어요.

すぐに戻るとのことです。

뭐라고 말씀드리기 힘든데, 이대로 기다리시겠어요?

何とも申し上げられませんが、このままお待ちになりますか。

혹시 지장 없으시다면 용건을 대신해서 듣겠습니다.
もしお差し支えなければ、ご用件を 承 ります。　　　*承る 삼가 듣다

다른 사람이라도 된다면 박○○ 씨 부서의 직원에게 연결할 수 있습니다.
代わりの者でよろしければ、パクの部署の者におつなぎできます。
　　　　　　　　　　　　　　　　　　　　　　　　　*つなぐ 연결하다

5시에는 돌아올 예정입니다.
5時には戻る予定でございます。
5時には戻ることになっております。

회사에 돌아오는 것은 모레 오후가 될 예정인데요, 어떻게 할까요?
帰社の予定は明後日の午後になっておりますが、いかがいたしましょうか。

곧 끝날 것 같은데 이대로 기다려 주시겠어요?
まもなく終わると思いますので、このままお待ちいただけますでしょうか。

실전회화
A　まもなく終わると思いますので、このままお待ちいただけますでしょうか。
　　곧 끝날 것 같은데 이대로 기다리시겠어요?
B　そうですか。それでは、このまま待たせていただきます。
　　그래요? 그렇다면 이대로 기다릴게요

저로서는 자세한 것을 몰라서요, 담당 부서로 연결해 드릴게요.
私では詳しいことは分かりかねますので、担当部署におつなぎします。
　　　　　　　　　　　　　　　　　　　　　　　　　*〜かねる 〜하기 어렵다

전화를 경리부 쪽으로 돌려 드릴게요.
電話を経理部のほうにお回しします。

담당자가 설명할 테니 잠시 기다려 주세요.
係の者がご説明しますので、少々お待ちください。

서비스 센터로 연결해 드리겠습니다.
サービスセンターにおつなぎします。

실전회화
A　サービスセンターにおつなぎします。서비스 센터로 연결해 드리겠습니다.
B　ありがとうございます。お世話をおかけします。
　　감사합니다. 수고를 끼치네요.

김○○은 이번 주 주말까지 휴가인데요.

キムは今週いっぱい休暇をいただいておりますが。

Biz tip 휴가도 고객이나 거래처의 허락 하에 가능하다고 믿기 때문에 いただく를 씁니다.

아무도 전화를 받지 않는 것 같네요.

だれも電話をとらないようですが。
だれも電話に出ないようですが。

실전
회화

A 秘書室のほうへおつなぎ願えますか。 비서실로 연결해 주실래요?

B だれも電話をとらないようですが、いかがいたしましょうか。
아무도 전화를 받지 않는 것 같네요. 어떻게 할까요?

인사부 내선번호가 몇 번이죠?

人事部の内線番号は何番ですか。

영업부 다카하시 씨를 부탁드렸는데, 다른 부서로 연결되었어요.

営業部の高橋さんをお願いしたんですが、他の部署につながりました。

기획실로 거는 직통 번호를 가르쳐 줄래요?

企画室への直通番号を教えてもらえますか。

전화 바꾸기

스카이건설의 고바야시 씨 전화입니다.

スカイ建設の小林様からです。

5번으로 전화가 와 있어요.

５番にお電話が入っております。

마에다 씨라는 분으로부터 1번에 전화입니다.

前田様とおっしゃる方から１番にお電話です。

부장님, 서울산업의 기무라 씨한테 전화입니다.

部長、ソウル産業の木村様からお電話です。

바로 전화드린다고 말해 주세요.

折り返しかけると言ってください。

Biz tip 折り返し란 원래 '반환점'을 의미하는 명사인데요. 부사로 쓰이면 '받은 즉시 곧'이란 뜻이 됩니다.

10분 후에 다시 걸 테니까라고 말해 두세요.

10分後にかけ直すからと言っておいてください。

지금 손을 뗄 수 없으니 나중에 제가 전화한다고 전해 주세요.

今、手が離せないから、後でこちらから電話すると伝えてください。

적당히 거절해 두세요.

うまく断わっておいてください。　　　　　　　　　　* 断わる 거절하다

　A　パク様とおっしゃる方が新商品のことでお話があるそうですが。
　　　박○○ 씨라는 분이 신상품 건으로 할 이야기가 있다고 하는데요.

　B　うまく断わっておいてください。적당히 거절해 두세요.

안부 묻기

통 연락을 못 드렸네요.

ご無沙汰しております。

　A　韓国自動車の吉富です。ご無沙汰しております。
　　　한국자동차의 요시토미입니다. 통 연락을 못 드렸네요.

　B　あら、吉富さん、アメリカの支社からお戻りになったんですか。
　　　어머나, 요시토미 씨, 미국 지사에서 돌아오신 건가요?

오랜만이네요.

お久しぶりです。

しばらくでしたね。　　　　　　　　　　　* しばらく 오래간만

久しぶりのお電話ですね。

요전날에는 감사했습니다.

先日はどうも。

　A　先日はどうも。けっこうな物をいただきまして。
　　　요전날에는 감사했습니다. 훌륭한 물건을 받아서요.

　B　喜んでいただいて、うれしいです。좋아해 주시니 감사해요.

잘 지내시죠?

お元気ですか。

영업부 분들은 모두 건강하시나요?

営業部のみなさんはお元気でしょうか。

다시 통화할 수 있어서 반갑네요.

またお電話できてうれしいです。

한○○ 씨, 무슨 일 있으세요?

ハンさん、どうかしましたか。
ハンさん、どうかされましたか。
ハンさん、何かありましたか。
ハンさん、どうしました？

용건 말하기

스즈키 씨가 전화를 주셨다고 해서요.

鈴木様がお電話をくださったそうで。
鈴木様からお電話をいただいたようなんですが。

> **Biz tip** '〜ようだ'를 넣음으로써 단정을 피하는 어감을 줍니다.

귀사의 팸플릿을 보고 전화드렸습니다.

御社のパンフを拝見しまして、お電話しました。

> A　御社のパンフを拝見しまして、お電話しました。
> 　　귀사의 팸플릿을 보고 전화드렸습니다.
> B　お電話、ありがとうございます。ご注文でございますか。
> 　　전화 감사합니다. 주문이신가요?

구입 건으로 연락드렸습니다.

仕入れの件でご連絡させていただきました。

예의 신상품 건 말인데요.

例の新商品の件なんですが。

최근 1년 동안의 팸플릿이 있으면 보내 주시겠어요?

ここ1年のパンフレットがございましたら、送ってもらえますか。

다음 주 사내 회의 전에 몇 가지 의논을 드리고 싶은 것이 있어서요.

来週、社内会議の前にいくつか打ち合わせをさせていただきたいことがありまして。

> A　今日はどういったご用件でお電話くださったんでしょうか。
> 　　오늘은 어떤 일로 전화 주셨어요?
> B　来週、社内会議の前にいくつか打ち合わせをさせていただきたいことがありまして。 다음 주 사내 회의 전에 몇 가지 의논을 드리고 싶은 것이 있어서요.

140

オヌ 전화드린 것은 다른 일 때문이에요.

今日、お電話さしあげたのは別件なんです。　　　＊別件 다른 건

프로젝트 일로 전화했습니다.

プロジェクトのことでお電話しました。

제품의 라인업에 대해 여쭙고 싶은데요.

製品のラインナップについてお聞きしたいんですが。

이틀 전에 보내 드린 자료는 확인하셨나요?

二日前にお送りした資料は確認できましたか。

A 二日前にお送りした資料は確認できましたか。
　이틀 전에 보내 드린 자료는 확인하셨나요?

B そうでしたか。大変失礼いたしました。今、確認してみます。
　그러셨어요? 대단히 죄송합니다. 지금 확인해 볼게요.

이번 프로젝트는 그 후에 어때요?

今回のプロジェクトはその後いかがですか。

A 今回のプロジェクトはその後いかがですか。이번 프로젝트는 그 후에 어때요?

B そうですね。あまり進んでおりません。 글쎄요, 그다지 진척이 없어요.

이번 제휴에 대해서 뭔가 알고 계시나요?

今回の提携について何かご存じでしょうか。

절차에 대해서 가르쳐 주셨으면 해요.

手続きについて教えてほしいことがありまして。

의뢰하신 추천장 일로 전화드렸어요.

ご依頼のあった推薦状のことでお電話しました。

문의하고 싶은 일이 있는데요.

お問い合わせしたいことがあるんですが。

확인하고 싶은 일이 있어서 전화했어요.

ご確認させていただくことがありまして、お電話しました。

프레젠테이션을 며칠 연기했으면 해요.

プレゼンを数日延期したいと思いますが。

견적서 건으로 전화드렸습니다.
見積書の件でお電話さしあげました。

기획서 내용을 대충 말씀해 주실 수 없나요?
企画書の内容をざっと話していただけないでしょうか。

메일로 보낸 자료에 미비한 점은 없었나요?
メールで送った資料に不備はありませんでしたか。

옷감 샘플은 도착해 있나요?
生地のサンプルは届いているんでしょうか。

A 生地のサンプルは届いているんでしょうか。 옷감 샘플은 도착해 있나요?
B 確かに受け取りました。ありがとうございます。 틀림없이 받았습니다. 감사합니다.

납품에 문제는 없는지 확인하기 위해 전화했습니다.
納品に問題はないかご確認のため、お電話いたしました。

요전 날 말씀해 주신 제작 건 말인데요, 이미 정해졌나요?
先日お話いただいた製作の件ですが、もう決まりましたか。

자동 음성
안내

연결 중입니다. 잠시 기다려 주십시오.
おつなぎしております。今しばらくお待ちくださいませ。

전화 감사드립니다. 여기는 일본상사입니다.
お電話ありがとうございます。こちらは日本商事でございます。

대단히 죄송하지만 오늘 영업은 종료했습니다.
まことに恐れ入りますが、本日の営業は終了いたしました。

현재 시간은 영업시간 외라서 이용하실 수 없습니다.
ただ今の時間は営業時間外のため、ご利用いただけません。

당사의 영업시간은 공휴일을 제외한 월요일부터 금요일 오전 10시부터 오후 6시까지
입니다.
当社の営業時間は祝日を除く月曜〜金曜の午前10時〜午後6時
でございます。

번거로우시겠지만 메시지를 남기시든지, 내일 다시 전화해 주시기 바랍니다.

お手数ですが、メッセージを残されるか、明日おかけ直しをお
願いいたします。　　　　　　　　　*残される 남기시다 かけ直し 다시 걺

이것은 자동응답서비스입니다.

こちらは自動音声応答サービスです。

급한 용무시라면 발신음 후에 용건과 성함, 전화번호를 남겨 주십시오.

お急ぎのご用件でしたら、発信音の後に、ご用件とお名前とお
電話番号をご伝言ください。　　　　　　　*伝言 말을 전함

주문하시는 고객님은 성함과 주소, 전화번호, 상품명, 수량을 남겨 주십시오.

ご注文のお客様は、お名前、ご住所、お電話番号、商品名、数
量をご伝言ください。

주문 이외의 용건이신 고객님은 용건과 성함, 전화번호를 남겨 주십시오.

ご注文以外のご用件のお客様は、ご用件とお名前とお電話番号
をお残しください。

나중에 담당자가 연락드리겠습니다.

後ほど、担当者よりご連絡いたします。 *後ほど 後で의 존경어 より ～로부터

현재 시간은 음성시스템으로 대응하고 있습니다.

ただ今の時間は音声システムで対応させていただいております。

현재 전 직원이 외출 중입니다.

ただ今、スタッフ全員外出しております。

6/26~6/29까지 임시휴업입니다.

6/26～6/29まで臨時休業となっております。

Biz tip '～となっている'는 정해진 사실이나 규칙·규정을 나타내는 표현입니다. 듣는 사람에게 이미 정
해진 것이니 어쩔 수 없다는 느낌을 받게 하죠.

6월 30일(월)부터 정상 영업합니다.

6/30(月)より通常営業となります。　　　　　　*通常 통상

무료 전화 0120-000-111로 신청 가능합니다.

フリーダイヤル、0120-000-111でお申し込みいただけます。

통화료 무료인 0120-87-9808을 이용해 주세요.

通話料無料の0120-87-9808をご利用ください。

세미나 접수 전용 전화입니다.

セミナー受付専用ダイヤルです。

또, 홈페이지에서 신청도 가능합니다.

なお、ホームページからのお申し込みもできます。

번거로우시겠지만 11일 이후에 다시 연락 주십시오.

お手数ではございますが、11日以降に改めてご連絡ください。

급하신 경우에는 090-1234-5678로 문의해 주세요.

お急ぎの場合は090-1234-5678までお問い合わせください。

고객지원센터로 연결해 드리겠습니다.

お客様サポートセンターにおつなぎいたします。
カスタマーサポートセンターにおつなぎいたします。

* カスタマー 고객

연말연시는 접수 시간에 변경이 생기는 경우가 있습니다.

年末年始は受付時間に変更がある場合がございます。

현재 전화가 몰려 연결이 어려운 상태입니다.

ただ今、電話が込み合い、つながりにくくなっております。

* 込み合う 붐비다

대단히 번거로우시겠지만 잠시 후에 다시 걸어 주십시오.

まことにお手数ですが、しばらくしてからおかけ直しください。

전화번호는 부디 틀리게 걸지 않도록 주의해 주세요.

電話番号はくれぐれもおかけ間違えのないようにご注意ください。

* かけ間違え 잘못 걺

온라인에서도 수속 지원을 하고 있으니 이용 바랍니다.

オンラインでもお手続きのサポートをしておりますので、ご利用ください。

고객 서비스에 관한 일은 25번을 눌러 주세요.

お客様サービスに関することは25番を押してください。

전화 끊기	또 연락드릴게요.
	また、ご連絡します。
	また、ご連絡させていただきます。

나중에 다시 전화드리겠습니다.

後日、改めてお電話いたします。

<small>ごじつ</small> <small>あらた</small>

Biz tip 後でや 後から, 後ほど를 쓰면 그날 안에서 '나중에'란 의미가 되고, 後日라고 하면 '며칠 후에'란 의미의 '나중에'가 됩니다.

오늘은 전화 감사했습니다.

本日はお電話、ありがとうございました。

무슨 일 있으시면 언제라도 전화 주세요.

何かございましたら、いつでもお電話ください。

또 편하게 전화 주세요.

また、気軽にお電話ください。

<small>き がる</small>

저, 판매 제2과의 하야시가 전화를 받았습니다.

私 、販売第２課の林が 承 りました。　　　　＊承る 삼가 듣다

<small>わたくし</small> <small>はんばいだい に か</small> <small>うけたまわ</small>

Biz tip 전화를 끊기 전에는 자신의 부서와 이름을 밝힘으로써 책임지고 내용을 전달하겠다는 어필과 함께 상대방을 안심시킬 수 있습니다.

A 佐藤さんが戻りましたら、そのようにお伝えください。
　사토 씨가 돌아오면 그렇게 전해 주세요.

B かしこまりました。私、販売第２課の林が承りました。では、失礼いた
します。 알겠습니다. 저, 판매 제2과의 하야시가 전화를 받았습니다. 그럼, 실례하겠습니다.

이야기를 나눌 수 있어서 즐거웠어요.

お話ができてうれしかったです。

또 시간을 잡아서 편안히 이야기 나눕시다.

また、時間をとって、ゆっくり話しましょう。

스케줄이 정해지는 대로 전화드리죠.

スケジュールが決まり次第、お電話します。

<small>し だい</small>

상세한 사항에 대해서는 만나서 이야기하죠.

詳細については会ってから話しましょう。

<small>しょうさい</small>

야마구치 부장님께 안부 전해 주세요.

山口部長によろしくお伝えください。　　　　＊よろしく伝える 안부 전하다

<small>った</small>

근무하시는데 방해해서 죄송했어요.

お仕事をじゃましてすみませんでした。　　　　＊じゃま 방해

죄송한데요, 4시에 약속이 있어서 그만 끊어야겠네요.

申し訳ありませんが、4時に約束がありますので、そろそろ。

실전
회화
A 申し訳ありませんが、4時に約束がありますので、そろそろ。
죄송한데요. 4시에 약속이 있어서 이만 끊어야겠네요.

B あ、すみません。では、そういうことで、失礼いたします。
아, 죄송해요. 그럼 그렇게 하는 걸로 하고, 끊을게요.

오랫동안 시간을 내주셔서 감사했습니다.

長々とお時間いただきまして、ありがとうございました。

전시회가 끝나면 다시 전화드리죠.

展示会が終わったら、またお電話します。

전파가 안 좋은 곳으로 가기 때문에 이제 끊을게요.

電波の悪いところに行きますので、もう切らせていただきますね。

다른 전화가 와서 끊을게요.

キャッチが入ったので失礼させていただきます。

*キャッチが入る 통화 중에 다른 전화가 오다

7시 이후라면 휴대전화로 걸어 주세요.

7時以降でしたら、携帯のほうにお電話ください。

이야기가 길어졌네요. 죄송해요.

長話になってしまいましたね。すみません。

이만 실례할게요.

それでは、ごめんください。
それでは、失礼いたします。

그럼, 먼저 끊겠습니다.

それでは、先に切りますね。
では、お先に電話を切らせていただきます。

Biz tip 상대방이 먼저 끊기를 기다렸다가 수화기를 내려놓는 것이 예의지만, 시간이 지체되거나 급히 끊어야 할 경우에는 이렇게 한마디 양해를 구해 주세요.

그럼, 잘 부탁드립니다. 감사합니다.

それではよろしくお願いします。ありがとうございました。

Chapter 2

부재중 메시지

🎧 03-2.mp3

메시지 남기기

메시지를 부탁드려도 될까요?

メッセージをお願いしてもよろしいでしょうか。

ご伝言を残してもいいでしょうか。　　　　　　　　＊伝言 전언

お言伝てをお願いしてもいいでしょうか。　　　　＊言伝て 전언

실전회화

A 恐れ入りますが、メッセージをお願いしてもよろしいでしょうか。
메시지를 부탁드려도 될까요?

B はい、承ります。 네, 말씀하세요.

5분 후에 전화하겠다고 전해 주세요.

５分後お電話すると、お伝えください。

할 이야기가 있다고 전해 주세요.

お話があるとお伝えください。

전화가 왔었다고 전해 주시겠어요?

電話があったことをお伝えいただけますか。

돌아오시면 전화 주시도록 부탁드릴 수 있을까요?

お戻りになりましたら、お電話いただきますよう、お願いできますか。　　　　　　　　　　　　　　　　　＊～よう(に) ～하도록

저녁때라도 전화드릴 테니 그 내용을 잘 전해 주시기 바래요.

夕方にでもお電話いたしますので、その旨、よろしくお伝えください。　　　　　　　　　　　　　　　　　　　　　　　＊旨 뜻

Biz tip 旨란 '상대방이 말한 취지, 내용' 등을 가리키며 비즈니스 전화나 문서에 자주 등장합니다.

스카이무역의 김○○이 샘플 건으로 가능하면 내일 방문하고 싶다고 전해 주세요.

スカイ貿易のキムがサンプルの件で、できれば明日お訪ねしたいと伝えてください。　　　　　　　　　　　　　＊訪ねる 방문하다

지장 없으시면 나중에 전화 주셨으면 한다고 전해 주세요.

差し支えなければ、後ほどお電話いただきたいとお伝えください。　　　　　　　　　　　　　　　　　　　　　＊差し支え 지장

제가 다시 전화드린다고 전해 주세요.

こちらから改めてお電話させていただくとお伝えください。

A こちらから改めてお電話させていただくとお伝えください。
제가 다시 전화드린다고 전해 주세요.

B はい、かしこまりました。 네, 알겠습니다.

10시 전이라면 전화를 받을 수 있다고 전해 주세요.

10時前でしたら、電話に出られると伝えてください。

전화를 다시 주실 필요는 없으니까 메일만 체크해 달라고 전해 주세요.

折り返し電話は要りませんので、メールだけチェックしてほしいと伝えてください。

Biz tip 折り返し電話란 어떤 사정으로 못 받은 전화를 나중에 다시 거는 것을 말해요.

저는 스카이무역의 다나카 아키오라고 합니다. 아키오는 '밝은 남자'입니다.

私はスカイ貿易の田中明男と申します。 明男は「明るい男」です。

Biz tip 메시지를 남기면서 자신의 소속과 이름을 밝히는 표현인데요. 전화는 보여 줄 수가 없기 때문에 한자 이름인 경우 어떤 한자를 쓰는지 예를 들어 설명해요.

'박'은 '소박'의 '박'이라고 쓰고 '박'이라고 읽습니다.

パクは素朴の「朴」と書いて、パクと読みます。

A 名字の漢字はどのような字でしょうか。 성(姓)은 어떤 한자를 쓰시나요?

B パクは素朴の「朴」と書いて、パクと読みます。
'박'은 '소박'의 '박'이라고 쓰고 '박'이라고 읽습니다.

'이'는 나무 '목' 밑에 아이 '자'를 씁니다.

イーは木の下に子供の「子」を書きます。

전화번호는 090-2222-3333입니다.

電話番号は090-2222-3333です。

제가 없을 경우에는 나카야마에게 부탁드려요.

私がいない場合は中山までお願いいたします。

Biz tip 전화가 왔을 때 자리를 비우게 될 수도 있으므로 중요한 전화라면 대신 전화를 받아줄 사람을 지정해 두기도 합니다.

메모해 주실래요?

メモをお願いできますか。
メモしていただけますか。

A メモをお願いできますか。いいですか。じゃ、言いますね。
　　메모해 주실래요? 되셨어요? 그럼, 말할게요.

B はい、どうぞ。네, 말씀하세요.

메시지 받기

메시지를 남기시겠어요?

メッセージがありましたら 承 りますが。
ご用件を承りましょうか。
お言付けがありましたら承りますが。
ご伝言がありましたら承りますが。

Biz tip 메모할 때는 전화를 받은 일시, 용건을 전해야 하는 사람의 이름, 상대방의 회사명과 이름, 전화를 받은 사람의 이름, 상대방의 용건 등을 기록합니다.

A よろしければ、ご用件を 承 りましょうか。괜찮으시면 메시지를 남기시겠어요?

B いえ、急ぎじゃないので、また電話します。ありがとうございました。
　　아뇨, 급한 일이 아니니 다시 걸게요. 감사합니다.

김○○은 4시쯤 돌아오니 그때쯤 저희 쪽에서 전화드려도 될까요?

キムは4時ごろ戻りますので、そのころこちらからお電話さしあげてもよろしいでしょうか。

바로 전화를 드리도록 할까요?

折り返しお電話をさしあげるようにいたしましょうか。

전화 주신 분의 성함과 전화번호를 불러 주세요.

お電話くださった方のお名前と電話番号をどうぞ。

혹시 모르니 연락처를 가르쳐 주시겠어요?

念のため、ご連絡先をお教えいただけますでしょうか。

＊念のため 確実に하기 위해서, 만일의 경우

A 念のため、ご連絡先をお教えいただけますでしょうか。
　　혹시 모르니 연락처를 가르쳐 주시겠어요?

B 加藤さんがご存じだと思います。가토 씨가 아실 거예요.

그렇게 전하죠. 저는 영업1과의 강○○이라고 합니다.

そのように伝えます。私は営業１課のカンと申します。

A そのように伝えます。私は営業１課のカンと申します。
그렇게 전하죠. 저는 영업1과의 강○○이라고 합니다.

B カンさんですね。では、よろしくお願いいたします。
강○○ 씨군요. 그럼, 잘 부탁드려요.

확실히 메시지를 받았습니다. 다나카가 돌아오는 대로 전해 드리죠.

たしかに 承 りました。田中が戻り次第、申し伝えます。

＊次第 ~하는 대로

Biz tip お伝えする를 쓰는 실수를 하기 쉬운데요. 메시지를 전하는 田中는 자기 쪽 사람이므로 그런 사람한테 お伝えする라는 겸양 표현을 쓰는 것은 오히려 상대방(거래처)을 낮추는 결과가 됩니다. 그러므로 申し伝える나 伝える. 아니면 伝えておく를 쓰는 것이 무난해요.

팩스를 확인하라고 전해 두겠습니다.

ファックスを確認するように伝えておきます。

잠시만 기다려 주세요. 지금 적을 테니까요.

少々お待ちください。今、書き留めますので。

＊書き留める 잊지 않도록 써 두다

급하시면 휴대전화로 연락을 넣을 수도 있어요.

お急ぎでしたら、携帯のほうに連絡を入れることもできます。

A お急ぎでしたら、携帯のほうに連絡を入れることもできます。
급하시면 휴대전화로 연락을 넣을 수도 있어요.

B でしたら、携帯番号を教えてくださいませんか。私が直接連絡します。
그러시면 휴대전화 번호를 알려 주실래요? 제가 직접 연락할게요.

A すみません。個人の電話番号はお教えできないことになっておりまして。
죄송해요. 개인 전화번호는 가르쳐 드릴 수 없게 되어 있어서요.

메시지 전달

마쓰다 씨로부터 메시지를 받아 두었어요.

松田様から伝言を預かっております。

＊預かる 맡다

A 留守中に何か連絡は？ 내가 없는 동안에 뭔가 연락은?
＊留守中 부재중

B はい、松田様から伝言を預かっております。
네, 마쓰다 씨로부터 메시지를 받아 두었어요.

과장님, 30분쯤 전에 서울트래블의 박○○ 씨로부터 전화가 왔었어요.

課長、30分ほど前にソウルトラベルのパク様からお電話があり
ました。　　　　　　　　　　　　　　　* 電話がある＝電話が来る

급히 전화해 달라고 했어요.

至急電話してほしいとのことでした。　　　* 〜とのこと 〜라고 함

　A　彼は何と言っていましたか。그는 뭐라고 하던가요?
　B　至急電話してほしいとのことでした。급히 전화해 달라고 했어요.

도쿄전기의 모리 씨한테 온 전화였는데요, 내일 뵙고 싶다고 하셨어요.

東京電気の森様からですが、明日お目にかかりたいとのことで
した。　　　　　　　　　　　　　　　　* お目にかかる 뵙다

계약서 사본을 보내 달라는 메시지였어요.

契約書の写しを送ってくださいとのご伝言でした。

　　　　　　　　　　　　　　　　　　　　* 〜との＝〜という

데이터 복구는 어렵다고 하더군요.

データの復旧は難しいと言っていました。

방금 본인한테 전화가 와서 약간 늦겠다고 하더군요.

たった今、本人から電話がありまして、少し遅れるとのことです。

아까 연락이 있었는데, 그 길로 퇴근하겠다고 합니다.

先ほど連絡が入りまして、そのまま直帰するそうです。

　　　　　　　　　　　　　　　　　* 直帰 회사에 들르지 않고 퇴근함

　A　今田君が遅いな。彼から何か連絡ありましたか。
　　　이마다 군이 늦는군. 그한테 뭔가 연락이 있었나요?
　B　先ほど連絡が入りまして、そのまま直帰するそうです。
　　　아까 연락이 있었는데, 그 길로 퇴근하겠다고 합니다.

야마구치 씨가 급한 용건의 메시지를 남겼어요.

山口様から急ぎの伝言が入っております。

메시지 내용 확인

성함을 확인하겠는데요, 가토 씨셨죠?

お名前を確認いたしますが、加藤様でしたよね。

성함을 다시 한 번 부탁드릴 수 있을까요?

お名前をもう一度お願いできるでしょうか。

A お名前をもう一度お願いできるでしょうか。 성함을 다시 한 번 부탁드릴 수 있을까요?

B はい、いいですよ。キム・テジュンです。 네, 그러죠. 김태준입니다.

실례지만 사토 씨인가요, 사이토 씨인가요?

失礼ですが、佐藤様でしょうか、斎藤様でしょうか。

태양전기가 맞나요?

太陽電気様でよろしいですね？

Biz tip 존경의 의미를 담아서 회사 이름, 은행 이름 등 거래처의 상호에도 様나 さん을 붙일 때가 많아요.

내용을 다시 한 번 확인하겠습니다.

内容をもう一度確認させていただきます。

반복할게요.

復唱させていただきます。

繰り返させていただきます。

A お電話番号を復唱させていただきます。222-3333で間違いありませんか。
전화번호를 반복할게요. 222-3333으로 틀림없나요?

B はい、合っています。 네, 맞습니다.

1인가요, 7인가요?

1でしょうか、7でしょうか。

Biz tip 일본어에서 1와 7는 잘못 듣기 쉬우므로 항상 주의해야 하는데요. 혼동을 피하기 위해서 7를 なな로 읽어 주는 경우가 많아요.

메일 주소는 nnn@bbb.com이면 되나요?

メールアドレスはnnn@bbb.comでいいでしょうか。

이번 주 안에 가와다와 회의를 하고 싶다는 내용이면 맞나요?

今週中に河田と打ち合わせがしたいということでよろしいでしょうか。

Biz tip '～ということでよろしいでしょうか(～라는 내용이면 맞나요?, ～라는 말씀이죠?)'는 자신이 이해하고 있는 것이 맞는지를 확인하거나 자신이 이해하고 있는 내용이 주위 사람들의 이해와 비슷한지를 가늠할 때 자주 쓰는 표현이에요.

내일 회의는 취소라는 말씀이시죠?

明日の会議は中止ということでよろしいでしょうか。

이상으로 만족하시나요? (다른 내용은 없으신가요?)

以上でよろしいでしょうか。

 　A　以上でよろしいでしょうか。 이상으로 만족하시나요?

　　　B　はい、けっこうです。よろしくお願いいたします。 네, 됐습니다. 잘 부탁드립니다.

재고는 있다는 말이죠?

在庫はあるということですね？

 　A　在庫はあるとお伝えください。 재고는 있다고 전해 주세요.

　　　B　在庫はあるということですね？ 재고는 있다는 말이죠?

이것으로 틀림없나요?

これで間違いございませんか。

메시지를 남기시고 싶은 사람은 고바야시 과장님인가요, 고바야시 사원인가요?

ご伝言を残したい人は課長の小林でしょうか、社員の小林でしょうか。

마지막 부분을 다시 한 번 말씀해 주시겠어요?

最後の部分をもう一度おっしゃっていただけますか。

수량을 한 번 더 부탁드려요.

数量をもう一度お願いします。

연락처는 090-8888-9999로 틀림없나요?

連絡先は090-8888-9999で間違いないでしょうか。

전화번호는 03-9999-1111이고, 그린물산의 고이케 씨인 것으로 알겠습니다.

電話番号は03-9999-1111で、グリーン物産の小池様ということで。

 　A　電話番号は03-9999-1111で、グリーン物産の小池様ということで。

　　　　전화번호는 03-9999-1111이고, 그린물산의 고이케 씨인 것으로 알겠습니다.

　　　B　はい、そうです。お忙しい中、お手数をおかけします。

　　　　네, 맞습니다. 바쁘신데 수고를 끼쳐 드리네요.

메시지 내용 수정

8887이 아니라 8888입니다.

8887じゃなくて、8888でございます。

사토가 아니라 사이토입니다.

佐藤じゃなくて、斎藤です。

사원이 아니라 과장님인 고바야시 씨께 전해 주세요.

社員じゃなくて課長の小林さんにお伝えください。

주소가 약간 틀리네요. 맞게는 56번지예요.

住所が少し違いますね。正しくは56番地です。

하늘의 '태양'이 아니라 큰 바다의 '대양'입니다.

空の「太陽」じゃなくて大きい海の「大洋」です。

Biz tip 일본어에는 동음이의어가 많기 때문에 상호명에는 각별히 주의하세요. 바쁜 경우에는 회사명과 이름을 모두 가타카나로 표기하기도 합니다.

A 「タイヨウ電気」のタイヨウは空の「太陽」でしょうか。
'타이요' 전기'의 '타이요'는 하늘의 '태양'인가요?

B 空の「太陽」じゃなくて大きい海の「大洋」です。
하늘의 '태양'이 아니라 큰 바다의 '대양'입니다.

이번 주가 아닙니다. 오늘 중입니다.

今週ではありません。今日中です。

A 今週ではありません。今日中です。 이번 주가 아닙니다. 오늘 중입니다.

B 大変失礼しました。 대단히 실례했습니다.

자동 응답 전화

전화 감사합니다.

お電話ありがとうございます。

여기는 이마다 법률사무소입니다.

こちらは、今田法律事務所です。

여기는 내셔널뱅크 부사장실입니다.

こちらは、ナショナルバンクの副社長室でございます。

현재 자리에 없습니다.

ただ今、留守にしております。　　　　　＊留守にする 자리를 비우다

154

현재 전화를 받을 수 없습니다.

ただ今、電話に出られません。

모두 외근을 나가서 전화를 받을 수 없습니다.

みんな出払っておりますので、お電話に出ることができません。

＊出払う だ 나가고 없다

현재 휴가 중입니다.

ただ今、休暇をいただいております。

4월 15일부터 20일까지 휴가입니다.

４月15日から20日まで休暇です。

저희 쪽에서 다시 걸겠습니다.

こちらからかけ直します。

천천히 용건을 말씀해 주세요.

ゆっくりとご用件をお話しください。

메시지를 남겨 주세요.

伝言をお残しください。

메시지를 남겨 주시면 바로 연락드리겠습니다.

メッセージを残していただければ、すぐにご連絡させていただきます。

메시지를 넣어 주시거나 다른 날 다시 한 번 연락 주세요.

メッセージをお入れくださるか、他の日にもう一度ご連絡ください。

삐 하고 울리면 성함과 용건을 부탁드려요.

ピーと鳴りましたら、お名前とご用件をお願いします。

발신음이 나면 성함과 전화번호, 메시지를 말씀해 주세요.

発信音が鳴りましたら、お名前とお電話番号、メッセージをお入れください。

나중에 바로 연락드릴 테니 삐 하고 소리가 나면 메시지를 남겨 주세요.

後ほど折り返しますので、ピーと鳴ったら伝言を、どうぞ。

용건이 있으신 분은 삐 하는 발신음 뒤에 성함과 메시지를 말씀해 주세요.

ご用の方はピーという発信音の後に、お名前とご伝言をお話し
ください。 *用 용무

긴급한 경우에는 050-2222-1111로 연락 주세요.

緊急の場合は050-2222-1111までご連絡ください。

긴급 시에는 우물정자(#)와 0을 눌러 주세요.

緊急時はナンバーサインとゼロを押してください。

급한 일이시면 휴대전화 090-9999-3333으로 연락 주세요.

急用でしたら、携帯の090-9999-3333までご連絡ください。

お電話ありがとうございます。ただ今、留守にしております。ご用件の
ある方はピーと鳴りましたらお名前とご用件をお話しください。後ほど
折り返しお電話さしあげます。もし急用でしたら、携帯の090-9999-3333ま
でご連絡ください。よろしくお願いします。

전화 감사합니다. 현재 자리를 비우고 있습니다. 용건이 있으신 분은 삐 소리가 나면 성함과 용건을 말씀해
주세요. 나중에 바로 전화드리겠습니다. 혹시 급한 일이시면 휴대전화 090-9999-3333으로 연락 주세요. 잘
부탁드립니다.

갑작스러운 일로 연락을 취하고 싶으신 경우에는 별표(*)와 0을 누르시면 제 비서에
게 연결됩니다.

急なことで連絡を取りたい場合はアスタリスクとゼロを押して
いただくと、私の秘書につながります。

음성 메시지 남기기

수고가 많으십니다. 스카이자동차의 야마다입니다.

お世話になっております。スカイ自動車の山田です。

서울건설의 이○○입니다.

ソウル建設のイーでございます。

비즈니스 협회에서 전화드렸습니다.

ビジネス協会からお電話さしあげました。

보내 주신 서류 중에서 여쭤볼 것이 있어서 전화했어요.

送ってくださった書類の中でお聞きしたいことがあって電話し
ました。

사토 씨, 기억하세요? 아오야마전기의 가와시마입니다.

佐藤さん、覚えていらっしゃるんでしょうか。アオヤマ電気の河島です。

A　ピーと鳴りましたらお名前とご用件をお話しください。
　　삐 소리가 나면 성함과 용건을 말씀해 주세요.
B　ご無沙汰しております。佐藤さん、覚えていらっしゃるんでしょうか。
　　アオヤマ電気の河島です。
　　통 연락을 못 드렸네요. 사토 씨, 기억하세요? 아오야마전기의 가와시마입니다.

지난주 주문해 주신 제품에 관한 일로 전화드렸어요.

先週ご注文いただいた製品に関することで、お電話しました。

시스템 업데이트 때문에 회원 분들께 연락을 돌리고 있습니다.

システムのアップデートのために会員のみな様にご連絡しております。

발매 전에 몇 가지 상의드릴 것이 있어서 전화했어요. 바쁘신가요?

発売の前に、いくつかご相談がありまして、電話しました。お忙しいでしょうか。

메시지를 들으시면 전화 주세요.

メッセージを聞きましたら、お電話ください。

사원 프로그램 건으로 말씀을 듣고 싶어요.

社員プログラムのことでお話を聞きたいです。

A　発信音の後、お名前とお電話番号、メッセージを残してください。
　　발신음이 떨어지면 성함과 전화번호, 메시지를 남겨 주세요.
B　総務部のハンです。社員プログラムのことでお話を聞きたいです。お戻りになりましたら、お電話いただけますか。お願いします。
　　총무부의 한○○입니다. 사원 프로그램 건으로 의견을 듣고 싶어요. 돌아오시면 전화 주실래요? 부탁드립니다.

내선번호는 68번입니다. 급히 연락 주세요.

内線番号は68番です。至急ご連絡ください。

바로 전화 부탁합니다. 그럼, 끊을게요.

折り返し、お電話願います。では、失礼します。

사무실 7773-0005나, 휴대전화 090-9898-1000으로 전화 주세요. 기다릴게요.

事務室の7773-0005か、携帯の090-9898-1000にお電話ください。お待ちしております。

휴가 중이셨군요. 돌아오시면 한 번 전화 주세요.

休暇をとっていらっしゃったんですね。お戻りになりましたら、一度お電話ください。

출장에서 돌아오시는 날에 제가 다시 걸겠습니다.

出張からお戻りになる日にこちらからかけ直します。

직접 전화하기 전에는 주문을 받을 수가 없네요.

直接お電話できるまではご注文をお受けできかねます。

＊～かねる ～하기 어렵다

한 번 더 메시지 남깁니다.

もう一度、メッセージを残します。

A　メッセージをどうぞ。ピー　　메시지를 남겨 주세요. 삐~

B　まだお戻りになっていないようですね。何度もお電話して申し訳ありません。もう一度、メッセージを残します。できるだけ早くご連絡ください。お願いします。
아직 안 오셨나 보네요. 몇 번이나 전화드려서 죄송해요. 한 번 더 메시지 남깁니다. 가능한 한 빨리 연락 주세요. 부탁합니다.

전화로 일정 잡기

약속하기

언제가 좋을까요?

いつがいいですか。

いつがよろしいでしょうか。

いつにしましょうか。 　　　　　　　　　　　　　　* ～にする ~로 하다

いつがいいか教えてください。

いつならご都合がよろしいですか。

いつでしたらご都合がつきますか。 　　　　　　　　* 都合がつく 형편이 되다

실전회화

A　いつがよろしいでしょうか。언제가 좋을까요?

B　そうですね。明日でも私はかまいませんが。글쎄요. 내일이라도 저는 상관없는데요.

언제라면 시간을 내주실 수 있나요?

いつだったらお時間を作っていただけますか。

いつだったらお時間を割いていただけますか。

　　　　　　　　　　　　　　　　　　　　* 時間を割く 시간을 할애하다

오전이 좋은가요, 아니면 오후가 좋은가요?

午前がいいですか、それとも午後がいいですか。

　　　　　　　　　　　　　　　　　　　* それとも 그렇지 않으면

시간은 몇 시로 할까요?

時間は何時にしましょうか。

실전회화

A　時間は何時にしましょうか。시간은 몇 시로 할까요?

B　その前に場所はどちらでしょうか。遠いところですと、午後がいいですね。
그 전에 장소는 어디인가요? 먼 곳이면 오후가 좋고요.

시간을 정할까요?

時間を決めましょうか。

스케줄을 체크해 보지 않으면 모르겠네요.

スケジュールをチェックしてみないと分かりませんね。

다음 주는 어때요?

来週はいかがですか。

부장님과 약속을 잡고 싶은데요.

部長とアポを取りたいんですが。　　　　　　　　　　* アポ=アポイントメント

부장님을 뵙고 싶은데요.

部長にお会いしたいんですが。

프레젠테이션은 언제로 할까요?

プレゼンテーションはいつにしましょうか。

A　プレゼンテーションはいつにしましょうか。 프레젠테이션은 언제로 할까요?
B　来月の中旬はいかがでしょうか。 다음 달 중순은 어때세요?

사실은 훨씬 전부터 만나 뵙고 말씀 나누고 싶다고 생각했어요.

実はずっと前からお会いしてお話ししたいと思っていました。

A　今回はどういったご用件でしょうか。 이번엔 무슨 용건이신가요?
B　実はずっと前からお会いしてお話ししたいと思っていました。
　　사실은 훨씬 전부터 만나 뵙고 말씀 나누고 싶다고 생각했어요.

가능하면 사장님을 뵙고 설명드리고 싶은데 어떠세요?

できましたら、社長にお会いして、説明させていただきたいんですが、いかがでしょうか。

내일 뵐 수 있나요?

明日、お会いできますか。

A　明日、お会いできますか。 내일 뵐 수 있나요?
B　明日からは出張が入っておりまして、もし大事なことでしたら、今日の午後にでも会いましょうか。
　　내일부터는 출장이 있어서요. 혹시 중요한 일이라면 오늘 오후에라도 만날까요?

이번 주라면 언제 시간이 되세요?

今週中でしたら、いつご都合がつきますか。

Biz tip　어느 정도 시간의 범위를 정한 후 마지막 결정을 상대방에게 돌리면 일정 잡는 시간을 단축시킬 수 있어요.

그날은 회의 후에 식사라도 했으면 싶은데, 시간은 괜찮으신가요?

その日は打ち合わせの後、お食事でもと思っているんですが、
ご都合は大丈夫でしょうか。

가능하면 이번 주에 와 주셨으면 고맙겠습니다만, 과장님 스케줄이 어떠세요?

できれば、今週中においでいただければありがたいんですが、
課長のスケジュールはいかがでしょうか。　　　　*ありがたい 고맙다

전화 회의를 예정하고 있는데요, 언제가 좋을까요?

電話会議を予定していますが、いつがよろしいですか。

 A　電話会議を予定していますが、いつがよろしいですか。
　　　전화 회의를 예정하고 있는데요, 언제가 좋을까요?

　　　B　さっそく今日の夜でもかまいません。당장 오늘 밤이라도 상관없어요.

　　　A　では、アクセス番号とPIN番号をご案内しますので、今日の19時にアクセ
　　　　スしてください。
　　　그럼 액세스 번호와 핀 번호를 안내해 드릴 테니 오늘 19시에 접속해 주세요.

공교롭게도 8월 4일은 사정이 안 되네요.

あいにくですが、8月4日は都合がつきません。

오후 2시부터 3시까지라면 괜찮아요.

午後2時から3時までなら大丈夫です。

그날이라면 특별히 일정은 없어요.

その日でしたら特に予定はありません。

저로서는 화요일 오후부터가 좋은데요.

私としましては、火曜日の午後からがいいんですが。

그렇다면 20일 14시에 찾아뵙겠습니다.

それでは、20日の14時に伺います。

이 문제는 꼭 만나서 이야기하게 해 주세요.

この問題はぜひお会いしてお話させてください。

 A　この問題はぜひお会いしてお話させてください。
　　　이 문제는 꼭 만나서 이야기하게 해 주세요.

　　　B　そうですね。電話で踏み込んだ話はできませんからね。
　　　그렇죠. 전화로 깊은 이야기는 할 수 없으니까요.　　　*踏み込む 깊이 파고들다

스케줄을 조정해 봅시다.

スケジュールを調整してみましょう。

만나기 전에 어떤 용건인지 여쭤 봐도 될까요?

会う前にどのようなご用件なのかお聞きしてよろしいですか。

A 会う前にどのようなご用件なのかお聞きしてよろしいですか。
   만나기 전에 어떤 용건인지 여쭤 봐도 될까요?

B 詳しいことはお会いしてお話ししますが、業務提携に関することです。
   자세한 것은 만나서 이야기하겠지만, 업무 제휴에 관한 일입니다.   *〜に関する ~에 관한

다음 주쯤에 와 주실 수 있나요?

来週ぐらいに来ていただくことはできますか。

来週ぐらいにお越しいただけますか。   *お越し 오심, 가심

来週ぐらいにご足労願えますか。   *足労 걷는 수고

来週ぐらいにおいでいただけますか。

来週ぐらいにご来社いただくことはできますか。

来週ぐらいにお立ち寄りくださいませんか。   *立ち寄る 들르다

우에노 씨의 스케줄에 맞출게요.

上野さんのスケジュールに合わせます。

上野さんのご都合に合わせます。

上野さんのご予定に合わせます。

上野さんのお時間に合わせます。

上野さんのご希望に合わせます。   *希望 희망

이○○ 씨가 시간이 좋은 날로 하셔도 됩니다.

イーさんのご都合のいい日でけっこうです。

오후 4시쯤이라면 어떻게 해 볼 수 있겠네요.

午後の４時ごろでしたら、何とか。   *何とか 그럭저럭, 간신히

시간이 정해지면 휴대전화로 연락을 주시겠어요?

時間が決まりましたら、携帯のほうに連絡を入れてもらえますか。

오시는 시간은 몇 시쯤이 될 것 같나요?

おいでになるのは何時ごろになりそうですか。

저는 14시 이후라면 대개 사무실에 있어요.

私は14時以降でしたら、だいたい事務室におります。

실전회화

A 私は14時以降でしたら、だいたい事務室におります。気軽にお立ち寄り
ください。저는 14시 이후라면 대개 사무실에 있어요. 편하게 들러 주세요.

B でしたら、明日の15時に伺ってもよろしいですか。
그럼, 내일 15시에 찾아봬도 되나요?

월요일은 좀 힘들 것 같아요.

月曜日はちょっと……。

다음 주쯤이 되지 않으면 시간을 내기가 힘드네요.

来週あたりにならないと、都合がつきそうにありません。

*～そうにない ～할 것 같지 않다

회의가 길어지지 않으면 11시라도 괜찮은데요.

会議が長引かなければ11時でもいいですが。

실전회화

A 会議が長引かなければ11時でもいいですが。
회의가 길어지지 않으면 11시라도 괜찮은데요.

B 一応11時に伺って、もし長引くようでしたら、待たせていただきます。
일단 11시에 찾아뵙고 만약에 길어질 듯싶으면 기다릴게요.

목요일은 비어 있어요.

木曜日は空いています。

스케줄이 꽉 차서 이달은 힘들 것 같아요.

スケジュールがびっしりで今月は難しそうです。

상세한 일정이 정해지는 대로 비서를 통해 연락드릴게요.

詳しい日程が決まり次第、秘書に連絡させます。

잠깐 달력을 볼게요.

ちょっとカレンダーを見てみますね。

오시기 전에 전화 주실래요?

いらっしゃる前にお電話いただけますか。

언제라도 상관없으니까 오세요.

いつでもかまいませんので、どうぞ。

딱 15분이면 됩니다.

ほんの15分ほどでけっこうです。

이번에 저희 회사에서 신제품을 발매하게 되어 꼭 좀 설명드리러 찾아뵙고 싶은데요.

この度当社で新製品を発売することになりまして、ぜひご説明
に伺いたいのですが。

후임이 정해져서 인사드리러 가고 싶은데, 어떠세요?

後任が決まりましたので、ご挨拶に伺いたいと思いますが、い
かがでしょうか。

우선 회의는 다음 달초쯤으로 예정을 잡아 보죠.

とりあえず、打ち合わせは来月頭ぐらいで予定を組んでみま
しょう。　　　　　　　　　　　　　　　　　　＊予定を組む 예정을 짜다

혹시 도움이 될 수 있다면 지금부터 찾아뵐까 하는데요.

もしお役に立てるようでしたら、今からお伺いしようかと思う
んですが。

저희들로서는 빠른 편이 좋은데 그쪽 사정은 어떠신가요?

私どもといたしましては、早いほうがいいんですが、そちら様
のご都合はいかがでしょうか。　　　　　　＊～といたしましては ～로서는

**약속 장소
정하기**

만나 뵙는 것은 어디가 좋을까요?

お会いするのはどこがよろしいでしょうか。

회의는 어디에서 할까요?

打ち合わせはどこでやりましょうか。

장소를 어디로 하면 좋을까요?

場所をどこにしたらいいでしょうか。

A　場所をどこにしたらいいでしょうか。 장소를 어디로 하면 좋을까요?

B　8人ほど集まると思いますので、そんなに大きくないところでも大丈夫
　　じゃないでしょうか。 8명 정도 모일 것 같으니까 너무 크지 않은 곳이라도 괜찮지 않을까요?

제2회의실은 5명밖에 앉을 수 없는데 괜찮아요?

第2会議室は5人しか座れないのですが、よろしいですか。

회의실을 확보해 주실래요?

会議室を押えていただけますか。　　　　　　　*押える 확보하다

프로젝터가 있는 곳이어야 해요.

プロジェクターがあるところじゃないと……。

호텔의 비즈니스 센터도 좋을 것 같아요.

ホテルのビジネスセンターもよさそうです。

Biz tip 호텔뿐 아니라 주요 역 주변에는 비즈니스 센터가 있어서 유료로 빌릴 수 있습니다. 각종 기기와 비품, 식사와 간식, 음료도 예약할 수 있고, 세미나나 면접 장소, 화상 회의 시스템, 통역 서비스를 갖춘 곳도 있어요.

A　ホテルのビジネスセンターもよさそうです。 호텔의 비즈니스 센터도 좋을 것 같아요

B　コピーとファクシミリサービスはもちろん、パソコンも使えますしね。
　　복사와 팩스 서비스는 물론 컴퓨터도 사용할 수 있으니까요

컨벤션센터 안에 회의할 수 있는 곳은 없나요?

コンベンションセンターの中に会議ができるところはありませ
んか。

저희 회사에서 만나 뵐 수 있을까요?

当社でお会いできますか。

KTX의 회의실이면 교통편도 좋을 것 같아요.

KTXの会議室なら交通の便もいいと思うんです。

A　KTXの会議室なら交通の便もいいと思うんです。
　　KTX의 회의실이면 교통편도 좋을 것 같아요

B　では、予約を入れておきます。 그럼 예약을 해 둘게요

165

수고를 끼쳐 죄송하지만, 귀사로 가는 길을 여쭙고 싶어요.

お手数をおかけして恐縮ですが、そちら様への道順をお伺いしたいです。

*道順 길 순서

저희 회사에서 가장 가까운 역은 시부야역입니다.

当社の最寄の駅は渋谷駅になります。

A 当社の最寄の駅は渋谷駅になります。どちらからおいでになりますか。
저희 회사에서 가장 가까운 역은 시부야역입니다. 어느 쪽에서 오시죠?

B 大手町から参ります。渋谷駅からですと、何分ほどかかりますか。
오테마치에서 갑니다. 시부야역에서면 몇 분 정도 걸리나요?

약속 확인

스케줄 확인차 전화드렸어요.

スケジュールの確認のため、お電話いたしました。

야마모토 씨는 언제쯤 도착하시나요?

山本さんは何時ごろお着きになりますか。

山本さんはいつごろお越しになりますか。

山本さんはいつごろおいでになりますか。

山本さんはいつごろお見えになりますか。

*お見えになる 오시다

A スケジュールの確認のため、お電話いたしました。山本さんはいつごろ
お越しになりますか。스케줄 확인차 전화드렸어요. 야마모토 씨는 언제쯤 도착하시나요?

B 3時前には着くと思います。3시 전에는 도착할 것 같아요.

8월 2일 회의 시간을 확인하고 싶은데요.

8月2日の打ち合わせの時間を確かめたいんですが。

*確かめる 확인하다

다음 주 예정을 확인하고 싶어서 전화드렸어요.

来週の予定を確かめたく、お電話さしあげました。

변경 사항은 없나요?

変更はございませんか。

A 5日の会議に変更はございませんか。5일 회의에 변경 사항은 없나요?

B 今のところ変更はありません。지금으로서는 변경은 없어요.

회의 예정은 현재 2월 2일 15시로 잡혀 있어요. 괜찮으시겠어요?

会議の予定は現在2月 2 日15時になっております。よろしいでしょうか。

이번에는 회의 시간 변경이 힘들어요.

今回は打ち合わせの変更が難しいです。

그럼, 다음 주 금요일에 뵙죠.

では、来週の金曜日にお会いしましょう。

그럼, 내일 오후 3시에 찾아뵙겠습니다.

それでは、明日の午後 3 時にお伺いします。

기다리고 있겠습니다.

お待ち申し上げております。

Biz tip 'お+ます형+いたす(~해 드리다)'보다 더 정중한 표현이 'お+ます형+申し上げる'예요.

메모를 잃어버렸는데요, 약속은 화요일이었죠?

メモを忘れてしまったんですが、お約束は火曜日でしたよね？

수첩에 써 두었으니까 걱정 없어요.

手帳に書き込んでおきましたから、心配ありません。

＊書き込む 기입하다

회의 일주일 전에 다시 한 번 확인 전화를 넣을게요.

会議の 1 週間前にもう一度確認の電話を入れます。

약속 장소를 메일로 보냈는데요, 확인하셨나요?

約束の場所をメールで送りましたが、ご確認できましたか。

좀 더 자세한 지도는 없을까요?

もっと詳しい地図はないでしょうか。

 A もっと詳しい地図はないでしょうか。そのへんにあまり詳しくないものですから。좀 더 자세한 지도는 없을까요? 그쪽 주변을 잘 몰라서요.

B 分かりました。探してみて、あったらメールで送ります。
알겠어요. 찾아보고 있으면 메일로 보낼게요.

참가자 리스트를 보내 줄래요?

参加者リストを送ってくれますか。

라인으로 지도를 보내 주세요.

ラインで地図を送ってください。

 A ラインで地図を送ってください。 라인으로 지도를 보내 주세요.
B 位置情報はどうやって送るんでしょうか。 위치 정보는 어떻게 보내는 건가요?
A まず、GPS機能がオンになっていないとだめです。
우선 GPS 기능이 ON 상태가 되어 있어야 해요.

자료를 먼저 보내 주시면 복사해서 가져갈게요.

資料を先に送ってくだされば、コピーして持っていきます。

저희 쪽에서는 5명이 갈 생각인데요, 괜찮을까요?

こちらからは5人で向かうつもりですが、よろしいでしょう
か。
　　　　　　　　　　　　　　　　　　　　　　　　＊向かう 향하다

 A こちらからは5人で向かうつもりですが、よろしいでしょうか。
저희 쪽에서는 5명이 갈 생각인데요, 괜찮을까요?
B そうですか。こちらは出張で一人減りました。
그러세요? 저희는 출장으로 한 명 줄었습니다.

변경 및 취소

1시간 빨리 와 주실 수는 없나요?

1時間早く来ていただくわけにはいきませんか。
　　　　　　　　　　　　　＊～わけにはいかない ～할 수는 없다

약속을 약간 앞당겨도 될까요?

お約束を少し繰り上げてもよろしいでしょうか。 ＊繰り上げる 앞당기다

 A お約束を少し繰り上げてもよろしいでしょうか。前の予定が早く終わっ
たもので。 약속을 약간 앞당겨도 될까요? 앞의 일정이 빨리 끝나서요
B ええ、私はいつでもいいです。いらっしゃってください。
네, 저는 언제라도 괜찮아요. 오세요.

18일에 찾아뵐 예정이었는데, 20일에 찾아봬도 될까요?

18日に伺う予定でしたが、20日に伺ってもよろしいでしょうか。

약속을 토요일로 늦출 수는 있나요?

約束を土曜日にずらすことはできますか。
　　　　　　　　　　　　　　　　＊ずらす (시기를) 늦추다

 A 約束を土曜日にずらすことはできますか。 약속을 토요일로 늦출 수는 있나요?
B すみませんが、土曜日は無理です。 죄송하지만, 토요일은 안 돼요.

월요일 약속을 화요일로 바꿔도 될까요?

月曜日の約束を火曜日に変えてもいいでしょうか。

약속을 변경해야겠어요.

約束を変更しなければならなくなりました。

내일 3시 약속을 4시로 변경해 주셨으면 해요.

明日３時の約束を４時に変更していただきたいんです。

금요일 10시 약속 말인데요, 13시부터로 변경은 가능할까요?

金曜日10時のお約束ですが、13時からに変更は可能でしょうか。

예정을 다시 짤 필요가 생겼어요.

予定を組み直す必要が出てきました。

A 予定を組み直す必要が出てきました。 예정을 다시 짤 필요가 생겼어요.

B 何かありましたか。 무슨 일이 생겼나요?

약속 시간에 늦을 것 같아요.

お約束の時間に間に合いそうもありません。

　　　　　　　　　　　　　　　　　　　＊～そうもない ~못할 것 같다

파업으로 전철이 멈춰 버려서 전화로 이야기할 수밖에 없을 것 같아요.

ストで電車が止まってしまい、お電話で話すしかなさそうです。

　　　　　　　　　　　　　　　　　　　＊～しかない ~수밖에 없다

Biz tip ない에 そうだ(~할 것 같다)가 접속할 때는 なさそうだ가 된다는 점에 유의하세요.

앞으로의 일정에 대해서는 다시 의논합시다.

今後のスケジュールについては改めて話し合いましょう。

수요일 3시는 안 되게 되었어요.

水曜日の３時はだめになりました。

전철 인명 사고로 1시간 정도 늦을 것 같아요.

電車の人身事故で１時間ほど遅れそうです。

과장님이 급한 일 때문에 갈 수 없게 되었어요.

課長が急用で行けなくなりました。

세미나가 취소되었어요.

セミナーが取消しになりました。

　　　　　　　　　　　　　　　　　　　＊取消し 취소

유감이지만, 오늘 회의에는 참석할 수 없게 되었어요.

残念ながら、今日の会議には参加できなくなりました。

A 残念ながら、今日の会議には参加できなくなりました。
유감이지만, 오늘 회의에는 참석할 수 없게 되었어요.

B ほかの方々も全員来られないんですか。다른 분들도 다 못 오시나요?

다음 주 약속을 취소할 수 없을까요?

来週のお約束をキャンセルさせていただけないでしょうか。

스케줄을 재조정하고 나서 저희가 연락드릴게요.

スケジュールを再調整してこちらからご連絡します。

회의를 연기해야 해요.

会議を延期しなければなりません。

두 번이나 취소가 되었는데 이대로 가도 될까요?

二度も取り止めになったんですが、これでよろしいでしょうか。

＊取り止め 중지

사고 대응에 쫓겨서 오늘은 찾아뵐 수가 없네요.

事故の対応に追われて、今日はお伺いすることができません。

＊～に追われる ～에 쫓기다

A 事故の対応に追われて、今日はお伺いすることができません。
사고 대응에 쫓겨서 오늘은 찾아뵐 수가 없네요.

B それは大変ですね。落ち着いたら、ご連絡ください。
그거 큰일이네요. 수습되면 연락 주세요.

무리한 말씀을 드려서 죄송합니다.

勝手を申し上げて申し訳ございません。　　　　＊勝手 제멋대로 함

폐를 끼쳐서 죄송해요.

ご迷惑をおかけして申し訳ありません。

이해 바랍니다.

ご理解ください。

이해해 주셔서 감사드려요.

ご理解いただき、ありがとうございます。

Chapter 4

전화 사용 시 불편 사항   🎧 03-4.mp3

**전화를 잘못
걸었을 때**

죄송합니다만, 서울코프 아닌가요?

すみませんが、ソウル・コープじゃないでしょうか。

3849-2938이 아닌가요?

3849-2938じゃありませんか。

저희는 서울전기인데요, 어디에 거셨나요?

こちらはソウル電気でございますが、どちらにおかけでしょう
か。

* おかけ (전화를) 거심

  A 恐れ入ります。こちらはソウル電気でございますが、どちらにおかけで
しょうか。 여기는 서울전기인데요, 어디에 거셨나요?
B ソウル貿易ですけど、違いますか。서울무역인데요, 아닌가요?

몇 번에 거셨나요?

何番におかけでしょうか。

전화번호에 틀림은 없으신가요?

お電話番号にお間違いはございませんか。

Biz tip 間違い와 間違え는 의미상으로 거의 비슷합니다. 다만 명사형으로 자주 쓰이는 것은 間違い예요.

번호를 틀리신 모양이네요.

番号を間違えたようですね。

저희 번호를 불러드릴 테니 확인해 보세요.

こちらの番号を申し上げますので、ご確認ください。

번호는 같은데, 저희들은 에어컨을 취급하지 않아요.

番号は同じですが、私どもではエアコンを取り扱っておりません。

전화번호를 틀렸네요.

電話番号を間違えました。

  A 恐れ入りますが、何番におかけでしょうか。 죄송한데요, 몇 번에 거셨나요?
B 電話番号を間違えました。ごめんなさい。 전화번호를 틀렸네요, 죄송해요.

번호를 잘못 걸었네요.

番号をかけ間違いました。 *かけ間違う 잘못 걸다

대단히 실례가 많았습니다.

大変失礼いたしました。

통화 가능 여부를 확인할 때

지금 시간 괜찮으세요?

今、お時間、大丈夫でしょうか。

A 今、お時間、大丈夫でしょうか。 지금 시간 괜찮으세요?
B 5分ぐらいなら大丈夫ですが、どうかされましたか。
5분 정도라면 괜찮은데요, 무슨 일 있으세요? *される する의 존경

지금 잠깐 통화할 수 있나요?

今、ちょっとお話できますか。

今、ちょっとお電話、大丈夫ですか。

今、ちょっとお電話でお話ししてもよろしいでしょうか。

Biz tip '今、お忙しいですか(지금 바쁘세요?)'도 통화 가능 여부를 묻는 표현이에요.

일하시는데 방해가 된 건 아닌가요?

お仕事中、おじゃまじゃないでしょうか。

A お仕事中、おじゃまじゃないでしょうか。 일하시는데 방해가 된 건 아닌가요?
B キムさんのお電話なら、いつでもお相手できますよ。
김○○ 씨 전화라면 언제든지 받을 수 있어요. *相手 상대

혹시 바쁘실 것 같으면 나중에 다시 걸까요?

もしお忙しいようでしたら、後でかけ直しましょうか。

*かけ直す 다시 걸다

몇 시쯤 전화하면 되나요?

何時ごろお電話すればよろしいですか。

그럼, 그때쯤 다시 한 번 전화드릴게요.

では、そのころもう一度おかけいたします。

**통화 연결이
어려울 때**

나중에 다시 전화드리겠습니다.

後ほど改めて、お電話させていただきます。

지금 좀 다른 일 때문에 바빠서요, 나중에 다시 걸어도 될까요?

今、手が離せないので、後でかけ直してもいいでしょうか。

지금 바깥이라 사무소로 돌아가서 바로 전화해도 될까요?

今、外なので、事務所に帰って折り返しお電話してよろしいで
しょうか。

지금 좀 정신이 없어서요, 10분 후에 다시 걸어 주실 수 있나요?

今、ちょっと立て込んでおりまして、10分後にかけ直していた
だけますか。

* 立て込む 붐비다

A　ちょっとお時間大丈夫でしょうか。잠깐 시간 괜찮으세요?

B　今、ちょっと立て込んでおりまして、10分後にかけ直していただけますか。
지금 좀 정신이 없어서요, 10분 후에 다시 걸어 주실 수 있나요?

A　分かりました。では、余裕を持って、30分後にお電話します。
알겠어요. 그럼 여유를 둬서 30분 후에 전화드릴게요.

그 건에 대해서는 나중에 전화드리는 것으로 해도 될까요?

その件に関しては、後ほどお電話をさせていただくということ
でよろしいでしょうか。

다소 시간이 걸릴 것 같으니까 끝나면 제가 전화드릴게요.

少々時間がかかりそうなので、終わったらお電話します。

괜찮으시면 연락을 취해 보고 바로 연락드리도록 할까요?

よろしければ連絡を取ってみて、折り返しお電話さしあげるよ
うにいたしましょうか。

A　よろしければ連絡を取ってみて、折り返しお電話さしあげるようにいた
しましょうか。괜찮으시면 연락을 취해 보고 바로 연락드리도록 할까요?

B　そうしていただけるとありがたいです。그렇게 해 주신다면 감사하죠.

* ～ていただけるとありがたい ~해 주시면 감사하다

드디어 연결이 되었네요.

やっとつながりましたね。

연락이 늦어져서 미안해요.

ご連絡が遅くなってしまってすみません。

어제 계속 전화했는데 아무도 안 계시는 것 같아서요.

昨日、ずっとお電話しましたが、留守のようで。

A 昨日、ずっとお電話しましたが、留守のようで。
어제 계속 전화했는데 아무도 안 계시는 것 같아서요.

B 大変失礼しました。みんな出払っていたので。
대단히 실례했습니다. 다 나가고 없었거든요.　　　　　　　　　 ＊出払う 나가고 없다

계속 통화중이었어요.

ずっとお話中でした。

지금 다른 전화를 받고 있던 중이었어요.

今、ほかの電話に出ていたところです。

A 今、ほかの電話に出ていたところです。 지금 다른 전화를 받고 있던 중이었어요.

B そうでしたか。でしたら、後ほどかけ直しましょうか。
그러셨군요? 그러시면 나중에 다시 걸까요?

연결 상태가 좋지 않을 때

여보세요? 들리세요?

もしもし？ 聞こえますか。

장소를 이동해서 다시 걸어 주세요.

場所を移動しておかけ直しください。

지지직거리는 잡음이 신경 쓰이는데, 박○○ 씨는 괜찮으세요?

ジジジというノイズが気になるんですが、パクさんは大丈夫ですか。　　　　　　　　　　　　　　　　　　　 ＊気になる 신경 쓰이다

전화가 잘 안 들리는데요.

少しお電話が遠いようですが。　　　　　 ＊電話が遠い 전화 감이 멀다, 잘 안 들리다

少しお声が遠いようですが。

お声が遠くて聞き取れないのですが。

Biz tip 위 문장 뒤에 'もう一度お話願えませんでしょうか(한 번 더 말씀해 주실 수 있으세요?)'를 붙이면 보다 완벽한 문장이 될 수 있어요.

아무리 해도 잡음이 들어가네요.

どうしても雑音が入りますね。

좀 더 큰 소리로 말씀해 주시겠어요?

もう少し大きい声でお願いできますでしょうか。

좀 더 천천히 말씀해 주실래요?

もう少しゆっくり、話していただけますか。

미안해요, 알아듣기가 상당히 힘들어요.

すみません、大変聞き取りにくいんですが。　　*聞き取る 알아듣다

자꾸만 끊어지거나 하는데, 왜 그럴까요?

何度も切れたりするんですが、どうしたんでしょうか。

전화가 혼선이 되었나 봐요.

電話が混線したみたいです。

다른 사람 소리가 들리네요.

他の人の声が聞こえるんです。

다시 걸게요.

もう一度、かけ直します。

다른 사람한테 전화가 왔나요?

キャッチホンでも入ったんでしょうか。

다른 번호로 걸어 주실래요?

ほかの番号におかけいただけますか。

실전회화
A　ほかの番号におかけいただけますか。 다른 번호로 걸어 주실래요?
B　では、直通番号にかけてみますね。 그럼 직통 번호로 걸어 볼게요

목소리가 들렸다 안 들렸다 하네요.

お声が、途切れ途切れに聞こえます。

제 쪽에서 걸어 볼까요?

こちらのほうからかけてみましょうか。

일단 전화를 끊으시고 잠시 후에 다시 걸어 주세요.

一旦電話をお切りになり、しばらくしてからおかけ直しください。

다소 전파 상태가 나쁜가 봐요.

少々電波の状態が悪いようなんです。

전파가 튀어서 불안정한 것 같아요.

電波が飛んで不安定のようです。

전화를 떨어뜨리고 말았어요.

電話を落してしまいました。

A 途中で電話がブツッと切れてしまったんです。大丈夫ですか。
　도중에 전화가 뚝 끊겨 버렸어요. 괜찮으세요?

B 電話を落してしまいました。失礼いたしました。
　전화를 떨어뜨리고 말았어요. 실례했습니다.

휴대전화 배터리가 다 되어서요.

携帯の充電が切れてしまいました。　　　　　　* 充電 충전 切れる 다 되다

죄송해요. 주변이 시끄러워서요.

申し訳ありません。周りがうるさいもので。

**골치 아픈
전화일 때**

죄송해요, 급한 일이 있어서요.

すみません、急ぎの仕事がありますので。

그런 이야기에는 관심이 없어서요.

そういう話には興味がありませんので。

지금 좀 바빠서요, 끊을게요.

ちょっと今、忙しいので失礼します。

저희들한테는 됐습니다.

私どもではけっこうでございます。

私どもでは足りています。　　　　　　　　　　* 足りる 족하다

모처럼인데, 담당자가 필요 없다고 하네요.

せっかくですが、担当者が必要ないと申しております。

세일즈 전화는 연결하지 말라고 이야기를 듣고 있어서요, 실례할게요.

セールスのお電話は取り次がないようにと言われておりますので、失礼いたします。

*〜よう(に) 〜하도록

공교롭게도 그런 이야기는 거절하도록 지시를 받고 있어요.

あいにくですが、そういったお話はお断わりするよう申しつけられております。

*申しつける 명령하다

필요한 경우에는 저희가 연락을 드릴 테니, 그쪽 분의 연락처를 알려 주시겠어요?

必要な場合はこちらからご連絡しますので、そちら様のご連絡先をお教えいただけますか。

> **Biz tip** 세일즈 관련 전화라 하더라도 자신의 판단으로는 거절하기 애매한 경우가 있죠. 그럴 경우에는 일단 전화를 보류시키고 연락처를 적어둔 다음 사내 책임자에게 확인하는 것이 좋습니다.

A 定価より50%安い値段でお買い上げいただけます。
정가보다 50% 싼 가격으로 구입하실 수 있어요. *買い上げ 구입(높임말)

B 必要な場合はこちらからご連絡しますので、そちら様のご連絡先をお教えいただけますか。
필요한 경우에는 저희가 연락을 드릴 테니, 그쪽 분의 연락처를 알려 주시겠어요?

**이해를
못했을 때**

한 번 더 말씀해 주실래요?

もう一度話していただけますか。

(제가) 잘못 들었나 봐요.

聞き間違いがあったようです。

지금 뭐라고 말씀하셨죠?

今、何とおっしゃいましたか。 *おっしゃる 말씀하시다

못 알아들었어요.

聞き取れませんでした。

> **Biz tip** 일반적으로 聞き取れない는 상대방 말이 너무 빠르거나 상대가 말하는 의미를 이해하지 못할 때, 또는 잡음 등으로 소리를 듣지 못했을 때 모두 쓸 수 있어요.

A パソコン4台の請求書の件でお電話しました。
컴퓨터 4대의 청구서 건으로 전화드렸어요.

B すみません、聞き取れませんでした。 미안해요, 못 알아들었어요.

A パソコン4台の請求書の件です。 컴퓨터 4대의 청구서 건이요.

177

제가 맞게 이해한 건가요?

私が正しく理解できたんでしょうか。

私の理解は合っているんでしょうか。 　＊合っている 맞다

A　私が正しく理解できたんでしょうか。 제가 맞게 이해한 건가요?
B　はい、間違いありません。 네, 틀림없습니다. 　＊間違いない 틀림없다

휴대전화일 때

휴대전화 배터리가 다 될 것 같네요.

携帯のバッテリーが切れそうです。

전철 안이라서 문자를 보낼게요.

電車の中なので、メールを送ります。

지금 운전 중이라서 나중에 다시 걸게요.

今、運転中ですので、後でかけ直します。

지금 이동 중이라서 어딘가 조용한 곳에서 전화할게요.

今、移動中なので、どこか落ち着いたところでかけます。

A　今、移動中なので、どこか落ち着いたところでかけます。
　　지금 이동 중이라서 어딘가 조용한 곳에서 전화할게요.
B　すみません。では、お待ちしています。 미안해요. 그럼 기다릴게요.

전화를 걸어 주셨는데 길게 통화해서 죄송해요.

いただいたお電話で長く話して、すみませんでした。

Biz tip 상대방이 걸어온 전화를 받을 경우 통화료는 상대편 부담이 되기 때문에 통화가 길어졌을 경우에는
배려 차원에서 미안한 마음을 표현하는 것이 좋아요.

크게는 말할 수 없는데 괜찮으시겠어요?

大きい声では話せませんが、よろしいでしょうか。

Biz tip 떠들면 안 되는 공공장소에서 불가피하게 전화를 받아야 할 경우, 큰 소리를 낼 수 없기 때문에 미리
양해를 구하는 표현이에요.

전화로 문제 해결

03-5.mp3

문제 제기

저는 그쪽에서 만든 스마트폰을 쓰고 있는 사람인데요.

私はそちらのスマホを使っている者なんですが。

A 私はそちらのスマホを使っている者なんですが。
저는 그쪽에서 만든 스마트폰을 쓰고 있는 사람인데요.

B ご利用ありがとうございます。 이용 감사드립니다.

이달 청구서가 왔는데요, 금액이 생각보다 많은 것 같아요.

今月の請求書が来たんですけど、金額が思ったより多いようです。

정식으로 항의하고 싶어요.

正式に抗議したいです。

책임자를 바꿔 주시겠어요?

責任者を出してもらえますか。

요전 날 설치한 시스템 말인데요, 좀 곤란한 문제가 생겨서요.

先日入れていただいたシステムなんですが、ちょっと困ったことが起きまして。

A 先日入れていただいたシステムなんですが、ちょっと困ったことが起きまして。 요전날 설치한 시스템 말인데요, 좀 곤란한 문제가 생겨서요.

B どういったことでしょうか。 어떤 문제 말인가요?

시스템이 제대로 가동하지 않아요.

システムがうまく稼働しません。

한시라도 빨리 어떻게든 해 주시지 않으면 곤란합니다.

一刻も早く何とかしていただかないと、困ります。 *何とか 어떻게든

매출 정보를 입력해도 본사에서 확인을 할 수가 없어요.

売上げ情報を入力しても、本社で確認ができないんです。

말씀드리기 어렵지만, 3월분 지불이 아직이에요.

申し上げにくいですが、3月分のお支払いがまだです。

179

지난주 주문한 물건이 아직 도착하지 않았어요.

先週注文したものがまだ届いていません。

댁의 영업소 사원과 문제가 있었어요.

お宅の営業所の社員とトラブルがありました。

A お宅の営業所の社員とトラブルがありました。 댁의 영업소 사원과 문제가 있었어요.

B 私からきびしく注意しましたところ、本人も深く反省しております。
제가 호되게 주의를 주었더니 본인도 깊이 반성하고 있어요.　　　*〜たところ 〜했더니

일부가 망가져 있었어요.

一部が壊れていました。

주문품과 다른 상품이 왔어요.

注文品と異る商品が届きました。　　　　　　　　　　　　　*異る 다르다

발주서에 있는 것과 수량이 달라요.

発注書にあるのと数量が違います。

납품이 늦어지고 있는데도 연락이 없는 것은 왜죠?

納品が遅れているにもかかわらず、ご連絡がないのはどうして
でしょうか。　　　　　　　　　　　　　　　*〜にもかかわらず 〜에도 불구하고

관리가 제대로 이루어지지 않는 거 아닌가요?

管理が行き届いていないんじゃないでしょうか。

　　　　　　　　　　　　　　　*行き届く 구석구석까지 미치다

주문 취소 메일을 받았는데, 너무 갑작스럽군요.

注文取消しのメールをいただいたんですが、突然すぎます。

　　　　　　　　　　　　　　　　*〜すぎる 너무 〜하다

납득이 안 가요.

納得ができません。
納得がいきません。　　　　　　　　　　*納得がいかない 납득이 안 가다
納得しかねます。　　　　　　　　　　　*〜かねる 〜하기 어렵다
合点がいきません。　　　　　　　　　　*合点 납득
腑に落ちません。　　　　　　　　　　　*腑に落ちない 납득이 안 가다

더 이상 참을 수 없어요.

これ以上我慢できません。　　　　　　　　　　　　*我慢 참음

서비스에 불만이 있어요.

サービスに不満があります。　　　　　　　　　　＊不満 불만

サービスに満足できません。　　　　　　　　　　＊満足 만족

직원 분의 태도는 이해하기 힘들어요.

スタッフさんの態度は理解に苦しみます。　　＊〜に苦しむ 〜에 애먹다

신용과 관련된 문제이니 선처해 주세요.

信用にかかわる問題ですので、ご配慮ください。　　＊配慮 배려

납품한 물건 중 일부가 반품 처리되었는데, 이유를 들려주시겠어요?

納品したものの中で一部が返却されましたが、理由をお聞かせ
願えますか。

빌려 드린 자료가 아직 돌아오지 않았네요.

お貸しした資料がまだ戻ってきません。

홈페이지에 접속할 수 없는 것 같은데요.

ホームページにアクセスできないようですが。

두 번이나 똑같은 일이 반복되어서 굉장히 불쾌했어요.

2回も同じことが繰り返されて、非常に不愉快でした。

또 같은 문제가 일어날 것 같으면 새로운 파트너를 찾을 생각이에요.

また同じような問題になるようなら、新しいパートナーを探す
つもりです。　　　　　　　　　　　　＊〜ようなら 〜할라치면

실전회화

A また同じような問題になるようなら、新しいパートナーを探すつもりです。
　또 같은 문제가 일어날 것 같으면 새로운 파트너를 찾을 생각이에요.

B 何か誤解があるようですが、まずは落ち着いてください。
　뭔가 오해가 있으신 것 같은데, 우선은 진정하세요.

계약할 때의 사양과 다른 것 같아요.

契約時のスペックと違うようです。

계약할 때 몇 번이나 말씀드렸을 텐데 지켜지지 않고 있어요.

契約時に何度も申し上げたはずなのに、守られていません。

　　　　　　　　　　　　　　　　　　　　＊〜はず 〜일 터

이번 계약을 재고하게 될지 모릅니다.

今回の契約を見直すことになるかもしれません。

귀사를 소개한 제 입장은 어떻게 됩니까?

御社を紹介した私の立場はどうなるんですか。

가격을 깎아 주실 수 없다면 다른 곳과 거래할 수밖에 없어요.

値下げしていただけないのなら、他のところとお取引するしか
ありません。

늘 배송이 늦어요.

いつも配送が遅れるんです。

A　いつも配送が遅れるんです。 늘 배송이 늦어요.

B　恐れ入りますが、そういうことはあまりないことでして。
　　죄송하지만 그런 일은 별로 없는 일이라서요.

A　私がうそをついているとでもおっしゃるんですか。
　　제가 거짓말을 하고 있다는 말씀인가요?

전에 2% 할인해 준다고 하셨는데, 이제 와서 안 된다고 하시는 건 너무한 것 같아요.

前、2％割引の話をいただいたんですが、今になってだめだと
おっしゃるのはどうかと思いますけど。

* 〜はどうかと思う 〜은 바람직하지 못하다

A　前、2％割引の話をいただいたんですが、今になってだめだとおっしゃ
　　るのはどうかと思いますけど。
　　전에 2% 할인해 준다고 하셨는데, 이제 와서 안 된다고 하시는 건 너무한 것 같아요.

B　その時とは状況が違うわけでして。 그때와는 상황이 다르니까요.

귀사의 석유난로를 사용하다가 다쳤어요.

御社の石油ストーブを使っていて、けがをしました。

A　御社の石油ストーブを使っていて、けがをしました。どうしてくれるん
　　ですか。
　　귀사의 석유난로를 사용하다가 다쳤어요. 어쩌실 건가요?

B　大変申し訳ございません。お客様、お使いになっている製品の品番を教
　　えていただけませんか。
　　대단히 죄송합니다. 고객님, 사용하시는 제품의 제품번호를 알려 주시겠어요?

4월분 입금을 아직 확인하지 못했어요.

4月分のご入金がまだ確認できません。

A　4月分のご入金がまだ確認できません。 4월분 입금을 아직 확인하지 못했어요.

B　振込んだはずですが、一応確認してみます。 입금했을 텐데, 일단 확인해 볼게요.

182

앞으로의 계약에 영향을 미칠지도 몰라요.

これからの契約に影響が出かねません。 ＊〜かねない 〜할지도 모른다

이미 생산 중지가 된 제품도 카탈로그에 실려 있는데, 어떻게 된 일이죠?

とっくに生産中止となっている製品もカタログに載っているんですが、どういうことでしょうか。 ＊載る 실리다

사원 교육에 대해 담당자에게 할 말이 있어요.

社員教育について担当者に話があるんです。

A 恐れ入りますが、どういったご用でしょうか。 죄송하지만 어떤 용건이신가요?

B 社員教育について担当者に話があるんです。
사원 교육에 대해 담당자에게 할 말이 있어요.

저희 회사의 로고 마크가 무단으로 사용되고 있어요.

当社のロゴマークが無断で使われております。

A 当社のロゴマークが無断で使われております。
저희 회사의 로고 마크가 무단으로 사용되고 있어요.

B そんなはずはありませんが、とりあえず御社名をお教えください。
그럴 리는 없지만, 일단 귀사명을 가르쳐 주세요.

긴급 연락

다급하게 전해 드릴 일이 있어요.

急いでお伝えしたいことがあります。

급한 일인데요, 연락을 취해 줄 수 있나요?

急用ですが、連絡をつけてもらえませんか。

A 急用ですが、連絡をつけてもらえませんか。
급한 일인데요, 연락을 취해 줄 수 있나요?

B そうでしたら、今すぐ連絡を取ってみます。 그러시면 지금 바로 연락해 볼게요.

어떻게든 해서 연락을 취하고 싶은데요.

何とかして連絡を取りたいんですけど。

긴급한 용건으로 과장님께 할 이야기가 있어요.

緊急な用件で課長にお話があります。

일각을 다투는 일이에요.

一刻を争うことです。

A 一刻を争うことです。 일각을 다투는 일이에요.
B 正確にどういう状況でしょうか。 정확히 어떤 상황인가요?

긴급한 일이라서요, 메모라도 넣어 줄 수 없나요?

緊急なことなので、メモでも入れていただけないでしょうか。

A 部長はただ今、会議の最中ですが。 부장님은 지금 한창 회의 중이신데요.
B 緊急なことなので、メモでも入れていただけないでしょうか。
긴급한 일이라서요, 메모라도 넣어 줄 수 없나요?

불만 사항 확인

연락 주셔서 감사합니다.

ご連絡をいただき、ありがとうございました。

> **Biz tip** 항의 전화도 품질 향상과 서비스 개선을 위해서는 꼭 필요하므로 우선 연락해 준 고객에게 감사의 마음을 전달하는 것이 중요해요.

이번에는 폐를 끼쳐서 대단히 죄송합니다.

この度はご迷惑をおかけして、まことに申し訳ございませんでした。

> **Biz tip** 아직 어느 쪽에 과실이 있는지 밝혀지지 않은 상황이라도 고객을 불쾌하게 만들었다는 점에서 정중히 사과를 하는 것이 좋아요. 흥분해 있는 고객이나 거래처의 마음을 누그러뜨리는 효과가 있습니다.

거듭거듭 사과드립니다.

重ね重ね申し訳ございません。

죄송하지만 성함과 주소, 연락처를 알려 주시겠어요?

恐れ入りますが、お名前、ご住所、ご連絡先を教えていただけないでしょうか。

> **Biz tip** 불만사항을 접수할 때 꼭 필요한 절차예요.

자세한 상황을 들려주시겠어요?

詳しいことをお聞かせくださいませんか。 　*聞かせる 들려주다

詳しい状況についてご説明いただけますか。 　*説明 설명

현재의 상태를 알려 주세요.

現在の様子を教えてください。 　*様子 상황

184

구체적인 상황을 말씀해 주세요.
具体的な状況をお話ください。　　　　　　　　　*具体的 구체적

바로 확인하겠으니 잠시 기다려 주세요.
すぐに確認いたしますので、少々お待ちください。

바로 조치해 드리겠습니다.
すぐに対処させていただきます。

다치시지는 않았나요?
おけがはございませんでしたか。

몸 상태는 어떠신가요?
どのようなお加減でしょうか。　　　　　　　　*加減 건강 상태

조사해 보니 확실히 주문을 받은 상태네요.
調べましたところ、確かにご注文をいただいています。
　　　　　　　　　　　　　　　*〜たところ 〜했더니

원인을 조사하고 싶은데 상품은 지금 옆에 있나요?
原因を調べたいのですが、商品は今お手元にあるんでしょうか。　　　　　　　　　　　　　　　　　　　　　　*手元 주변

신속하게 조사해서 정확한 보고를 드리겠습니다.
早急に調べて、きちんとしたご報告をさせていただきます。
　　　　　　　　　　　　　　　*きちんとした 잘 정리된

조사를 위해 몇 가지 여쭤 봐도 될까요?
調査のためにいくつかお尋ねしてもよろしいでしょうか。
　　　　　　　　　　　　　　　　　　　*尋ねる 묻다

구입하신 가게는 어딘지 아시나요?
お買い求めになった店はお分かりでしょうか。　*買い求める 매입하다

언제쯤 구입하셨나요?
いつごろお買い上げになりましたか。　　*買い上げる 사대(존경어)

시스템에 무리가 생긴 것으로 보입니다.
システムに無理が生じたものと思われます。

Biz tip 보고서나 논문 등에서 자주 쓰이는 '〜と思われる'나 '〜と考えられる'는 어느 정도의 객관성을 가지고 있다는 의사표현입니다. 그래서 근거를 제시할 수 있는 경우에 주로 쓰이죠. 뉘앙스 면에서 보면 思われる는 상대방이 반론했을 때를 위해 '비상구'를 마련해 두는 듯한 느낌이 있습니다. 자신의 느낌이나 의견을 나타내는 '〜と思う'와 다소 차이가 있죠?

상품은 현재 배송 센터에 있다고 하네요.
商品は今配送センターにあるとのことです。　　＊～とのこと ～라고 함

A 2週間が経ちましたが、商品がまだです。どうなっているのでしょうか。
2주일이 지났는데, 상품이 아직 안 오네요. 어떻게 된 거죠?

B ご迷惑をおかけして申し訳ございません。確認したところ、商品は今配
送センターにあるとのことです。
불편을 드려 죄송합니다. 확인해 본 결과, 상품은 현재 배송 센터에 있다고 하네요.

가르쳐 주신 덕분에 깨달을 수 있었습니다.

教えていただいたおかげで、気づくことができました。

주의를 주셔서 감사합니다.

ご注意、ありがとうございました。

앞으로도 뭔가 불편한 점이 있으면 언제라도 연락 주세요.

これからも何かお気づきの点がありましたら、いつでもご連絡
ください。

Biz tip 불편하다는 개인적이고 직접적인 표현을 피하기 위해 不便だ와 같은 단어를 쓰지 않고 그러한 불편
한 상황을 깨닫고 알아차렸다는 점을 내세워 'お気づき(깨달음)'라는 단어를 사용합니다.

뭔가 아리송한 점이 있으면 언제라도 전화 주세요.

何かご不明の点がありましたら、いつでもお電話ください。

제가 답변하기는 어려우니 잠시 시간을 주시겠어요?

私からは答えかねますので、少々お時間をいただけますか。

계약서에는 그런 사항이 기재되어 있고 고객님의 사인도 받은 상태입니다.

契約書にはそのようなことが載っておりまして、お客様のサイ
ンもいただいております。

Biz tip 불만 전화 중에는 무턱대고 배상을 요구하며 트집을 잡는 경우가 있죠. 일본어로는 'モンスタークレー
マー(monster claimer)'라고 하는데요. 그런 사람에게는 위와 같이 명확한 근거를 제시하여 대응해야 합니다.

**해결 방안
제시**

한 가지 제안해도 될까요?

一つご提案させていただいてもよろしいでしょうか。

가지고 계신 상품을 착불로 저희에게 보내 주세요.

お手元の商品を着払いで私どもにお送りください。

어떻게 좀 (저희 사정을) 이해해 주셨나요?

何とかお分かりいただけたでしょうか。

何とかご理解いただけたでしょうか。

실전회화

A 保証期間が過ぎているため、部品代はいただくことになります。
何とかお分かりいただけたでしょうか。
보증 기간이 지났기 때문에 부품 대금은 지불하셔야 해요. 어떻게 좀 (저희 사정을) 이해해 주셨나요?

B そういうことでしたら、分かりました。 그런 사정이라면 알겠습니다.

담당 부서에 이야기를 해서 앞으로는 개선하기로 하겠습니다.

担当部署に話をしまして、今後は改めることにします。

다음 주문 시에 5% 할인을 해 드리는 것으로 어때세요?

次のご注文の時に、5％の割引をさせていただくことでいかが
でしょうか。

실전회화

A 2％の割引をしてくださると約束したじゃないですか。
2% 할인해 주신다고 약속했잖아요.

B たしかにそうでした。すみません。では、次のご注文の時に、5％の割
引をさせていただくことでいかがでしょうか。
확실히 그랬었군요. 죄송합니다. 그럼, 다음 주문 시에 5% 할인을 해 드리는 것으로 어떠세요?

즉시 새것과 교환해 드리겠습니다.

すぐに新しいものと取り替えさせていただきます。 ＊取り替え 교환

내일 새 프린터를 보내 드릴게요.

明日、新しいプリンターをお送りします。

교환도 가능하고 환불도 가능합니다.

交換もできますし、払い戻しも可能です。

서류 내용을 고쳐서 가능한 한 빨리 보내 드릴게요.

書類の内容を直して、できるだけ早くお送りします。

지금 담당자와 함께 찾아뵙고 즉시 손을 쓰겠습니다.

今から担当者といっしょにお伺いして、至急対応させていただ
きます。 ＊対応 대응

사과드리러 찾아봬도 괜찮을까요?

お詫びに伺ってもよろしいでしょうか。

전화!

▼ 5 전화로 문제 해결

**해결 방안의
수용 및
거부**

그게 좋겠군요.

それがいいですね。

A 調査チームを送ろうと思いますが、いかがでしょうか。
  조사 팀을 보내려고 하는데 어떠신가요?

B それがいいですね。그게 좋겠군요.

그렇게 해 주시면 감사하겠습니다.

そうしていただけるとありがたいです。

그렇다면 저희도 납득할 수 있을 것 같아요.

それでしたら、うちも納得できそうです。

그럼, 선처해 주실 줄로 믿고 전화를 끊겠어요.

では、善処していただけると信じて電話を切りますね。

그 정도로 해결되리라 생각하나요?

それぐらいのことで済むと思っているんですか。   *済む 해결되다

다음 주까지 기다릴 수 없어요. 이번 주에 어떻게든 해 주세요.

来週まで待てません。今週中に何とかしてください。

A リコール対象の製品なので、ただ今回収に時間がかかっております。
  早くても来週ぐらいになると思いますが。
  리콜 대상 제품이라서 현재 회수에 시간이 걸리고 있어요. 빨라야 다음 주쯤이 될 것 같은데요

B 来週まで待てません。今週中に何とかしてください。
  다음 주까지 기다릴 수 없어요. 이번 주에 어떻게든 해 주세요

근본적인 해결은 안 될 거라 생각해요.

根本的な解決にはならないと思いますよ。

그것으로 문제 해결이 되는 건 아니에요.

それで問題解決になるわけじゃありません。

                                    *〜わけではない 〜인 것은 아니다

188

인맥
만들기와
사교 활동

비즈니스 관계는 인맥 만들기에서 시작됩니다. 언제, 어디서, 어떤 기회로 비즈니스 관계를 맺게 될지 알 수 없으니 다양한 사람들을 만나고 좋은 관계를 유지하는 것이 중요합니다. 처음 보는 사람과 어떻게 대화를 이어가야 할지 모르시겠다고요? 걱정 마세요. 이번 파트를 공부하고 나면 출장을 가거나 사교 활동을 할 때 적극적으로 인맥을 만들 수 있게 될 거예요. 대화의 시작부터 대화를 발전시키는 데 필요한 다양한 표현에 이르기까지 이번 파트에 모두 담았습니다. 특히 Chapter 9에서는 일본어 회화에서 가장 중요한 맞장구치는 표현을 비롯해 갖가지 대화 기술을 모아 놓았으니 꼭 참고하세요. 상대를 내 편으로 만들기, 지금부터 시작합니다.

Chapter 1

만남 및 인사

🎧 04-1.mp3

첫인사

안녕하세요.
こんにちは。

처음 뵙겠습니다.
はじめまして。

김○○이라고 해요.
キムです。
キムといいます。
キムと申します。

 실전회화

A　はじめまして。キムといいます。처음 뵙겠습니다. 김○○이라고 해요.

B　石原です。よろしくお願いします。이시하라입니다. 잘 부탁드립니다.

만나서 반가워요.
お会いできてうれしいです。
お目にかかれてうれしいです。　　　　　　　＊お目にかかる 뵙다

말씀 많이 들었어요.
お噂はかねがね。　　　　　　　　　　　　　＊かねがね 진작부터

ABC에서 근무하는 야마다라고 해요.
ABCの山田です。

마쓰시타입니다. 다나카와는 입사 동기예요.
松下です。田中とは同期入社です。

제 회사에 있는 고바야시 군입니다.
私の会社の小林君です。

오늘부터 이 프로젝트에 참가하는 사토 씨입니다.
今日からこのプロジェクトに参加する佐藤さんです。

Biz tip 같은 회사 내의 사람에게 소개할 때는 さん을 붙이고, 다른 회사 사람에게 소개할 때는 さん과 様를 빼야 해요.

여러분, 오늘부터 영업부에서 일할 박○○ 씨를 소개할게요.

みなさん、今日から営業部で働くパクさんを紹介します。

이쪽은 기무라 씨입니다. 지금 함께 일하고 있어요.

こちらは木村さんです。今いっしょに仕事しています。

신입사원인 야마구치 씨예요.

新人の山口です。

이쪽은 같은 과에 근무하는 김○○ 씨입니다.

こちらは同じ課のキムです。

모르는 것이 있으면 사양 말고 뭐든지 물어보세요.

分からないことがあったら、遠慮せずに何でも聞いてくださいね。

인사가 늦었네요.

申し遅れました。

ご挨拶が遅れました。

Biz tip 인사하는 타이밍을 놓쳤을 때 쓰는 표현이에요.

A 申し遅れましたが、私、韓国トレンドの鈴木と申します。
인사가 늦었지만, 저는 한국트렌드의 스즈키라고 해요.

B そうでしたか。鈴木さんのことは父から聞いて存じ上げておりました。
그러셨군요. 스즈키 씨에 대해서는 아버지로부터 들어서 알고 있었어요.

왠지 처음 뵙는 것 같지 않네요.

何だか初対面じゃないみたいですね。   * 初対面 첫 대면

드디어 만나 뵙네요.

とうとうお会いしましたね。

**대중 상대로
인사**

여러분, 안녕하세요.

みなさん、おはようございます。

한국에서 온 박○○이라고 합니다.

韓国から参りましたパクと申します。

일본어는 그리 잘하지 못합니다.

日本語はあまり上手じゃありません。

아무것도 모르지만 잘 부탁드려요.

何も分かりませんが、よろしくお願いいたします。

오늘 자로 개발부에 배속되었습니다.

本日<ruby>づ<rt>ほんじつ</rt></ruby>けで開発部に<ruby>配属<rt>かいはつ ぶ はいぞく</rt></ruby>となりました。　　　　　*～となる ～가 되다

이름은 현호라고 하는데요, 발음하기 힘든 분은 성(姓)인 박이라고만 하셔도 됩니다.

下の名前はヒョンホと言いますが、言いにくい方は<ruby>名字<rt>みょう じ</rt></ruby>のパク
だけでいいです。

Biz tip 보통 名前라고 하면 풀 네임을 일컫는데요. 성은 <ruby>名字<rt>みょうじ</rt></ruby>라고 하고, 성을 뺀 나머지 이름은 下の名前
라고 해요.

김○○이라고 불러 주세요.

キムと<ruby>呼<rt>よ</rt></ruby>んでください。

실전회화

A　みなさんにキム・テホさんを紹介します。キム・テホさん、<ruby>一言<rt>ひとこと</rt></ruby>お願い
　　します。　여러분께 김태호 씨를 소개할게요. 김태호 씨, 한 말씀 하시죠.

B　韓国から参りましたキム・テホです。キムと呼んでください。
　　한국에서 온 김태호입니다. 김이라고 불러 주세요.

여러분께 폐를 끼치게 될 것 같습니다.

みなさんに迷惑をかけることになると思います。

열심히 하겠습니다.

<ruby>精一杯<rt>せいいっぱい</rt></ruby>がんばります。
<ruby>一生懸命<rt>いっしょうけんめい</rt></ruby>がんばります。

부디 잘 부탁드립니다.

どうか、よろしくお願いいたします。

**지인 상대로
인사**

잘 지내요?
おう、<ruby>元気<rt>げん き</rt></ruby>？
元気だった？
その<ruby>後<rt>ご</rt></ruby>、どう？
お元気ですか。
お元気でしたか。

요즘 어떻게 지내요?

最近、どうしていますか。

最近、調子はいかがですか。 *調子 상태

그저 그렇지요 뭐, 그쪽은요?

まあね、そっちは？

まあまあですね。そちらは？

오랜만이에요.

よう、久しぶり。

どうも、久しぶりですね。

お久しぶりでございます。

ご無沙汰しております。 *無沙汰 격조

별고 없으세요?

お変わりありませんか。

A お変わりありませんか。별고 없으세요?

B ええ、相変わらずです。네, 별일 없어요 *相変わらず 여전히

한동안 못 만났는데, 어떻게 지냈어요?

しばらくですけど、どうしていましたか。

네, 덕분에요.

ええ、おかげさまで。

네, 그럭저럭 지내요.

ええ、なんとか。

まあ、なんとか。

なんとかやっています。

どうにかやっています。

아이고, 말도 마세요.

いやあ、大変でしたよ。

A 山中さん、お元気でしたか。야마나카 씨, 잘 지내셨어요?

B いやあ、大変でしたよ。交通事故に遭いまして。
아이고, 말도 마세요. 교통사고가 나서요.

또 뵙네요.

また、お会いしましたね。

어쩜 하나도 안 변했어요.

まあ、全然変わってないですね。

이마무라 씨는 항상 활기가 넘쳐요. 무슨 비결이라도 있나요?

今村さんっていつも元気ですよね。何か秘訣でもあるんですか。

오늘은 인사차 왔어요.

本日はご挨拶にまいりました。

실례지만 가토 씨 아니세요?

失礼ですが、加藤さんじゃありませんか。

이런 곳에서 뵙게 될 줄이야.

こんなところでお会いできるとは。

창립 기념 파티 이래로 처음이네요.

創立記念パーティー以来ですね。

괜찮으시면 회사에도 들러 주세요.

よろしければ、会社のほうにもお寄りください。　*寄る 들르다

 A　よろしければ、会社のほうにもお寄りください。 괜찮으시면 회사에도 들러 주세요.
B　ぜひ、そうさせていただきたいと思っています。 꼭 그렇게 할게요.

그럼, 또 만나요.

じゃあ、また。

근황 나누기

일은 어때요?

お仕事はどうですか。

お仕事のほうはいかがですか。

お仕事、うまくいってますか。　　*うまくいく 잘되다

お仕事、はかどっていますか。　　*はかどる 진척되다

일본에 오신 지 몇 년이 되나요?

日本にいらっしゃって何年になりますか。

벌써 5년이에요? 세월 참 빠르네요.

もう５年ですか。早いものですね。

어딘가에 가셨어요?

どこかへいらっしゃいましたか。

A どこかへいらっしゃいましたか。 어딘가에 가셨어요?

B ええ、家族と温泉へ。 네, 가족들과 온천에요.

A それはそれは。 그거 참 잘하셨네요.

여전히 잔업이 많아요?

相変わらず残業が多いですか。

일은 재미있는데 매일 늦어요.

仕事はおもしろいんですけど、毎日遅いんです。

출장이 많다면서요?

出張が多いと聞きましたけど。

A 出張が多いと聞きましたけど。奥さんも大変ですね。
출장이 많다면서요? 사모님도 힘드시겠어요.

B そうなんです。1ヶ月の半分は出張ですからね。
누가 아니래요. 한 달에 반은 출장이니까요.

회사를 옮기셨다고 들었어요.

会社を移られたそうで。

미국 연수로 한동안 못 만날 것 같아요.

アメリカ研修で、しばらく会えないと思います。

상상에 맡길게요.

ご想像にお任せします。

Biz tip 혹시라도 지나치게 개인적인 질문이나 대답하기 힘든 질문의 경우에는 이 표현으로 지혜롭게 상황을 모면해 보세요.

A ご結婚は？ 결혼은요?

B ご想像にお任せします。 상상에 맡길게요.

아직 우에노에 사시나요?

まだ上野に住んでいらっしゃるんですか。 　　　　　*〜に住む 〜에 살다

가족 분들도 안녕하신가요?

ご家族もお元気でいらっしゃいますか。

A　ご家族もお元気でいらっしゃいますか。가족 분들도 안녕하신가요?
B　ありがとう。おかげさまで、みんな元気です。고마워요. 덕분에 모두 잘 있어요.

양친께서도 모두 건강하신가요?

ご両親ともご健在でいらっしゃいますか。　　　　　　　　　* 健在 건재

자제분도 많이 컸겠네요.

お子さんも大きくなったでしょうね。

A　お子さんも大きくなったでしょうね。자제분도 많이 컸겠네요.
B　わんぱくで困っています。개구쟁이라서 힘들어 죽겠어요.

자제분은 몇 살이 되었나요?

お子さんは何才になりましたか。

A　お子さんは何才になりましたか。자제분은 몇 살이 되었나요?
B　上が5才、下が1才になったばかりです。큰애가 5살, 작은애가 막 1살이 되었어요.

사모님께도 안부 전해 주세요.

奥さまによろしくお伝えください。

**나쁜 소식
전하기**

부장님이 위궤양으로 입원하셨대요.

部長が胃潰瘍で入院なさったそうです。

A　部長が胃潰瘍で入院なさったそうです。부장님이 위궤양으로 입원하셨대요.
B　まだ詳しいことは分からないみたいです。아직 자세한 것은 잘 모르는 모양이에요.
A　お気の毒ですね。딱하게 되었네요.

어떻게 말하면 좋을지 모르겠지만 딸아이가 집단 따돌림을 당했어요.

どう言えばいいのか分からないんだけど、娘がイジメに遭いました。

우리 회사 지점이 문을 닫게 되었어요.

うちの支店が閉店することになりました。

197

사실은 지난달에 정리 해고를 당했어요.

実は先月リストラされました。

A 実は先月リストラされました。 사실은 지난달에 정리 해고를 당했어요.

B 山本さんのような方がなぜ……。 야마모토 씨 같은 분이 왜….

유감스런 소식인데요, 회사가 부도를 냈어요.

残念なお知らせですが、会社が不渡りを出しました。

* 不渡りを出す 부도를 내다

직업 이야기

무슨 일 하세요?

お仕事は？

ご職業は？

ご職業は何ですか。

お仕事は何をされていますか。　　　　　　　　　　* される 하시다

どのようなお仕事をなさっていますか。　　　　　　* なさる 하시다

대학에서 가르치고 있어요.

大学で教えています。

SE(소프트웨어 엔지니어)로 일해요.

ソフトウェアエンジニアです。

ソフトウェアエンジニアとして働いています。

ソフトウェアエンジニアをやっています。

자영업을 하고 있어요.

自営業を営んでいます。　　　　　　　　　* 自営業 자영업　営む 영위하다

프리랜서입니다.

フリーランサーです。

광고 대리점에서 영업 매니저 일을 해요.

広告代理店で営業マネージャーをしています。

패션 관계 일을 합니다.

ファッション関係の仕事をしています。

파트로 일하고 있어요.

パートで働いています。

어떤 업종에서 일하고 있나요?

どんな業種で働いていますか。

A どんな業種で働いていますか。 어떤 업종에서 일하고 있나요?
B マーケティング関係です。 마케팅 관계입니다.

계약직(비정규직) 사원으로 일해요.

非正規社員として働いています。

A 非正規社員として働いています。早く正社員になりたいです。
계약직 사원으로 일해요. 빨리 정사원이 되고 싶어요.
B お気持ち、お察しします。 그 기분, 이해해요.　　　　　＊察する 헤아리다

지금 하는 일에 만족하고 있어요.

今の仕事に満足しています。

근무 회사 이야기

어디서 근무하세요?

どちらにお勤めですか。

お勤めはどちらですか。

お勤め先をお聞きしてよろしいでしょうか。

일본무역에서 일합니다.
日本貿易にいます。

日本貿易で働いています。　　　　　　　　　＊~で働く ~에서 일하다

日本貿易に勤めています。　　　　　　　　　＊~に勤める ~에 근무하다

日本貿易でお世話になっています。

외자계 회사예요.
外資系の会社です。

본사는 서울에 있어요.
本社はソウルにあります。

일한 지 10년이 되네요.

働いて10年になります。

새 직장은 어때요?

新しい職場はどうですか。

A 新しい職場はどうですか。 새 직장은 어때요?
B 長く働けそうです。 오래 일할 수 있을 것 같아요.

경력직으로 들어간 회사예요.

中途採用で入った会社です。 * 中途採用 중도 채용

주로 가전제품을 만들어요.

主に家電製品を作っています。

의류를 판매합니다.

衣類を販売しています。

주력 상품은 복사기예요.

主力商品はコピー機です。

렌탈이나 리스를 하는 회사입니다.

レンタルやリースをしている会社です。

A レンタルやリースをしている会社です。 렌탈이나 리스를 하는 회사입니다.
B リース業はあまり景気に左右されないらしいですね。
리스업은 경기에 별로 좌우되지 않는 모양이던데요.

최근에는 회사를 그만두고 개인 사업을 창업하는 것이 하나의 유행이 되었어요.

最近は会社を辞めて個人事業を立ち上げるのがちょっとした
ブームになっています。 * 立ち上げる 가동하다 ちょっとした 괜찮은

업무 이야기

일은 힘드세요?

お仕事は大変ですか。

A お仕事は大変ですか。 일은 힘드세요?
B 頭を使う仕事なので、けっこう疲れます。 머리를 쓰는 일이라서 꽤 피곤해요.

일을 하신 지 벌써 오래되었나요?

お仕事をされてもう長いんでしょうか。 * される 하시다

계속 그 회사에서 일하셨나요?

ずっとそちらの会社でお勤めだったんですか。 　　　＊勤め 근무

근무 시간은 어느 정도인가요?

勤務時間はどれぐらいですか。

회사에서는 어떤 일을 하시나요?

会社ではどのようなお仕事をされていますか。

영업을 합니다.

営業をしています。

부서는 어디시죠?

部署はどちらですか。

인사 부문을 담당하고 있어요.

人事部門を担当しています。

사업부에서 일합니다.

事業部で働いています。

제품 개발에 종사하고 있어요.

製品の開発に携わっています。 　　　＊〜に携わる 〜에 종사하다

매출은 어떤가요?

売上げはどうですか。

실전회화
A 売上げはどうですか。 매출은 어떤가요?
B 最近はあまり伸びませんね。 요즘엔 별로 늘지 않네요.

월급쟁이는 어디나 똑같죠.

サラリーマンはどこも同じですよ。

주말에는 쉬실 수 있어요?

週末は休めるんですか。

실적에 따라 월급이 정해져요.

実績によって給料が決まります。 　　　＊〜によって 〜에 따라

실전회화
A 実績によって給料が決まります。 실적에 따라 월급이 정해져요.
B 現実はきびしいですね。 현실은 가혹하군요

제 명함인데요, 받으세요.

私の名刺ですが、どうぞ。

 A　私の名刺ですが、どうぞ。제 명함인데요, 받으세요.
B　韓国の方でしたか。日本語がうまくて分かりませんでした。
한국 분이셨어요? 일본어를 잘하셔서 몰랐어요.

연락처를 알려 주실래요?

連絡先を教えていただけますか。

연락해도 될까요?

ご連絡させていただいてもよろしいでしょうか。

 A　ご連絡させていただいてもよろしいでしょうか。연락해도 될까요?
B　もちろんです。물론입니다.

메일 주소는 여기에 써 두었습니다.

メールアドレスはこちらに書いてあります。

Biz tip　'타동사+てある'는 상태를 나타내는 문형으로 '~해져 있다', '~해 두었다'라고 해석해요.

트위터나 페이스북 계정을 갖고 계신가요?

ツイッターかフェースブックのアカウントをお持ちですか。

페이스북에서 친구 맺을래요?

フェースブックの友だちになりませんか。

이제 그만 가볼게요.

もうそろそろ失礼します。

만나서 즐거웠어요.

お会いできてうれしかったです。
お目にかかれてうれしかったです。

말씀 나눠서 즐거웠습니다.

お話できて楽しかったです。

또 천천히 이야기 나눕시다.

また、ゆっくりお話しましょう。

계속 붙잡아서 죄송해요.

お引き留めしてしまってすみませんでした。　　　＊引き留める 만류하다

다음에 같이 꽃구경이라도 갈 수 있으면 좋겠네요.

今度いっしょにお花見にでも行けたらいいですね。

다음에 차라도 마셔요.

今度、お茶でもしましょうね。

편하게 아무 때나 연락 주세요.

気軽にいつでもご連絡ください。

다음에 또 불러 주세요.

また、今度誘ってください。　　　　　　　　＊誘う 권(유)하다

꼭 또 뵙고 싶어요.

また、ぜひお会いしたいです。

조만간 또 봬요.

また、そのうち。　　　　　　　　＊そのうち 가까운 시일 안에

축하 · 위로 · 감사

승진 축하

승진 축하드려요.
ご昇進、おめでとうございます。

영전 축하드려요.
ご栄転、おめでとうございます。

부장님이 되셨다면서요?
部長になられたそうですね。

앞으로의 활약을 기대할게요.
これからのご活躍を期待しています。

더욱더 바빠지시겠네요.
ますますご多忙になりますね。

굉장하네요.
たいしたもんですね。   ＊たいした 대단한

과대평가하신 거예요.
買い被りですよ。

실전회화

A　部長にふさわしい方だと早くから思っていました。
　　부장님에 걸맞는 분이라고 일찍부터 생각했어요.   ＊ふさわしい 걸맞다
B　買い被りですよ。過大評価しているのです。 過대평가하신 거예요.

여러분 덕택이라고 생각해요.
みなさんのおかげだと思っています。

여러분이 도와주지 않으면 될 수 없었어요.
みなさんの支えがなかったら、なれなかったと思います。

승진 축하 선물로 꽃다발까지 보내 주셔서 황송해요.
昇進祝いの花束まで送っていただいて、恐縮です。 ＊祝い 축하(선물)

축전까지 보내 주셔서 감사드려요.

祝電まで送っていただき、ありがとうございました。

더욱 몸이 으스러지도록 일하라는 의미예요.

もっと身を粉にして働けという意味ですよ。

* 身を粉にする 몸을 가루로 만들다(몹시 애쓰다)

 실전회화

A 出世頭ですね。제일 빠르게 출세하신 거네요.

B ただ、もっと身を粉にして働けという意味ですよ。
그냥 더욱 몸이 으스러지도록 일하라는 의미예요.

생일 축하

해피 버스데이!

ハッピーバースデイ！

생신 축하드려요.

お誕生日、おめでとうございます。

오래 사세요.

長生きしてください。

추억이 되는 생일을 보내세요.

思い出の誕生日をお過ごしください。

조촐하지만 선물을 준비했어요.

心ばかりですが、プレゼントを用意しました。　* 心ばかり 약간의 성의

ほんの気持ちですが、プレゼントを用意しました。

 실전회화

A 心ばかりですが、プレゼントを用意しました。どうぞ。
조촐한 선물을 준비했어요. 여기요.

B そんな、別にいいのに。뭘 그렇게까지, 안 하셔도 되는데.

(선물이) 마음에 드시면 좋겠는데.

気に召していただければいいのですが。　* 気に召す 마음에 드시다

멋진 선물 감사합니다.

すてきなプレゼント、ありがとうございます。

쭉 갖고 싶었던 거예요.

ずっとほしかったものです。

정말 마음에 들어요.

すごく気に入りました。

* 気に入る 마음에 들다

결혼식

이번에 축하드려요.

この度は、おめでとうございます。

Biz tip この度는 '이번에는'이란 의미의 격식 있는 표현으로 축하, 위로 등 다양한 장면에서 활용돼요.

결혼 축하드려요.

ご結婚、おめでとうございます。

언제까지나 행복하세요.

いつまでもお幸せにね。

행복하시길 빌어요.

幸せを祈ります。

깨가 쏟아지네요.

ラブラブですね。

정말 잘 어울리는 한 쌍이네요.

本当にお似合いのカップルですね。

성함이 적힌 표찰이 좌석에 놓여 있어요.

お名前の札がお席に置いてあります。

실전회화

A すみません、どこに座ればいいでしょうか。 실례해요, 어디에 앉으면 되나요?

B お名前の札がお席に置いてあります。 성함이 적힌 표찰이 좌석에 놓여 있어요.

지금부터 신랑 신부가 입장하겠습니다.

ただ今より、新郎新婦が入場いたします。

큰 박수로 맞이해 주세요.

盛大なる拍手をもってお迎えください。

* 盛大なる 성대한

Biz tip '〜をもって'는 '으로(=〜で)'의 뜻으로, 격식 있는 표현이에요.

장례식

이번 일로 얼마나 상심이 크십니까?

この度は、ご愁傷さまでございます。

이번 일로 너무나 마음이 아프네요.

この度は、残念でなりません。

この度のご不幸、大変残念です。 　　　　　　　　　　　　　　*不幸 불행

이번에 너무나 갑작스러운 일이라서….

この度は、まことにとんだことで。

この度は、まことに急なことで。

この度は、まことに思いがけないお知らせで。

*思いがけない 생각지도 못한

A この度は、まことにとんだことで。本当に残念でなりません。
이번에 너무나 갑작스러운 일이라서…. 정말 안타깝네요.

B わざわざ来てくれてありがとう。父もあの世で喜ぶと思います。
일부러 와 주셔서 고마워요. 아버지도 저승에서 기뻐하실 거예요.

심심한 조의를 표합니다.
心からお悔やみ申し上げます。 　　　　　　　　　　　　*悔やみ 문상

진심으로 명복을 빕니다.
心からご冥福をお祈りします。

A 心からご冥福をお祈りします。 진심으로 명복을 빕니다.

B どうもご丁寧にありがとうございます。 정말로 말씀 감사합니다. *丁寧 공손함

얼마나 슬프실지 헤아리고도 남습니다.
ご心中、お察し申し上げます。 　　　　　　　　　　　　　*察する 짐작하다

건강하시다고만 생각했는데, 너무나 가슴이 아픕니다.
ご壮健とばかり思っておりましたのに、大変残念です。

괴로우시겠지만 마음을 다잡으셨으면 해요.
お辛いでしょうが、お気を確かに。

부디 낙심하지 마시기를….
どうか、お力落としのないように。 　　　　　　　　　　　*力落とし 낙담

뭐라 위로의 말씀을 드려야 할지 모르겠네요.
お慰めの言葉もございません。

얼마나 원통하셨겠어요.
さぞ、無念のことでございましょう。 　　　　　　　　　　*無念 분함

장례식 도와주러 와 주어서 고마웠어요.

葬儀の手伝いに来てくれて、ありがとうございました。

크리스마스·
명절 인사

메리 크리스마스!

メリークリスマス！

이제 곧 새해네요.

もうすぐ新年ですね。

종무식은 며칠이에요?

お仕事納めは何日ですか。 ＊納め 종료

새해 복 많이 받으세요. (12/31까지)

よいお年を！
よいお年をお迎えください。
よいお正月をお迎えください。

새해 복 많이 받으세요. (1/1 이후)

あけましておめでとうございます。
新年、おめでとうございます。

인사가 좀 늦었지만 새해 복 많이 받으세요. (1/15 이후)

遅ればせながら、あけましておめでとうございます。
ご挨拶が遅れましたが、あけましておめでとうございます。

올해도 잘 부탁드려요.

今年もよろしくお願いします。

희망차고 즐거운 한 해가 되시기를!

明るく楽しい一年でありますように。 ＊～である ～이다

행복하고 풍요로운 해가 되시기를 바랍니다.

幸せで豊かな年となりますように。

작년에는 신세를 많이 졌어요.

昨年は大変お世話になりました。

설에는 고향에 가시나요?

お正月はお国へ帰りますか。

올해도 힘을 합쳐 열심히 일합시다.
今年も一丸となってがんばりましょう。

*一丸 한 덩어리

**감사 및
응답**

고맙습니다.
どうも。
サンキュー。
ありがとう。
ありがとうございます。
ありがたいです。
恐れ入ります。
感謝します。
助かりました。
お礼、申し上げます。
恩に着ます。

*恩に着る 은혜를 입다

도와줘서 고마워요.
助けてくれてありがとう。
助けてもらってありがとう。
助けてくださってありがとうございます。
助けていただいてありがとうございます。

여러모로 감사드려요.
いろいろとありがとうございました。

그때는 너무나 신세를 져서 감사했어요.
その節は本当にお世話になりましてありがとうございました。

*節 때

환영해 주시니 감사합니다.
歓迎していただき、ありがとうございます。

저희 회사의 담당으로서 너무 잘해 주셔서 항상 감사드려요.
当社の担当としてとてもよくやってくださっていつも感謝して
います。

언젠가 은혜를 갚아야 할 텐데 말이에요.

いつか恩返しができたらいいんですが。

천만에요. 무슨 말씀을요.

どういたしまして。

いえ、とんでもないです。

それほどのことでもありません。

気にしないでください。 *気にする 신경 쓰다

お気になさらないでください。

お礼を言う必要なんてありません。 *お礼 감사(의 말)

お礼を言われるまでもありません。 *～までもない ～할 필요도 없다

お礼を言われるようなことでもありません。

당연한 일을 한 것뿐이에요.

当然のことをしたまでです。

Biz tip 여기서의 まで에는 '정도가 그 이상으로는 미치지 않는다'는 뉘앙스가 있어요. 그래서 '따름, 뿐' 등으로 해석하면 자연스러워요.

도움이 되셨다니 기쁘네요.

お役に立ててうれしいです。

도와 드릴 수 있어서 다행이에요.

お手伝いできてよかったです。

기뻐해 주시니 다행이에요.

喜んでいただいて幸いです。

그런 말씀을 하시니 황송하네요.

そんなこと言われると恐縮です。

저야말로 고맙죠.

こちらこそありがとうございます。

별거 아닌 걸요.

何でもないことですから。

お安いご用です。 *お安いご用 쉬운 일

제가 할 수 있는 일이라면 기꺼이 해 드리죠.

私にできることなら喜んで。

친목 도모

**모임 초대 및
접대 제의**

오늘 밤 비어 있어요?

今晩、空いていますか。

주말에 약속 잡을 수 있어요?

週末に都合、つけられますか。　　　　　　　　*都合をつける 약속을 잡다

금요일에 회식을 할까 하고 생각 중인데요.

金曜日に飲み会をと考えているんですが。

이번 주 토요일인데요, 과장님 송별회가 있는 거 아세요?

今週の土曜日ですが、課長の送別会があるの、ご存じですか。

이번 주 금요일 뭔가 스케줄 있으세요?

今度の金曜日、何か予定ありますか。

같이 가요.

いっしょに行きましょうよ。

괜찮으면 같이 가실래요?

よろしかったら、ごいっしょにいかがですか。

> **Biz tip** 절대로 行きたいですか라는 표현으로 권유하지 않도록 주의하세요. 어디까지나 '함께하자'라는 취지로 말해야 해요.

모두들 간다고 하니까 같이 가죠.

みんな、行こうと言っていますから、付き合いましょうよ。

*付き合う 행동을 같이 하다

오늘 밤 노래방에 가는데, 같이 안 갈래요?

今晩、カラオケに行くんですけど、いっしょに行きませんか。

혹시 괜찮으면 가까워진 표시로 함께 식사하지 않을래요?

もしよろしければ、お近づきの印にお食事をごいっしょにいかがでしょうか。

*お近づきの印 사귀게 된 정표

고바야시 씨도 꼭 와 주셨으면 해서요.

小林さんにもぜひ来ていただきたいと思いまして。

신제품 전시회 티켓이 있는데 어떠세요?

新製品展示会のチケットがあるんですけど、どうですか。

저희 집에 식사하러 오실래요?

家にご飯、食べに来ませんか。

A 新しい家に引っ越しましたので、家にご飯、食べに来ませんか。
새집으로 이사해서요. 집으로 식사하러 오지 않을래요?

B ありがとうございます。本当におじゃましていいですか。
감사합니다. 정말로 가도 되나요?   *おじゃまする 방문하다

이번 주 금요일, 한 자리 마련하려고 하는데, 어떠세요?

今度の金曜日、一席設けようと思うんですが、いかがでしょうか。

저희 쪽에서 자리를 준비하겠으니, 내일 밤 6시에 호텔로 모시러 가겠습니다.

私どものほうで席を用意させていただきますので、明晩6時にホテルのほうにお迎えに上がります。
*上がる 방문하다(겸양어)

Biz tip 비즈니스 회화에서는 '~のほう(~쪽)'라는 표현을 많이 쓰는데요. 사용을 권장하지는 않지만 정중함을 더해 주는 표현으로 현장에서는 많이 쓰는 표현입니다. 어법적으로는 바람직하지 않지만 사람들의 입에 붙어 너무나 많이 사용되는 표현이라 할 수 있죠.

약속 정하기

언제가 좋으세요?

いつがいいですか。

스케줄은 어떠세요?

ご都合のほうはいかがでしょうか。

다음 주 화요일 정도는 어때요?

来週の火曜日なんかはどうですか。

Biz tip 'なんか(など)'에는 여러 가지 용법이 있는데요. 특히 비즈니스 회화에서는 '그 외의 다른 것이 되어도 상관없다'는 뉘앙스를 주면서 상대방에게 강요하지 않는 표현으로 쓰여요.

금요일 밤이 좋지 않을까요?

金曜日の夜がいいんじゃありませんか。

A 金曜日の夜がいいんじゃありませんか。 금요일 밤이 좋지 않을까요?

B そうですね。遅くまで飲めるし。 그렇겠네요. 늦게까지 마실 수 있으니까요.

이번 주 집들이 말인데요, 몇 시까지 가면 되나요?

今週の引っ越し祝いですが、何時まで行けばいいですか。

시간은 몇 시쯤이 좋을까요?

お時間は何時ごろがよろしいでしょうか。

추천할 만한 음식점이 있으면 알려 주세요.

おすすめの店があったら、教えてください。

어딘가에서 만나기로 할까요?

どこかで待ち合わせしませんか。　　　　　　　*待ち合わせ 때와 장소를 정하고 만남

A　どこかで待ち合わせしませんか。 어딘가에서 만나기로 할까요?
B　でしたら、渋谷駅で7時はいかがですか。 그렇다면 시부야역에서 7시는 어떨까요?

음식점은 정했나요?

お店は決めましたか。

A　お店は決めましたか。 음식점은 정했나요?
B　すでに予約済みです。 벌써 예약했어요. 　　　　　　　　　*〜済み ~가 끝남

'미나미'라는 곳에서 9시, 20명으로 예약을 해 두었어요.

「ミナミ」という店で9時、20人で予約をとってあります。

30분 정도 늦게 도착할 것 같아요.

30分ほど遅れて着きそうです。

A　30分ほど遅れて着きそうです。 30분 정도 늦게 도착할 것 같아요.
B　分かりました。先に行って待っています。 알겠어요. 먼저 가서 기다리고 있을게요.

회사에서 걸어갈 수 있나요?

会社から歩いていけますか。

지하철로 가는 편이 좋겠어요.

地下鉄で行ったほうがいいと思います。

A　地下鉄で行ったほうがいいと思います。 지하철로 가는 편이 좋겠어요.
B　そうですね。道が込むかもしれませんからね。 맞아요. 길이 막힐지도 모르니까요.

**모임 정보
확인하기**

뭔가 사 가지고 갈까요?

何か買って行きましょうか。

빈손으로 갈 수는 없어요.

手ぶらで行くわけにはいきませんよ。 ＊〜わけにはいかない 〜할 수는 없다

샐러드라도 만들어 갈까요?

サラダでも作って行きましょうか。

A サラダでも作って行きましょうか。 샐러드라도 만들어 갈까요?
B そう言えば、パクさん、お料理得意でしたよね。 그러고 보니 박○○ 씨 요리 잘하시죠?

좋은 와인이 들어왔으니까 가져갈게요.

いいワインが手に入ったので持っていきます。

친구를 한 명 데려가도 될까요?

友だちを一人連れて行ってもいいですか。

저희들 말고 누군가 오나요?

私たちのほかにだれか来ますか。

집들이 선물로는 뭐가 좋을까요?

引っ越し祝いのプレゼントは何がいいでしょうか。

과장님한테도 오시라고 했나요?

課長も誘いましたか。

課長にも声をかけましたか。

A 課長も誘いましたか。 과장님한테도 오시라고 했나요?
B それが……。まだです。あまり気が進まなくて。
그게…. 아직요. 별로 내키지 않아서요. ＊気が進む 마음이 내키다

집 초대

어서 오세요(잘 오셨어요).

よく来てくれました。

A よく来てくれました。 어서 오세요.
B ごめんください。道路工事をしていて、遅れてしまいました。これ、
つまらないものですが、どうぞ。
실례합니다. 도로 공사를 하고 있어서 늦었네요. 이거, 별거아니지만 받아 주세요.
A ご丁寧にありがとうございます。 뭘, 이런 걸 다 사오셨어요. 감사합니다.

누추하지만 어서 들어오세요.

むさくるしいところですが、どうぞお上<ruby>上<rt>あ</rt></ruby>がりください。

A むさくるしいところですが、どうぞお上がりください。
누추하지만 어서 들어오세요.

B おじゃまします。 실례하겠습니다.

어수선하지만 들어오세요.

<ruby>取<rt>と</rt></ruby>り<ruby>散<rt>ち</rt></ruby>らかっておりますが、どうぞ。

Biz tip 일본 집은 대개 작고 좁아서 방안을 구경시키거나 하는 경우는 별로 없어요. 우리와 달리 친한 사이라 해도 남의 집 냉장고를 열거나 하면 큰 실례입니다. 뭔가에 손을 대거나 사용할 때는 주인에게 미리 양해를 구하세요.

남편이 늘 신세가 많네요.

<ruby>主人<rt></rt></ruby>がいつもお<ruby>世話<rt>せ　わ</rt></ruby>になっております。

오늘은 초대해 주셔서 감사합니다.

<ruby>本日<rt>ほんじつ</rt></ruby>はお<ruby>招<rt>まね</rt></ruby>きいただきまして、ありがとうございます。

부디 아무것도 차리지 마세요.

どうぞ、おかまいなく。　　　　　* おかまいなく 손님으로 생각하지 말라(인사말)

A どうぞ、おかまいなく。 부디 아무것도 차리지 마세요.
B いや、お<ruby>茶<rt>ちゃ</rt></ruby>だけでも。 아니에요, 차라도 한 잔.

차린 건 없지만 많이 드세요.

何もありませんが、どうぞお<ruby>召<rt>め</rt></ruby>し<ruby>上<rt>あ</rt></ruby>がりください。

맛있을지 모르겠네요.

お口に合うといいのですが。　　　　　* 口に合う 입에 맞다

요리 솜씨가 기가 막히네요.

お料理、お上手ですね。

배가 불러서 더는 못 먹겠어요.

お<ruby>腹<rt>なか</rt></ruby>いっぱいで、もうけっこうです。

오늘은 대접이 시원찮아서 죄송해요.

今日は何もおかまいできなくてすみません。

이제 그만 가야겠어요.

そろそろ失礼します。

そろそろおいとまします。　　　　　　　　　　　　　　＊いとま 물러감

그만 너무 오래 있었네요.

つい長い時間おじゃましてしまいました。

살펴가세요.

お気をつけて、お帰りください。

회식 자리

과장님, 건배할 때 선창해 주세요.

課長、乾杯の音頭を取ってください。　　　　　　　　＊音頭を取る 선창하다

프로젝트 성공을 축하하며, 건배!

プロジェクトの成功を祝して乾杯！

우선 맥주!

とりあえずビール！

Biz tip 최근엔 많이 없어졌지만, 옛날부터 일본 술자리에서 자주 쓰이는 상투구예요. 줄여서 とりビー라고
해요.

여기는 2시간 마음대로 마셔도 됩니다.

ここは2時間飲み放題です。　　　　　　　　　　　　＊放題 마음껏 ~함

안주는 뭐가 좋을까요?

おつまみは何がいいですか。

실전회화
A おつまみは何がいいですか。 안주는 뭐가 좋을까요?
B お任せします。 알아서 시켜 주세요.

제 단골 가게입니다.

私の行きつけの店です。　　　　　　　　　　　　　　＊行きつけ 단골

회식 첫 잔부터 우롱차를 주문하는 건 좀….

飲み会一杯目からウーロンちゃを頼むのはちょっと。

　　　　　　　　　　　　　　　　　　　　　　　　　　＊頼む 부탁하다

술은 센가요?

お酒は強いですか。

술은 약하지만 분위기는 좋아해요.

お酒には弱いですけど、雰囲気は好きです。

술은 어느 정도 하세요?

お酒はどのぐらい飲めますか。

A　お酒はどのぐらい飲めますか。 술은 어느 정도 하세요?
B　焼酎1本が限界です。 소주 1병이 주량이에요.

즐기는 정도예요.

たしなむ程度です。　　　　　　　　　　　　　　　　* たしなむ 즐기다

숙취가 걱정이네요.

二日酔いが心配です。

빨리 취하고 빨리 깨요.

酔うのも早いし、醒めるのも早いです。　　　　　　* 醒める 정신이 들다

오늘은 너무 달리시네요.

今日はピッチが早いですね。

A　じゃんじゃん飲もう！ 마시자, 마시자!
B　今日はピッチが早いですね。ペースを落してください。
　　ゆっくり飲みましょうよ。
　　오늘은 너무 달리시네요. 속도를 줄이세요. 천천히 마십시다.　* ペースを落す 속도를 줄이다

필름이 끊어질 때까지 마시면 안 되죠.

記憶がなくなるまで飲んではいけません。　　　　　* 記憶 기억

좀 취기가 도네요.

ちょっと酔ったみたいです。

아직 멀쩡해요.

まだ素面です。　　　　　　　　　　　　　　　　* 素面 취하지 않은 상태

술은 적당히 마십시다.

お酒はほどほどにしましょう。

'술은 마셔도 좋은데 정신은 잃지 마라'는 말도 있잖아요.

「酒は飲んでも飲まれるな」と言うじゃありませんか。

217

이마다 씨가 취해서 뻗었어요.

今田さんが酔いつぶれたみたいです。　　*酔いつぶれる 곤드레만드레가 되다

今田さんがぐでんぐでんに酔いました。

야마다 씨는 술을 잘한대요.

山田さんは上戸だそうです。

Biz tip 上戸는 술고래라고 할 정도로 술을 잘 마시는 사람을 말하는데요, 大酒飲み, 底抜け上戸, のんべえ 등도 비슷한 뜻입니다.

이제 정리할 시간이니까 계산 부탁해요.

そろそろ時間なので、会計お願いします。

A　そろそろ時間なので、会計お願いします。 이제 정리할 시간이니까 계산 부탁해요.
B　一人、4.000円ですよね。 한 사람당 4,000엔 내면 되죠?

더치페이로 부탁드려요.

割り勘でお願いします。

2차 갈 사람, 손 들어 봐요.

二次会、行く人、手をあげてください。

접대 술자리

앞으로도 오랫동안 친분을 쌓아갈 것 같아서요, 두 회사의 번영을 빌면서 건배!

今後とも長くお付き合いいただくことになると思いますので、
両者の繁栄を祈って、乾杯！　　*付き合い 교제

양반다리 하고 편히 앉으세요.

足を崩してお楽になさってください。　　*足を崩す 정좌를 풀다

A　足を崩してお楽になさってください。 양반다리 하시고 편히 앉으세요.
B　そうですか。それでは失礼して。 그럴까요? 그럼 실례할게요

어서 앉으시죠.

どうぞ、お座りください。
どうぞ、おかけください。

늦게 오셨으니 우선 세 잔 드셔야죠.

とりあえず駆け付け三杯です。

Biz tip 술자리에서 늦게 온 사람에게 권하는 석 잔의 술을 駆け付け三杯라고 하는데요. 우리나라에서는 '후래삼배(後來三杯)'라고 하죠.

이래 봬도(잘 마실 것처럼 보이지만) 술을 못해요.

こう見えて飲めないんです。

こう見えてお酒が飲めない体質なんです。　　　　　　　　　*体質 체질

こう見えてアルコールを受け付けない体質です。

こう見えていただけない口でして。

こう見えて下戸なんです。

こう見えて不調法なんです。　　　　　　　　*不調法 술, 담배, 유흥을 못함

A　一杯、どうぞ。한잔하시죠.

B　こう見えて飲めないんです。みなさんはどうぞお気遣いなく。
　　이래 봬도 술을 못해요. 여러분은 괘념치 마시고 드세요.

맥주 괜찮으세요?

ビールでよろしいですか。

한잔 더 어떠세요?

もう一杯いかがですか。

무알코올 음료로 부탁해요.

ノンアルコール飲料でお願いします。

A　車で来ていますので、ノンアルコール飲料でお願いします。
　　차를 운전하고 와서요, 무알코올 음료로 부탁해요.

B　でしたら、ノンアルコールビールをご用意します。
　　그럼, 무알코올 맥주를 준비해 드리죠.

받으세요, 따를게요.

どうぞ、お注ぎします。　　　　　　　　　　　*注ぐ 따르다

오늘은 거하게 대접을 받아서 어떻게 감사를 드려야할지 모르겠네요.

今日はすっかりごちそうになりまして、ありがとうございました。　　　　　　　　　　　*ごちそうになる 대접 받다

즐거운 한때를 보냈네요.

楽しい一時を過ごさせていただきました。

이것을 계기로 앞으로도 잘 부탁드려요.

これをご縁に、今後ともよろしくお願いいたします。

　　　　　　　　　　　*〜をご縁に 〜을 인연으로

인맥 만들기와 사교 활동

▼ 3 친목 도모

조만간에 또 연락드리죠.

近いうちにまた、連絡させていただきます。

내일 (업무에) 지장이 있으니까 오늘은 슬슬 돌아갑시다.

明日に差し支えますので、今日はそろそろ帰りましょう。

* 差し支える 지장이 있다

이제 끝낼까요?

そろそろお開きにしましょうか。

Biz tip 일본어에는 忌み言葉라고 해서 경사로운 일이나 좋은 일이 있을 때 終わる, 切る, 去る, 別れる 등의 말을 쓰지 않아요. 그래서 새로운 시작이라는 의미로 開く를 씁니다.

택시를 부를까요?

タクシーを呼びましょうか。

수락 및 거절

🎧 04-4.mp3

초대 수락

그럼, 꼭 갈게요.
じゃ、ぜひ。

네, 기꺼이.
はい、喜んで。

좋아요.
いいですね。
いいですよ。
オッケーです。
大丈夫だと思います。
問題ありません。

실전회화

A 飲み会があるんですけど、いっしょにいかがですか。
모여서 술 마실 건데 같이 어때요?

B それ、いいですね。誘ってくれてありがとう。 그거 좋네요. 말해 줘서 고마워요

저도 가고 싶어요.
私も行きたいです。

꼭 갈게요.
必ず行きます。

꼭 참석하게 해 주세요.
ぜひとも参加させてください。

물론입니다.
もちろんです。
言うまでもありません。　　　　　　　　*〜までもない 〜필요도 없다

기대가 되네요.
楽しみですね。
楽しみにしています。

꼭 모시고 가겠습니다.

ぜひお供します。

*お供 모시고 따라감

A 取引先の加藤さんと週末ゴルフに行くんだけど。
거래처의 가토 씨와 주말 골프를 치러 가는데 말이야.

B ぜひお供します。꼭 모시고 가겠습니다.

일정 확인

아마 3월 25일이었죠?

たしか、3月25日でしたよね。

이번 주 금요일, 틀림없죠?

今週の金曜日で間違いないですよね。

확인할게요. 토요일 오후 2시죠?

確認させてください。土曜日の午後2時ですよね。

예정대로 회식은 금요일 오후인가요?

予定どおり、飲み会は金曜日の午後ですか。

**약속 결정
보류**

글쎄요, 잠깐 일정을 알아볼게요.

そうですね。ちょっとスケジュールを調べてみます。

상사한테 확인해 보고 바로 전화드릴게요.

上司に確認してから、折り返しお電話します。

언제까지 대답하면 되죠?

いつまでに返事すればいいですか。

이따가 대답해도 되나요?

返事は後でいいですか。

後で連絡していいですか。

後ほどご連絡さしあげてもよろしいでしょうか。

현재로서는 잘 모르겠어요.

今のところは、ちょっと分からないんです。

내일이 되어야 알 수 있어요.

明日になってみないと分かりません。

실전
회화 A 今度の週末、集まりがあるんだけど、来られます？
　　 이번 주말에 모임이 있는데, 올 수 있어요?

B 行きたいんですけど、明日になってみないと分かりません。
　　가고 싶은데요, 내일이 되어야 알 수 있어요.

글쎄요, 그날 어떻게 될지 잘 모르겠어요.

そうですね。その日、どうなるかよく分かりません。

실전
회화 A 今度の新年会に来られますか。 이번 신년회 때 올 수 있어요?

B そうですね。その日、どうなるかよく分かりません。
　　글쎄요, 그날 어떻게 될지 잘 모르겠어요.

거절

내일은 좀….

明日はちょっと……。

그날은 스케줄이 있어요.

その日は空いていません。　　　　　　　　　　　　　＊空く 비다

그날은 형편이 안 좋아요.

その日は都合が悪いんです。

일이 바빠서 죄송해요.

仕事が忙しくて、すみません。

미안해요. 약속이 있거든요.

すみません。約束があるものですから。

공교롭게도 그날은 선약이 잡혀 있어서요.

あいにくその日は先約がありまして。

다른 용무가 있어서요.

ほかに用事がありまして。

아이가 다쳐서요.

子供が怪我をしてしまいまして。　　　　　　　　　＊怪我をする 다치다

223

빠질 수 없는 일정이 잡혀 있어서요.

はずせない予定がありまして。　　　　　　　　＊はずせない 놓칠 수 없는

가고 싶지만, 시간에 댈 수 있을지 모르겠어요.

行きたいんですけど、間に合うかどうか分かりません。

유감스럽지만 다른 일정이 있어요.

残念ですが、別の予定があります。

일찍 돌아가야 하는 사정이 있어서요.

早めに帰らなければならない事情がありまして。

모처럼 초대해 주셨는데 피치 못할 사정으로 참석할 수가 없네요.

せっかくのご招待ですが、やむを得ない事情で、出席できません。　　　　　　　　＊やむを得ない 어쩔 수 없는

감기 기운이 있어서, 미안해요.

風邪気味なので、ごめんなさい。　　　　　　　　＊〜気味 〜기미

모처럼의 기회지만, 컨디션이 좋지 않아서 그만 가볼게요.

せっかくですが、体調が思わしくないので失礼します。

せっかくですが、体調がすぐれず、失礼します。　＊すぐれる 뛰어나다

모처럼 권해 주셨는데 사양해야겠어요.

せっかくのお誘いですが、遠慮させていただきます。　　　　　　　　＊遠慮する 사양하다

같이 가자고 말해 줘서 기쁘지만 공교롭게도….

お声をかけてくれてうれしいけど、あいにく……。

오늘은 친구와 만나기로 해서 먼저 갈게요.

今日は友人と待ち合わせがあるもので、お先に失礼します。

아쉽지만 차를 마시기로 하죠.

残念ですが、お茶でお付き合いさせてください。

Biz tip 뇌물적인 성격이 강한 접대 자리일 경우에는 낮에 간단히 마실 수 있는 커피나 차로 거절해 보는 지혜도 필요하겠죠?

실전회화

A　一席設けますので、ぜひ。한자리 마련할 테니까요. 꼭 참석해 주세요.

B　残念ですが、お茶でお付き合いさせてください。아쉽지만 차를 마시기로 하죠.

오늘은 좀 힘들지만 다음부터는 시간을 낼 수 있도록 할 테니까요.

今日はちょっときびしいんですが、今度からは時間がとれるようにしますので。 *時間をとる 시간을 잡다

이번 일은 언젠가 꼭 보상할게요.

この埋め合わせは、いつかきっと。 *埋め合わせ 벌충

**변경 및
취소**

다음 기회로 하죠.

またにしましょう。

회식 장소를 바꿔도 되나요?

飲み会の場所を変えてもいいですか。

다른 날로 미뤄도 될까요?

ほかの日に延ばしてもいいですか。

ほかの日に延期してもいいですか。

ほかの日に見合わせてもいいですか。

ほかの日に変えてもいいですか。

갑작스럽게 죄송한데요, 화요일 모임을 조금 연기할 수는 없나요?

突然ですみませんが、火曜日の集いを少し延ばすことはできませんか。 *集い＝集まり

1시간 정도 앞당겨도 될까요?

1時間ほど繰り上げてもいいですか。

실전회화
A 1時間ほど繰り上げてもいいですか。 1시간 정도 앞당겨도 될까요?
B 別にかまいません。 딱히 상관없어요

갑작스럽게 죄송한데요, 일이 끝나지 않아서 못 가게 되었어요.

急なことで申し訳ないんですが、仕事が終わらず、行けなくなりました。

다음 주 목요일이라면 스케줄을 재조정할 수 있는데요.

来週の木曜日でしたら、スケジュールを再調整できますけど。

225

반응 및
응답

만나 뵙는 것이 기대되네요.

お会いできるのが楽しみです。

그럼, 그날에 봬요.

では、その日にお会いしましょう。

이번엔 (못 봬서) 아쉬웠지만, 다시 일정을 맞춰서 만납시다.

今回は残念でしたが、また都合をつけて会いましょう。

오랜만이니 코가 삐뚤어지게 마셔 봅시다.

久しぶりですから、とことん飲みましょう。　　　＊とことん 끝까지

A 久しぶりですから、とことん飲みましょう。 오랜만이니 코가 삐뚤어지게 마셔 봅시다.
B 終電までには帰らせてくださいね。 막차까지는 보내 주세요.

아무것도 안 먹고 갈게요.

お腹、空かして行きますね。　　　＊お腹を空かす 굶다

A お腹、空かして行きますね。 아무것도 안 먹고 갈게요.
B ハハハ、気合いが入っていますね。 하하하, 작정하고 있군요.
　　　　　　　　　　　　　　＊気合いが入る 기합이 들어가다

226

가벼운 대화

🎧 04-5.mp3

말 걸기

날씨가 좋네요.
いい天気ですね。

A　いい天気ですね。 날씨가 좋네요.
B　ええ、今日は特にそうですね。 네, 오늘은 특히 그러네요.

오늘, 비가 엄청 오네요.
今日、雨ひどいですよね。

드디어 봄다워졌네요.
ようやく春らしくなってきましたね。

이 시기에 눈이 오다니 이르죠?
この時期に、雪が降るなんて早いですよね。

지내기 편한 계절이 되었네요.
過ごしやすい季節になりましたね。

오늘은 비가 한차례 내릴 것 같은 날씨네요.
今日は、一雨ありそうな天気ですね。　　　　＊一雨 한차례 비가 옴

서울은 꽤 춥죠?
ソウルはけっこう寒いですよね。

바쁘신데 죄송합니다.
お忙しいところ、すみません。

말씀 중에 죄송해요.
お話中、すみません。

여기는 처음이신가요?
ここは初めてですか。

합석해도 될까요?
相席してもよろしいでしょうか。

227

뭔가 떨어졌는데요.

何か、落ちましたよ。

A 何か、落ちましたよ。 뭔가 떨어졌는데요.

B あっ、すみません。ありがとうございます。 앗, 이런. 감사합니다.

멋진 곳이군요.
すてき
素的なところですね。

매우 성대한 파티네요.
せいだい
大変ご盛大なパーティーですね。

스카이무역의 다나카 씨군요.
ぼうえき
スカイ貿易の田中さんですよね。

A スカイ貿易の田中さんですよね。 스카이무역의 다나카 씨군요.

B これはこれは、イさんじゃありませんか。 아이고 이거, 이○○ 씨 아니십니까?

대화 전개

여기는 자주 오시나요?
こ
ここにはよく来られるんですか。

저쪽에서 잠깐 커피라도 드실래요?

あちらでちょっとコーヒーでもいかがですか。

스즈키 과장님은 잘 계시나요?

鈴木課長は、お元気にされていらっしゃいますか。

Biz tip お元気にしている를 존경어로 바꾼 표현이에요.

요즘 경기는 어때요?
さいきん   けいき
最近、景気のほうはいかがですか。

오늘 아침 신문 읽었나요?
けさ
今朝の新聞、読みましたか。

다카하시 씨 이야기 들었어요?

高橋さんの話、聞きましたか。

오늘 뉴스 보셨어요?

今日のニュース、ご覧になりましたか。 *ご覧になる 보시다

A 今日のニュース、ご覧になりましたか。 오늘 뉴스 보셨어요?
B 何か、事件でも起きましたか。 뭔가 사건이라도 터졌나요?

이슈가 되고 있는 스마트폰, 벌써 쓰고 계세요?

話題になっているスマートフォン、もう使っていますか。

최근에 고바야시 씨 만나셨어요?

最近、小林さんにお会いになりましたか。

이어서 말씀드리면, 이번에 일본에 갑니다.

話の続きですが、今度日本へ行くんです。

한국에는 '문화의 날'이 있어서 영화를 반값에 볼 수 있어요.

韓国には「文化デー」という日がありまして、映画が半額で見られるんです。

Biz tip 일본 사람과 만나서 대화를 전개시킬 때 가장 좋은 이야깃거리는 한일 간의 재밌는 문화 차이, 이슈 차이입니다. 평소에 정보를 수집해 두면 요긴하게 쓸 수 있겠죠?

상대방 기분 띄워 주기

오늘 너무 멋져요.

今日、とても素的です。

점점 더 멋있어지네요.

ますます格好よくなりますね。 *格好いい 멋있다

귀여운 원피스네요.

かわいいワンピースですね。

멋져요. 어디서 사셨어요?

すばらしいですね。どちらで買われたのですか。

옷 입는 센스가 돋보이시네요.

洋服のセンスがいいですね。

어머나, 그 유명 브랜드 제품이잖아요.

すごい、あの有名ブランドのものじゃないですか。

A すごい、あの有名ブランドのものじゃないですか。
어머나, 그 유명 브랜드 제품이잖아요.

B いえ、もらいものですから。아니에요, 누가 준 거예요.

안목이 높으세요.

お目が高いです。

굉장히 잘 어울리세요.

大変よくお似合いですよ。

늘 존경해요.

いつも尊敬しています。

A いつも尊敬しています。늘 존경해요.

B 何をおっしゃるんですか。당치도 않은 말씀이에요.

일본어를 너무 잘하세요.

日本語がとてもお上手ですね。

대단하세요.

さすがですね。

Biz tip 일본어로 칭찬을 할 때는 '사시스세소'를 기억하시면 좋아요.

さすが、最高 ⓛ親切ですね、信頼しています ⓢすごい、素的、すばらしい ⓢセンスがいい ⓢ尊敬しています

색깔이 예쁘네요.

色がきれいですね。

옷을 잘 입으시네요.

着こなしがいいですね。　　　　　　　　　　*着こなし 옷맵시

멋진 곳을 아시네요.

ステキなお店をご存じですね。

**칭찬에
답하기**

그렇게 말씀해 주시니 매우 기쁘네요.

そう言ってもらえると、とてもうれしいです。

そのように言っていただいて、うれしいかぎりです。

* ～かぎり 매우 ～하다

그렇게 비행기 태우지 마세요.

そんなにおだてないでください。　　　　　* おだてる 치켜세우다

과찬의 말씀입니다.

もったいないお言葉です。

A　プロの腕前ですね。 프로의 솜씨네요.
B　もったいないお言葉です。 과찬의 말씀입니다.

칭찬해 주셔서 대단히 감사합니다.

お誉めの言葉、どうもありがとうございます。　　* 誉め 칭찬

아니에요, 아직 멀었어요.

いえいえ、まだまだです。

A　日本語がお上手ですね。 일본어를 잘하시네요.
B　いえいえ、まだまだです。 아니에요, 아직 멀었어요.

괜히 창피하네요.

何だか恥ずかしいですね。

何だか照れますね。　　　　　* 照れる 쑥스럽다

**관심사·
취미**

그런데 마루야마 씨의 취미는 뭐죠?

ところで、丸山さんのご趣味は？

요즘 관심을 갖고 계신 건 있나요?

最近、興味を持っていらっしゃることはありますか。

박 부장님은 낚시를 하신다고 들었어요.

パク部長は釣りをなさるそうです。

쉬실 때는 무엇을 하시나요?

お休みの時は何をなさっていますか。

주말은 어떻게 지내세요?
週末はどのようにお過ごしでしょうか。

등산을 하시나요?
山登りをなさいますか。

제 취미는 영화(감상)예요.
私の趣味は映画です。

요즘에 워킹을 시작했는데 참 재미있어요.
最近ウォーキングを始めたんですけど、けっこう楽しいんです。

A 最近ウォーキングを始めたんですけど、けっこう楽しいんです。
요즘에 워킹을 시작했는데 참 재미있어요.
B よかったですね。健康にもいいしね。 다행이네요. 건강에도 좋고요

사진 찍는 것을 좋아해요.
写真を撮るのが好きです。

요즘 팟캐스트에 빠져 있어요.
最近、ポッドキャストにはまっています。　　　　　*はまる 빠지다
最近、ポッドキャストに凝っています。　　　　　*凝る 몰두하다

가능하면 가족들과 함께 지내려고 마음을 쓰고 있어요.
できれば、家族といっしょに過ごそうと心がけています。

A できれば、家族といっしょに過ごそうと心がけています。
가능하면 가족들과 함께 지내려고 마음을 쓰고 있어요.
B 見習いたいものです。 본받고 싶네요。　　　　*〜たいものだ 간절한 희망

이렇다 할 취미는 없어요.
これといった趣味はないんです。

바빠서 짬이 나면 늘 잠을 자요.
忙しくて暇があればいつも寝ています。

취미를 만들 새가 없어요.
趣味を作る暇なんかありません。　　　　　*なんか 따위

골프를 잘 친다고 들었어요.

ゴルフがうまいと聞きました。

A　ゴルフがうまいと聞きました。 골프를 잘 친다고 들었어요.
B　接待ゴルフばかりやっているうちに、腕が上がりました。
　　접대 골프만 치는 사이에 실력이 늘었어요.

자주 미술관이나 박물관에 아이를 데리고 가요.

よく美術館とか博物館へ子供を連れて行きます。

오토바이 투어링 동호회에 들어갔어요.

バイク・ツーリングのサークルに入りました。

A　バイク・ツーリングのサークルに入りました。 오토바이 투어링 동호회에 들어갔어요.
B　何かきっかけとかありましたか。 뭔가 계기가 될 만한 일이 있었나요?

싫어하는 것

몸을 움직이는 것을 싫어해요.

体を動かすのが苦手です。

시끄러운 장소에는 되도록 가까이 가지 않으려고 하죠.

うるさい場所にはなるべく近づかないようにしています。

*〜ないように 〜하지 않도록

식도락은 별로 좋아하지 않아요.

グルメはあまり好きじゃありません。

술은 정말 싫어해요.

お酒は大の苦手です。

*大の 대단한

A　お酒は大の苦手です。 술은 정말 싫어해요.
B　それじゃ、お酒は全然だめなんですか。 그럼 술은 전혀 못하시는 건가요?

쇼핑에는 전혀 흥미가 없어요.

買い物にはまったく興味がありません。

A　買い物にはまったく興味がありません。 쇼핑에는 전혀 흥미가 없어요.
B　ぼくもです。いつも妻に連れ回されるだけですね。
　　저도 그래요. 늘 집사람한테 끌려다니기만 하죠.

야구는 좋아하지만 축구는 별로 재미가 없어요.

野球は好きですが、サッカーはあまりおもしろくありませんね。

점을 좋아하는 사람의 심정을 모르겠어요.

占の好きな人の気が知れません。　　　＊気が知れない 속마음을 알 수가 없다

A 占の好きな人の気が知れません。 점을 좋아하는 사람의 심정을 모르겠어요.
B それもそれなりにおもしろいですよ。 그것도 그 나름대로 재미있어요.

음악

일을 할 때는 클래식을 틀어 놔요.

仕事をする時はクラシックを流しています。　　＊流す 흘러나오게 하다

휴식 시간에는 늘 음악을 들어요.

休憩時間にはいつも音楽を聞きます。　　　　＊休憩 휴게

머리를 식히고 싶을 때는 항상 피아노를 쳐요.

頭を冷やしたいと思う時は、いつもピアノをひきます。
　　　　　　　　　　　　　　　　　　　　　　＊冷やす 식히다

음악 취향이 한쪽으로 치우쳐 있어요.

音楽の趣味が偏っています。　　　　　　　　＊偏る 치우치다

A 音楽の趣味が偏っています。 음악 취향이 한쪽으로 치우쳐 있어요.
B どんなジャンルがお好きですか。 어떤 장르를 좋아하세요?

이어폰으로 듣는 것을 좋아해요.

イヤホンで聞くのが好きです。

A イヤホンで聞くのが好きです。 이어폰으로 듣는 것을 좋아해요.
B でも、難聴になりやすいという話もありますよ。
하지만 난청이 되기 쉽다는 이야기도 있어요.

이 노래의 가사를 좋아해서 늘 힘을 얻어요.

この歌の歌詞が好きで、いつも励まされます。　　＊励ます 격려하다

콘서트에 가서 직접 듣는 것이 가장 좋아요.

コンサートに行って、生で聞くのが一番です。

234

무라카미의 소설을 읽고 나서 재즈에 푹 빠졌어요.

村上の小説を読んでから、ジャズにはまりました。

A 村上の小説を読んでから、ジャズにはまりました。
무라카미의 소설을 읽고 나서 재즈에 푹 빠졌어요.

B たしかに村上の小説はジャズと切っても切れない関係ですね。
확실히 무라카미의 소설은 재즈와 끊을래야 끊을 수 없는 관계죠.

여행 · 온천

해외여행에 가신 적은 있으세요?

海外旅行に行かれたことは？　　　　　　　　　＊行かれる 가시다

A 海外旅行に行かれたことは？ 해외여행에 가신 적은 있으세요?
B 何度かあります。 몇 번인가 있어요.

지금까지 중에서 어디가 제일 좋았어요?

今まででどこが一番よかったですか。

어느 나라에 가 보고 싶어요?

どの国に行ってみたいですか。

이번 휴가에는 어디를 (가려고) 생각 중이에요?

今度の休暇にはどこをと思っていますか。

단체 여행은 성격에 맞지 않아요.

パッケージ旅行は性に合いません。　　　　　　＊性に合う 성격에 맞다

A パッケージ旅行は性に合いません。 단체 여행은 성격에 맞지 않아요.
B すると、一人旅がお好きですか。 그러면 혼자 다니는 여행을 좋아하세요?

온천 여행을 좋아해요.

温泉旅行が好きです。

자주 혼자서 여행을 갑니다.

よく一人で旅に出ます。　　　　　　　　　　　＊旅に出る＝旅行に行く

온천에서 푹 쉬면서 맛있는 생선회를 먹는 것이 샐러리맨의 로망이에요.

温泉でのんびりしながらおいしい刺身を食べるのがサラリーマンのロマンです。

235

저렴한 온천장이 좀처럼 없네요.
安い温泉宿がなかなかありませんね。

독서

책은 꽤 읽는 편인가요?
本をけっこう読むほうですか。

좋아하는 작가는 누구죠?
好きな作家はどなたですか。

추리 소설만 읽어요.
推理小説ばかり読んでいます。

A どのようなジャンルの小説がお好きですか。 어떤 장르의 소설을 좋아하세요?
B 推理小説ばかり読んでいます。 추리 소설만 읽어요.

베스트셀러는 별로 좋아하지 않아요.
ベストセラーはあまり好きじゃありません。

최근에 읽으신 책 중에서 추천작은 없나요?
最近お読みになった本でおすすめはありませんか。

* お読みになる 읽으시다

가을은 독서의 계절이라고들 하지만, 개인적으로는 겨울이에요.
秋は読書の季節だとよく言いますが、個人的には冬ですね。

주말은 독서 삼매경에 빠져 지내요.
週末は読書三昧です。

요즘에는 태블릿으로 전자책을 읽고 있어요.
最近はタブレットで電子書籍を読んでいます。

Biz tip '전자책'은 電子ブック보다 電子書籍라는 말이 일반적이에요.

A 最近はタブレットで電子書籍を読んでいます。
요즘에는 태블릿으로 전자책을 읽고 있어요.
B 電子書籍リーダーは何を使っていますか。 전자책 리더기는 무엇을 사용하시나요?

만화도 훌륭한 독서입니다.
マンガも立派な読書です。

스포츠

뭔가 운동을 하시나요?

何か運動をなさっていますか。

A 何か運動をなさっていますか。 뭔가 운동을 하시나요?

B これといった運動はやっていません。 이렇다 할 운동은 안 해요.

테니스를 시작해서 2년이 됩니다.

テニスを始めて2年になります。

자주 자전거를 탑니다.

よく自転車に乗ります。

평영이라면 자신 있어요.

平泳ぎなら自信があります。

야구는 인생과 마찬가지예요.

野球は人生と同じです。

사회인 야구팀을 응원하고 있어요.

社会人野球チームを応援しています。

A 社会人野球チームを応援しています。 사회인 야구팀을 응원하고 있어요.

B 最近、チームが増えましたね。 요즘에 팀이 늘었더군요.

매일 아침 줄넘기와 체조를 해요.

毎朝、縄跳びと体操をしています。

스모를 TV에서 본 적이 있는데 꽤 재미있었어요.

相撲をテレビで見たことがあるんですが、とてもおもしろかったです。

뭐니 뭐니 해도 축구는 슛이 중요하죠.

何と言ってもサッカーはシュートが大事ですね。

축구 PK전을 보고 마음을 졸였어요.

サッカーのPK戦を見てハラハラしました。

영화 · 공연

저는 공포 영화를 좋아해요.

私はホラー映画が好きです。

A 私はホラー映画が好きです。 저는 공포 영화를 좋아해요.
B 夏はホラー映画に限りますね。 여름에는 공포 영화가 최고죠. ＊〜に限る 〜이 제일이다

좋아하는 배우가 있나요?

好きな俳優さんがいますか。

'레이디스 데이'라는 것이 있어서 매주 수요일은 여성에 한해서 영화를 1,000엔에 볼 수 있어요.

レディースデーというのがあって、毎週水曜日は女性に限り、映画が1,000円で見られます。 ＊〜に限り 〜에 한정해서

평판이 좋은 영화는 반드시 봅니다.

評判のいい映画は必ず見ます。

소설을 영화화한 것을 보면 늘 실망해요.

小説を映画化したものを見ると、いつもがっかりします。

항상 상영 일정을 확인해요.

いつも上映スケジュールを確認しています。

가부키 배우는 모두 남성이라고 하더군요.

歌舞伎の役者さんはみんな男性だそうですね。

A 歌舞伎の役者さんはみんな男性だそうですね。
  가부키 배우는 모두 남성이라고 하더군요.
B ええ、男の人が女役もやります。 네, 남자가 여자 역할도 해요.

뮤지컬 〈레미제라블〉을 보고서 팬이 되었어요.

ミュージカル『レ・ミゼラブル』を見てから、ファンになりました。

지금까지 중에서 가장 좋았던 영화는 뭐죠?

今までで一番よかった映画は何ですか。

A 今までで一番よかった映画は何ですか。 지금까지 중에서 가장 좋았던 영화는 뭐죠?
B モトキ・マサヒロさん主演の『おくりびと』です。
  모토키 마사히로 주연의 〈굿바이〉입니다.

균형 있게 먹는 것이 중요해요.

バランスよく食べるのが大事です。

맛집을 찾아다니는 것이 취미예요.

食べ歩きが趣味です。

꽤 입맛이 까다롭거든요.

けっこう味にうるさいんです。　　　　　　　　＊〜にうるさい ~에 까다롭다

어머니의 손맛을 느낄 수 있는 곳을 알아요.

おふくろの味が味わえるところを知っています。　　＊味わえる 맛보다

가정요리를 좋아해요.

家庭料理が好きです。

중국요리는 느끼해서 별로 안 먹어요.

中華料理は油っこいのであまり食べません。

저는 단것을 좋아해요.

私は甘党です。

A　私は甘党です。 저는 단것을 좋아해요.
B　男性にしてはめずらしいですね。 남자치고는 드문 일이네요　＊〜にしては ~치고는

저는 야키니쿠를 제일 좋아해요.

私は焼き肉が大好物です。

퇴직하면 제 가게를 갖는 게 꿈이에요.

退職したら、自分の店を持つのが夢です。

계속 자취를 했기 때문에 대개 만들 수 있어요.

ずっと自炊していたので、大体作れます。

맛집을 여러 곳 알아요.

いろんなおいしい店を知っています。

디저트가 들어갈 배는 따로 있어요.

デザートは別腹です。　　　　　　　　　　　　＊別腹 다른 배

날씨 · 계절

공교롭게도 비가 오네요.

あいにくの雨ですね。

한국의 날씨는 어때요?

韓国の天気はどうですか。

일기예보로는 내일부터 한여름이래요.

天気予報では明日から、真夏日だそうです。

9월이 돼도 시원해지지 않네요.

9月になっても、涼しくなりませんね。

올해는 매우 더운 모양이에요.

今年は猛暑らしいですよ。　　　　　　　　　　　　* 猛暑 혹서

 A　今年は猛暑らしいですよ。올해는 매우 더운 모양이에요.
B　節電でエアコンもろくにつけられないのに……。
　　절전으로 에어컨도 제대로 못 켜는데….

올해는 예년에 비해서 기온이 낮은 여름이 된다고 하네요.

今年は例年に比べて気温の低い夏になるそうですよ。

태풍 진로도 비껴간 것 같아서 안심했어요.

台風の進路もそれたようでホッとしました。　　* それる 비껴가다

부쩍 해거름이 짧아졌어요.

めっきり日脚も短くなりましたね。　　　　　　* 日脚 햇발

놀러 가기 딱 좋은 날씨예요.

行楽日和ですね。　　　　　　　　　　　* 〜日和 〜하기 좋은 날씨

스키 타기에는 가장 좋은 시즌이에요.

スキーには絶好のシーズンですね。

단풍놀이의 계절이에요.

紅葉狩りの季節です。

겨울의 일루미네이션이 매우 예뻐요.

冬のイルミネーションがとてもきれいです。

드디어 연말(섣달)이네요.

いよいよ師走ですね。

매일 아침 이불에서 나오기가 괴로워요.

毎朝、ふとんから出るのがつらいです。

이제 슬슬 고타쓰(일본의 난방기구)가 그리워지는 계절이네요.

そろそろこたつが恋しい季節ですね。

수험생은 드디어 막바지 단계네요.

受験生はいよいよ追い込みのシーズンですね。　　　　　* 追い込み 막판

봄이 언제 올지 기다려져요.

春の訪れが待ち遠しいです。　　　　　* 待ち遠しい 이제나저제나 기다리다

화제 · 토픽

이것이 화제가 되고 있는 빵이에요.

これが話題になっているパンです。

밝은 뉴스가 별로 없네요.

明るいニュースがあまりないですね。

'안티 페이스북'으로 불리는 사이트가 있대요.

「アンチ・フェースブック」と呼ばれるサイトがあるんですって。

애완견도 렌탈을 한대요.

ペットもレンタルするそうです。

 A　ペットもレンタルするそうです。 애완견도 렌탈을 한대요.
B　借りられないものはない時代になりましたね。 빌릴 수 없는 건 없는 시대가 되었군요.

커뮤니케이션 로봇이라고 들어 본 적 있어요?

コミュニケーションロボットって聞いたことありますか。

 A　コミュニケーションロボットって聞いたことありますか。
　　커뮤니케이션 로봇이라고 들어 본 적 있어요?
B　会話ができるロボットのことですよね。 대화가 가능한 로봇 말씀이죠?

스타벅스는 종업원의 학비를 부담해 주는 모양이에요.

スタバは従業員の学費を負担するらしいです。

일본에는 핑크 카레가 있다던데 정말이에요?

日本にはピンクカレーがあると聞きましたが、本当ですか。

사람을 매혹하는 향수가 유행이에요.

人を引き付ける香水が流行っています。　　　　　*引き付ける 끌어당기다

그 대기업이 도산했다는 소식 들었어요?

あの大手企業が倒産したっていうニュース、聞きましたか。

3·11 대지진은 큰 쇼크였어요.

東日本大震災は大きなショックでした。

일본에 자판기가 많은 것은 그만큼 안전한 나라라서 그래요.

日本に自販機が多いのはそれだけ安全な国だからです。

전기밥솥이 십만 엔이 넘어요?

炊飯ジャーが十数万円もするんですか。

 A　炊飯ジャーが十数万円もするんですか。 전기밥솥이 십만 엔이 넘어요?
B　最近、高級家電が人気らしいんです。 요즘 고급가전이 인기인 모양이에요.

이제부터는 집 검사를 받지 않으면 안 되는 시대가 온대요.

これからは家検をしければならない時代が来るそうです。

 A　これからは家検をしければならない時代が来るそうです。
이제부터는 집 검사를 받지 않으면 안 되는 시대가 온대요.
B　車は車検、家は家検というわけですか。 차는 차검, 집은 가검(家検)인 셈인가요?

다른 사람
이야기

그 사람은 어때요?

あの人ってどうですか。　　　　　　　　　*って=というのは

Biz tip 둘 다 아는 사람에 대해 이야기할 때는 その가 아니라 あの를 써요.

영업부의 박○○ 씨는 독신인가요?

営業部のパクさんってシングルですか。

손이 많이 가는 사람이에요.

世話がやける人です。　　　　　　　　　　　　* 世話がやける 손이 가서 성가시다

개념이 없는 사람이에요.

ルーズな人です。

깐깐한 사람으로 유명해요.

気難しい人で有名です。

눈치가 빠른 사람이어서 모두가 좋아해요.

気が利く人で、みんなに好かれます。　　　　* 〜に好かれる 〜에게 사랑받다

자존심이 센 사람이니까 말할 때 조심하는 게 좋아요.

プライドの高い人だから、言葉に気をつけたほうがいいですよ。

끈기가 있는 사람이에요.

粘り強い人です。

아주 성실해요.

とてもまじめです。

절대 남을 헐뜯지 않는 사람이에요.

絶対に人の悪口を言わない人です。

입이 가벼운 것이 옥에 티예요.

口が軽いのが玉に傷なんです。　　　　　　　* 口が軽い 입이 가볍다

 A　口が軽いのが玉に傷なんです。 입이 가벼운 것이 옥에 티예요.
B　秘密が守れないかもしれないですね。 비밀을 지킬 수 없을지도 모르겠군요

지기 싫어하는 것 같아요.

負けず嫌いのようですね。

겸손한 사람인데 무슨 일 있었나요?

腰の低い人ですけど、何かありましたか。

약간 생색을 내는 구석이 있어요.

ちょっと恩着せがましいところがあります。　* 恩着せがましい 생색내다

매우 수줍어해요.

とてもシャイです。

믿고 의지하는 부하예요.
頼りにしている部下です。

융통성이 없는 구석이 있어요.
融通の利かないところがあります。

A 融通の利かないところがあります。 융통성이 없는 구석이 있어요.
B 頑固な人なんですね。 고집이 센 사람이군요.

처세에 능합니다.
世渡りが上手です。

개인적 대화

🎧 04-6.mp3

가족 이야기

4인 가족이에요.
四人家族です。

실례지만, 결혼하셨나요?
失礼ですが、結婚していますか。

실전회화
A 失礼ですが、結婚していますか。 실례지만, 결혼하셨나요?
B いいえ、まだ結婚していません。 아니요, 아직 미혼입니다.

아내인 구미코를 소개할게요.
妻の久美子を紹介します。
妻の久美子を紹介させてください。

와이프는 전업주부입니다.
ワイフは専業主婦です。

맞벌이를 하고 있어요.
共働きをしています。

집사람은 소설을 쓰는 작가예요.
家内は小説を書く作家です。

결혼해서 올해로 20년입니다.
結婚して今年で20年です。

실전회화
A 結婚して今年で20年です。 결혼해서 올해로 20년입니다.
B じゃ、今年が結婚20周年になるんですね。 그럼, 올해가 결혼 20주년이 되는군요

아이는 둘 있어요.
子供は二人います。

딸은 일본에서 공부해요.
娘は日本で勉強しています。

아들은 군대에 있어요.
息子は兵役についています。

＊兵役につく 병역을 지다

245

독신이에요.

独身です。

シングルです。

独り身です。

未婚です。

* 未婚 미혼

이번에 결혼하게 되었습니다.

この度、結婚することになりました。

A この度、結婚することになりました。相手は前の職場にいた同僚です。
이번에 결혼하게 되었어요. 상대는 전 직장 동료예요.

B それはそれは、おめでとうございます。 그거 정말 축하드려요.

현재로선 결혼식이나 피로연을 할 예정은 없어요.

今のところ結婚式や披露宴をやる予定はありません。

부모님과 함께 살아요.

両親といっしょに暮らしています。

어렸을 때 어머니를 여의었어요.

幼いころ、母を亡くしました。

* 亡くす 잃다

대출을 받아서 집을 산 지 얼마 안 되었어요.

ローンを組んで家を買ったばかりです。

육아가 끝나면 복귀할 생각이에요.

子育てが終わったら復帰するつもりです。

* 子育て 육아

건강 ·
다이어트

항상 피곤하신 것 같은데 괜찮으세요?

いつもお疲れのようで、大丈夫ですか。

몸 컨디션이 좋지 않아요.

体の調子がよくありません。

계단을 이용하는 것만으로도 좋은 운동이 됩니다.

階段を使うだけでもいい運動になります。

꽃가루 알레르기로 일에 집중할 수 없어요.

花粉症で仕事に集中できません。

두통이 좀처럼 낫지를 않아요.
頭痛がなかなか治りません。

요즘 폭음 폭식이 이어져서요.
最近、暴飲暴食が続きまして。

계속 철야여서 늘 잠이 부족하거든요.
徹夜続きでいつも寝不足なんです。 　　　　　　　＊寝不足 수면 부족

건강을 위해서 뭔가 하고 계세요?
健康のために何かなさっていますか。

멘탈 케어도 중요해요.
メンタルケアも大事です。

식생활이나 일상의 습관 등을 다시 살펴보고 있어요.
食生活や日常の習慣などを見直しています。

A　食生活や日常の習慣などを見直しています。
　　식생활이나 일상의 습관 등을 다시 살펴보고 있어요.
B　生活習慣病にかかったら、怖いですものね。
　　생활습관병(성인병)에 걸리면 무서우니까요.

다이어트를 시작했어요.
ダイエットを始めました。

신진대사 증후군에 대해서 아세요?
メタボリック・シンドロームってご存じですか。

A　メタボリック・シンドロームってご存じですか。 신진대사 증후군에 대해서 아세요?
B　食べ過ぎと運動不足から来る病気だそうですね。
　　과식과 운동 부족 때문에 생기는 병이라고 하더군요.

스트레스

직장에서 스트레스가 심해요.
職場でストレスが多いです。

파워 해러스먼트(권력형 괴롭힘)로 스트레스를 겪고 있어요.
パワハラでストレスを感じています。

Biz tip　일본어에는 '〜ハラ(harassment)'라고 해서 여러 가지 '괴롭힘'을 표현하는데요. 성추행과 같은 세
크하라와 상사가 자신의 권력을 이용해 부하를 괴롭히는 パワハラ 등이 대표적이에요.

스트레스를 잘 받는 사람과 그렇지 않은 사람이 있어요.

ストレスを溜めやすい人とそうじゃない人がいます。

스트레스가 없는 매일을 되찾고 싶어요.

ストレスのない毎日を取り戻したいです。

무엇으로 스트레스를 해소하고 있나요?

何でストレスを解消していますか。

스트레스 해소법을 찾지 못했어요.

ストレス解消法が見当たりません。

＊見当たる 눈에 띄다

 A　ストレス解消法が見当たりません。 스트레스 해소법을 찾지 못했어요
B　音楽を聞くのはどうですか。 음악을 듣는 것은 어때요?

스트레스를 잘 푸는 방법을 익히는 것이죠.

ストレスをうまく解消する方法を身につけることです。

＊身につける 익히다

스트레스를 발산하기 위해서 노래방에서 노래를 불러요.

ストレス発散のために、カラオケで歌っています。

몸도 마음도 휴식을 취하는 것이 좋아요.

体も心もリラックスさせたほうがいいです。

스트레스 때문에 머리카락이 빠져요.

ストレスで髪の毛が抜けています。

스트레스란 아무래도 끈질기게 따라다니는 법이죠.

ストレスというのはどうしても付きまとってしまうものです。

명상 요가를 체험해 봤어요.

メディテーション・ヨガを体験してみました。

스트레스가 원인으로 회사를 그만둔 사람도 많아요.

ストレスが原因で会社を辞めた人も多いです。

걱정거리

무슨 고민이라도 있나요?

何かお悩みでもあるんですか。

아내와 대판 싸웠어요.

妻と大げんかをしました。

실전회화

A 妻と大げんかをしました。 아내와 대판 싸웠어요.

B 「夫婦げんかは犬も食わない」と言うじゃありませんか。
   '부부 싸움은 칼로 물 베기'라고 하잖아요.

꼴 보기 싫은 상사가 있거든요.

いやな上司がいるんです。

짝사랑으로 괴로워요.

片想いで苦しんでいます。

애인한테 차였어요.

彼氏にふられました。   *〜にふられる ~에게 차이다

많은 사람들 앞에서 프레젠테이션을 해야 해요.

大勢の前でプレゼンをしなければならないんです。

정밀한 작업을 못해서 항상 혼나요.

細かい作業が苦手でいつも叱られています。

너무 예민해지는 것은 좋지 않아요.

ナーバスになるのはよくありません。

神経質になるのはよくありません。

ぴりぴりするのはよくありません。

いちいち気にするのはよくありません。

'잘 팔리는' 아이디어를 계속해서 내야만 해요.

「売れる」アイデアを出し続けなければなりません。

업무 관련 대화

| 근무 환경 |

노르마(책임량)가 있어서 힘들어요.

ノルマがあるので大変です。

어떤 환경에서 일하세요?

どんな環境<ruby>かんきょう</ruby>で働いていますか。

회사 분위기는 어때요?

会社の雰囲気<ruby>ふんいき</ruby>はどうですか。

실전회화
A 会社の雰囲気はどうですか。 회사 분위기는 어때요?
B 社員たちみんな仲<ruby>なか</ruby>がいいです。 사원들 모두 사이가 좋아요

새 일은 어때요?

新しい仕事はいかがですか。

실전회화
A 新しい仕事はいかがですか。 새 일은 어때요?
B まだ慣<ruby>な</ruby>れてないもので大変です。 아직 익숙하지 않아서 힘들어요.

지금 회사에 들어가길 잘했다고 생각해요.

今の会社に入ってよかったと思っています。

일은 몇 시에 끝나요?

仕事は何時に終わりますか。

회사 규모는 큰가요?

会社の規模<ruby>きぼ</ruby>は大きいですか。

서비스 잔업은 많나요?

サービス残業<ruby>ざんぎょう</ruby>は多いですか。

복리후생이 잘되어 있어요.

福利厚生<ruby>ふくりこうせい</ruby>が充実<ruby>じゅうじつ</ruby>しています。 　　　　　　　　　* 充実する 알차다

토요일은 격주로 쉽니다.

土曜日は隔週<ruby>かくしゅう</ruby>で休みます。

우리 회사는 주5일제입니다.
うちは完全週休二日制です。

실전회화
A　うちは完全週休二日制です。 우리 회사는 주5일제입니다.
B　土日は休みということですね。 토요일, 일요일은 쉰다는 거군요

우리 회사는 교대 근무제를 취하고 있어요.
うちの会社はシフト制をとっています。　　　　　　　　* シフト 교대 근무

해외 출장이 많아요.
海外出張が多いです。

월급은 많지 않지만 보람 있는 일이에요.
給料は高くないですが、やりがいのある仕事です。　* やりがい 보람

기술은 현장에서 익히고 있어요.
スキルは現場で身につけています。

프로젝트

프로젝트 리더는 누구예요?
プロジェクト・リーダーはどなたですか。

새 프로젝트는 진행 중인가요?
新しいプロジェクトは進んでいますか。

서로 지원해 주고 있어요.
互いにサポートし合っています。

생각보다 힘들어요.
思ったよりしんどいです。　　　　　　　　　　　　* しんどい 힘들다

반드시 성공시키고 싶어요.
必ず成功させたいです。

최고의 결과를 내기 위해 모두 노력하고 있어요.
最高の結果を出すためにみんながんばっています。

리조트 시설 이노베이션 계획이에요.
リゾート施設のイノベーション計画です。

팀장을 맡아 줄래요?

チーム長を引き受けてくれませんか。 * 引き受ける 책임지다

하고 싶은 마음은 굴뚝 같지만 그 밖에도 일이 있어요.

やりたいのは山々ですが、ほかにも仕事があります。

진척 상황을 보고해야 해요.

進捗状況を報告しなければなりません。

프로젝트 마감까지 앞으로 30일도 남지 않았어요.

プロジェクトの締め切りまであと30日を切りました。

* ～を切る ～이하가 되다

'말은 쉬운데, 하기는 어렵다'고들 하잖아요.

「言うは易し、行うは難し」と言うでしょう？

실전회화

A 「言うは易し、行うは難し」と言うでしょう？
'말은 쉬운데, 하기는 어렵다'고들 하잖아요.

B 「案ずるより生むが易し」という言葉もありますよ。
'막상 해 보면 생각보다 쉽다'는 말도 있어요.

절반도 못했기 때문에 고전 중이에요.

半分もできていないので、苦戦しています。

자금난으로 기획 그 자체가 취소되었어요.

資金繰りがうまくいかず、企画そのものが中止となりました。

* 資金繰り 자금의 융통

해 봤자 소용없어요.

やったってどうせ無理です。

やっても所詮無理です。 * 所詮 어차피

やっても無理に決まっています。 * ～に決まっている ～가 뻔하다

제품 관련

신제품이 출시되었어요.

新製品がリリースされました。

스마트폰과 아이패드 미니용 방수 케이스입니다.

スマートフォンとiPad mini用の防水ケースです。

저희 회사가 적극 추천하는 제품입니다.

当社のイチ押しです。　　　　　　　　　＊イチ押し 가장 추천하는 것

폭넓게 쓸 수 있어요.

幅広く使えます。

이 제품에는 몇 가지 특징이 있어요.

この製品にはいくつかの特徴があります。

에너지 절약형이라는 것이 가장 큰 장점이에요.

省エネというのが一番のメリットです。

품질은 보장합니다.

品質は保証します。

보통 제품에는 없는 매력이 있어요.

普通の製品にはない魅力があります。

색감이 풍부해요.

色合いが豊富です。

젊은 여성들을 타깃으로 잡았어요.

若い女性をターゲットにしました。

올해 주목 상품이에요.

今年注目の商品です。

상당히 콤팩트한 것이 강점이에요.

非常にコンパクトなのが売りです。　　　　＊売り 강점

소비자의 눈을 끄는 상품이에요.

消費者の目を引き付ける商品です。

발매한 지 1년 만에 8%의 점유율에 달했어요.

発売1年で8％のシェアに達しました。

시장 예측

3D 프린터는 큰 성장 시장입니다.

3Dプリンターは大きな成長市場です。

앞으로 서비스 경쟁이 치열해질 겁니다.

これからサービスの競争がはげしくなると思います。

새로운 시장을 만들어 내는 일이 시급해요.

新たなマーケットを作り出すことが急がれています。

'차세대 디바이스'로서 웨어러블 단말기가 주목받고 있어요.

「次世代のデバイス」としてウェアラブル端末が注目されています。

A 「次世代のデバイス」としてウェアラブル端末が注目されています。
'차세대 디바이스'로서 웨어러블 단말기가 주목받고 있어요.

B スマートフォン、タブレットの次になるわけですね。
스마트폰, 태블릿의 다음 주자가 되는 셈이군요.

네트워크 시장은 큰 성장을 기대할 수 없겠죠.

ネットワーク市場は大きな成長が見込めないでしょう。

*見込む 기대하다

정보 보안 분야는 신장될 것으로 보입니다.

情報セキュリティ分野は伸びると思われます。

A 情報セキュリティ分野は伸びると思われます。
정보 보안 분야는 신장될 것으로 보입니다.

B ネットを使う機会が多くなりましたからね。 인터넷을 쓸 기회가 많아졌으니까요.

저가형 스마트폰이 더욱 팔릴 거예요.

低価格のスマートフォンがもっと売れると思います。

*低価格 저가

스마트폰의 대형화는 앞으로도 계속될까요?

スマートフォンの大型化はこれからも進むでしょうか。

SNS를 활용한 광고가 늘어나겠죠.

SNSを活用した広告が増えるでしょう。

소셜 게임 시장은 한층 커지겠죠.

ソーシャルゲームの市場はもっと大きくなるでしょう。

영상 콘텐츠를 마음대로 볼 수 있는 서비스에 주목하세요.

映像コンテンツが見たいだけ見られるサービスに注目です。

Chapter 8

감정 표현

🎧 04-8.mp3

기쁨

기분이 좋아요.
気持ちがいいです。

행복해요.
幸(しあわ)せです。

제 일처럼 기뻐요.
自分のことのようにうれしいです。

마음이 놓여요.
ほっとしました。　　　　　　　　＊ほっとする 안심하다

시간이 지나는 것을 잊어버릴 정도로 즐거웠어요.
時間が経(た)つのを忘れるほど楽(たの)しかったです。

진심으로 기쁘게 생각해요.
心からうれしく思います。

이렇게 기쁜 적은 없어요.
こんなにうれしかったことはありません。

더할 나위 없이 기뻐요.
この上(うえ)なくうれしいです。

이보다 더한 기쁨은 없어요.
これにまさる喜びはありません。　　　　＊まさる 더 낫다

최상의 기쁨입니다.
最高(さいこう)の喜(よろこ)びです。

기뻐서 가슴이 터질 것 같아요.
うれしくて胸(むね)が張(は)り裂(さ)けそうです。　　＊張り裂ける 부풀어 터지다

꿈을 꾸고 있는 것 같아요.
夢を見ているみたいです。　　　　　　＊夢を見る 꿈을 꾸다

255

세상을 다 얻은 기분이에요.

天に昇るような気持ちです。

＊昇る 높이 올라가다

A 何だかうれしそうですね。 왠지 기뻐 보이네요.
B 宝くじに当たったんです。天に昇るような気持ちです。
복권에 당첨됐어요. 세상을 다 얻은 기분이에요.

슬픔

왠지 슬퍼 보이네요.

何だか悲しそうですね。

울고 싶은 기분이에요.

泣きたい気分です。

참을 수 없는 기분이에요.

やりきれない気持ちです。

안타까워요.

やるせないです。

괴로워요.

辛いです。

비가 오는 날에는 우울해지네요.

雨の日は気がめいりますね。

＊気がめいる 풀이 죽다

雨の日は鬱になってしまいます。

＊鬱 울적함

雨の日はブルーになりますね。

비참한 기분이에요.

惨めな気分です。

절망적이에요.

絶望的です。

외로워서 죽겠어요.

さびしくてたまりません。

원통하기 짝이 없습니다.

痛恨の極みです。

＊〜の極み 〜하기 짝이 없음

놀라움

뭐라고요?

何ですって？

정말이에요?

本当ですか。

이거 놀랍군요.

これは驚きました。

숨이 멎을 정도로 놀랐어요.

息が止まるほど、驚きました。 　　　　　　　　　　　　　＊息が止まる 숨이 멎다

깜짝 놀랐어요.

腰を抜かしました。 　　　　　　　　　　　　　　　　　　　　　＊腰を抜かす 기겁하다

그건 의외네요.

それは意外ですね。

그런 일이 있을 수 있나요?

そんなことって、あるんですか。

그럴 리가 없어요.

そんなはずがありません。

도저히 믿을 수 없어요.

とても信じられません。

정말 어처구니가 없네요.

実に心外です。 　　　　　　　　　　　　　　　　　　　　　　　　＊心外 의외

> **실전회화**
> A あんたがやったでしょう！ 당신이 한 짓이죠!
> B 実に心外です。 정말 어처구니가 없네요.

전혀 예상치 못한 일이었어요.

想定外のことでした。

기가 차네요.

呆れましたね。

어이가 없어서 말이 안 나와요.

開いた口が塞がりません。 　　　　　　　　　　　　　　　　　　＊塞がる 막히다

257

제정신으로 하는 말씀이세요?
本気でおっしゃっているんですか。 * 本気 진심

A 明日、辞表を出します。 내일 사표 낼 거예요.
B 本気でおっしゃっているんですか。 제정신으로 하는 말씀이세요?

마치 여우에게 홀린 기분이에요.
まるでキツネにつままれたようです。 * キツネにつままれる 여우에게 홀리다

제 귀를 의심했어요.
自分の耳を疑いました。

설마 농담이죠?
まさか、冗談ですよね？

A 今年はボーナスが出ないんだって。 올해는 보너스가 안 나온대.
B まさか、冗談ですよね？ 설마 농담이죠?

말도 안 돼요.
冗談じゃありません。

위로 · 격려

그것 참 안됐군요.
それはいけませんね。

큰일로 이어지지 않아서 다행이네요.
大事に至らずよかったですね。 * 至る 이르다

무사해서 다행이에요.
ご無事で何よりでした。 * 何より 가장 좋음

A けがはありません。ご心配おかけしました。 다치지는 않았어요. 걱정을 끼쳐 드렸네요.
B ご無事で何よりでした。 무사해서 다행이에요.

불행 중 다행이었네요.
不幸中の幸いでした。

힘드셨죠?
つらかったでしょう？

어떤 기분일지 이해해요.

お気持ち、お察ししします。

너무 자책하지 마세요.

自分をあまり責めないでください。

자신감을 가지세요.

自信を持ってください。

실패도 경험의 하나니까요.

失敗も、経験のうちですから。

실패는 성공의 어머니라고들 하잖아요.

失敗は成功のもとだって、よく言うじゃありませんか。

* もと 근본

어서 마음 고쳐먹고 기운 내세요.

早く気を取り直してください。

* 取り直す 고치다

누구나 실수는 하니까요.

だれにでもミスはありますから。

요다음엔 훨씬 잘될 거예요.

この次はもっとうまくいきますよ。

기운 내요!

元気を出して！

같이 노력해요.

いっしょにがんばりましょう。

어떻게든 될 거예요.

何とかなりますよ。

그런 일로 좌절하지 말아요.

そんなことで落ち込まないでください。

* 落ち込む 침울해지다

늘 응원할 테니까 힘내세요.

いつも応援していますから、がんばってください。

훨씬 괴로울 때도 있었잖아요.

もっとつらい時もあったじゃないですか。

김○○ 씨라면 분명히 잘 견뎌 낼 수 있어요.

キムさんなら、きっと乗り越えられます。　　　＊乗り越える 극복하다

이제 와서 후회해도 소용없어요.

今さら後悔してもしかたありませんよ。

뭐, 인생이 다 그렇죠.

まあ、人生ってそんなもんです。

후회

후회하고 있어요.

後悔しています。

그때 그만뒀어야 했어요.

あの時、止めればよかったです。

내가 왜 그런 일을 했을까….

私としたことが……。

A　お客さんに対して、あの態度は何ですか。손님한테 그 태도는 뭐예요?
B　私としたことが……。申し訳ありません。내가 왜 그런 일을 했을까…. 죄송해요.

바보 같은 짓을 하고 말았어요.

バカなことをしてしまいました。

A　シュレッターに契約書をかけたんですか。세단기에 계약서를 넣었단 말이에요?
B　バカなことをしてしまいました。바보 같은 짓을 하고 말았어요.

시간 낭비였어요.

時間の無駄でした。

좀 더 열심히 했으면 이렇게 끝나지는 않았을 텐데….

もっとがんばっていれば、こんなことにはならずに済んだの
に……。

여태까지의 노력이 모두 물거품이에요.

これまでの努力がすべて水の泡です。

시간을 돌릴 수 있다면 얼마나 좋을까요.

時間を巻き戻せたらどんなにいいでしょう。

이미 끝난 일이에요.

もう終わったことです。

분노

왜 화가 났어요?

どうして怒っているんですか。

더 이상 못 참겠어요.

もうたくさんです。

もううんざりです。

もうこりごりです。 ＊こりごり 지긋지긋함

もう我慢できません。

もう我慢の限界です。 ＊限界 한계

もうやってられません。

작작 좀 하세요.

いい加減にしてください。

いい加減止めてください。

たいがいにしてください。 ＊たいがい 어지간한 정도

참는 것도 한도가 있어요.

仏の顔も三度までです。 ＊仏の顔も三度まで 부처님 얼굴도 세 번까지

정말 짜증이 나네요.

本当にムカつきます。 ＊ムカつく 화나다

화가 났어요.

頭に来ました。

腹が立ちました。

ムカッと来ました。

カチンと来ました。 ＊かちんと来る 신경을 건드리다

いらいらしました。

気に触りました。 ＊気に触る 거슬리다

癇に触りました。 ＊癇に触る 부아를 건드리다

虫酸が走りました。 ＊虫酸が走る 역겹다

261

너무해요.

ひどいです。
あんまりです。

상관하지 마세요.

余計なお世話です。

A 早く結婚したほうがいいですよ。 빨리 결혼하지 그래요.
B 余計なお世話です。 상관하지 마세요.

내버려 두세요.

ほっといてください。

무시하지 마세요.

バカにしないでください。

놀리지 마세요.

ふざけないでください。

A 葉子ちゃん、付き合ってくれる？ 요코 양, 나랑 사귈래?
B ふざけないでください。そんなに軽々しく言わないでください。
  놀리지 마세요. 그렇게 가볍게 말하지 말아요.

진정할 수가 있겠어요?

落ち着いていられるもんですか。

대화 기술

🎧 04-9.mp3

**간단하게
대답할 때**

알겠습니다.

わかりました。

オッケーです。

理解しました。

承知しました。   * 承知 알아들음

かしこまりました。

了解しました。   * 了解 양해

그렇게 하겠습니다.

そのようにいたします。

そのようにやらせていただきます。

言われたとおりにやります。

잘됐어요.

よかったですね。

물론이에요.

もちろんです。

もちろんのことです。

당연하지요.

当たり前です。

当然です。

言うまでもありません。   * ～までもない ～할 필요도 없다

무슨 일 있으세요?

どうかしましたか。

どうかなさいましたか。

お困りですか。

네, 확실합니다.

ええ、たしかです。

263

그 정도는 아니에요.

そんなことありません。

それほどでもありません。

とんでもないです。

まだまだです。

그렇다고 할 수 있지요.

そうも言えますね。

왜 이러세요. 다 아시면서….

またまた。

A　キムは本当に優秀で頭が上がりません。김○○ 씨는 너무 우수해서 머리를 못 들겠어요.
B　またまた。まぐれですよ。왜 이러세요. 다 아시면서…. 어쩌다 잘된 거예요.

*まぐれ 요행

맞장구칠 때

그렇군요.

なるほど。

そうなんですか↘。

그랬군요.

やっぱり。

やはりそういうことだったんですか↘。

そういうことですか↘。

아, 맞다!

あっ、そうだ。

맞아요. (누가 아니래요)

そうそう。	まったくです。
たしかに。	うん、うん。
ごもっともです。	まったくそのとおりです。
ですよね。	同感です。
私もそう思います。	そうですね。
わかります。	おっしゃるとおりです。

멋져요!

すてきです！

すばらしいですね！

정말요?

へぇ、本当ですか↗。

えぇー！そうですか↗。

대단하네요.

すごい！

すごいですね！

あっぱれです！

立派(りっぱ)です！

さすがですね！

힘드셨겠네요.

それは大変でしたね。

それは災難(さいなん)でしたね。

그래서 어떻게 되었나요?

それでどうなりましたか。

그건 몰랐네요.

それは知りませんでした。

그건 아니죠.

それはないですよ。

설마, 그럴 리가요.

まさか。

うそでしょう？

信じられません。

そんな……。

화제를 바꿀까요?

話を変えましょうか。

トピックを変えましょうか。

テーマを変えましょうか。

サブジェクトを変えましょうか。　　　　　　　　　　　*サブジェクト 주제

話題を変えましょうか。

ほかの話題にしましょうか。　　　　　　　　　　　　*話題 화제

主題を変えましょうか。　　　　　　　　　　　　　　*主題 주제

그러고 보니 고등학생 따님이 있었죠?

そう言えば、高校生の娘さんがいましたよね。

그건 그렇고, 김○○ 씨가 늦네요.

それはそうと、キムさんが遅いですね。

それにしても、キムさんが遅いですね。

それはともかく、キムさんが遅いですね。

それはさておき、キムさんが遅いですね。　　*〜はさておき 〜은 차치하고

그런데, 회의는 어땠어요?

ところで、打ち合わせはいかがでしたか。

지금 이야기를 듣고 생각이 났는데, 사토 씨가 일을 그만둔다더군요.

今の話を聞いて思い出したんですが、佐藤さんが仕事を辞める
らしいです。

이건 다른 이야기인데요, 요전번 계약은 어떻게 되었나요?

話は変わりますが、この間の契約はどうなりましたか。

話が飛んですみませんが、この間の契約はどうなりましたか。

話は違いますが、この間の契約はどうなりましたか。

話が少しずれるかもしれませんが、この間の契約はどうなりま
したか。　　　　　　　　　　　　　　　　　*ずれる 벗어나다

이야기 순서가 뒤바뀌어 죄송한데요, 실은 그날 자고 있었어요.

話が前後してすみませんが、実はその日、寝ていました。

제 얘기보다 주문은 어떻게 되었어요?

私の話より、注文はどうなりました？

그럼, 이제 슬슬 매출에 대해서 이야기해 볼까요?

では、そろそろ売上げについて話しましょうか。

Biz tip そろそろは 어떤 일을 시작할 분위기가 무르익었음을 넌지시 드러내는 의미가 있으므로 화제를 바꾸고자 할 때 활용할 수 있어요.

**잘못
들었을 때**

지금 뭐라고 하셨죠?

今、何と言いました？

今、何て言いましたか。

今、何とおっしゃいましたか。

한 번 더 말씀해 주실래요?

もう一度話していただけませんか。

잘 들리지 않았어요.

よく聞こえませんでした。

좀 더 천천히 말씀해 주시지 않겠어요?

もう少しゆっくり話していただけないでしょうか。

좀 더 큰 소리로 말씀해 주실래요?

もう少し大きく話してもらえますか。

もう少し大きい声で話してくれませんか。

**말문이
막힐 때**

그게 말이죠.

ええとですね。

A ですから、つまり問題は何ですか。 그러니까 한마디로 문제가 뭐죠?

B ええとですね。問題はですね。 그게 말이죠 문제는 말이죠.

뭐라고 말해야 할지 잘 모르겠네요.

何と言ったらいいか、よく分かりません。

どう言えばいいのか、よく分かりません。

何と申し上げたらいいか、よく分かりません。

どう答えていいのか、よく分かりません。

글쎄요, 어떻게 하면 좋을지 난감하네요.

そうですね、どうしたらいいでしょうかね。

さあ、どうでしょうかね。

A この場合、どうしたらいいと思いますか。 이런 경우, 어떻게 하면 좋을까요?

B そうですね。どうしたらいいでしょうかね。 글쎄요, 어떻게 하면 좋을까요.

아직 시간이 많이 남았으니까요.

まだ先のことですから。

애매하게 답변할 때

확실히는 말씀드리기가 어렵네요.

はっきりは言えませんね。

何とも申し上げられません。

어느 쪽이라고도 말할 수 없네요.

どちらとも言えませんね。

그렇게도 말할 수 있죠.

そう言えなくもないですね。

네, 일단은.

ええ、一応は。

항상 그런 것은 아니지만요.

いつもというわけじゃありませんが。

必ずそうとも言えないんですが。

뭐, 그렇다고 할 수 있죠.

まあ、そんなところです。

A プロジェクトはこのまま保留ということでしょうか。
プロジェクトはこのまま保留ということでしょうか。
프로젝트는 이대로 보류라는 말씀인가요?

B まあ、そんなところです。 뭐, 그렇다고 할 수 있죠.

아마도 그렇지 않을까 생각되네요.

たぶん、そうじゃないかと思いますが。

한 번 더 생각해 볼 테니 잠시 시간을 주세요.

もう一度よく考えてみたいので、しばらく時間をください。

発言할 수 있는 처지가 아니어서요.

発言できる立場じゃないので。

A　対策は立てているんでしょうか。대책은 세운 건가요?
B　発言できる立場じゃないので。발언할 수 있는 처지가 아니어서요.

**이해가
안 될 때**

무슨 뜻이죠?

とおっしゃいますと？

それはどういう意味でしょうか。

それはどういうことなんでしょうか。

おっしゃる意味がよく分かりません。

A　とおっしゃいますと？ 무슨 뜻이죠?
B　ですから、リスクが高いということです。그러니까요, 리스크가 크다는 말이죠.

죄송한데, 이해를 잘 못하겠어요.

すみませんが、よく理解できません。

질문의 의미를 잘 모르겠는데요.

質問の意味がよく分からないんですが。

몇 가지 예를 들어 주시지 않겠어요?

いくつか例をあげていただけないでしょうか。

알기 쉽게 얘기하면 뭐가 어떻게 된다는 말이죠?

平たく言えば、何がどうなるということですか。　　＊平たい 알기 쉽다

分かりやすく言うと、何がどうなるということですか。

シンプルに言うと、何がどうなるということですか。

簡単に言うなら何がどうなるということですか。

**이해했는지
확인할 때**

알겠어요?

分かりましたか。

分かってくれましたか。

分かってもらえましたか。

分かっていただけたのでしょうか。

お分かりいただけましたか。

제가 무슨 말을 하는지 알겠어요?

私の言うことが分かりましたか。

私が何を言っているのか、分かりましたか。

A 私の言うことが分かりましたか。제가 무슨 말을 하는지 알겠어요?
B 大体分かりました。대충 알겠어요.

지금 설명으로 이해가 되셨나요?

今の説明で、ご理解いただけましたか。

한 번 더 설명할까요?

もう一度説明しましょうか。

지금 이야기에 부족한 점은 없었나요?

今の話に足りないところはなかったでしょうか。

감이 잡혔나요?

見当がつきましたか。   *見当がつく 짐작이 가다

A ブログのアクセス数がなぜ急にはね上がったか見当がつきましたか。
왜 블로그 접속 수가 갑자기 뛰었는지 감이 잡혔나요?   *はね上がる 껑충 뛰다
B ようやく分かりました。이제야 알겠군요.

**공손한
인상을 주고
싶을 때**

Biz tip 비즈니스 일본어에는 'クッション言葉(쿠션어)'라는 것이 있는데요. 부탁하거나 다른 의견을 낼 때,
또는 거절하는 말 앞에 붙임으로써 정중한 인상을 주는 표현을 말해요.

혹시 괜찮으시면 이것을 사용해 주세요.

もしよろしければ、これをお使いください。

가능하면 오늘 해 주실 수 없나요?

できましたら、今日にしていただけませんか。

실례지만 길을 물어봐도 될까요?

失礼ですが、道を聞いていいでしょうか。

모처럼 좋은 기회지만 사양할게요.

せっかくですが、ご遠慮させていただきます。

대단히 안타깝지만, 이번엔 거절하겠습니다.

まことに残念ながら、今回はお断わりします。　　　　　*断わる 거절하다

수고스럽겠지만 여기에 사인을 부탁해요.

お手数ですが、ここにサインをお願いします。

대단히 죄송하지만 요금은 선불로 되어 있어요.

大変恐縮ですが、料金は前払いとなっております。

제 착각일지 모르지만 확실히 그랬어요.

私の思い違いかもしれませんが、たしかにそうでした。

정말 말하기 힘들지만 이벤트는 중지되었어요.

本当に言いづらいのですが、イベントは中止となりました。

죄송하지만 잠시 기다려 주실 수 있나요?

恐れ入りますが、少々お待ち願えますか。

지장이 없으시다면 주소를 알려 주시겠어요?

差し支えなければ、住所を教えていただけますか。

사적인 일이라 죄송한데요, 이번에 부장이 되었어요.

私 ごとで恐縮ですが、今回部長になりました。

불편을 끼쳐 죄송한데요, 연락 주세요.

ご面倒をおかけしますが、ご連絡ください。　　　　　*面倒 성가심

거듭 죄송합니다만, 다시 한 번 확인해 주세요.

重ね重ね申し訳ありませんが、もう一度ご確認ください

감사한 말씀이지만 이번엔 사퇴하겠어요.

ありがたいお話ではございますが、今回はご辞退します。

제 사정만 생각해서 죄송한데요, 오늘은 안 되는 건가요?

勝手を申し上げますが、今日はだめなんでしょうか。

소셜
네트워킹
서비스
(SNS)

일본도 우리나라만큼은 아니지만 스마트폰 사용자가 많습니다. 이러한 경향에 발맞춰 기업에서도 트위터나 페이스북과 같은 SNS를 통해 기업과 자사 제품을 홍보하는 데 열을 올리고 있죠. 일방적인 발신이 아니라 쌍방향 교류가 가능하기 때문에 단순한 마케팅 조사에서는 얻기 힘든 고객의 요구를 실시간으로 파악할 수 있는 데다 한번 불이 붙으면 폭발적인 입소문 효과를 기대할 수 있기 때문입니다. 이번 파트에서는 실제로 일본의 트위터와 페이스북에 업로드 된 내용을 공부하면서 SNS 마케팅에서 쓰이는 표현들을 공부해 보겠습니다. 일본 SNS의 세계로 출발~!

SNS 시작하기

🎧 05-1.mp3

SNS 첫인사

안녕하세요.

おはようございます＼(＾０＾)／

Biz tip 페이스북, 트위터, 라인 등의 SNS에는 생각보다 '그림문자(絵文字)', 특히 '얼굴문자(顔文字)'가 많이 나와요.

안녕하세요, 고바야시입니다.

こんばんは！小林です！

도쿄 온라인 서점의 다나카입니다.

東京オンライン書店の田中です。

안녕하세요! 병아리의 쿡이에요.

こんにちは！ひよこのクックですよ。

Biz tip 기업에서 SNS를 통해 홍보를 할 때는 담당자의 이름을 밝히는 경우가 많은데요. 간혹 별명(닉네임)이나 회사 캐릭터 이름으로 관리하는 경우도 있어요.

이번 주에도 켄터키 모닝, 개점입니다.

今週もケンタッキーモーニング、開店です☆

처음 뵐게요. 세븐일레븐의 다나카라고 합니다.

初めまして、セブンイレブンの田中と申します。

팔로워 여러분, 안녕하세요.

フォロワーのみな様、こんにちは。

SNS 홍보

공유 대환영이에요.

シェア大歓迎です！

어머나! 라고 생각하면 공유해 주세요.

へえ！と思ったらシェアしてください。

새로운 페이지가 생겼어요.

新たなページができました！

'공식 페이스북'을 시작합니다.

『公式フェースブック』をスタートします。

저희들의 마음을 직접 전달하고 싶다는 생각으로 시작했어요.

私たちの気持ちをダイレクトに伝えたいという思いでスタートしました。

공감하면 '좋아요'를 클릭!

共感したら「いいね」をクリック！

페이스북의 '좋아요!'를 눌러 주세요.

フェースブックの「いいね!」を押してください。

페이스북 페이지의 '좋아요!'를 누르고 알뜰 정보를 얻자!

フェースブックページの「いいね!」を押してお得な情報ゲット！

Biz tip お得は形容詞で使われて基本的には'이롭다'는 뜻이 됩니다. 하지만 상황에 따라 '알뜰한', '득을 보는', '이득이 있는', '실속 있는', '할인이 되는', '솔깃한' 등으로 다양하게 해석해 주세요.

상품이나 세일, 캠페인 등 놓치면 아까운 정보를 트윗해 갈게요.

商品やセール、キャンペーンなどお得な情報をツイートしていきます！

술에 관한 일로 궁금한 것이 있다면 언제라도 트윗해 주세요.

お酒のことで聞きたいことがありましたら、いつでもツイートください☆

* 〜のこと 〜에 관한 일

홍보부의 하야시가 추천할 만한 정보를 보내 드립니다.

宣伝部の林がおすすめ情報をお届けします！

* 届ける 배달하다

상품이나 캠페인 등의 최신 정보를 전해 드릴게요.

商品やキャンペーンなどの最新情報をお伝えしていきます。

팔로잉 해 주세요.

フォローお願いします♪

팔로잉 했어요.

フォローさせてもらいました。

맞팔합니다.

フォロー返します。

* 返す 돌려주다

맞팔 부탁드려요.

相互フォローお願いします。

트위터 캠페인 개최 중입니다.

ツイートキャンペーン開催中で〜す。

여기 페이지도 체크해 주세요.

こちらのページもチェックしてみてくださいね。

작년 말부터 사내에서 페이스북 기동 미팅을 되풀이해 왔어요.

作年末より社内でフェースブック立ち上げミーティングを繰り返してきました。

상점과 마찬가지인 기분 좋은 장소로 만들고 싶어요.

お店と同じ心地よい場所にしたいと思っています。

고객 성원에 감사

오늘 1,000 '좋아요!'를 넘었어요.

本日1,000「いいね!」を超えました。

페이스북 페이지의 팬이 100만 명이에요.

フェースブックページのファンが100万人です。

200만 명을 넘는 팬을 얻었어요.

200万人を超えるファンを得ました！

100만 팔로워를 달성했어요.

100万フォロワーを達成しました。

공유가 17,000건이나 달렸어요.

シェアが17,000件もつきました。

여러분에게 상품 정보를 전해 드린 지 이제 곧 1년이에요.

みなさんに商品情報をお届けして、まもなく1年です！

페이스북에 가입해 주셔서 감사해요.

フェースブックに登録してくれてありがとう。

팬이 되어 주셔서 감사해요.

ファンになってくれてありがとうございます！

Biz tip 페이스북 페이지를 '좋아요'라고 눌러 준 사람을 ファン이라고 불러요.

팬 여러분의 뜨거운 성원 덕분이에요.
ファンのみなさんの熱いご声援のおかげです。

블로그 기사를 페이스북에 공유해 줘서 감사해요.
ブログ記事をフェースブックにシェアしてくれてありがとう。

도와준 여러분에게 감사드려요.
サポートしてくれたみんなに感謝します。

댓글 주신 분께 감사해요.
コメントをくださった方に感謝です。

댓글 주시면 반드시 답해 드려요.
レスをいただいたら、必ず返信します。

페이스북 페이지 담벼락에 투고해 준 여러분 고마워요!
フェースブックページのウォールに投稿してくれたみんなにありがとう！

페이지 투고 글에 이렇게 뜨겁게 반응해 주실 줄이야.
ページの投稿にこんなに熱く反応してくださるとは。

＊〜とは 〜하다니

친구 맺기를 희망해 주셔서 감사드려요.
友達を希望してくれてありがとうございます。

페이지 반응이 아주 뜨거워요.
ページの反応がとても高いです。

앞으로도 여러분께 '좋아요!' 받을 수 있는 정보를 계속 발신할게요.
今後もみなさんに「いいね!」していただけるような情報を発信し続けます。

＊〜続ける 계속해서 〜하다

부탁 말씀

맞팔은 하지 않고 있어요.

フォロー返^{かえ}しはしていません。

앞으로도 응원 부탁드려요.

これからも応援^{おうえん}、お願いいたします。

서비스에 대한 질문은 도움말 페이지를 확인해 주세요.

サービスへの質問^{しつもん}はヘルプページをご確認^{かくにん}ください。

댓글, DM에 대한 답글은 하지 않아요.

リプライ、ダイレクトメッセージへのご返信^{へんしん}はしておりません。

점포, 상품에 관한 문의는 아래의 창구로 부탁드려요.

店舗^{てんぽ}、商品に関するお問^とい合^あわせは下記^{かき}の窓口^{まどぐち}へどうぞ。

Biz tip 점포, 상품 문의는 SNS 상에서 일일이 대응할 수 없기 때문에 대개는 홈페이지로 유도하는 경우가 많아요.

급한 질문이나 필요한 문의는 http://bit.ly/ichiba로 부탁합니다.

お急ぎの質問や必要なお問い合わせはhttp://bit.ly/ichibaまでお願いいたします。

파트너 둘이서 담당하고 있어서 다 답해 드릴 수 없는 경우도 있지만, 이해해 주세요.

パートナー2名で担当^{たんとう}しており、お返事^{へんじ}しきれないこともあると思いますが、ご理解^{りかい}ください。

* ～きれない 다 ～할 수 없다

저희 계정으로는 답글 대응이 어려운 경우가 있으니 문의는 고객 창구,
http://s.yniylo.com/1CL3jjf로 부탁합니다.

当^{とう}アカウントでは返信対応^{へんしんたいおう}が難しい場合^{ばあい}がございますので、お問い合わせはお客様窓口^{まどぐち}、http://s.yniylo.com/1CL3jjfまでお願いします。

279

Chapter 2

SNS에서 회사 소개

🎧 05-2.mp3

**공식 페이지
소개**

공식 블로그는 여기입니다.
公式ブログはこちらです。

일본마트 공식 트위터 계정이에요.
日本マート公式ツイッターアカウントです。

도큐핸즈의 공식 페이스북 페이지에 오신 걸 환영해요.
東急ハンズの公式フェースブックページへようこそ！

100엔 숍 '다이소'의 공식 페이스북입니다.
100円ショップ「ダイソー」の公式フェースブックです。

켄터키 후라이드치킨이 운영하는 공식 계정입니다.
ケンタッキーフライドチキンが運営する公式アカウントです。

상품과 상점에서의 서비스는 여기서 확인해 주세요.
商品やお店でのサービスはここでご確認ください。

쿠폰이 당첨되는 캠페인을 전개하고 있어요.
クーポンが当たるキャンペーンを展開しています。

놓치면 아까운 정보나 괜찮은 이야기까지 다양하게 소개해 드려요.
おトクな情報やチョットした話までいろいろご紹介します。

Biz tip SNS에서는 한자어나 강조하고 싶은 부분을 가타카나로 쓰는 경우가 많아요. 읽기에도 쉽고 눈에도 잘 띄기 때문이죠.

이쪽 페이지에서 앞으로도 새로운 앱 정보와 이벤트를 확인할 수 있어요.
こちらのページからこれからも新しいアプリの情報やイベントを確認することができます。

여러분의 의견과 사진을 공유해 주세요.
みなさんの意見と写真をシェアしてください。

런칭 이벤트에 참가하는 방법은 여기.
ランチングイベントに参加する方法はこちら。

자세한 정보는 여기에서 (http://cafe.naver.com/nagatsuta).
詳_{くわ}しい情報はこちらで(http://cafe.naver.com/nagatsuta)。

회사 소개

1972년에 태어났어요.
1972年に産声_{うぶごえ}を上げました。　　　　　*産声を上げる 태어나다

2010년에 이 서비스를 시작했어요.
2010年にこのサービスを始めました。

1908년에 가고메는 우스터소스 제조를 시작했어요.
明治_{めいじ}41年、カゴメはウスターソースの製造_{せいぞう}を始めました。

Biz tip 일본에서는 연도를 이야기할 때 특별한 연호를 사용하는데요. 주요 연호를 외워 두면 편해요.
明治1년=1868년, 大正_{たいしょう}1년=1912년, 昭和_{しょうわ}1년=1926년, 平成_{へいせい}1년=1989년

1980년 4월 18일 고작 9평의 작은 가게로 시작했어요.
1980年4月18日、わずか9坪_{つぼ}の小さなお店でスタートしました。

2005년부터 자동화를 도모했어요.
2005年からオートメーション化_かを図_{はか}りました。　　　　*図る 꾀하다

지금은 회원사가 1,000사를 넘는 규모가 되었어요.
今では会員社_{かいいんしゃ}が1,000社_こを超える規模_{きぼ}になりました。

최고의 품질과 서비스를 제공하고 있어요.
最高_{さいこう}の品質_{ひんしつ}とサービスを提供_{ていきょう}しています。

일본에서 가장 선진적인 웹 디자인 회사 중 하나입니다.
日本で最_{もっと}も先進的_{せんしんてき}なWebデザイン会社の一つです。

맛있는 커피를 통해 여러분에게 편안함과 활력을 제공해 가겠습니다.
おいしいコーヒーを通_{つう}じてみな様に安_{やす}らぎと活力_{かつりょく}を提供_{ていきょう}していきます。

아시아 시장을 개척하는 일에 성공했어요.
アジアのマーケットを開拓_{かいたく}することに成功_{せいこう}しました。

기술 혁신의 선두에 서 왔어요.
技術_{ぎじゅつ}イノベーションの先頭_{せんとう}に立ってきました。

글로벌한 가전제품 브랜드로서 성장했어요.

グローバルな家電製品のブランドとして成長しました。

저희들은 항상 '맛'과 '안심'의 시스템 만들기에 전력으로 몰두하고 있어요.

私たちでは常に"おいしさ"と"安心"のシステム作りに全力で取り組んでいます。

HACCP 방식에 의한 생산 시스템을 도입하여 이번에 완성했어요.

HACCP方式による生産システムを導入し、この度完成いたしました。

뉴욕, 런던 등의 도시에 매장이 있어요.

ニューヨーク、ロンドンなどの都市に売り場があります。

미디어에서 일본의 가장 우수한 기업의 하나로 거론되었어요.

メディアで日本のもっとも優れた企業の一つと取り上げられました。

* 優れる 뛰어나다 取り上げる 거론하다

KFC는 올해로 45주년. 그 시점에 로고도 새로 바뀝니다.

KFCは今年で45周年。その節目にロゴも一新します。

* 節目 시점, 고비

오늘날까지 다양한 캠페인을 전개해 왔어요.

今日までさまざまなキャンペーンを展開してきました。

Biz tip '오늘날'이라는 의미로 쓰일 때는 こんにち라고 읽고 '오늘'이라는 의미일 때는 きょう로 읽어요.

앞으로도 저희 회사의 성장을 지켜봐 주세요.

今後も、当社の成長を見守ってください。

앞으로도 only one의 맛을 계속 만들어 갈게요.

これからもオンリーワンのおいしさを作り続けていきます。

주요 제품
소개

스포츠 웨어를 전문으로 하고 있어요.

スポーツウェアを専門にしています。

가장 잘 팔리는 상품은 에어컨입니다.

もっとも売れる商品はエアコンです。

쾌적한 생활을 도와 드리고 있어요.

快適な暮らしを手伝っています。

직장 여성을 위해 디자인된 옷을 만들고 있어요.

キャリアウーマン向けにデザインされた服を作っています。

Biz tip 주요 상품과 함께 특화된 분야의 상품을 홍보해 주세요.

'야채생활 200'이 23살이 되었어요.

「野菜生活200」が23才になりました。

Biz tip 오랫동안 꾸준히 사랑받는 제품을 소개하면 회사에 신뢰가 가죠.

1960년 발매 이래 50년 이상에 걸쳐 이 향기를 높이 평가받았어요.

1960年の発売以来、50年以上にわたり、この香りを高く評価していただきました。

＊〜にわたり 〜에 걸쳐

고품질의 의약품을 전 세계 환자들에게 전해 드리고 있어요.

高品質な医薬品を世界中の患者さんに届けています。

＊世界中 전 세계

깨끗함과 시간 단축을 모두 갖춘 세탁기를 만들고 있어요.

キレイと時短を両立させた洗濯機を作っています。

저렴한 가격에 패셔너블한 옷을 취급하고 있어요.

低価格でファッショナブルな服を扱っています。　　＊扱う 취급하다

카탈로그를 보시고 싶은 분은 아래의 링크를 클릭!

カタログをご覧になりたい方は下記のリンクをクリック！

실적 소개

단 3일만에 2,000만 개를 팔았어요.

たったの三日間で2,000万個を売りました。

상반기만으로 플라즈마 TV 42V형, 500만 대가 팔렸어요.

上半期だけでプラズマテレビ42V型、500万台が売れました。

런칭 후에 500만 엔의 매출에 성공했어요.

ランチングの後、500万円の売上げに成功しました。

훌륭한 실적을 올리고 있어요.

優れた実績をあげています。

상품은 지금이야말로 날아가는 새도 떨어뜨릴 기세로 인기를 모으고 있어요.

商品は今や飛ぶ鳥を落とす勢いで人気を集めています。

Biz tip 飛ぶ鳥を落とす勢いでは 일종의 관용표현으로, 하늘을 날아가는 새조차도 땅에 떨어져 버릴 정도의 기운, 즉 '불티나게 팔린다'는 의미로 쓰이죠. '파죽지세'라는 뜻이 있으므로 권력이나 위세가 대단할 때도 쓸 수 있어요.

대박 상품을 연이어 출시했어요.

大ヒット商品を次々と生みました。 　　　　　　　　　　　*生む 낳다

매출액이 전년에 비해 49%나 늘었어요.

売上高が前年に比べ、49%も増えました。

거래해 주시는 고객님들이 감사의 의견을 보내 주고 있어요.

お取引いただいているお客様から感謝の声が届いています。

*届く 도착하다

연간 6,000건을 넘는 프로젝트를 돕고 있어요.

年間6,000件を超えるプロジェクトをお手伝いしています。

SNS에서 제품과 서비스 소개 🔊 05-3.mp3

신제품 소개

새로운 풍미 등장!
新フレーバー登場！

드디어 입하!
ようやく入荷！

'액세서리 부품 세트'가 발매되었어요.
「アクセサリーパーツセット」が発売されました。　　*発売 발매

카페라떼와 스무디, 두 상품을 발매!
カフェラテとスムージーの２商品を発売！

일본 제조를 고집한 면봉 시리즈가 신발매!
日本製にこだわった綿棒シリーズが新発売！

　　　　　　　　　　　　　　　　　　*～にこだわる ～에 연연하다

알람시계와 저금통이 하나가 된 「BANCLOCK」이 출시되었어요.
目覚まし時計と貯金箱が1つになった「BANCLOCK」が発売され
ました。

본격적인 '과일 믹스 스무디'를 소개합니다.
本格的な『フルーツミックススムージー』をご紹介します！

Biz tip 카페나 전문점 못지않은 풍미와 맛을 지니고 있다는 점을 홍보하기 위해 本格的라는 표현을 많이 써요.

나도 모르게 만지고 싶어지는 일본 문구 용품을 소개합니다.
思わず手に取りたくなる和文具のご紹介です☆　　*手に取る 만지다

가루 녹차 시리즈가 잇달아 새로 등장해요.
抹茶シリーズがぞくぞく新登場です♪(*^○^*)　　*ぞくぞく 잇달아

오늘부터 '야채 과일 스무디'가 기간 한정 발매 중!
今日から、"ベジタブルフルーツスムージー"が期間限定発売
中！

Biz tip 일본에는 기간 한정 품목, 지역 한정 품목이 상당히 많아서 인기를 주도하고 있어요.

285

올해도 3월 17일부터 계절 한정으로 발매 중입니다.

今年も3月17日より、季節限定にて発売中です♪　　　*にて=で

전용 커버를 100엔(세전)에 판매합니다.

専用カバーを100円(税抜き)で販売します(^^)/

Biz tip 일본은 직접세를 채택하고 있어서 계산과 동시에 8%의 세금이 부과되는데, 곧 10%로 인상될 예정이에요.

지금 바로 매장에서 확인!

今すぐ売り場でチェック！

새로운 서비스 소개

오늘부터 후쿠오카에서도 주행 스타트!

本日から福岡でも走行スタート！

Biz tip 일본에서는 라인(LINE)이 대세인데요. 라인으로 택시를 부를 수 있는 서비스가 시작되었다는군요. 일본교통주식회사의 협조로 가능해졌는데 'LINE Pay'로 지불이 가능한 서비스입니다.

페이지에서만 이용할 수 있던 것이 앱으로도 나왔어요.

ページからだけ利用できたのが、アプリにもなりました。

큰 것도 무거운 것도 무료로 배달!

大きいモノも、重たいモノも、無料でお届け！

빅 데이터를 활용할 비결, 여기에 있어요!

ビッグデータを活用する秘訣、ここにあります！

할인 쿠폰을 발행하는 새로운 서비스를 시작했어요.

割引クーポンを発行する新サービスを始めました。

제품 특징 소개

작아서 갖고 다닐 수도 있어요.

小さいから持ち歩きもできます。

한 손으로 먹을 수 있는 고사리 떡이에요.

ワンハンドで食べられるわらびもちです！

신선한 과일 맛을 즐길 수 있어요.

フレッシュな果物の味わいが楽しめます♡　　　*味わい 맛, 풍미

적당한 산미로 과즙이 진짜 많아요.

ほどよい酸味で、とってもジューシー♡

적당한 탄력으로 탱탱한 식감과 향기로운 콩가루가 베스트 매치.

ほどよい弾力でぷるぷる食感と香ばしいきなこがベストマッチ♡

Biz tip 香ばしい라고 쓰면 '향기롭다'이고 芳しい라고 쓰면 우리말의 '고소하다'에 가까워요.

코코넛 밀크를 사용한 하와이언 맛.

ココナッツミルクを使ったハワイアンな味わい☆

토마토를 제대로 맛볼 수 있어요.

トマトをしっかりと味わうことができます。 ＊味わう 맛보다

바람에도 강하고 원터치로 열 수도 있어요.

風にも強く、ワンタッチで開くこともできます。

움직이는 것만으로도 귀여운데 청소까지 해 줘요.

動くだけでもかわいいのに、掃除までしてくれます。

다시 찾는 사람도 많은 기본적인 디자인이에요.

リピーターも多いベーシックなデザインです。 ＊リピーター 단골

기능성은 물론 안전성까지 갖추었어요.

機能性はもちろん、安全性まで備わりました。 ＊備わる 구비되다

이 소스를 사용하면 단 6분만에 맛있는 반찬이 만들어져요.

このソースを使えばたった6分で、おいしいおかずができちゃいます。

Biz tip '~ちゃう'는 원래 '~てしまう'의 축약형인데요. 자기도 모르는 사이에(순식간에) 만들어진다는 의미를 강조할 때 종종 ちゃう를 씁니다. CM 등에서도 자주 접할 수 있어요.

앞으로의 계절에 딱 맞는 산뜻한 맛이에요.

これからの季節にぴったりのさわやかなおいしさです。

＊さわやか 산뜻함

부드럽게 살살 녹는 맛을 즐길 수 있어요.

なめらかな口溶けが楽しめます(^o^)/ ＊なめらかな 부드러운

Biz tip '口溶け(입에서 살살 녹음)'는 사전에는 없는 단어지만 실제로는 SNS 및 CM 등에서 자주 쓰이는 말이에요.

찌지 않고 삶으면 OK여서 간단해요.

蒸さずにゆでればOKで、カンタンです☆   * 蒸す 찌다 ゆでる 삶다

시간 단축! 가장 빨리!

時短！最速！！

손에 쥘 수 있는 사이즈인데도 전동 재봉틀. 척척 간단 스티치.

ハンディサイズなのに電動のミシン。ササッと簡単ステッチ。

봉지에 이 캡을 달면 열고 닫을 때나 보존이 편해요.

袋にこのキャップを取り付けると、開け閉めや保存が楽ちん！

청소 간단. 수고가 들지 않아요.

お掃除カンタン。手間要らず♪   * 手間が要る 수고가 들다

`Biz tip` ない형에 'ず(に)'를 붙이면 '~하지 않고'의 의미가 되는데요. 要る는 1그룹 동사이므로 要らず가 돼요.

깨끗함을 유지하는 아이디어가 가득!

キレイを保つ工夫がいっぱい！   * 工夫 고안, 궁리

양 만점.

ボリューム満点☆   * ボリューム 분량

우유 느낌과 입에서 살살 녹는 부드러움이 더 좋아졌어요.

ミルク感と口溶けのなめらかさがアップしました(^o^)/

드러누워서 스마트폰으로 놀아도 이제 얼굴에 떨어뜨리는 걱정이 없어요!

寝転びながらスマホで遊んでも、もう顔に落とす心配なし！   * なし 없음

제품 추천

조금 피곤할 때나 3시 간식으로도 추천해 드려요.

ちょっと疲れた時や３時のおやつとしてもおススメです。

`Biz tip` 아침과 저녁 두 끼밖에 먹지 못하던 시절에는 오후 2시경(八時)에 휴식을 취하면서 간식을 먹었는데요. 거기에서 'おやつ(간식)'란 단어가 생겼죠. 지금은 대개 오후 3시 전후에 먹는 간식을 おやつ라고 합니다.

더워지는 이제부터의 계절에도 추천해 드려요.

暑くなるこれからの季節にもおススメですよ〜

앞으로의 계절에 매콤한 라면은 기쁘죠.

これからの季節にピリ辛ラーメンはうれしいですね♪   * ピリ辛 매콤함

야채 부족을 걱정하시는 분에게도 딱 좋아요.

野菜不足が気になる方にもオススメです。

간단하게 만들 수 있고 저장도 쉬워서 좋아요.

簡単にできて、ストックしやすいのでおすすめです♪

오늘 같은 추운 날에는 따뜻한 것이 좋죠.

今日のような寒い日はホットがおすすめです♪

설레는 새로운 생활을 시작하는 학생과 사회인에게 추천!

ドキドキの新生活を始める学生や社会人にオススメ！

돋보이고 싶은 당신에게 추천드려요.

目立ちたいあなたにおすすめ！　　　　　　　　　　* 目立つ 눈에 띄다

하트 모양이 귀여워서 선물로도 좋아요.

ハートの形がかわいいので、おみやげにもオススメですよ～！

탄산을 섞거나 얼려서 아이스캔디로 만들면 아이들도 아주 좋아해요.

炭酸割りや、凍らせてアイスキャンディーにすれば子供たちも
大喜びです♪　　　　　　　　　　　　　* ～割り(～로) 묽게 함 凍らせる 얼리다

세일 홍보

창업 15주년 감사 세일도 오늘까지예요.

創業15周年の感謝セールも本日までです。

Biz tip SNS의 이점을 활용하여 마감일뿐만 아니라 마감 시간을 카운팅하면서 타임라인에 자주 노출시키는
홍보를 합니다.

지금이라면 삼각김밥이 30엔 할인이에요.

今ならおむすびが30円引きです！

포인트카드 회원은 20엔 할인이에요.

ポイントカード会員は20円引きです。

오늘부터 이틀간 어묵이 쌉니다.

本日から二日間、おでんがお得です☆　　　　　　* お得 유리함

세상에나 50% 할인 세일!

何と50%オフセール！　　　　　　　　　　　* 何と 놀랍게도

지금, 이 시간만의 한정 세일이 가득!

今、この時間だけの限定セールが満載！

* 満載=いっぱい

1시간마다 세일 상품이 바뀌는 타임 세일은 오늘 10시부터.

1時間ごとに目玉商品が変わるタイムセールは本日10時から。

* ～ごとに ～마다　目玉 특가품

튀김 · 소시지 전 품목 10% 할인 세일 실시 중! 29일(수)까지.

揚げ物・フランク全品10%引きセール実施中！29日(水)まで♪

마음에 드는 그 상품을 싸게 구입하실 수 있는 큰 기회!

お気に入りのあの商品をお得にお買い求めいただく大チャンス！

* 気に入り 마음에 듦　買い求める 매입하다

이쪽 상품도 포인트 5배입니다~.

こちらの商品もポイント5倍ですよ～。

Biz tip 포인트 적립서비스는 지속적인 구매력을 자극할 수 있기 때문에 SNS를 통해 많은 홍보를 하고 있고, 세일 때는 앞 다투어 적립비율을 높여주는 이벤트를 실시합니다.

와인 2,000엔 이상 30%할인은 1년에 2회뿐인 특별기획.

ワイン2,000円以上30%OFFは年に2回だけの特別企画。

'대감사 세일'에 많은 손님들이 매장을 찾아 주셔서 대단히 감사합니다.

「大感謝セール」に多くのお客様にご来店いただき、まことにありがとうございます。

Biz tip '많은', '먼', '가까운'은 각각 多くの, 遠くの, 近くの라고 표현해요.

구매 의욕 자극하기

꼭 드셔 봐 주세요.

ぜひ食べてみてください！

꼭 이용해 주세요.

ぜひご利用ください(＊^▽^＊)

여러분도 꼭 한 번 써 보세요.

みなさんもぜひお試しください。

* 試す 시도하다

여러분도 오늘 점심으로 어떠세요?

みなさんも今日のランチにいかがですか？

Biz tip 일본어는 일반적으로 물음표를 쓰지 않지만 SNS에서는 물음표, 느낌표 등을 많이 써요.

세븐일레븐에서만 팔아요!

セブンイレブン限定です！ *限定 한정

오키나와 파인애플 과즙이 30%나 들어 있대요!

沖縄パイン果汁が30%も入っているんですって！ *〜って 〜래요

차게 해도 따뜻하게 데워도 맛있으니까 여러분도 드세요!

冷やしても温めても美味しいから、みなさんもどうぞ☆

Biz tip 가독성을 위해서 한자를 가타카나로 바꾸는 경우도 많지만, 美味しい와 같이 맛있는 느낌을 전달하는 시각적 효과를 노리기 위해 일부러 한자를 쓰기도 해요.

수량 한정이니 놓치지 마세요.

数量限定ですのでお見逃しなく！ *見逃す 못 보고 놓치다

그 밖에도 공동 제작 상품을 판매 중입니다.

その他にもコラボ商品を販売中です！

Biz tip 유명 만화 캐릭터와 편의점이 공동으로 상품을 기획하거나, 앱 게임 캐릭터와 의류회사가 합작하여 옷을 만드는 コラボ商品은 구매 의욕을 자극하기에 충분하죠.

이 기회에 약간 좋은 녹차 사 두지 않을래요?

このチャンスにちょっといいお茶♪ 買っておきませんか〜。

인기 많은 갓 내린 커피와 함께 어떠세요?

大人気の挽きたてコーヒーといっしょにいかがですか。(´ω`*)

  *挽きたて 막 갈음

갓 만든 슈크림으로 멋진 오후 한때를 보내지 않을래요?

できたてシュークリームで素的な午後の一時を過ごしませんか。

Biz tip すてき도 素的라는 한자를 씀으로써 보다 고상하고 고급스러운 느낌을 줍니다.

색색의 채소가 들어간 밀라노 샌드위치로 봄 기분을 한층 더 UP시켜 보지 않을래요?

色とりどりの野菜が入ったミラノサンドで、さらに春気分をアップしませんか。

  *色とりどり 각양각색

올해도 벌써 판매 랭킹 상위의 상품이에요.

今年も早くも売上げランキングの上位商品です。 *売上げ 매상

다 팔리는 대로 종료하니까요, 일찌감치 서두르세요.

なくなり次第、終了ですので、お早めにどうぞ♪

  *なくなる 없어지다 〜次第 〜하는 대로

댓글 감사합니다.

コメント、ありがとうございます！

실전
회화 Hiromi Kobayashi(히로미 고바야시)
子供が大好きで、一日一個は食べています。ビタミンが入っていて体にもよさそうですね。 애들이 진짜 좋아해서 하루 하나는 먹고 있어요. 비타민이 들어 있어서 몸에도 좋을 것 같네요.
チューリッヒ製菓(틀립제과)
コメント、ありがとうございます！これからも当社の商品をよろしくお願いいたします！また、味の感想などもお聞かせください。
댓글 감사합니다. 앞으로도 저희 상품을 잘 부탁드립니다! 그리고 맛에 대한 감상 등도 들려주세요.

지적 감사합니다.

ご指摘、ありがとうございます。

의견 감사드려요.

ご意見、ありがとうございます！

구입해 주셔서 감사합니다.

ご購入、ありがとうございます！

사진을 첨부해 주셔서 감사해요.

画像添付、ありがとうございます！　　　　　　　　　　　　＊添付 첨부

정말 멋진 사진, 감사드려요.

とてもステキな写真、ありがとうございます！

여러분들이 장식한 레시피 사진도 괜찮으시면 보여 주세요.

みなさんのデコレシピのお写真も良かったら見せてください♪

응원 감사합니다.

応援、ありがとうございます！

질문 감사합니다.

ご質問、ありがとうございます。

실전
회화 えさき ともかず(에사키 도모카즈)
新宿の売り場に行ったんですが、売り切れでした。在庫があるところを教えてください。 신주쿠의 매장에 갔는데요, 매진이었어요. 재고가 있는 곳을 가르쳐 주세요. ＊売り切れ 매진
ユニココ(유니코코)
レスが遅くなってすみません。ご質問、ありがとうございます。確認したところ、新宿のほうにも補充したそうですので、もう一度足をお運びいただければと思います。 답변이 늦어져서 죄송합니다. 질문 감사합니다. 확인해 보니까 신주쿠 쪽에도 보충했다고 하니 한 번 더 가 봐 주셨으면 합니다.

좋아하신다는 감상을 주셔서 정말 기쁘네요.

お喜びのご感想をいただき、とてもうれしいです♪

초콜릿도 꼭 드셔 봐 주시면 좋겠어요.

チョコのほうもぜひお試しいただけるとうれしいです♪

(저희 제품이) 눈에 띄시면 꼭 드셔 보세요.

ぜひお見かけの際はお試しください♪　　　　　＊ 見かける 발견하다

당시의 추억을 들려주셔서 감사해요.

当時の思い出、ありがとうございます！

자세한 것은 아래 페이지에 정리해 놓았으니 보세요.

詳しくは下記のページにまとめておきましたので、ご覧ください♪

지금 지도 수정을 하고 있어요. 불편을 끼쳐 드려 죄송해요.

ただ今、地図の修正をしております。ご迷惑をおかけしました。

실전회화

Thana LaLa(타나 라라)
地図どおりに行ってみたんですが、違うところでした。
지도대로 가 봤는데 다른 곳이었어요.

五反田商事(고탄다상사)
ただ今、地図の修正をしております。ご迷惑をおかけしました。
지금 지도 수정을 하고 있어요. 불편을 끼쳐 드려 죄송해요.

많은 상품을 전해 드릴 수 있도록 힘쓰겠습니다.

多くの商品をお届けできるよう、がんばります。

앞으로도 만족해 주실 수 있도록 노력할게요.

今後もご満足していただけるよう、がんばりま～す。

공지 사항

14시부터 판매합니다.

※14時からの販売となります。

Biz tip SNS상에서의 공지 사항은 주로 '※(こめじるし)' 표시가 달려 있어요.

일부 사전 예약이 필요한 이벤트도 있습니다.

※一部、事前予約が必要なイベントもございます。

일부 지역 선행 발매.

※一部地域先行発売。

Biz tip 일본에서는 우리나라에 비해 그 지역에 가지 않으면 살 수 없거나 먹을 수 없는 것들이 많이 있고, 같은 상품이라도 지역마다 발매 시기가 다릅니다.

지정 상품이라도 일부 대상 외의 상품이 있어요.

※指定商品でも一部対象外の商品がございます。

점포에 따라서는 취급하지 않는 상품이 있습니다.

※店によってはお取り扱いのない商品がございます。

＊取り扱い 취급

'당첨'이 나와도 경품이 떨어지는 대로 종료합니다.

※当たりが出ても、景品がなくなり次第、終了となります。

Biz tip 과자 상자 내부나 음료수 병뚜껑 안쪽, 막대 아이스크림의 막대 부분 등에 '当たり(당첨)' 또는 'はずれ(꽝)'라는 표시를 하여 경품을 주는 이벤트가 많아요.

닌텐도 3DS 소프트가 지금 점포에서 예약 접수 중입니다.

ニンテンドー3DSソフトがただ今店で予約受付中です！

예약은 7월 3일(금) 오전 10시까지.

ご予約は7月3日(金)午前10時まで。

자세한 것은 여기를 체크. → http://fm.nu.mg/f2b54

詳しくはコチラをチェック→ http://fm.nu.mg/f2b54

상품 라인업은 여기를 체크. → http://fm.eyg.mg/062of

商品ラインナップはコチラをチェック→ http://fm.eyg.mg/062of

스타벅스, 패밀리마트, 로손의 인기 상품도 LINE으로 보낼 수 있게 되었습니다.

スターバックス、ファミリーマート、ローソンの人気商品も、LINEで贈れるようになりました。

＊贈る 증정하다

2015년 3월 말까지 가산된 포인트는 2016년 3월 31일(목)에 유효기한을 맞이합니다.

2015年3月末までに加算されたポイントは、2016年3月31日(木)に有効期限を迎えます。

스마트폰 이외의 폰은 안 됩니다.

スマホのみの対応となります。

＊〜のみ 〜만 対応 대응

비매품이므로 당첨된 분에게만 드리고 있어요.

非売品なので、当選した方のみにさしあげています。 * 当選 당선, 당첨

전시 기간 등에 주의하세요.

展示期間などにご注意ください。

당사 홈페이지에도 6/2~7/26의 상세한 페이지를 업로드 시켰어요.

当社HPにも6/2~7/26の詳細ページをアップしました。

오늘(4.18)부터 예매권 판매를 시작했습니다.

本日(4/18)から前売券の販売を始めました。 * 前売券 예매권

점포에 따라 재고가 없는 경우가 있습니다.

店舗により、在庫がない場合がございます。 * 〜により 〜에 따라

팔로잉을 해제하면 당첨 무효가 됩니다.

フォロー解除は当選無効になります

Biz tip SNS에서의 이벤트는 팔로잉 확보의 목적이 크기 때문에 어느 페이지를 가더라도 이 공지사항이 있어요.

SNS에 일정 업로드

🎧 05-4.mp3

**신제품
출시 일정**

11월 18일에 출시합니다.
11/18に発売します。

국산 프리미엄 커피 발매 안내입니다.
国産プレミアムコーヒー発売のご案内です。

'프리미엄 필레 샌드위치' 5/7 새로 등장!
「プレミアムフィレサンド」5/7新登場！

오늘 14시부터 판매 개시!
本日14時から販売開始！

오늘 신메뉴, 스타트!
＼本日新メニュー、スタート！／

4월 16일(목) 신발매입니다. 부디 기대해 주세요.
4月16日(木)新発売です！どうぞお楽しみにっ♪

발매 예정일은 아이템에 따라 다릅니다.
発売予定日はアイテムごとに異ります。　　　　＊異る 다르다

조만간에 발매 예정입니다.
近日発売予定です。

예약을 받고 있어요.
ご予約を承っております！　　　　　＊承る 삼가 받다

발매 시기에 대해서는 별도로 문의 부탁드립니다.
発売時期につきましては、別途お問い合わせ願います。
　　　　　　　＊〜につきまして＝〜について

개점 일정

오늘 그랜드 오픈입니다.
本日、グランドオープンです！

도큐핸즈 오이타점이 오픈했어요.

東急ハンズ大分店がオープンしました！

아침부터 많은 손님들로 분위기가 고조되고 있어요.

朝から多くのお客様で、盛り上がっております！

* 盛り上がる (분위기가) 고조되다

Biz tip 실시간으로 오픈 상황을 중계할 수 있는 것도 SNS만의 강점이죠.

5월 24일(금)에 새로운 '카페 타입'의 점포가 오픈!

５月24日(金)に新しい"カフェタイプ"の店舗がオープン！

신주쿠점과 마치다점이 같은 날 오픈합니다.

新宿店と町田店が同日オープンいたします。

드디어 시부야에 다이소 매장이 생겼어요.

ついに渋谷にダイソーのお店ができました！

이전에도 전해 드렸지만 요코하마점이 오픈합니다.

以前にもお伝えしましたが、横浜店がオープンします。

3월 27일(금)에 오모테산도 매장 안에 카페가 탄생합니다.

3月27日(金)に、表参道店内に、カフェが誕生します！

메뉴도 알차서 또 다른 레스토랑을 즐기실 수 있어요.

メニューも充実しておりますので、また違ったレストランをお
楽しみいただけます！

* 充実 충실

'내추럴'을 콘셉트로 매장을 꾸며 보았습니다.

「ナチュラル」をコンセプトに、お店作りをしてみました。

오픈 날에 기다리고 있을게요.

オープン日に、お待ちしておりま〜す。

오시는 방법은 여기입니다.

アクセスはこちらです。

근처에 오실 일이 있으면 꼭 들러 주세요.

お近くにお越しの際は、ぜひお立ち寄りください。

* 際 때 立ち寄る 들르다

（SNS）문구에서 써먹기 좋은 말

4 ▼ SNS에 올려요

클래식 카 약 100대에 의한 퍼레이드도 실시합니다.

クラシック・カー約100台によるパレードも行います！

5월부터 12월까지 요리교실 등의 수업을 4회 실시합니다.

5月から12月まで料理教室などの授業を４回行います。

교토 연중행사를 테마로 한 이벤트를 실시합니다.

京都の年中行事をテーマにしたイベントを行います。

매년 호평을 받고 있는 연하장 디자인 대회. 2016년판도 개최합니다.

毎年ご好評をいただいている年賀状デザイン・コンペ。2016年版も開催いたします！

Biz tip 일본은 아직도 엽서 연하장을 많이 주고받습니다. 우체국이 연말연시에 바쁜 이유이기도 하죠. 그래서 연초에는 엽서에 쓰여 있는 고유번호로 추첨을 하기도 하고 연하장 공모전을 하기도 합니다.

9월 22일에 팬을 위한 이벤트를 개최합니다.

9月22日にファンのためのイベントを開きます！

2월 20일(금)부터 삿포로점에서 인기 이벤트가 개최됩니다.

2月20日(金)より札幌店で、人気のイベントが開催されます！

4월 14일(화)에 '영어회화 이온 특별강좌'를 개최합니다.

4月14日(火)に「英会話イーオン特別講座」を行います。

Biz tip 일본의 영어회화 학원은 'NOVA'와 '이-온'이 꽉 잡고 있어요.

5월 25일 메인 행사장에서 제26회 고기 페스티벌을 개최합니다.

5月24日メイン会場で、第26回肉フェスティバルをやります。

'탁 털어놓고 이야기하는 회사 설명회'를 개최하고 있으니 꼭 참가해 보지 않을래요?

「ざっくばらんな会社説明会」を開いておりますので、ぜひ参加してみませんか。　　　　　　　　　　＊ざっくばらんな 솔직한

'키즈 스쿨' 도쿄 개최가 결정!

「キッズ・スクール」の東京開催が決定！

소프트드링크나 선물(기념품)을 준비하겠습니다.

ソフトドリンクやサービス品をご用意いたします！

기간 중에는 매 주말 토크쇼나 커피용품의 체험 프로그램 등을 예정 중입니다.

期間中は、毎週末トークショーやコーヒー器具の体験会などを予定しています。

상해 모터쇼에서 하이브리드를 선보입니다.

上海モーターショーでハイブリッドをお披露目します！

2월 28일(토) 신주쿠점 이벤트가 줄을 잇는다!

2月28日(土)新宿店でのイベントが目白押し！　* 目白押し 떼 지어 늘어섬

당일 세 포함 1,000엔 이상 구입해 주신 선착순 50명의 여성 한정 이벤트입니다.

当日税込み1,000円以上お買い上げいただいた、先着50名様の
女性限定イベントです。

참가 유도

안 오면 손해예요.

来ないと損ですよ！

편하게 참가해 주세요.

お気軽に参加してください！　* 気軽 가볍게 행동함

적극적으로 참가해 주세요.

振るってご参加ください！　* 振るって 자진해서

꼭 와 주세요.

ぜひご来店ください！　* 来店 가게에 옴

가족, 친구도 같이 오세요.

ご家族、ご友人もお誘いください。　* 誘う 청하다

실제로 체험할 수 있는 코너도 있어요.

実際に体験できるコーナーも♪

여러분이 오시기를 기다리고 있겠습니다.

みな様のお越しをお待ちしています。

수량 한정, 빨리 오는 사람이 임자입니다.

数量限定、早い者勝ちです！

어떤 기획이 있는지 클릭하고 나서 기대해 주세요.

どんな企画があるのかクリックしてからのお楽しみ！

스마트폰이나 PC에서 언제 어디서나 참가할 수 있고, 당첨되면 캔디도 받을 수 있어요.

スマホかPCからいつでもどこでも参加できて、当たるとキャン
ディーももらえます♪

Chapter 5

SNS 마케팅

🎧 05-5.mp3

시즌 마케팅

새해 복 많이 받으세요. 2016년도 여러분의 건강을 응원합니다.

新年、おめでとうございます。2016年もみな様の健康を応援します。

귀엽고 맛있고 즐거운 크리스마스! 자녀분과 함께 예쁘게 음식을 장식하는 것도 좋겠네요.

かわいく、おいしく、楽しいクリスマス！お子さまといっしょに盛り付けるのもいいですね♪

*盛り付ける 보기 좋게 담다

산타클로스의 기분으로 선물을 예쁘게 포장해 보지 않을래요?

サンタクロースの気分になってプレゼントをかわいくラッピングしませんか。

방의 크리스마스 인테리어에 포인트를 줍시다.

お部屋のクリスマス・インテリアのアクセントに！

크리스마스, 송년회를 위해서 더욱 구입하기 좋은(저렴한) 가격이 되었어요.

クリスマス、忘年会に向けて、さらにお求めやすい価格になりました。

*〜に向けて 〜을 목표로　求める 사다

이번 주말은 '밸런타인데이'를 목표로 엄청 바빠요!

今週末は「バレンタインデー」に向けて大忙し！

기다리고 기다리던 크리스마스까지 이제 얼마 안 남았어요! 파티 메뉴는 벌써 정하셨나요?

待ちに待ったクリスマスまであとわずか！パーティーメニューはもう決まりましたか？

2월 14일은 밸런타인데이. 아주 좋아하는 그 사람이나, 신세를 지고 있는 그분에게.

2月14日はバレンタインデー♪ 大好きなあの人や、お世話になっているあの人に☆

내일은 밸런타인데이군요. 애정을 담아 직접 만든 요리를 선물하세요.

明日はバレンタインデーですね♪ 愛情を込めて手料理のプレゼント！

*込める 담다

드디어 꽃놀이 시즌 도래!

いよいよお花見シーズン到来！

일본하면 벚꽃, 벚꽃 하면 꽃놀이죠. 이 시즌이 되면 일본에서는 꽃구경을 할 수 있는 명당자리 랭킹이 발표되고 자리를 선정할 수 있는 방법 등이 잡지 특집기사로 꾸며지곤 합니다.

켄터키 버킷 세트를 가지고 꽃구경! 랄랄라♪

ケンタッキーのバーレルを持ってお花見！ルンルンルン♪

조금씩 봄의 예감이 드는 오늘, 식탁에도 봄을♪

少しずつ春の予感がする今日、食卓にも春を♪

＊予感がする 예감이 들다

햇감자가 맛있는 계절이니까요.

新ジャガが美味しい季節だしね(=ﾟωﾟ)/

두근거림으로 가득한 4월. 당신의 새해 포부와 목표를 알려 주세요.

ワクワクやドキドキでいっぱいの4月。あなたの新年度の抱負や目標を教えてください。

일본에서는 입학과 입사가 우리보다 한 달 늦은 4월이죠. 그래서 4월에는 '새 출발'을 응원하는 시즌 마케팅이 활발히 이루어져요.

졸업식 시즌이네요. 경사스러운 날에는 이겁니다.

卒業式シーズンですね♪ おめでたい日にはこれです。

내일 2월 3일은 입춘 전날이네요. 분홍색으로 연하게 물든 토마토밥은 어떠신가요?

明日2月3日は節分ですね♪ ほんのりピンクに色づくトマトご飯はいかがですか。

일본에서는 입춘 전날인 '節分'에 콩을 뿌리며 잡귀를 쫓는 행사를 많이 합니다. 연예인이나 스모 선수들도 참여하죠.

10월 13일은 체육의 날이에요. 스포츠의 가을! 스포츠 음료는 어떠세요?

10月13日は体育の日です♪ スポーツの秋！スポーツドリンクはいかがですか。

어머니날에는 무엇을 보낼까. (어머니가) 기뻐하시는 선물이 가득합니다.

母の日には何を送ろう。喜ばれるプレゼントが満載です。

일본은 아버지날(6월의 셋째 일요일)보다 어머니날(5월의 둘째 일요일)을 더 챙깁니다. 시즌 마케팅도 어머니날에 집중되는 경향이 있어요.

어머니가 좋아하는 선물을 도토루(커피 체인)에서 저렴하게 보냅시다.

お母さんが喜ぶギフトをドトールでおトクに贈りましょ(*^^*)♪

어머니날 특집으로 어머님이 기뻐하는 선물을 꼭 찾을 수 있다!

母の日特集で、お母さんが喜ぶギフトがきっと見つかる！

* 見つかる 발견되다

오늘은 할로윈. 평소와 다른 파티는 어떠세요?

今日はハロウィン☆いつもと違うパーティーはいかがですか？

장난기를 부릴 수 있는 프라푸치노로 조금 빨리 황금연휴 기분에 젖어 보세요.

遊び心のあるフラペチーノで、一足早くゴールデンウィーク気分に。

* 一足 얼마 안 되는 시간

Biz tip 일본은 4월 말에서 5월 초에 걸쳐 골든위크가 있는데요. 일주일에서 열흘 정도 쉴 수 있어요. 일본 곳곳에서 다양한 이벤트를 하고 큰 쇼핑센터에서는 세일도 합니다.

부활절을 기념하는 이벤트 실시 중!

イースターにちなんだイベント実施中！

* ～にちなむ ～에 관련짓다

스타·협찬 마케팅

MACO 씨, lol가 블로그를 개설했어요.

MACOさん、lolがブログを開設しました！

오프닝 이벤트로서 김현준 씨가 놀러와 주었어요.

オープニング・イベントとして、キム・ヒョンジュンさんが遊びに来てくれました！

모닝 무스메의 CD를 세상에나 2,000분께 추첨으로 드립니다.

モーニング娘のCDがなんと2,000名様に抽選で当たります♪

* 当たる 당첨되다

프로 테니스 플레이어 다테 기미코 선수의 스폰서입니다.

プロテニスプレイヤー、伊達公子選手のスポンサーです。

이시하라 사토미 씨, 영어를 잘하기 위해서는 이온에서 레슨을 받는 것이 좋다고 하네요.

石原さとみさん、英語上達にはイーオンでレッスンするのがいいとか。

* 上達 기능이 향상됨

미즈타니 준 선수가 감수한 '미즈타니 준 카레'. 맛도 스매시 수준으로 맛있다고 하네요.

水谷隼選手が監修した「水谷隼カレー」。味もスマッシュ一級のおいしさなんだとか！

Biz tip 水谷隼 선수는 일본의 유명한 탁구 선수입니다. 맛있는 카레와 유명 선수의 스매시를 연결 지어 홍보하는 점이 재밌네요.

302

탤런트 기무라 다쿠야 씨가 썼던 것은 이 접는 우산!

タレントの木村タクヤさんが使っていたのはこの折り畳み傘！

CM에 출연한 사람은 드라마에서 활약 중인 그 사람!? 동영상을 체크하세요.

CMに出演しているのは、ドラマで活躍するあの人！？動画をチェックしてね！

히라하라 아야카 씨의 라이브 초대와 포인트가 당첨되는 캠페인을 실시 중!

平原綾香さんLIVEのご招待やポイントが当たるキャンペーンを実施中！

스타일리스트와 모델을 초대해서 스타일링 이벤트를 쁘렝땅 긴자점에서 개최!

スタイリストとモデルを招いて、スタイリングイベントをプランタン銀座店で開催！   ＊招く 초대하다

니시지마 히데토시 씨, CM 공개 중!

西島秀俊さん、CM公開中！

올해도 도쿄 마라톤 2016에 협찬합니다.

今年も東京マラソン2016に協賛します♪

교토대학과 연구를 진행하고 있어요.

京都大学と研究を進めています。

Biz tip 세계적으로 유명한 교토대학에 연구지원을 하면서 공동연구를 진행한다는 사실은 높은 신뢰를 줄 수 있죠.

온라인 이벤트

지금 바로 공유해서 응모해 주세요.

今すぐシェアして応募してくださいね♪

응모는 다음 주 목요일까지입니다.

ご応募は来週木曜日まで～！

마감일은 5월 18일(월)까지.

〆切は5月18日(月)まで。

오늘 응모는 아래 버튼을 한 번 클릭하는 것으로 완료.

本日の応募は下のボタンから1クリックで完了。

25주년 이벤트로 '해피 상'이 당첨됩니다.

25周年イベントで「ハッピー賞」が当たります♪

리트윗으로 택시 1개월 마음대로 타기 당첨될지도 몰라요.

RTでタクシー1ヶ月乗り放題当たるかも♡

라인 프렌즈를 사서 오리지널 스탬프를 얻자!

LINE FRIENDSを買って、オリジナルスタンプをゲットしよう！

우수 작품은 인터넷 스토어에서 판매합니다.

優秀作品は、ネットストアで販売します！

쿠폰이 당첨되는 스크래치 추첨.

クーポンが当たるスクラッチくじ♪　　　　　　＊くじ 제비뽑기

아카기푸드의 온라인 숍에 회원 등록을 하고 장을 보시면 포인트 5배!

赤城フーズのオンラインショップに会員登録をしてお買い物していただきますとポイント5倍！

제2탄은 2,000분께 선물!

第2弾は2,000名様へプレゼント！

1월 말까지 실시 중이니 꼭 도전해 보세요.

1月末まで実施中ですので、ぜひチャレンジしてくださいね♪

페코 인형을 공짜로 받을 수 있는 캠페인을 실시 중입니다.

ペコちゃん人形が当たるキャンペーンを実施中です(･ω<)☆

Biz tip　ペコちゃんは 일본의 유명한 양과자점인 不二家의 캐릭터 인형이에요. 후지야의 점포에 가면 문 앞에 서 있는 이 인형을 쉽게 확인할 수 있어요.

상품을 사면 선물용 케이스를 받을 수 있는 캠페인을 실시 중♪

商品を買うと、ギフト用ケースがもらえるキャンペーンを実施中♪

5/12 발매하는 '쇼콜라 민트'를 36개 선물!

5/12発売の「ショコラミント」を36個プレゼント！

700엔짜리가 500엔이 되는 한정 쿠폰을 배포 중입니다.

￥700→￥500になる、限定クーポンを配布中です。

'6시간 한정 타임 세일'을 시작했어요. 라인업은 여기!

「6時間限定タイムセール」を始めました！ラインナップはこちら！

팔로워 한정으로 매일 한 분에게 포인트 3,000엔 금액 상당을 공짜로 드려요!

フォロワー限定で毎日1名様にポイント三千円分が当たる！

기간 한정으로 '새 생활 응원 쿠폰'을 전송 중!

期間限定で「新生活応援クーポン」を配信中！(*^_^*)

자유로운 발상으로 당신만의 특별한 1장을 보내 주세요.

自由な発想で、あなただけのユニークな1枚をお寄せください。

                                         * 寄せる 보내다

사면 살수록 포인트가 올라가서 포인트 최대 10배!

買えば買うほどポイントUPでポイント最大10倍！

Biz tip '동사I+ば, 동사 원형+ほど'는 '~하면 할수록'이라는 의미의 패턴이에요.

오래 기다리셨습니다. 오늘부터 모든 상품 포인트 5배!

お待たせいたしました！本日より、全商品ポイント5倍！

알찬 캠페인이 계속됩니다.

おトクなキャンペーンが続々！

                                        * 続々 속속(이어지다)

맛있게 먹고 포인트 쌓인다!

おいしく食べて、ポイントたまる！

                                        * たまる 늘다, 쌓이다

포인트 축제는 오늘 19일(일)이 마지막 날이에요.

ポイント祭りは本日19日(日)が最終日です♪(*^_^*)

오늘 시작하는 포인트 축제는 3일 동안만이에요!

本日スタートのポイント祭りは3日間限定です！

점포에서 700엔 이상 사면 추첨으로 울트라맨 상품을 공짜로 얻는다!

店頭で700円以上買うと抽選でウルトラマングッズが当たる！

@famima_now를 팔로잉 또는 이 투고 글을 리트윗! 추첨으로 한 분께 선물 드려요!

@famima_nowをフォロー＆この投稿をリツイート！抽選で1名様にプレゼントします！

'겨울왕국' 디자인의 오리지널 아이스백을 받을 수 있는 캠페인 개최 중이에요.

「アナと雪の女王」デザインのオリジナルクーラーバッグがもらえるキャンペーン開催中です。

이벤트 실시 시간은 14:00〜15:00/17:00〜18:00의 2회 공연.

イベント実施時間は、14：00〜15：00/17：00〜18：00の2回公演。

오늘 4월 24일(금)부터 공동제작 캠페인이 스타트★

本日4月24日(金)よりコラボキャンペーンがスタート★

야후! 쇼핑 앱을 신규로 다운로드 하면 300엔짜리 쿠폰을 드립니다.

Yahoo!ショッピングアプリを新規にダウンロードすれば、300円分のクーポンをさしあげます。

커피 원두 한 팩을 구입할 때마다 빠짐없이 선물!

コーヒー豆1パックお買い上げごとにもれなくプレゼント！

＊〜ごとに 〜마다 もれなく 모두

선호도 조사

Biz tip SNS를 통해 고객들의 취향을 사전조사하거나 신상품의 반응을 알아보기 위해서는 선호도 조사가 꼭 필요한데요. 고객들이 SNS로 직접 참여할 수 있기 때문에 홍보 효과가 큽니다.

당신이 가장 먹어 보고 싶은 것은 어느 것이죠?

あなたが一番食べてみたいのはどれですか。

여러분이 좋아하는 디자인을 골라 주세요.

みなさんのお好きなデザインを選んでください。

세밑 선물로 주고 싶은 선물은 어느 쪽인가요?

お歳暮としてあげたいプレゼントはどっちですか。

＊お歳暮 세밑 선물

즐거운 커피 타임에 꼭 필요한 것은 무엇인가요?

楽しいコーヒータイムに欠かせないものは何ですか。

＊欠かせない 빠뜨릴 수 없는

응원하고 싶은 사진에 '좋아요!'를 눌러 주세요.

応援したい写真に「いいね！」を押してください。

11가지 풍미(맛) 중에서 가장 인상에 남는 맛은 어느 것인가요?

11フレーバーの中でもっとも印象に残った味はどれですか。

지금부터 드시는 여러분도 어떤 맛이 가장 좋았는지 감상을 알려 주세요.

これから飲まれるみな様も、どの味が一番よかったかご感想を教えてください！

＊飲まれる 飲む의 존경어

306

출장

해외 출장에서 힘든 점이 있다면 역시 언어적인 부담이 아닐까요? 게다가 거래처 방문이나 신규 거래처 확보 등의 출장 미션이 있다면 스트레스는 배가 될 겁니다. 하지만 출장 준비 단계부터 거래처 방문을 거쳐 귀국 후 출장 보고서 작성까지 일본어로 완벽하게 준비한다면 무섭고 긴장되었던 출장도 편해질 수 있습니다. 나아가 일본에서 열리는 세미나와 포럼에 참가하여 현장에서만 얻을 수 있는 새로운 정보를 얻고 새로운 사람들과 만나 인맥을 형성할 기회로 삼는다면 출장은 더욱 값진 경험이 될 수 있죠. 출장 업무에 필요한 표현을 비롯해 호텔, 식당, 교통, 관광 등 현지에서 필요한 표현도 꼼꼼히 체크해 봅시다.

출장 준비

 06-1.mp3

**출장
계획하기**

이번 출장은 김○○ 씨가 가 줬으면 하는데.

今回の出張はキムさんに行ってもらいたいんだが。

実戦会話

A 今回の出張はキムさんに行ってもらいたいんだが。
이번 출장은 김○○ 씨가 가 줬으면 하는데.

B お任せください。大船に乗ったつもりでいてください。
맡겨 주세요. 마음 푹 놓고 안심하세요.　　　　＊大船に乗ったつもり 큰 배에 탄 기분

이달 5일부터 9일까지 일본에 다녀오겠습니다.

今月の5日から9日まで日本に行ってきます。

전시회 참가를 위한 출장입니다.

展示会参加のための出張です。

거래처에도 인사차 찾아갈 생각입니다.

取引先にもご挨拶に伺うつもりです。　　　　　＊つもり 작정

출장 신고서는 냈어요?

出張届けは出しましたか。　　　　　　　　＊〜届け 〜신고(서)

다음 달 출장이 앞당겨졌어요.

来月の出張が前倒しになりました。　　　＊前倒し (일정을) 앞당김

다음 주는 출장으로 회사에 없을 것 같아요.

来週は出張で会社にいないと思います。

샘플과 카탈로그는 넉넉히 준비해 주세요.

サンプルとカタログは余裕をもって用意してください。　＊余裕 여유

도쿄상사의 기무라 씨와 약속은 잡혔나요?

東京商事の木村さんとアポは取れましたか。　　　　＊アポ 약속

実戦会話

A 東京商事の木村さんとアポは取れましたか。 도쿄상사의 기무라 씨와 약속은 잡혔나요?

B お返事はまだいただいておりません。返事次第では出張を見送るしかありません。 답장은 아직 받지 못했어요. 답장에 따라서는 출장을 보류할 수밖에 없어요.

＊〜次第 〜여하로 결정됨

출장

▼ 1 출장 준비

309

만일을 위해서 법인카드도 가져갈게요.

もしものために、法人カードも持っていきます。

거래처에 가져갈 선물은 샀어요?

取引先に持っていく手みやげは買いましたか。

중요한 거래가 걸려 있는 만큼 컨디션에도 만전을 기해 주세요.

重要な取引がかかっているだけに、コンディションにも万全を期してください。

*万全を期する 만전을 기하다

A 重要な取引がかかっているだけに、コンディションにも万全を期してください。 중요한 거래가 걸려 있는 만큼 컨디션에도 만전을 기해 주세요.

B はい、ありがとうございます。まめに連絡を入れるようにします。
네, 감사합니다. 자주 연락을 넣도록 할게요.

데이터 로밍 서비스를 신청해 두었으니 라인으로 연락합시다.

データ・ローミングのサービスを申し込んでおきましたので、LINEで連絡しましょう。

*申し込む 신청하다

A 何かあった場合はどのようにしましょうか。
무슨 일이 생긴 경우에는 어떻게 할까요?

B データ・ローミングのサービスを申し込んでおきましたので、LINEで連絡しましょう。 데이터 로밍 서비스를 신청해 두었으니 라인으로 연락합시다.

무슨 비행기로 오시는 거죠?

何便でいらっしゃるんですか。

A 何便でいらっしゃるんですか。 무슨 비행기로 오시는 거죠?

B 大韓航空723便で、明日の15時に到着します。
대한항공 723편으로 내일 15시에 도착합니다.

신청 및
참가 예약

세미나를 신청하고 싶은데요, 어떻게 하면 되나요?

セミナーに申し込みたいんですが、どうすればいいですか。

A セミナーに申し込みたいんですが、どうすればいいですか。
세미나를 신청하고 싶은데요, 어떻게 하면 되나요?

B 会場セミナーでしょうか、それともWEBセミナーでしょうか。
회장 세미나인가요, 아니면 웹 세미나인가요?

신청은 언제까지인가요?

申し込みはいつまでですか。

개최 당일이라도 신청할 수 있나요?

開催当日でも申し込むことができますか。

도쿄 회장의 신청은 벌써 마감이 되었나요?

東京会場の申し込みはもう締め切りになりましたか。

외국으로부터의 신청도 받고 있나요?

外国からの申し込みも受けつけているでしょうか。

＊受けつける 접수하다

벌써 정원 초과인가요?

もう定員オーバーですか。

오픈 세미나 실시 스케줄을 가르쳐 주세요.

オープンセミナーの実施スケジュールを教えてください。

복수의 세미나를 신청하고 싶은 경우에는 어떻게 하면 되죠?

複数のセミナーを申し込みたい場合はどうしたらいいですか。

수강료는 얼마 정도인가요?

受講料はいくらぐらいですか。

지불은 은행 입금으로 하면 되죠?

お支払いは銀行振込みでいいんですね。

Biz tip 세미나 참가비는 당일 현장에서 받는 경우도 있으나 대개는 미리 은행계좌로 입금합니다. 홈페이지 참가 신청란에 보면 자세히 나와 있어요.

전시회 부스를 신청하고 싶은데요.

展示会のブースを申し込みたいですが。

Biz tip 전시회 부스는 신속한 신청이 관건이에요. 대개는 참가할 때 그 다음 전시회 등록을 미리 해 두는 경우가 많아요.

A 展示会のブースを申し込みたいですが。 전시회 부스를 신청하고 싶은데요.
B すでに埋まっております。 이미 (예약이) 다 되어 있어요.
A 空いているスペースはないんですか。 비어 있는 공간은 없는 거예요?

＊埋まる (장소가) 꽉 차다

전시회에 출점하고 싶은데요.

展示会に出展したいんですけど。

현재 부스 확보가 어려운 상태입니다.

ただ今ブースの確保が難しくなっております。

부스 위치는 자기가 정할 수 있나요?

ブースのポジションは自分で決めることができますか。

부스 세팅은 몇 시간 전부터인가요?

ブースのセッティングは何時間前からですか。

승인서는 언제 도착할까요?

承認書はいつ届くんでしょうか。

Biz tip 전시회 출점 승인서를 받아 놓아야 예약 사고를 미연에 방지할 수 있어요.

항공편 예약

저어, 6월 25일, 14시에 출발하는 도쿄행, 어른 1장 부탁합니다.

あのう、6月25日14時発の東京行き、大人一枚お願いします。

A はい、全国航空予約センターでございます。 네, 전국항공 예약센터입니다.
B あのう、6月25日14時発の東京行き、大人一枚お願いします。
저어, 6월 25일, 14시에 출발하는 도쿄행, 어른 1장 부탁합니다.

죄송하지만 왕복인가요?

恐れ入りますが、往復でございますか。

귀국은 언제인가요?

お帰りはいつでしょうか。

A お帰りはいつでしょうか。 귀국은 언제인가요?
B まだはっきり分からないですが、多分1週間後ぐらいになると思うんです。
아직 확실히 모르겠지만, 아마 일주일 후 정도가 될 것 같아요.

귀국은 어떻게 하실래요?

お帰りはどうなさいますか。　　　　　　　　　　　*なさる 하시다

귀국은 28일인데요, 마지막 비행기는 몇 시죠?

帰りは28日ですが、最終便は何時ですか。　　　　*〜便 〜편

그날이면 시간은 언제라도 상관없어요.

その日でしたら、時間はいつでもかまいません。

그러시면 21일 오픈이라는 형태로 하시겠어요?

そうしますと、21日オープンという形になさいますか。

A そうしますと、21日オープンという形になさいますか。
　　그러시면 21일 오픈이라는 형태로 하시겠어요?

B オープンチケットだと当然高くなりますよね。오픈티켓이면 당연히 비싸지겠네요?

A 来月10日ご出発、21日オープンで50,000円と格安でございます。
　　다음 달 10일 출발, 21일 오픈으로 하시면 50,000엔으로 아주 쌉니다.

이코노미석으로 부탁하고 싶어요.

エコノミークラスでお願いしたいです。

Biz tip 普通席라고도 하며, 그밖에 'ビジネスクラス(비즈니스석)'와 'ファーストクラス(일등석)'가 있어요.

지정하신 날이면 오후 2시편밖에 빈자리가 없어요.

ご指定の日でしたら、午後2時の便しか空席がございません。

취소 대기 상태가 되는데 괜찮으시겠어요?

キャンセル待ちになりますが、よろしいですか。

대기 예약을 해 주세요.

空席待ち予約をしてください。

キャンセル待ち予約を入れてください。

ウェイティングリストに載せてください。

＊ウェイティングリスト 대기자 명단

예약 취소가 나오면 연락 주실 수 있어요?

キャンセルが出たらご連絡いただけますか。

A キャンセルが出たらご連絡いただけますか。예약 취소가 나오면 연락 주실 수 있어요?

B それはもちろんですが、空席の検索はホームページでもできます。
　　그야 물론입니다만, 빈자리 검색은 홈페이지에서도 가능해요.

기내에 가지고 들어갈 수 있는 짐에는 무게와 개수에 제한이 있어요.

機内に持ち込める手荷物には重さと数に制限があります。

담배는 피우십니까?

おタバコはお吸いになりますか。

금연석으로 부탁합니다.

禁煙席でお願いします。

313

통로 쪽 자리가 좋은데요.

通路側の席がいいんですが。

번거로우시겠지만, 성함과 전화번호를 부탁합니다.

お手数ですが、お名前とお電話番号をお願いできますか。

성함은 어떤 한자를 쓰시나요?

お名前のほうはどのような漢字をお使いになりますか。

기타 예약

5월 15일부터 3박으로 방을 예약하고 싶은데요.

5月15日からの三泊で部屋を予約したいんですけど。

전망이 좋은 방으로 부탁해요.

眺めのいい部屋でお願いします。

욕실이 달려 있는 싱글 룸으로 빈방은 있나요?

バスつきのシングルルームで空きはありますか。 　*〜つき 〜가 달려 있는

> **실전회화**
>
> A　バスつきのシングルルームで空きはありますか。
> 　　욕실이 달려 있는 싱글 룸으로 빈방은 있나요?
>
> B　あいにくシングルは満室で、ダブルでしたらご用意できます。
> 　　공교롭게도 싱글 룸은 만실이고 더블 룸이라면 준비해 드릴 수 있어요
>
> A　しかたありませんね。それと、朝食はついていますか。
> 　　할 수 없군요 그리고 조식은 나오나요? 　　　　　　　　*つく 붙다

1박에 얼마죠?

一泊いくらですか。

세금 포함인가요?

税込みでしょうか。

좀 더 싼 방은 없나요?

もう少し安い部屋はありませんか。

금요일도 주말 요금인가요?

金曜日も週末料金でしょうか。

장기 숙박 플랜은 있나요?

連泊プランはあるでしょうか。

Biz tip 비즈니스 호텔에는 장기간 체류하는 경우 連泊プラン이라고 해서 할인이나 서비스 혜택을 주기도 해요.

체크인 시간은 오후 4시쯤이 될 것 같아요.

チェックイン時間は午後４時ごろになると思います。

A　何時ごろいらっしゃいますか。 몇 시쯤 오시나요?

B　チェックイン時間は午後４時ごろになると思います。
　　체크인 시간은 오후 4시쯤이 될 것 같아요.

업무 사정으로 체크인이 늦어지는데, 괜찮은가요?

仕事の都合(つごう)でチェックインが遅くなりますが、大丈夫でしょうか。

신칸센 표를 예약하고 싶은데요, 도쿄에서 교토까지입니다.

新幹線(しんかんせん)の切符を取りたいんですが、東京から京都までです。

렌터카를 쓰고 싶은데요.

レンタカーを使いたいんですが。

콘서트 티켓 2장 부탁드려요.

コンサートのチケットを２枚、お願いします。

현지 정보 수집

요즘 그쪽 날씨는 어때요?

最近そちらの天気はどうですか。

아침저녁으로는 쌀쌀하니까 재킷을 가져오세요.

朝晩(あさばん)は肌寒(はだざむ)いですから、ジャケットを持ってきてください。

장마가 시작되어서 컨디션이 나빠지기 쉬워요.

梅雨(つゆ)に入りましたので、体調(たいちょう)を崩(くず)しやすいです。

＊ 梅雨に入る 장마가 시작되다　体調を崩す 컨디션을 해치다

와이파이를 무료로 쓸 수 있는 호텔이나 카페가 늘고 있어요.

Wi-fiが無料で使えるホテルやカフェなどが増(ふ)えています。

엔저 현상으로 관광객이 많아요.

円安(えんやす)で観光客(かんこうきゃく)が多いです。

요즘 이슈가 되고 있는 것은 무엇인가요?

このごろ、イッシュになっているのは何ですか。

중심부에서 큰 사고가 일어나 길이 굉장히 막혀요.

中心部で大きな事故が起きて、道がけっこう込んでいます。

선물로는 무엇이 환영받나요?

お土産には何が喜ばれますか。

*喜ぶ 기뻐하다

정치 불안이 계속되고 있어요.

政治不安が続いています。

벚꽃이 활짝 피었어요.

桜が満開になりました。

A 桜が満開になりました。 벚꽃이 활짝 피었어요.

B 花見の季節がやってきましたね。 꽃구경의 계절이 돌아왔네요.

*やってくる 찾아오다

도쿄에서 추천할 만한 장소는 어디죠?

東京でおすすめのスポットはどこですか。

그랜드호텔에 묵을 예정인데요, 회장하고는 (거리가) 떨어져 있나요?

グランドホテルに泊まる予定ですが、会場とは離れていますか。

일본은 110V니까 어댑터가 필요해요.

日本は110Vだからアダプターが要ります。

교토에서는 지하철보다 버스가 편리해요.

京都では地下鉄よりバスが便利です。

A 京都では地下鉄よりバスが便利です。 一日乗車券があればお金を気にせ
ず回れます。

교토에서는 지하철보다 버스가 편리해요. 1일 승차권이 있으면 돈을 신경 쓸 필요 없이 돌아다닐 수 있어요

B 一日乗車券はいくらぐらいするんですか。 1일 승차권은 얼마 정도 하나요?

316

공항 및 기내

🎧 06-2.mp3

탑승 수속

아시아나항공의 체크인 카운터는 어디죠?
アシアナ航空のチェックイン・カウンターはどこですか。

간사이공항행 피치항공입니다.
関西空港行き、ピーチ航空でございます。

> **Biz tip** 주요 공항으로는 成田空港, 関西空港, 羽田空港 등이 있어요.

체크인 부탁해요.
チェックイン、お願いします。

짐은 몇 개 있나요?
お荷物はいくつありますか。

기내에 갖고 들어갈 수 있는 것은 몇 킬로까지인가요?
機内に持ち込めるのは何キログラムまでですか。

> **Biz tip** 저가 항공사 중에는 짐의 개수, 무게에 따라 별도 요금을 지불해야 하는 곳이 많아요.

예약할 때 잊어버리고 말을 못했는데, 창문 쪽으로 해 줄 수 있나요?
予約の時に言い忘れましたが、窓側にしてもらえますか。

내린 공항에서의 환승 시간이 빠듯해서요, 짐을 일찍 내줄 수 없나요?
降りた空港での乗り継ぎがギリギリなので、荷物を早めに出していただけないでしょうか。   * ギリギリ 빠듯함

비즈니스 클래스로 업그레이드 해 주셨으면 해요.
ビジネスクラスにグレードアップしてもらいたいんです。

실전회화

A ビジネスクラスにグレードアップしてもらいたいんです。
  비즈니스 클래스로 업그레이드 해 주셨으면 해요.
B ただ今ビジネスクラスに空席がございますので、可能かと思います。
  현재 비즈니스 클래스에 빈자리가 있어서 가능할 거라 생각합니다.

탑승 시각은 몇 시죠?
搭乗時刻は何時ですか。

탑승 게이트를 알려 주세요.
搭乗ゲートを教えてください。

출국 심사는 어디서 하죠?

出国審査はどこですか。

여권과 탑승권을 보여 주시겠어요?

パスポートと搭乗券を見せていただけますか。

비행기 지연

NH5335편은 출발이 지연되고 있어요.

NH5335便は出発に遅れが出ています。

비행기 출발이 늦어지고 있는가 봐요.

飛行機の出発が遅れているらしいです。

A　予定通りの出発ですか。예정대로 출발하나요?

B　それが……、飛行機の出発が遅れているらしいです。
　　그게 말이죠. 비행기 출발이 늦어지고 있는가 봐요.

A　でしたら、会議を遅らせましょうか。그럼, 회의를 늦출까요?

출발까지는 1시간 정도 걸릴 것으로 보입니다.

出発までは1時間ほどかかる見込みです。　　　＊見込み 예상, 전망

A　どれぐらい待たなければなりませんか。얼마나 기다려야 하죠?

B　出発までは1時間ほどかかる見込みです。출발까지는 1시간 정도 걸릴 것으로 보입니다.

비행기 운행 정보를 알려 드립니다.

飛行機の運行情報をお知らせいたします。

보스턴행 AA8475편은 도착 시간이 변경되었습니다.

ボストン行きのAA8475便は到着時間に変更があります。

나리타행 비행기는 태풍으로 인하여 결항되었습니다.

成田行きの便は台風のため、欠航となりました。

A　成田行きの便はどうなりましたか。나리타행 비행기는 어떻게 되었나요?

B　成田行きの便は台風のため、欠航となりました。
　　나리타행 비행기는 태풍으로 인하여 결항되었습니다.

각 비행기 편의 운행 상황은 '발착 안내'에서 확인해 주십시오.

各便の運行状況は「発着案内」よりご確認ください。

기내 회화

제 자리는 어디죠?

私の席はどこでしょうか。

A　私の席はどこでしょうか。 제 자리는 어디죠?
B　確認させていただきます。お席はこの通路をまっすぐ行ったところですね。
　　확인하겠습니다. 자리는 이 통로를 쭉 가시면 됩니다.

죄송합니다. 여기는 제 자리 같은데요.

すみません。ここは自分の席のようですが。

A　すみません。ここは自分の席のようですが。
　　죄송합니다. 여기는 제 자리 같은데요.
B　ええと、7Dですと、この隣でしたね。ごめんなさい。失礼いたしました。
　　어디 보자, 7D라면 이 옆이었네요. 죄송해요. 실례가 많았습니다.

좌석 번호를 다시 한 번 확인해 주실 수 있나요?

座席番号をもう一度確かめていただけますか。　　＊確かめる 확인하다

이 짐은 어디에 두면 되죠?

この荷物はどこに置けばいいですか。

가방을 저기에 올려 주시지 않겠어요?

カバンをあそこに上げていただけませんか。

음료는 무엇으로 하시겠어요?

お飲み物は何になさいますか。

A　お飲み物は何になさいますか。ジュースとコーラ、ビールがございます。
　　음료는 무엇으로 하시겠어요? 주스와 콜라, 맥주가 있습니다.
B　トマトジュースはありませんか。 토마토 주스는 없나요?

커피를 한 잔 더 부탁해요.

コーヒーのおかわりをお願いします。

쇠고기와 생선, 어느 쪽이 좋으신가요?

牛肉と魚とどちらがよろしいですか。

A　牛肉と魚とどちらがよろしいですか。 쇠고기와 생선 어느 쪽이 좋으신가요?
B　魚にします。 생선으로 할게요.　　＊〜にする 〜로 하다

식사는 끝나셨나요?

お食事はお済みでしょうか。　　＊済み 끝남

전등은 어떻게 끄면 되죠?

ライトはどうやって消したらいいですか。

A ライトはどうやって消したらいいですか。전등은 어떻게 끄면 되죠?
B 右側の肘掛けのところにボタンがありますので、それを押してください。
오른쪽 팔걸이 근처에 버튼이 있으니까 그것을 눌러 주세요.

뒤쪽에 빈자리는 없나요?

後ろのほうに空いている席はありませんか。

A 後ろのほうに空いている席はありませんか。뒤쪽에 빈자리는 없나요?
B お客様、どうなさいましたか。손님, 무슨 일이시죠?
A 具合いが悪くて、後ろでゆっくり休めないかなあと思いまして。
몸이 좀 안 좋아서 뒤쪽에서 편히 쉴 수 없을까 해서요.   * 具合いが悪い 컨디션이 안 좋다

일행이 있어요, 제 자리와 바꿔 주실 수 없나요?

連れがいまして、私の席と変えていただけませんか。

담요를 한 장 더 받을 수 있나요?

毛布をもう一枚もらえますか。

한국 신문 있어요?

韓国の新聞、ありますか。

머리가 아픈데요, 약은 있나요?

頭が痛いんですが、お薬はありますか。

일본 엔도 사용할 수 있나요?

日本円も使えますか。

면세품의 기내 판매는 언제부터죠?

免税品の機内販売はいつからでしょうか。

입국 신고서를 주세요.

入国申告書をください。

入国申告書をもらえますか。

入国申告書をいただけますか。

A 入国申告書をください。입국 신고서를 주세요.
B 一人につき一枚、書くことになっていますが、何枚でしょうか。
한 분당 1장 쓰도록 되어 있는데요, 몇 장 필요하세요?   * ～につき ~당

어떻게 써야 하는지 잘 모르겠어요.

書方がよくわかりません。

의자를 세워 주시겠어요?

シートを戻していただけますか。

シートを起こしていただけますか。

실전회화

A　食事をご用意しておりますので、シートを戻していただけますか。
식사를 준비해 드리고 있어서요, 의자를 세워 주시겠어요?

B　あっ、すみません。 아, 죄송해요.

이어폰은 없나요?

イヤホンはありませんか。

기내 방송

기장인 스즈키 히로오입니다.

機長の鈴木博男でございます。

오늘은 일본항공을 이용해 주셔서 대단히 감사합니다.

本日は、日本航空をご利用いただき、まことにありがとうございます。

오늘은 날씨가 좋아서 오른쪽 창문으로 후지산을 잘 보실 수 있습니다.

本日は天候に恵まれ、右手の窓から富士山がよくご覧になれます。

＊～に恵まれる ～의 혜택을 받다

안전벨트 사인이 켜졌습니다.

シートベルトのサインが点灯いたしました。

＊点灯 점등

안전벨트 사인은 꺼져 있지만 좌석에 앉으실 때는 안전벨트를 매 주십시오.

シートベルトサインは消灯しておりますが、お座席におすわりの際にはシートベルトをお締めください。

＊消灯 소등 締める 묶다

여러분, 어서 좌석으로 돌아가 주십시오.

みな様、どうぞ、お座席にお戻りくださいませ。

이제부터 저녁식사를 준비해 드리겠습니다.

ただ今よりお夕食をご用意いたします。

메인 요리는 쇠고기와 닭고기 중에서 고르실 수 있습니다.

メインディッシュはビーフかチキンよりお選びいただけます。

이제 기내 서비스를 종료하겠습니다.
ただ今をもちまして機内サービスを終了させていただきます。

＊〜をもちまして 〜으로, 〜로써

지금부터 화장실 이용은 자제해 주십시오.
これより化粧室のご利用はご遠慮ください。

좌석과 테이블을 원래 위치로 되돌려 주십시오.
座席やテーブルを元の位置にお戻しください。

기류 관계로 흔들리고 있지만 비행의 안전에는 영향이 없으니 안심하세요.
気流の関係で揺れておりますが、飛行の安全には影響がございません のでご安心ください。

여러분, 저희 비행기는 이제 곧 나리타공항에 도착합니다.
みな様、当機はまもなく成田空港に到着いたします。

지금부터 착륙 태세로 들어가겠습니다.
ただ今より着陸体制に入ります。

안전벨트를 느슨하지 않도록 단단히 매 주세요.
シートベルトを緩みのないようにしっかりお締めください。

＊緩み 헐거움

비행기를 내리실 때까지 전자 기기 부류의 전원을 꺼 주세요.
飛行機をお降りになるまで電子機器類の電源をお切りください。

다시 한 번 좌석의 안전벨트를 확인해 주십시오.
今一度、お座席のシートベルトをご確認ください。

여러분 수고 많으셨습니다. 저희 비행기는 나리타공항에 도착하였습니다.
みな様お疲れ様でした。当機は成田空港へ到着いたしました。

안전벨트 사인이 꺼지기까지 그대로 자리에서 기다려 주세요.
シートベルトサインが消えるまでそのままお座席でお待ちください。

출구는 앞쪽 한군데입니다.
お出口は前方一カ所でございます。

잊으신 물건이 없는지 주의해 주세요.
お忘れ物のないようにお気をつけください。

도착 게이트까지는 버스로 안내해 드립니다.

到着ゲートまでは、バスでご案内いたします。

여러분과 다시 만날 수 있기를 진심으로 기다리겠습니다.

みな様とまたお会いできることを、心からお待ち申し上げます。

공항 도착

짐을 찾는 장소는 어딘가요?

荷物の受け取り場所はどこですか。 ＊受け取る 받다

제 여행 가방을 찾을 수가 없어요.

私のスーツケースが出て来ません。

私のスーツケースが見当たりません。 ＊見当たる 눈에 띄다

私のスーツケースが降りて来ません。

짐 교환증은 가지고 계신가요?

荷物の引換証はお持ちですか。

찾는 대로 호텔로 갖다 주실래요?

見つかり次第、ホテルに届けてもらえますか。

＊次第 ～하는 대로 届ける 보내 주다

実戦会話

A 見つかり次第、ホテルに届けてもらえますか。ホテルの電話番号です。
찾는 대로 호텔로 갖다 주실래요? 호텔 전화번호입니다.

B すぐ見つかると思いますので、ご安心ください。
금방 찾을 수 있을 테니 안심하세요.

환전은 어디서 할 수 있나요?

両替はどこでできますか。

원을 엔으로 바꿔 주세요.

ウォンを円に替えてください。

환율은 어느 정도죠?

為替レートはどれくらいですか。

천 엔짜리 지폐와 동전으로 바꿔 주세요.

千円札と小銭にしてください。

계산이 틀린 것 같은데요.
計算が間違っているようです。　　　　　　　　　＊間違う 틀리다

영수증을 주실래요?
レシートをもらえますか。

입국 · 세관

여권과 신고서를 보여 주세요.
パスポートと申告書を見せてください。

A パスポートと申告書を見せてください。 여권과 신고서를 보여 주세요.
B はい、どうぞ。 네, 여기 있습니다.

얼마나 체류하시나요?
ご滞在はどれぐらいですか。　　　　　　　　　　＊滞在 체재

A ご滞在はどれぐらいですか。 얼마나 체류하시나요?
B 一週間の予定です。 일주일 예정입니다.

비즈니스인가요, 아니면 관광이신가요?
ビジネスですか、それともご観光ですか。

A ビジネスですか、それともご観光ですか。 비즈니스인가요, 아니면 관광이신가요?
B 仕事で来ました。 업무차 왔어요.

어디서 묵으시나요?
お泊まりはどちらですか。

A お泊まりはどちらですか。 어디서 묵으시나요?
B 研修が行われるヒルトンホテルです。 연수를 받는 힐튼호텔입니다.

호텔 주소가 빠져 있군요.
ホテルの住所が抜けています。　　　　　　　　　＊抜ける 누락되다

귀국 항공권은 갖고 계신가요?
帰りの航空券はお持ちですか。

가방을 열어 봐 주실래요?
カバンを開けてもらえますか。

여행 가방에는 무엇이 들어 있죠?

スーツケースには何が入っていますか。

A　スーツケースには何が入っていますか。여행 가방에는 무엇이 들어 있죠?
B　洋服と身の回り品です。옷이랑 일상용품이에요.　＊身の回り 신변

신고할 물품은 있으신가요?

何か申告するものはお持ちですか。

A　何か申告するものはお持ちですか。신고할 물품은 있으신가요?
B　いいえ、ありません。아뇨, 없어요.

술이나 담배는 있으신가요?

お酒やたばこはお持ちでしょうか。

이것은 반입 금지입니다.

これは持ち込み禁止です。

이 하얀 가루는 뭐죠?

この白い粉は何ですか。

A　この白い粉は何ですか。이 하얀 가루는 뭐죠?
B　医者に処方してもらった薬です。의사한테 처방받은 약입니다.

짐은 이게 다입니다.

荷物はこれで全部です。

한국어나 영어를 할 수 있는 사람 없나요?

韓国語か英語が話せる人、いませんか。

연계 교통편

시내로 가는 버스는 어디서 출발하죠?

市内に行くバスはどこから出ていますか。

얼마나 자주 출발하나요?

どのぐらい頻繁に出ていますか。　　＊頻繁 빈번

A　どのぐらい頻繁に出ていますか。얼마나 자주 출발하나요?
B　20分おきに出ています。20분마다 출발합니다.　＊～おきに ～간격으로

교토역으로 가는 리무진 버스는 여기서 타나요?

京都駅へのリムジンバスはここで乗りますか。

공항에서 호텔까지 가는 셔틀버스가 있나요?

空港からホテルまでの送迎バスはありますか。

시내로 가는 공항버스는 있나요?

市内へ行く空港バスはありますか。

차표는 어디서 살 수 있죠?

切符はどこで買えますか。

택시 승강장은 어디인가요?

タクシー乗り場はどこですか。

짐을 트렁크에 넣어 주실래요?

荷物をトランクに入れてもらえますか。

아카사카까지라면 얼마죠?

赤坂までならいくらですか。

여행자 정보센터는 어디에 있나요?

ツーリスト・インフォメーション・センターはどこにありますか。

리컨펌(항공기 예약 재확인) 부탁드려요.

リコンファーム、お願いします。
予約の確認をお願いしたいですが。

Biz tip 전화로 일본어를 하는 것이 익숙하지 않다면 나중에 전화로 하는 것보다 도착했을 때 항공사 오피스로 가서 리컨펌을 해 두는 방법도 있어요.

마중과 배웅

공항까지 모시러 갈 테니 도착 시간과 항공편을 알려 주세요.

空港までお迎えに行きますので、到着時間とフライトをお知らせください。

A 来週日本に行くことになりました。 다음 주에 일본에 가게 되었어요.

B 空港までお迎えに行きますので、到着時間とフライトをお知らせください。
공항까지 모시러 갈 테니 도착 시간과 항공편을 알려 주세요.

공항에서 호텔까지의 차를 준비하겠습니다.

空港からホテルまでの車を手配します。   * 手配 준비

A 空港からホテルまでの車を手配します。 공항에서 호텔까지의 차를 준비하겠습니다.

B そうしていただくとありがたいです。 그렇게 해 주시면 감사하죠.

모시러 가는 기사가 박○○ 씨의 성함을 적은 종이를 가지고 기다릴 테니까요.

お迎えの運転手がパクさんのお名前を書いた紙を持って待って
いますので。

A お迎えの運転手がパクさんのお名前を書いた紙を持って待っていますので。
마중하러 가는 운전기사가 박○○ 씨의 성함을 적은 종이를 가지고 기다릴 테니까요.

B そこまでしていただくわけにはいきません。
그렇게까지 하지 않으셔도 되는데요.   *〜わけにはいかない 〜(할) 수는 없다

서울자동차에서 오신 분인가요?

ソウル自動車の方ですか。

일본에 오신 걸 환영합니다.

ようこそ、日本へ。

일부러 마중 나와 주셔서 감사합니다.

わざわざお出迎え、ありがとうございます。   * 出迎え 마중

A わざわざお出迎え、ありがとうございます。 일부러 마중 나와 주셔서 감사합니다.

B パクさんとぼくの仲じゃありませんか。 박○○ 씨와 제 사이 아닙니까?

차를 가져올 테니 여기서 잠시만 기다려 주세요.

車を回してきますので、こちらで少々お待ちください。

     * 回す 돌리다

차를 대기시켜 놓았으니 이쪽으로 오시죠.

車を待たせていますので、こちらへどうぞ。

택시를 불러올 테니 잠시 기다리고 계실래요?

タクシーを呼んで来ますので、ちょっと待っていてもらってい
いですか。

비행은 어떠셨나요?

フライトはいかがでしたか。

A　フライトはいかがでしたか。お疲れじゃありませんか。
　　비행은 어떠셨나요? 피곤하지 않으세요?

B　席がなくてビジネスクラスで来たんですが、降りるのがもったいないぐ
　　らいでした。자리가 없어서 비즈니스 클래스로 왔는데요. 내리는 것이 아까울 정도였어요.
　　　　　　　　　　　　　　　　　　　　　　　　＊もったいない 아깝다

일본은 처음이신가요?

日本ははじめてですか。

A　日本ははじめてですか。일본은 처음이신가요?

B　いえ、2度目です。最初はプライベートで来ました。
　　아뇨, 두 번째예요. 처음엔 개인적으로 왔어요.

시차 문제는 전혀 없어요.

時差ぼけは全然ありません。　　　　　　　　　　　＊ぼけ 멍함

호텔로 바로 가시겠어요, 아니면 회사에 들를까요?

ホテルに直行しますか、それとも会社に寄りますか。　＊直行 직행

출출하지 않으세요? 제 단골집으로 안내해 드리죠.

お腹、空いていませんか。私の行きつけの店にご案内します。

내일 아침 8시쯤 호텔로 모시러 가겠습니다.

明日の朝8時ごろ、ホテルにお迎えに上がります。

공항까지 배웅하러 갈게요.

空港まで見送りに行きます。　　　　　　　　　　　＊見送り 배웅

이제 (탑승구로) 들어갈게요.

そろそろ入りますね。

A　そろそろ入りますね。大変お世話になりました。
　　이제 (탑승구로) 들어갈게요. 너무 신세를 졌네요.

B　何をおっしゃいますか。では、またお会いしましょう。
　　별 말씀을 다 하시네요. 그럼, 또 뵙죠.

Chapter 3

호텔

06-3.mp3

**예약 확인
및 체크인**

어서 오십시오, 체크인 하시겠어요?

いらっしゃいませ。チェックインなさいますか。

 A　いらっしゃいませ。チェックインなさいますか。
어서 오십시오, 체크인 하시겠어요?

B　カンと申します。韓国で予約を入れておきました。
강이라고 해요, 한국에서 예약을 해 두었어요. ＊타동사+てある ~해 두다

죄송합니다. 아직 방 준비가 안 되어 있어요.

申し訳ありません。まだお部屋のご用意ができておりません。

 A　今チェックインできますか。 지금 체크인 할 수 있나요?

B　申し訳ありません。まだお部屋のご用意ができておりません。
죄송합니다. 아직 방 준비가 안 되어 있어요.

죄송합니다. 예약을 받은 기록이 없어요.

恐れ入りますが、予約をお受けした記録がありません。

예약번호는 가지고 계신가요?

予約番号はお持ちですか。

성함 입력이 잘못되어 있었네요. 대단히 실례가 많았습니다.

お名前の入力が間違っておりました。大変失礼いたしました。

여기 숙박카드에 기입해 주세요.

こちらの宿泊カードにご記入ください。

3층 가장 안쪽 방입니다.

3階の一番奥の部屋になります。

퀸 사이즈 침대방으로 바꿀 수 있나요?

クイーンサイズのベッドの部屋に変えることはできますか。

Biz tip 뭔가를 바꾸고 싶을 때는 '~に変えることはできますか'라고 말하세요.

더블 룸은 현재 빈방이 없어요.

ダブルルームはただ今全部ふさがっております。　＊ふさがる 차다

329

금연 층이 맞는 거죠?

禁煙フロアーで間違いないでしょうか。

'~で間違いないでしょうか(~가 틀림없죠?)'로 틀림없는지 확인하세요.

숙박비는 선불로 부탁드려요.

部屋代は前払いでお願いします。

조식은 2층 레스토랑에서 7시부터 10시까지입니다.

朝食は2階のレストランで7時から10時までとなっております。

*~となっている＝~だ

방에 헤어 드라이기는 있나요?

部屋にヘアドライアーはありますか。

실전회화

A　部屋にヘアドライアーはありますか。 방에 헤어 드라이기는 있나요?
B　はい、備え付けてあります。 네, 비치되어 있어요. ＊備え付ける 고정시켜 두다

여권을 복사할게요.

パスポートをコピーさせていただきます。 ＊~させていただく＝~する

신용카드를 복사해도 될까요?

クレジットカードの写しを取らせていただけますか。 ＊写し 사본

이것이 방 열쇠입니다.

こちらがルームキーでございます。

외출하실 때는 여기(프런트)에 방 열쇠를 맡겨 주세요.

お出かけの際は、こちらへルームキーをお預けください。

＊預ける 맡기다

왼쪽 편 엘리베이터를 이용하셔서 11층까지 올라가 주세요.

左手のエレベーターをご利用になり、11階までお上がりください。

편히 쉬세요.

ごゆっくりどうぞ。

서비스 문의

체크아웃 시간은 몇 시죠?

チェックアウトは何時ですか。

A チェックアウトは何時ですか。 체크아웃 시간은 몇 시죠?
B 10時となっております。 10시입니다.

체크아웃 시간은 연장할 수 있나요?

チェックアウトの時間は延長できますか。

A チェックアウトの時間は延長できますか。 체크아웃 시간은 연장할 수 있나요?
B 1時間につき、税込みで2,000円をいただいておりますが、14時以降は、
通常料金の全額をちょうだいしております。
1시간당 세금 포함해서 2,000엔을 받고 있는데요, 14시 이후는 하루 숙박비 전액을 받고 있어요.

무선 LAN은 쓸 수 있나요?

無線LANは使えますか。

와이파이 패스워드를 가르쳐 주세요.

Wifiのパスワードを教えてください。

방에서 인터넷을 할 수 있나요?

部屋でインターネットが使えますか。

A 部屋でインターネットが使えますか。 방에서 인터넷을 할 수 있나요?
B はい、お部屋とロビーでWifiが無料でお使いいただけます。
네, 방과 로비에서 와이파이를 무료로 사용하실 수 있어요.

객실은 ADSL 접속으로 LAN 케이블이 필요해요.

客室はADSL接続でLANケーブルが必要です。

귀중품을 맡겨도 될까요?

貴重品を預かってもらえますか。

금고는 방에 있나요?

セーフティーボックスは部屋にありますか。

한국어를 말할 수 있는 직원은 있나요?

韓国語が話せるスタッフはいますか。

동전 세탁기는 있나요?

コインランドリーはありますか。

이 주변에 팩스를 보낼 수 있는 곳이 있을까요?

この辺にファックスが送れるようなところってありますか。

331

3 호텔

모닝콜을 부탁할 수 있을까요?

モーニングコールをお願いできますか。

A はい、フロントでございます。 네, 프런트입니다.

B あのう、すみません。明日、重要な商談があるので、モーニングコール
をお願いできますか。
저어, 죄송합니다. 내일 중요한 비즈니스 상담이 있어요. 모닝콜을 부탁할 수 있을까요?

A はい、かしこまりました。何時がよろしいでしょうか。
네, 알겠습니다. 몇 시가 좋을까요?

노트북 대여는 하고 있나요?

ノートパソコンの貸出はやっていますか。

A ノートパソコンの貸出はやっていますか。 노트북 대여는 하고 있나요?

B はい、一泊につき1,000円でございます。 네, 1박에 1,000엔입니다. *～につき ~당

바지 다리미를 빌려 주실래요?

ズボンプレッサーを貸してもらえますか。

공항까지 데려다주는 셔틀 서비스는 있나요?

空港までのシャトルサービスはありますか。

제 앞으로 메시지가 와 있지 않나요?

私宛てにメッセージが来ていませんか。

소포가 도착하기로 되어 있는데 와 있나요?

小包が届くことになっていますが、来ていますか。

A 小包が届くことになっていますが、来ていますか。
소포가 도착하기로 되어 있는데 와 있나요?

B はい、1時間前に届いております。ご確認くださいませ。
네, 1시간 전에 도착했어요. 확인하시죠.

로비에 있는 비즈니스 센터는 뭐죠?

ロビーにあるビジネス・センターは何ですか。

A ロビーにあるビジネス・センターは何ですか。 로비에 있는 비즈니스 센터는 뭐죠?

B コピー、ファクシミリサービスを行っているところです。
복사, 팩스 서비스를 하는 곳입니다.

불편 사항 전달

카드 키를 꽂았는데도 문이 열리지 않아요.

カードキーを差し込んでも、ドアが開きません。　＊差し込む 꽂다

TV가 켜지지 않아요.

テレビがつきません。

TV 리모컨이 작동하지 않아요.

テレビのリモコンが使えません。

분명히 흡연 층을 예약했는데, 금연 층으로 되어 있어요. 방을 바꿔 주실래요?

喫煙フロアを予約したはずですが、禁煙フロアになっています。部屋を変えてもらえますか。

A 喫煙フロアを予約したはずですが、禁煙フロアになっています。
　部屋を変えてもらえますか。
　분명히 흡연 층을 예약했는데, 금연 층으로 되어 있어요. 방을 바꿔 주실래요?
B 何か手違いがあったようですね。ただ今、部屋を変えさせていただきます。
　뭔가 착오가 있었던 모양이네요. 지금 바로 방을 바꿔 드릴게요.

수건이 한 장도 없어요.

タオルが一枚もありません。

화장실 휴지가 없어요.

トイレットペーパがありません。

욕실 배수구 냄새가 심해요.

風呂場の排水口の臭いがひどいです。

옆방이 시끄러워서 잠을 잘 수가 없어요.

隣の部屋がうるさくて眠れません。　＊眠る 잠들다

천장에서 물이 새고 있어요.

天井から水が漏れています。　＊漏れる 새다

에어컨에 문제가 있어요.

エアコンの調子が悪いです。　＊調子が悪い 상태가 좋지 않다

A エアコンの調子が悪いです。 에어컨에 문제가 있어요.
B でしたら、お出かけになっている間に直しておきます。
　ご迷惑をおかけして申し訳ございません。
　그러면 외출하신 동안에 고쳐 놓을게요. 불편을 끼쳐 드려 죄송합니다.

에어컨 스위치가 어디에 있는지 잘 모르겠어요.

空調のスイッチがどこにあるのかよく分かりません。　＊空調 에어컨

A　空調のスイッチがどこにあるのかよく分かりません。
에어컨 스위치가 어디에 있는지 잘 모르겠어요.

B　テレビの上にエアコンのリモコンはないでしょうか。テレビリモコンと
並んでおいてあると思うんですが。
TV 위에 에어컨 리모컨은 없나요? TV 리모컨과 나란히 놓여 있을 텐데요.

A　あ、ありました。すみません。
아, 있네요. 죄송해요.

물이 잘 안 나와요.

水の出が悪いです。

화장실 환풍기에서 이상한 소리가 나요.

トイレの換気扇から変な音がします。　＊音がする 소리가 나다

변기 물이 안 내려가요.

トイレが流れません。

A　トイレが流れません。변기 물이 안 내려가요.

B　そうですか。お休み中、申し訳ありませんが、担当の者を行かせてもよ
ろしいでしょうか。그러세요? 쉬시는데 죄송한데요, 담당자를 보내도 될까요?

물이 미적지근해요.

お湯がぬるいんです。　＊お湯 뜨거운 물

물이 욕조에서 넘쳐 버렸어요.

お湯がバスタブからあふれてしまいました。

Biz tip 목욕탕의 구조와 바닥재가 우리와 다르기 때문에 욕조물이 밖으로 흘러넘치지 않도록 특히 주의해야
합니다. 또 샤워커튼을 치지 않아서 욕실 바닥을 흥건하게 만드는 일이 없도록 조심하세요.

방 안에 열쇠를 두고 나와 버렸어요.

部屋の中にキーを置いたまま出てきてしまいました。

A　部屋の中にキーを置いたまま出てきてしまいました。
방 안에 열쇠를 두고 나와 버렸어요.

B　新しいキーをご用意いたします。새 열쇠를 준비해 드리죠.

인터넷 접속이 안 돼요.

インターネットに接続できません。

불이 하나 안 들어오는데요.
照明が一つ切れています。 　＊切れる (수명이) 다하다

청소가 끝나지 않았어요.
掃除が終わっていません。

체크아웃 부탁합니다.
チェックアウトをお願いします。

앞으로 30분 정도 후에 체크아웃할 건데, 괜찮나요?
あと30分くらいでチェックアウトしますが、大丈夫ですか。

내일 아침 일찍 나가야 하니 청구서를 미리 준비해 주실래요?
明日の朝早いので、請求書をあらかじめ用意しておいてくれませんか。

> A 明日の朝早いので、請求書をあらかじめ用意しておいてくれませんか。
>   내일 아침 일찍 나가야 하니 청구서를 미리 준비해 주실래요?
> B フロントは24時間開いていますので、朝早くでも大丈夫です。
>   프런트는 24시간 열려 있으니까요. 아침 일찍이라도 괜찮아요.

짐을 3시까지 맡아 줄래요?
荷物を３時まで預かってもらえますか。

> A 荷物を３時まで預かってもらえますか。 짐을 3시까지 맡아 줄래요?
> B はい、かしこまりました。この半券をお持ちください。
>   네, 알겠습니다. 이 보관증을 가지고 계세요.

택시를 불러 주실래요?
タクシーを呼んでいただけますか。

지불은 어떻게 하시겠어요?
お支払いはどうなさいますか。

Biz tip 저렴한 비즈니스 호텔이라면 대부분 선불인 경우가 많아요.

지불은 현금으로 하시겠어요, 아니면 카드로 하시겠어요?
お支払いは現金ですか、それともカードですか。

이용 가능한 카드는 VISA와 Master뿐으로, 이 카드는 처리가 안 됩니다.
扱っているのはVISAとMasterカードのみで、こちらのカードは
お取り扱いがございません。 　＊扱う 취급하다 取り扱い 취급

방에 물건을 두고 나왔는데, 돌아가서 가져와도 되나요?

部屋に忘れ物をしたんですが、戻って取ってきてもいいですか。

저희 호텔에서 지내시기가 어떠셨나요?

当ホテルでのご滞在はいかがでしたか。　　　　　　　　　　*滞在 체재

만족하셨나요?

ご満足いただけましたか。

미니 바는 이용하셨나요?

ミニバーのご利用はおありですか。

A　ミニバーのご利用はおありですか。미니 바는 이용하셨나요?
B　はい。缶ビールを1本飲みました。네, 캔맥주를 하나 마셨어요.

청구서 내용을 확인해 주세요.

請求書の内容をご確認ください。

A　請求書の内容をご確認ください。청구서 내용을 확인해 주세요.
B　この請求は何でしょう。覚えがないんですが。이 청구는 뭐죠? 기억이 없는데요.

여기에 서명을 부탁드립니다.

こちらにご署名をお願いします。

카드와 전표입니다.

カードと控えです。

이것이 영수증입니다.

こちらが領収書となります。

계속해서 즐거운 휴일 보내시기 바랍니다.

引き続き、よい休日をお過ごしください。

저희 호텔을 이용해 주셔서 감사합니다.

当ホテルをご利用いただき、ありがとうございました。

짐을 찾고 싶은데요, 이것이 보관증입니다.

荷物を受け取りたいんですが、こちらが預かり券です。

비즈니스 방문

🎧 06-4.mp3

안내 데스크

어서 오세요.
いらっしゃいませ。

바쁘신데 죄송합니다.
お忙しいところ、恐れ入ります。

오늘은 약속으로 오셨나요?
本日は、お約束でいらっしゃいましたか。　　　＊いらっしゃる 오시다

나카야마 부장님을 뵙고 싶은데요, 계신가요?
中山部長にお会いしたいですが、いらっしゃいますか。

＊いらっしゃる 계시다

실례합니다. 태양상사의 이토라고 합니다. 영업3과 과장님이신 오타 씨와 오늘 10시에 약속을 잡았는데요, 연결해 주시겠어요?
恐れ入ります。太陽商事の伊藤と申します。営業３課課長の太田様と本日の10時にアポを取っておりますが、お取り次ぎ願えますでしょうか。　　　＊取り次ぎ 연결

> **Biz tip** 가장 완전한 형태의 비즈니스 방문 표현입니다. 자기소개, 만나는 사람, 약속 유무, 연결 부탁 순으로 말하면 되는데요. 작은 회사일 경우에는 따로 안내 데스크가 없고 회사 앞에 안내 전화가 한 대 놓여 있는 경우도 있어요. 그런 경우에도 위와 같은 내용을 전화로 전달하면 됩니다.

해외사업부 분에게 인사를 드리러 왔어요.
海外事業部の方にご挨拶に伺いました。　　　＊伺う 찾아뵙다

다나카 씨와 3시에 회의를 하기로 되어 있어요.
田中さんと３時に打ち合わせをすることになっています。

> **Biz tip** '〜ことになっている(〜하기로 되어 있다)'는 예정을 나타낼 때 쓰는 문형이에요.

갑자기 방문해서 대단히 죄송합니다.
突然伺いまして、大変恐縮です。

A　突然伺いまして、大変恐縮です。 갑자기 방문해서 대단히 죄송합니다.
B　失礼ですが、どういったご用件でしょうか。 실례지만 어떤 용건이시죠?

영업1과의 이시이 씨와 2시에 약속이 되어 있는데요.

営業１課の石井さんと２時にお約束をしているのですが。

약속은 안 했지만 영업 담당자분을 만나 뵙고 싶어서요.

お約束はありませんが、営業担当の方にお目にかかりたいと思
いまして。　　　　　　　　　　　　　＊お目にかかる 뵙다

실례지만 어디서 오셨나요?

失礼ですが、どちら様でしょうか。

명함을 맡아 두어도 될까요?

お名刺をお預かりしてよろしいですか。

お名刺をお預かりできますか。

お名刺をちょうだいしてよろしいですか。

 Biz tip 담당자가 자리를 비워서 만날 수 없거나 안내 데스크에서 담당자를 연결하지 않고 돌려보낼 때 명함
을 요구하면서 이렇게 말해요.

이○○ 씨시군요. 기다리고 있었습니다.

イ様でいらっしゃいますね。お待ちしておりました。

연결해 드릴 테니 잠시만 기다려 주시겠어요?

お取り次ぎいたしますので、少々お待ちいただけますか。

일부러 와 주셨는데 죄송합니다.

わざわざお越しいただいたのに、申し訳ございません。

다른 사람도 괜찮으시면 불러 드릴게요.

代わりの者でもよろしければ、お呼びしますが。

A　代わりの者でもよろしければ、お呼びしますが。
　　다른 사람도 괜찮으시면 불러 드릴게요.

B　すみません、そうしていただけますか。 죄송해요, 그렇게 해 주시겠어요?

매우 죄송하지만 오늘은 돌아가 주시겠어요?

大変申し訳ございませんが、今日のところはお引き取り願えま
すか。　　　　　　　　　　　　　　　＊引き取る 물러가다

A　大変申し訳ございませんが、今日のところはお引き取り願えますか。
　　매우 죄송하지만 오늘은 돌아가 주시겠어요?

B　でしたら、名刺を置いて行きますので、よろしくお願いします。
　　그럼, 명함을 두고 갈 테니 잘 부탁드립니다.

기무라 씨는 회의가 길어져서 조금 더 시간이 걸린다고 하네요.

木村は会議が長引きまして、もうしばらく時間がかかるとのことですが。　*長引く 지연되다 ～とのこと ～라고 함

명함을 주시면 나중에 저희가 연락드리죠.

名刺をくだされば、後日こちらからご連絡いたします。　*後日 후일

대기하기

그럼, 응접실로 안내해 드리죠. 자, 이쪽으로 오세요.

では、応接室にご案内します。どうぞ、こちらへ。

담당자가 올 테니까 잠시만 기다려 주세요.

担当の者がまいりますので、少々お待ちください。

係りの者がまいりますので、少々お待ち願えますか。

자, 저쪽에 앉으셔서 기다려 주세요.

どうぞ、あちらにおかけになってお待ちください。

지금 불러오겠으니 여기서 기다려 주세요.

ただ今、呼んでまいりますので、こちらでお待ちください。

뭐라도 드시겠어요?

何かお飲みになりますか。

지금 바로 차를 준비할게요.

ただ今、お茶を。

차와 커피가 있는데 어떻게 할까요?

お茶とコーヒーがございますが、いかがいたしましょうか。

실례하겠습니다. 차인데요, 드세요.

失礼します。粗茶ですが、どうぞ。

Biz tip 일본에서는 상대방을 높이기 위해서 자기 쪽의 모든 것을 낮추는데요. 마시는 차도 겸양의 의미에서 '좋지 못한 차'라는 뜻을 가진 粗茶라고 해요. 손님에게 차를 권할 때 쓰는 표현이에요.

그러실 필요 없어요.

どうぞ、おかまいなく。

Biz tip おかまいなく는 직역하면 상관하지 말라는 뜻이 됩니다. 결국 '자기에게 신경 쓰지 말고 일하시라'는 의미가 되겠죠. 특히 방문 표현에서 おかまいなく는 상대방이 음식이나 음료를 가져오려고 할 때 주로 많이 쓰는데 '그러실 필요 없다'는 뜻이에요.

그럼, 사양 않고 마시겠습니다.

では、遠慮なくいただきます。

아뇨, 바로 돌아갈 거라서 정말로 괜찮습니다.

いえ、すぐ失礼しますので、本当にけっこうです。

이쪽에 신문과 잡지가 있으니까 괜찮으시면 읽으셔도 됩니다.

こちらのほうに新聞や雑誌がございますので、よろしかったらどうぞ。

방문객
도착 보고

이야기 도중에 죄송해요. 손님이 와 계세요.

お話中、すみません。お客さんが見えています。 　　*見える 오시다

과장님, 서울상사의 야마다 씨가 오셨어요.

課長、ソウル商事の山田様がお見えになりました。

Biz tip '見える(오시다)' 자체도 존경어지만 여기에 존경 공식(お+ます형+になる)을 더해서 정중함을 높인 표현이에요.

서울무역에 계신 분이 오셨는데, 어떻게 할까요?

ソウル貿易の方がいらっしゃいましたが、どういたしましょうか。

제1회의실로 안내해 드렸습니다.

第一会議室のほうにお通ししました。 　　*通す 안내하다

로비에서 기다리고 계세요.

ロビーでお待ちになっています。

먼저 차를 대접했어요. 과장님 차는 나중에 가져갈게요.

先にお茶を出しました。課長のは後からお持ちします。

프로젝트 건으로 고바야시 씨가 와 계세요.

プロジェクトの件で小林様がいらっしゃっています。

방문객
맞이하기

죄송해요. 오래 기다리셨죠?

どうも、お待たせしました。

어서 오세요, 잘 오셨어요. 기다리고 있었습니다.

ようこそいらっしゃいました。お待ちしておりました。

처음 뵙겠습니다. 수입을 담당하고 있는 사토입니다.

はじめまして。輸入担当の佐藤です。

매입을 담당하고 있는 이노우에라고 합니다.

仕入れを担当している井上と申します。

일부러 먼 곳까지 (와 주셔서) 감사합니다.

わざわざ遠いところまで、どうも。

오시게 해서 죄송해요.

お呼び立てして申し訳ありません。　　　　　　　　* 呼び立てる 불러내다

Biz tip 방문을 요청한 쪽에서 하는 인사말입니다.

마중을 못 나가서 죄송해요.

お迎えに行けなくてすみません。

대단히 죄송한데요, 여러 가지로 일이 몰려서 짧게 부탁드릴 수 있나요?

本当に申し訳ございませんが、いろいろと立て込んでおりまして手短にお願いできますか。　　　　　　　　* 立て込む 붐비다

10분 정도라면 상관없어요.

10分ぐらいでしたら、かまいません。

Biz tip 정말 시간적 여유가 없거나 별로 반갑지 않은 방문객일 경우에는 허용 시간을 미리 알려 주고 대화를 시작하면 시간 낭비를 줄일 수 있어요.

방문 인사와 명함 교환

뵐 수 있게 되어 영광입니다.

お目にかかれて光栄です。

A　はじめてお目にかかります。営業部の佐藤と申します。
　　처음 뵙겠습니다. 영업부의 사토입니다.
B　お目にかかれて光栄です。株式会社ドットコムのパクと申します。
　　뵙게 되어 영광입니다. 주식회사 도트콤의 박이라고 합니다.

늘 크게 신세를 지고 있어요.

いつも大変お世話になっております。

바쁘신데 갑자기 방문해서 죄송합니다.

お忙しいところ突然おじゃましまして、申し訳ございません。

* おじゃまする 방문하다(겸양)

이것은 야마모토 씨의 소개장입니다.

これは山本さんの紹介状でございます。

Biz tip 소개장까지는 없다고 해도 누구누구의 소개로 왔다는 사실은 일본에서 영업을 시작할 때 상당히 중요해요.

이번에는 귀사의 나카야마 씨의 소개로 찾아뵈었습니다.

この度は御社の中山様のご紹介でまいりました。

서울상사의 기무라 부장님을 아세요?

ソウル商事の木村部長をご存じですか。

A ソウル商事の木村部長をご存じですか。 서울상사의 기무라 부장님을 아세요?
B はい、セミナーで知り合いました。 네, 세미나에서 알게 되었죠.

* 知り合う 아는 사이가 되다

실은 귀사의 담당이 바뀌어서 후임자와 인사하러 왔습니다.

実は、御社の担当が変わりましたので、後任の者とご挨拶に参りました。

A 実は、御社の担当が変わりましたので、後任の者とご挨拶に参りました。こちらが私の後任の小林でございます。若いですけど、しっかりしておりますので、よろしくご指導ください。
실은 귀사 담당이 바뀌어서 후임자와 인사하러 왔습니다. 이쪽이 제 후임인 고바야시입니다. 젊지만 틀림없는 사람이니 잘 지도해 주세요.

B はじめまして、御社を担当させていただく小林です。分からないことも多いと思いますが、ご指導のほどよろしくお願いします。
처음 뵙겠습니다. 귀사를 담당하게 된 고바야시입니다. 모르는 것도 많을 거라 생각하지만 지도편달 부탁드립니다.

C 販売促進部の高橋です。こちらこそどうぞよろしく。
판매촉진부의 다카하시입니다. 저희야말로 잘 부탁드려요.

이쪽은 도쿄에이전시 야마다 과장님이십니다.

こちらは東京エイジェンシーの山田課長でいらっしゃいます。

Biz tip 자기 쪽 사람에게 상대편 회사 사람을 소개하는 방식입니다. 직함을 이름 뒤에 붙이거나 '~でいらっしゃる(~이시다)'를 쓰는 점에 주목하세요.

오늘은 저희 회사의 신상품을 소개드리기 위해 찾아뵈었어요.

本日は当社の新商品をご紹介するために伺いました。

Biz tip 회사 방문의 목적을 밝히는 표현입니다.

샘플이 완성되어서 직접 갖고 왔습니다.

サンプルができあがりましたので、お持ちしました。

*できあがる 완성되다

성함을 한 번 더 여쭤 봐도 될까요?

お名前をもう一度伺ってもよろしいですか。

*伺う 묻다(경양어)

이것은 제 명함입니다. 받으세요.

これは私の名刺です。どうぞ。

A これは私の名刺です。どうぞ。何かございましたら、こちらへお知らせ
　ください。이것은 제 명함입니다. 받으세요. 무슨 일이 있으시면 이쪽으로 연락 주세요.
B では、ちょうだいいたします。그럼, 받겠습니다.

Biz tip 명함은 방문자 쪽이 먼저 회사명과 이름을 말하면서 건네는 것이 일반적입니다. 당연히 직함이 높은
사람에게 먼저 건네는 것이 원칙이고요. 상대방 쪽에서 자신의 이름이 바로 보이도록 두 손으로 건넵니다. 자리
에 앉은 후에는 명함을 테이블 위에 포개지 말고, 옆으로 나열해 둔 상태로 거래상담(商談)을 시작하며, 상담이
끝날 때까지 명함 케이스에 넣지 않는 것이 예의입니다.

지장이 없으시면 명함을 받을 수 없을까요?

お差し支えなければ、お名刺をちょうだいできないでしょうか。

*差し支え 지장

죄송합니다만, 지금 명함이 다 떨어져서요.

申し訳ありませんが、ただ今名刺を切らしておりまして。

*名刺を切らす 명함이 떨어지다

공교롭게도 지금 명함이 없어서요.

あいにく名刺の持ち合わせがございませんので。

*持ち合わせ 마침 갖고 있는 것

Biz tip 명함을 갖고 있지 않은 상태로 로비에서 만났다거나 우연히 마주친 경우에 쓰는 표현이에요.

**선물
주고받기**

변변치 못한 물건이지만 받으세요.

つまらないものですが、どうぞ。

粗品ですが、どうぞ。

*粗品 조품

たいしたものじゃありませんが、どうぞ。

ほんの気持ちですが、どうぞ。

心ばかりの品ですが、どうぞ。

자, 받아 주세요.

どうぞ、お納めください。 * 納める 받아들이다

どうぞ、お受け取りください。 * 受け取る 받다

どうぞ、ご笑納ください。 * 笑納 웃으며 받음

마음에 드신다면 기쁘겠어요.

気に入っていただけると、うれしいのですが。

알게 된 기념으로 꼭 이것을 (받으세요).

近づきの印にぜひこちらを。 * 印 증표

저희들로부터도 선물이 있습니다.

われわれからもお土産があります。

Biz tip 방문을 받은 상대 회사에서도 방문자를 위해 선물을 준비하는 경우가 있어요.

성의만 받겠습니다.

お気持ちだけちょうだいいたします。

Biz tip 선물 등을 거절할 때 쓰는 표현인데요. 강하게 거절하고 싶을 때는 '도저히 받을 수가 없어요), '이런 배려는 곤란해요'와 같이 말합니다.

모처럼 생각해 주신 것이니 이번만 받겠습니다.

せっかくのお気持ちですので、今回だけはちょうだいいたします。

훌륭한 물건을 주셔서 감사합니다.

けっこうなものをいただき、ありがとうございます。

맛있어 보이는 쿠키네요. 사양 않고 받겠습니다.

おいしそうなクッキーですね。遠慮なくちょうだいします。

신경 써 주셔서 감사합니다.

お心づかいをいただきまして、ありがとうございます。

회사 및 제품 소개

회사 설명부터 시작해도 될까요?

会社の説明から始めてもよろしいでしょうか。

저희 회사에 대해 들어 보신 적은 있나요?

弊社についてお聞きになったことはありますか。

저희 회사는 서울에서 인터넷 서비스를 운영하고 있어요.

弊社はソウルでインターネット・サービスを行っております。

헬스케어 제품을 취급하고 있어요.

ヘルスケア製品を扱っております。

하루 평균 2,000개를 생산하고 있어요.

一日平均2,000個を作っています。

매출은 괜찮은 편이고 백화점에도 납품 중이에요.

売上げは上々で、デパートにも納品しています。　　　＊上々 썩 좋음

전국에 판매망을 갖고 있죠.

全国に販売網を持っております。

예를 들면 손에 쥐기 쉬운 스푼과 같은 아이디어 상품이에요.

例えば、握りやすいスプーンといったアイデアグッズです。

＊握る 쥐다

특히 이 제품은 안전하고 에너지 절약형이에요.

特にこの製品は、安全で省エネです。

현재는 8%의 시장을 점유하고 있지만 점점 늘어나고 있어요.

今は8％のシェアを占めていますが、どんどん伸びています。

피부 자극이 없는 소재가 사용되었어요.

肌にやさしい素材が使われています。

가족과 떨어져서 혼자 사는 사람에게 안성맞춤인 상품이에요.

単身赴任の方にもってこいの商品です。　　　＊もってこい 꼭 알맞음

젊은이들 사이에서 대박이 났죠.

若者の間で大ブレークしました。　　　＊大ブレーク 갑자기 인기를 끎

자세한 내용은 이 팸플릿에 있으니 보세요.

詳しい内容はこのパンフレットにありますので、どうぞ。

저는 이제 실례하겠습니다.

私はこれで失礼いたします。

이 건에 관해서는 검토해 주시는 것으로 알고 돌아가도 되겠죠?

この件につきましては、ご検討いただくということで、いかが
でしょうか。

오늘은 너무 오래 있어서 죄송해요.

本日はずいぶん長居をしてしまいまして、申し訳ありません。

＊長居 오래 있음

오늘은 여러모로 이야기를 들어 주셔서 감사합니다.

本日はいろいろお話を聞いてくださいまして、ありがとうござ
います。

오늘은 귀중한 시간을 내주셔서 감사합니다.

本日は貴重なお時間を割いていただき、ありがとうございます。

＊時間を割く 시간을 할애하다

이를 인연으로 앞으로도 잘 부탁합니다.

これをご縁に今後ともよろしくお願いします。

그럼, 연락을 기다리겠습니다.

では、ご連絡をお待ちしております。

또 다음 번 출장 때 들르겠습니다.

また、次回の出張の時に寄らせていただきます。

무슨 일이 있으시면 명함에 있는 연락처로 알려 주세요.

何かありましたら、名刺にある連絡先へご一報ください。

＊一報 알림

세미나 및 포럼 참가

🎧 06-5.mp3

인사

저는 한국 온라인 트레이드의 김민지라고 합니다.

私は韓国オンライントレードのキム・ミンジと申します。

이런 세미나는 처음이에요.

こういうセミナーは初めてです。

옆자리 (앉아도) 괜찮은가요?

隣、よろしいでしょうか。

전에 어디선가 만났나요?

前に、どこかでお会いしましたか。
前にお会いしたことがあるような気がしますが。

* 気がする 기분이 들다

혹시 미우라 씨 아니세요?

もしかして三浦さんじゃないでしょうか。
三浦さんと見受けしますが。

* 見受ける 보고 판단하다

> **실전회화**
>
> A 間違っていたらごめんなさい。もしかして三浦さんじゃないでしょうか。
> 　틀리면 죄송해요. 혹시 미우라 씨 아니세요?
> B いえ、人違いです。 아뇨, 잘못 보셨어요.

성함을 여쭤 봐도 될까요?

お名前をお聞かせいただけますか。

* 聞かせる 들려주다

어디 회사에서 오셨나요?

どちらの会社からおいでになりましたか。

* おいでになる 오시다

**일정 및
장소**

접수 개시는 몇 시죠?

受付開始は何時ですか。

팸플릿은 자유롭게 가져가세요.

パンフレットはご自由にどうぞ。

회장은 '도쿄 국제포럼'입니다.

会場は「東京国際フォーラム」になります。

당일에 신청해서 참가해도 되나요?

飛び込み参加でもよろしいですか。

* 飛び込み 예고 없이 찾아옴

A　飛び込み参加でもよろしいですか。당일에 신청해서 참가해도 되나요?
B　申し訳ありません。事前予約制なんです。죄송합니다. 사전 예약제거든요.

프로그램 일정표가 있으면 주실래요?

プログラム表がありましたら、いただけますか。

Biz tip 일정표는 다른 말로 タイムテーブル, 予定表라고 합니다.

사무국은 어디죠?

事務局はどちらですか。

지난주 5일에 신청했을 텐데요.

先週の5日に申し込んだはずです。

A　先週の5日に申し込んだはずです。지난주 5일에 신청했을 텐데요.
B　あ、田中様、失礼しました。お名前を確認しました。
　　아, 다나카 씨, 실례했습니다. 성함을 확인했습니다.

가토 씨의 기조연설은 10시 10분부터입니다.

加藤さんのキーノート講演は10時10分からです。

글로벌 매니지먼트 포럼은 몇 층이죠?

グローバルマネジメントフォーラムは何階ですか。

같은 시간대 세션에는 참가할 수 없는 건가요?

同じ時間帯のセッションには参加できないんでしょうか。

제1부와 제2부 사이에는 휴식 시간이 있나요?

第1部と第2部の間には休憩時間がありますか。

제3부 토론에도 꼭 참가해 주세요.

第3部のディスカッションにもぜひご参加ください。

이제 세미나가 시작됩니다. 여러분 입장해 주시기 바랍니다.

そろそろセミナーが始まります。みなさん、ご入場、お願いします。

점심은 주최 측에서 제공합니다.

昼食は主催側よりご提供いたします。

협찬 세션은 중식 후에 합니다.

協賛セッションは昼食の後になります。

급한 용무로 오후 포럼에는 참가할 수가 없는데요, 자료만이라도 받을 수 있을까요?

急な用事で午後のフォーラムには参加できませんが、資料だけでももらえますか。

다음 번 세미나는 한국에서 열릴 예정입니다.

次回のセミナーは韓国で開かれる予定です。

세미나 주제는 뭐죠?

セミナーのテーマは何ですか。

이노베이션의 중요성에 관한 내용인 모양이에요.

イノベーションの重要性に関する内容らしいです。

매우 시의적절한 주제네요.

とてもタイムリーなテーマですね。

협상 기술의 내용이 아니었나요?

交渉テクニックの内容じゃありませんでしたか。

A 交渉テクニックの内容じゃありませんでしたか。 협상 기술의 내용이 아니었나요?

B はい、それも入っています。 네, 그것도 들어 있어요.

세미나 리포트는 받을 수 있는 건가요?

セミナーのレポートはいただけるんですか。

A セミナーのレポートはいただけるんですか。 세미나 리포트는 받을 수 있는 건가요?

B ホームページからダウンロードできますが、会員登録が必要です。
홈페이지에서 다운로드 할 수 있는데요, 회원 등록이 필요해요.

마켓 리스크에 관한 세미나는 도움이 되었어요.

マーケット・リスクに関するセミナーは勉強になりました。

＊勉強になる 유익하다

'세계에서 활약할 수 있는 리더를 창조하다'라는 주제의 세션을 찾을 수가 없는데요.

「世界で活躍できるリーダーを創る」というテーマのセッション
が見当たらないんですが。

＊見当たる 보이다

A 「世界で活躍できるリーダーを創る」というテーマのセッションが見当た
らないんですが。
'세계에서 활약할 수 있는 리더를 창조하다'라는 주제의 세션을 찾을 수가 없는데요.

B そのセッションは急きょ、取消しになりました。 그 세션은 갑작스럽게 취소되었어요.

비즈니스 포럼 후반에 열린 토크쇼나 전시회는 인상적이었어요.

ビジネスフォーラムの後半に行われたトークショーや展示会は
印象的でした。

저명한 경제학자의 의견을 들을 수 있어서 좋았어요.

著名な経済学者のご意見が聞けてよかったです。

생각보다 어려운 내용이었어요.

思ったより難しい内容でした。

질 높은 강연이었어요.

クオリティーの高い講演でした。

강의는 아주 효율적으로 정리되어 있어서 정말 알기 쉬웠어요.

講義はとても効率よくまとめられていて、すごく分かりやすかっ
たです。

＊まとめる 정리하다

회장에서 들으면 훨씬 참고가 되네요.

会場で聞くと、もっと参考になりますね。

**직접
강연하기**

오늘 개별 세미나 세션에서 발표하기로 되어 있어요.

今日個別セミナーセッションで発表することになっています。

주제는 '서바이벌 마케팅의 노하우'입니다.

テーマは「サバイバル・マーケティングのノウハウ」です。

오래도록 기다려 온 날이 아닙니까?

待ちに待った日じゃありませんか。

＊待ちに待った 기다리고 기다리던

문제는 일본어로 충분히 설명할 수 있을지 없을지입니다.

問題は日本語で十分説明できるかどうかです。

이번을 위해서 계속 준비해 왔으니 괜찮아요.

今回のために、ずっと準備して来ましたから大丈夫ですよ。

빨리 김○○ 씨의 강연을 듣고 싶네요.

早くキムさんの講演が聞きたいです。

김○○ 씨라면 괜찮아요. 자신감을 가지세요.

キムさんなら大丈夫です。自信を持ってください。

에구치 씨의 추천이었는데 하기를 잘한 것 같아요.

江口さんのすすめでしたが、やってよかったと思います。

멋진 강연으로 또 부탁드리고 싶을 정도예요.

すばらしい講演で、またお願いしたいぐらいです。

긴장해서 식은땀을 흘렸어요.

緊張して冷や汗をかきました。　　　　　　　　＊冷や汗をかく 식은땀을 흘리다

작별 인사

비행기 시간이 있어서 이만 실례할게요.

飛行機の時間がありますので、そろそろ失礼します。

오후 세션 자료는 조만간 스캔해서 보낼게요.

午後のセッションの資料は近々スキャンして送ります。

다시 뵐 수 있으면 좋겠네요.

また、お会いできるといいですね。

A　また、お会いできるといいですね。 다시 뵐 수 있으면 좋겠네요.
B　ぜひ。私もです。また、お会いできる日を楽しみにしています。
　　꼭이요. 저도 마찬가지예요. 또 다시 뵐 수 있는 날을 기대할게요.　　＊楽しみにする 기대하다

조만간 만납시다.

近いうちにお会いしましょう。

다음 세미나 때에도 오시나요?

次のセミナーの時にもいらっしゃるんですか。

메일 주소를 교환할래요?

メールアドレスを交換しませんか。

제 연락처를 알려 드리죠.

私の連絡先を教えましょう。

명함 드렸던가요?

名刺、さしあげましたっけ？

*〜っけ 〜했던가

A　名刺、さしあげましたっけ？ 명함 드렸던가요?
B　ええ、先ほどいただきました。네, 아까 받았어요.

또 좋은 비즈니스 포럼이 있으면 연락할게요.

また、いいビジネスフォーラムがありましたら、ご連絡します。

식당

식당 문의

추천할 만한 레스토랑은 어디죠?

どのレストランがおすすめですか。

일본요리를 편안하게 먹을 수 있는 곳이라면 좋겠어요.

和食がのんびり食べられるところならいいです。

합리적인 가격으로 일본요리를 먹을 수 있는 곳, 모르세요?

リーズナブルな値段で日本料理が食べられるところ、知りませんか。

호텔 근처에 좋은 레스토랑은 없나요?

ホテルの近くにいいレストランはありませんか。

A ホテルの近くにいいレストランはありませんか。
호텔 근처에 좋은 레스토랑은 없나요?
B 近くに雰囲気のいいイタリアンレストランがあるんですが、いかがですか。
근처에 분위기가 좋은 이탈리안 레스토랑이 있는데, 어떠세요?

맛있는 해산물 레스토랑을 찾고 있어요.

おいしいシーフードレストランを探しています。

향토요리 음식점은 없나요?

郷土料理のお店はありませんか。

'모토쿠라'라는 식당에 가고 싶은데요.

「モトクラ」という食堂に行きたいんですが。

가장 가까운 지하철역은 어디죠?

最寄の地下鉄駅はどこですか。　　　　　　　　　　　*最寄 근처

레스토랑이 많은 곳은 어디 근처죠?

レストランが多いのはどの辺ですか。　　　　　　　　*辺 부근

지역 사람들에게 인기가 있는 가게는 어디예요?

地元の人に人気のある店はどこですか。

353

이 지도에 표시를 해 주실래요?

この地図に印をつけてもらえますか。 *印 표시

예약·취소·자리 잡기

내일 저녁식사인데요, 예약해야 하나요?

明日の夕食ですが、予約しなければなりませんか。

예약을 하지 않고 가면 얼마나 기다리죠?

予約をしないで行くと、どれぐらい待ちますか。

A 予約をしないで行くと、どれぐらい待ちますか。
예약을 하지 않고 가면 얼마나 기다리죠?

B どうなるか分からないので、予約してからいらっしゃるほうがゆっくり
召し上がれると思います。
어떻게 될지 모르니까 예약하고 오시는 편이 느긋하게 드실 수 있을 것 같네요.

오늘 밤 8시에 2명으로 예약 부탁해요.

今夜8時に2名で予約をお願いしたいですが。

今夜8時、2名で予約を入れてください。 *予約を入れる 예약하다

今夜の8時に、2人の席を取っておいてもらえますか。

드레스 코드가 있나요?

服装の決まりはありますか。 *服装 복장 決まり 규정

A 服装の決まりはありますか。 드레스 코드가 있나요?

B Tシャツとジーンズはご遠慮いただいております。
티셔츠와 청바지는 삼가 주셨으면 해요.

창가 쪽 자리로 해 주실래요?

窓際の席にしてもらえますか。 *〜にする 〜로 하다

예약을 취소하고 싶은데요.

予約をキャンセルしたいんですが。

7시에 예약한 마쓰모토입니다. 1시간 정도 늦을 것 같은데 괜찮을까요?

7時予約の松本です。1時間くらい遅れそうですが、いいでしょうか。

안녕하세요, 8시 예약한 고바야시인데요.

こんばんは、8時予約の小林ですけど。

예약은 하지 않았는데, 자리 있나요?

予約はしていないんですが、席はありますか。

얼마나 기다려야 하나요?

どれぐらい待たなければなりませんか。

A　どれぐらい待たなければなりませんか。 얼마나 기다려야 하나요?

B　30分ほどしましたら、ご用意できます。 30분 정도 지나면 준비해 드릴 수 있어요.

흡연석과 금연석, 어느 쪽이 좋으세요?

喫煙席と禁煙席、どちらがよろしいでしょうか。

A　喫煙席と禁煙席、どちらがよろしいでしょうか。
흡연석과 금연석, 어느 쪽이 좋으세요?

B　禁煙席でお願いします。 금연석으로 부탁드려요.

지금부터 자리로 안내해 드릴게요.

ただ今よりお席のほうへご案内いたします。

나중에 두 사람이 옵니다.

後から二人が来ます。

열 명 정도가 앉을 수 있는 큰 방은 없나요?

10人ぐらいが座れるような大部屋はありませんか。

A　10人ぐらいが座れるような大部屋はありませんか。
열 명 정도가 앉을 수 있는 큰 방은 없나요?

B　10名様ですね。はい、ご用意できます。 열 분이시군요. 네, 준비해 드리죠.

15명 정도인데요, 들어갈 수 있어요?

15人ぐらいですが、入れますか。

테이블을 세 개 정도 붙여서 같이 앉을 수 있게 해 주실래요?

テーブルを三つほどくっつけて、一緒に座れるようにしてもら
えますか。
＊くっつける 붙이다

**음식과
음료 주문**

주문은 결정하셨나요?

ご注文はお決まりでしょうか。

메뉴판 좀 주세요.

メニュー、ください。

メニュー、持ってきてもらえますか。

メニュー、見せてください。

A　メニュー、ください。 메뉴판 좀 주세요.
B　メニューはこちらとなっております。 메뉴판은 여기 있어요.

주문이 정해지면 불러 주세요.

ご注文が決まりましたら、お呼びください。　　　*決まる 결정되다

A　もう少し待ってください。 조금 더 기다려 주세요.
B　じゃ、ご注文が決まりましたら、お呼びください。
　　그럼 주문이 정해지면 불러 주세요.

주문해도 될까요?

注文していいでしょうか。

Biz tip 기다려도 주문을 받으러 오지 않을 때 쓸 수 있는 표현이에요.

여기서 잘하는 음식이 뭐죠?

ここの定番メニューは何ですか。　　　　　*定番 늘 잘 팔리는 상품

한국어 메뉴판은 없나요?

韓国語のメニューはありませんか。

물수건과 물입니다.

おしぼりとお水でございます。

식사하시기 전에 음료는 어떻게 할까요?

お食事の前に、お飲み物はいかがいたしましょうか。

이건 어떤 요리죠?

これはどんなお料理ですか。

A　これはどんなお料理ですか。 이건 어떤 요리죠?
B　ゴーヤという野菜と豆腐をいっしょに炒めたものです。
　　고야(여주)라는 채소와 두부를 함께 볶은 요리예요.

여기에는 어떤 소스를 사용하고 있나요?

これにはどんなソースを使っていますか。

요리에 시간이 걸리나요?

お料理に時間がかかりますか。

오늘의 추천 요리는 무엇인가요?

今日のおすすめは何ですか。

그 밖에 뭔가 추천할 음식은 없나요?

他_{ほか}に何かおすすめはありませんか。

 A 他に何かおすすめはありませんか。 그 밖에 뭔가 추천할 음식은 없나요?
B 北海道産_{ほっかいどうさん}じゃがいもを使ったポテトサラダはいかがでしょう。
훗카이도산 감자를 사용한 감자 샐러드는 어떨까요?

이것과 이것으로 할게요.

これとこれにします。

저것과 같은 것을 주세요.

あれと同_{おな}じものをください。

주문은 이상으로 다 되셨나요?

ご注文は以上_{いじょう}でよろしいでしょうか。

주문을 바꿔도 될까요?

注文を変_かえてもいいでしょうか。

스테이크를 굽는 정도는 어떻게 하시겠어요?

ステーキの焼_やき加減_{かげん}はいかがなさいますか。 　＊加減 알맞은 상태

 A ステーキの焼き加減はいかがなさいますか。
스테이크를 굽는 정도는 어떻게 하시겠어요?

B ミディアムレアでお願いします。 미디움 레어로 부탁해요.

그리고 한 접시 더 먹고 싶은데요, 만들어 주시겠어요?

あと、もう一貫_{いっかん}食べたいんだけど、握_{にぎ}ってもらえますか。

Biz tip 초밥을 세는 단위를 '貫(관)'이라고 합니다. 보통은 초밥 2개를 1관이라고 하는 경우가 많은데, 최근에는 생선회가 크다는 것을 강조하기 위해 1개를 1관이라고 부르는 곳도 많아요. 참고로 握る에는 '손으로 쥐어 일정한 모양으로 만들다'라는 뜻이 있습니다.

고추냉이는 약간 적게 넣어 주세요.

わさびは控え目にお願いします。

*控え目 약간 적은 듯함

차 한 잔 더 주실래요?

お茶、もう一杯いただけますか。

하우스 와인은 있나요?

ハウスワインはありますか。

와인은 글라스로도 주문할 수 있나요?

ワインはグラスでも注文できますか。

디저트는 어떤 것이 있죠?

デザートはどんなものがありますか。

A　デザートはどんなものがありますか。 디저트는 어떤 것이 있죠?
B　アイスクリームと果物があります。 아이스크림과 과일이 있어요.

커피면 됐어요.

コーヒーだけでいいです。

마지막 주문은 몇 시죠?

ラストオーダーは何時ですか。

**불만 사항
전달**

요리가 꽤 식었어요.

料理がけっこう冷めていました。

*冷める 식다

A　料理がけっこう冷めていました。 요리가 꽤 식었어요.
B　申し訳ありません。ただ今温め直しますので。
　　죄송합니다. 지금 바로 다시 데워 드릴게요.

차가 너무 연해요.

お茶が薄すぎます。

이것은 주문하지 않았어요.

これは注文していません。

これは頼んでいません。

*頼む 부탁하다

これは注文したものじゃありません。

잔돈이 틀린 것 같아요.

おつりが間違っているようです。

30분도 전에 주문했는데 아직 음식이 안 나왔어요.

30分も前に注文したのに、まだ料理が出てきません。

고기가 하나도 안 익었어요.

肉が生焼けです。　　　　　　　　　　　　　　　　　　　　＊生焼け 설익음

접시에 뭐가 묻어 있는데요.

お皿に何かがついてますけど。

여기에서 이상한 냄새가 나요.

ここから異臭がするんです。

점원이 음식 국물을 쏟았어요.

店員さんに料理の汁をこぼされました。　　　　　　　　　　＊こぼす 엎지르다

벌레가 들어 있어요.

虫が入っています。

A　虫が入っています。벌레가 들어 있어요.

B　申し訳ありません、すぐにお取り替えさせていただきます。
　　죄송합니다. 바로 바꿔 드릴게요.　　　　　　　　　　＊取り替える 교환하다

파스타 안에 머리카락이 들어 있었어요.

パスタの中に髪の毛が入っていました。

기타 서비스

접시를 치워 드려도 될까요?

お皿をお下げしてよろしいでしょうか。　　　　　　　　　　＊下げる 치우다

A　お皿をお下げしてよろしいでしょうか。접시를 치워 드려도 될까요?

B　いいえ、まだです。아뇨, 아직요.

테이블을 치워 주실래요?

テーブルを片付けていただけますか。　　　　　　　　　　　＊片付ける 정리하다

여기서 드실 건가요, 아니면 가져가실 건가요?

こちらで召し上がりますか、それともお持ち帰りですか。

Biz tip 패스트푸드점에서 자주 접하게 되는 질문이에요.

젓가락을 떨어뜨렸어요. 다른 젓가락을 갖다 주실래요?

お箸を落してしまいました。他のを持ってきてもらえますか。

고등어 같은 등푸른 생선은 먹지 못해요, 빼 주세요.

サバのような光り物は食べられないので、除いてください。

*除く 제외하다

화장실은 어디죠?

お手洗いはどちらですか。

실전회화
A お手洗いはどちらですか。화장실은 어디죠?
B まっすぐ行っていただきまして、奥のほうにあります。쭉 가셔서 안쪽에 있어요.

양을 적게 해 주실래요?

量を少なめにしてもらえますか。

염분이 적은 요리를 해 주실 수 있나요?

塩分控え目のお料理を作ってもらえますか。 *控え目 약간 적은 듯함

계산

계산을 부탁해요.

お勘定をお願いします。

전부 얼마죠?

全部でいくらになりますか。

제가 낼게요.

ここは私が。

私におごらせてください。 *おごる 한턱내다

ごちそうさせてください。 *ごちそうする 대접하다

실전회화
A 私におごらせてください。제가 낼게요.
B だめですよ。いつもおごられるばかりじゃ。안 돼요. 항상 얻어만 먹어서야.

계산은 따로 해 주세요.

勘定は別々にしてください。

같이 계산해 주세요.

いっしょでお願いします。

영수증도 부탁해요.

領収書もお願いします。

A　領収書もお願いします。 영수증도 부탁해요.

B　はい、ただ今。おつりもお持ちします。 네, 지금 바로, 거스름돈도 가져다 드릴게요.

서비스 요금도 포함된 건가요?

サービス料金込みですか。

지불은 계산대에서 부탁드려요.

お支払いはレジでお願いいたします。

신용카드로 낼게요.

クレジットカードで払います。

이 영수증은 주차권 대신이 되니까 가지고 계세요.

このレシートは駐車券の代わりになりますので、持っていてください。

Biz tip 持ってくださいは '가지세요'라는 의미가 되고 '가지고 있으세요'는 持っていてください가 된다는 점에 유의하세요.

이 쿠폰은 쓸 수 있나요?

このクーポンは使えますか。

잘 먹었어요.

ごちそうさまでした。

A　ごちそうさまでした。 잘 먹었어요.

B　またのお越しをお待ちしております。 또 찾아 주시기를 기다리고 있겠습니다.

*お越し 왕림

361

Chapter 7

교통

🎧 06-7.mp3

길 찾기

지도는 어디에서 얻을 수 있죠?

地図はどこで手に入りますか。

A 地図はどこで手に入りますか。 지도는 어디에서 얻을 수 있죠?

B ツーリスト・インフォメーション・センターに行けば置いてあります。
여행자 정보센터에 가면 놓여 있어요.

이 주소까지 가는 길을 알려 주실래요?

この住所まで行く道を教えていただけますか。

A この住所まで行く道を教えていただけますか。 이 주소까지 가는 길을 알려 주실래요?

B すみません、この辺りは私もよく知らないんです。
미안해요. 이 주변은 저도 잘 모르거든요.

우선은 가장 가까운 역을 찾는 편이 좋겠어요.

まずは最寄の駅を探したほうがいいでしょう。

도쿄 마쿠하리 멧세까지 가고 싶은데요.

東京幕張メッセまで行きたいんですが。

이 장소에 가는 길을 가르쳐 줄래요?

この場所への行き方を教えてもらえますか。

행사장까지는 어떻게 가면 되죠?

会場まではどう行けばいいですか。

OK센터는 이 길로 가면 나오나요?

OKセンターはこの道で行けば出ますか。

시부야역에서부터의 길을 가르쳐 주세요.

渋谷駅からの道順を教えてください。

＊道順 길 순서

죄송하지만 지도를 그려 주실 수 없나요?

恐れ入りますが、地図を書いていただけませんか。

저어, 길을 잃어서요. 여기는 이 지도에서 어디인가요?

あのう、道に迷ってしまいまして。ここはこの地図でどこでしょうか。

*道に迷う 길을 잃다

실전회화

A あのう、道に迷ってしまいまして。ここはこの地図でどこでしょうか。
저어, 길을 잃어서요. 여기는 이 지도에서 어디인가요?

B ええと、現在地はこの辺ですね。음, 현재 위치는 이 주변이네요.

한 번 더 천천히 말씀해 주실 수 없을까요?

もう一度ゆっくり話していただけないでしょうか。

A プリンスホテルに行きたいんですが、どういけばいいでしょうか。
프린스호텔에 가고 싶은데요, 어떻게 가면 되죠?

B このまままっすぐ行くと、二つ目の交差点で左に曲がればすぐです。
이대로 쭉 가면 두 번째 사거리에서 왼쪽으로 돌면 바로예요.

A もう一度ゆっくり話していただけないでしょうか。
한 번 더 천천히 말씀해 주실 수 없을까요?

편의점이 있는 곳에서 왼쪽으로 도세요.

コンビニのところで、左に曲がってください。

*~のところ ~가 있는 곳

직진한 후에 세 번째 신호등에서 왼쪽이었죠?

直進した後、三つ目の信号で左でしたよね。

A 直進した後、三つ目の信号で左でしたよね。
직진한 후에 세 번째 신호등에서 왼쪽이었죠?

B いいえ、二つ目の信号です。아니요, 두 번째 신호등이에요.

여기는 뭐라는 거리죠?

ここは何という通りですか。

시청은 이 뒤쪽에 있어요.

市役所はこの裏手にあります。

*裏手 뒤편

이쪽 방향이 맞나요?

こちらの方角で合っていますか。

*方角 방향

A こちらの方角で合っていますか。이쪽 방향이 맞나요?

B はい、この道を5分くらい歩いたところにありますよ。
네, 이 길을 5분 정도 걸어간 곳에 있어요.

뭔가 랜드마크가 될 만한 것은 없나요?

何か目印はありませんか。 * 目印 표식

다리 밑을 통과해서 빠져나가세요.

橋の下をくぐってください。 * くぐる 빠져나가다

모퉁이에서 몇 번째 집이죠?

角から何軒目の家ですか。 * 軒 채

오른쪽으로 돌아서 길의 막다른 곳까지 걸어가세요.

右に曲がって、道のつきあたりまで歩いてください。

* つきあたり 막다른 곳

두 블록 쭉 가면 왼쪽에 지하철 입구가 보일 거예요.

２ブロックまっすぐ進むと、左に地下鉄の入り口が見えます。

꽤 멀어서 버스를 타는 편이 좋아요.

かなり遠いのでバスに乗ったほうがいいですよ。

지하철

가장 가까운 지하철역은 어디죠?

一番近い地下鉄の駅はどこですか。

노선도를 한 장 주세요.

路線図を一枚ください。

이케부쿠로까지 얼마죠?

池袋までいくらですか。

회수권은 있나요?

回数券はありますか。

시부야는 어느 역에서 내리나요?

渋谷はどの駅で降りますか。

저렴한 표가 있으면 알려 주세요.

お得なチケットがありましたら、教えてください。 * お得 유리함

A お得なチケットがありましたら、教えてください。 저렴한 표가 있으면 알려 주세요.

B 「東京フリーきっぷ」というのがありまして、JR線の全区間で乗り降りが自由です。'도쿄 프리티켓'이라는 것이 있어서 JR선의 전 구간에서 마음대로 타고 내릴 수 있어요

1일 승차권은 버스에서도 사용할 수 있나요?
一日乗車券はバスでも使えますか。

이 전철은 요코하마에 정차하나요?
この電車は横浜に停まりますか。

오테마치까지 가려면 몇 번 환승을 해야 하나요?
大手町まで行くには何回乗り換えをしなければなりませんか。

도쿄도청으로 가는 출구는 어디죠?
東京都庁への出口はどこですか。

야마노테센으로 시부야행 전철을 타세요.
山の手線で渋谷行きの電車に乗ってください。

충전
▼ 7교통

지하철 방송

다음은 시나가와, 시나가와. 내리실 문은 오른쪽입니다.
次は、品川、品川。お出口は右側です。

신칸센, 도카이도센, 요코스카센은 환승입니다.
新幹線、東海道線、横須賀線はお乗り換えです。

노약자석 부근에서는 휴대전화의 전원을 꺼 주십시오.
優先席付近ではケータイの電源をお切りください。

그 이외의 장소에서는 진동으로 설정하신 후에, 통화는 자제해 주십시오.
それ以外の場所ではマナーモードに設定の上、通話はお控えください。

* ~の上 ~한 후에

협조해 주시기를 부탁드립니다.
ご協力お願いいたします。

노인분이나 몸이 불편하신 승객, 임신 중이거나 영유아를 데리고 타신 분이 계시면 자리를 양보해 주시기 바랍니다.
お年よりや体の不自由なお客様、妊娠中や乳幼児をお連れのお客様がいらっしゃったら、席をお譲りください。

* 連れる 데려가다 譲る 양보하다

전철과 플랫폼 사이가 떨어져 있는 곳이 있으니, 발밑을 조심해 주십시오.
電車とホームの間が空いているところがありますので、足下にご注意ください。

* 空く 비다

버스

아키하바라행 버스는 여기서 출발하나요?

秋葉原行きのバスはここから出ますか。

도쿄역으로 가는 버스의 승차장을 찾고 있는데요.

東京駅へ行くバスの乗り場を探しているんですが。

다음 버스는 몇 분에 출발하죠?

次のバスは何分に出ますか。

> **실전회화**
>
> A 次のバスは何分に出ますか。 다음 버스는 몇 분에 출발하죠?
> B あと5分で出ますよ。 앞으로 5분 후에 출발해요.

이 버스로 공항까지는 얼마나 걸리죠?

このバスで空港まではどれぐらいかかりますか。

이 버스는 파크호텔에도 섭니까?

このバスはパークホテルにも停まりますか。

다음 버스 정류장에서 내릴게요.

次のバス亭で降ります。

버스 요금은 언제 내면 되죠?

運賃はいつ払えばいいですか。

버스 방송

오래 기다리셨습니다. 요코하마 경유, 도쿄행입니다.

お待たせしました。横浜経由、東京行きです。

정리권을 뽑아 주세요.

整理券をお取りください。

> **Biz tip** 일본 버스는 뒷문으로 타면서 정리권을 뽑습니다. 구역마다 운임이 조금씩 올라가고 내릴 때 그 합산된 금액을 지불하는 시스템이기 때문에 자신이 어디에서 탔는지를 증명해 주는 표가 바로 정리권인 셈이죠.

출발하겠습니다. 주의해 주세요.

発車します。ご注意ください。　　　　　　　*発車 발차

매번 승차해 주셔서 감사합니다.

毎度ご乗車ありがとうございます。

내리실 분은 가까운 곳의 신호벨로 알려 주시기 바랍니다.

お降りの方は、お近くのブザーボタンでお知らせ願います。

다음 정류장에 정차하겠습니다.

次、停まります。

버스가 정차한 뒤 자리에서 일어나 주십시오.

バスが停車してから、席をお立ちください。

Biz tip 우리나라 버스에 익숙한 사람이라면 이 말이 절대 믿어지지 않죠? 하지만 일본에서는 정차하기 전에 자리에서 일어나 문 앞으로 가는 사람은 돈을 잔돈으로 바꾸는 사람 정도예요. 기사분 말을 믿고 정차한 후에 일어나도 됩니다.

잊으신 물건이 없도록 주의 바랍니다.

お忘れ物のないようご注意願います。

버스를 이용하실 때는 잔돈 준비를 부탁드립니다.

バスご利用の際は、小銭のご用意をお願いいたします。

이 앞에 오르막길과 커브가 계속되오니 조심하시기 바랍니다.

この先、坂道やカーブが続きますので、ご注意願います。

잔돈으로 바꾸실 분은 버스가 정차 중일 때 부탁드립니다.

両替をされる方は、バスが停車中にお願いします。　＊両替 돈을 바꿈

Biz tip 운전기사 왼쪽에 차비를 넣는 곳과 잔돈으로 바꾸는 기계가 같이 있어요.

어쩔 수 없이 급정차하는 경우도 있습니다.

やむを得ず急停車することもあります。　　　＊やむを得ず 할 수 없이

열차 운행시간표를 받을 수 있을까요?

時刻表をもらえますか。

신칸센 표는 어디서 살 수 있죠?

新幹線の切符はどこで買えますか。

교토까지의 편도 티켓을 1장 주세요.

京都までの片道切符を一枚ください。

이 신칸센은 오사카행인가요?

この新幹線は大阪行きですか。

Biz tip 지하철, 전철, 기차, 신칸센 등이 그물망처럼 깔린 일본에서 교통편을 탈 때는 종착지가 어디냐, 즉 어디어디 행이냐가 가장 중요해요.

기차·
신칸센

출장

▼
7
교통

다음 신칸센은 몇 시에 출발하나요?

次の新幹線は何時に出ますか。

오사카행 특급열차는 몇 시 출발인가요?

大阪行きの特急列車は何時発ですか。

몇 시쯤 나고야에 도착하죠?

何時ごろ名古屋に着きますか。

자유석과 지정석 요금은 각각 얼마입니까?

自由席と指定席の料金はそれぞれいくらですか。

그린차(일등석)로 해 주세요.

グリーン車にしてください。

Biz tip 그린차는 보통 차량보다 널찍하고 다리를 올려 놓는 곳도 있으며 음료 서비스도 있어요. 차량 수가 적기 때문에 주말이나 연휴에는 금방 매진이 되죠.

이 차량에는 식당차가 붙어 있나요?

この車両には食堂車がついていますか。

담배를 피울 수 있는 곳은 있나요?

タバコが吸えるところはありますか。

역을 지나쳐 버렸어요.

乗り過ごしてしまいました。

Biz tip 乗り過ごす는 내려야 할 역을 지나쳐 버린 것이고, 乗り遅れる는 타야 할 시간에 늦어서 차를 놓친 경우에 씁니다.

신칸센 방송

오늘도 신칸센을 이용해 주셔서 감사합니다.

今日も新幹線をご利用くださいまして、ありがとうございます。

이 열차는 쓰바메호 구마모토행입니다.

この電車はつばめ号熊本行きです。

도중에 정차하는 역은 나고야, 교토, 종점인 신오사카입니다.

途中停車する駅は名古屋、京都、終点の新大阪です。

구마모토까지의 각 역에 정차합니다.

熊本までの各駅に停まります。

자유석은 1호차에서 4호차, 지정석은 5호차에서 16호차입니다.

自由席は1号車から４号車、指定席は５号車から16号車です。

승차권을 보겠습니다.

乗車券を拝見させていただきます。　　　　　　　　*拝見する 보다(겸양)

이 열차는 전 좌석 금연입니다.

この電車は全席禁煙です。

담배를 피우실 승객은 흡연 룸을 이용해 주십시오.

おタバコを吸われるお客様は喫煙ルームをご利用ください。

역이나 차내 등에서 의심스러운 짐 등을 발견하신 경우에는 신속히 승무원에게 알려 주십시오.

駅や車内などで、不審な荷物などを発見された場合は、速やかに乗務員までお知らせください。

휴대전화는 진동 모드로 바꾸는 등 주위 손님에게 폐가 되지 않도록 협조 부탁드립니다.

携帯電話はマナーモードに切り替えるなど周りのお客様のご迷惑にならないようにご協力をお願いいたします。

*切り替える 전환하다

이제 곧 요코하마에 도착합니다. 내리실 문은 왼쪽입니다.

まもなく横浜に着きます。降り口は左側です。　　　*まもなく 머지않아

열차와 홈 사이에 틈새가 있습니다.

電車とホームの間に隙間がございます。

아이를 동반하신 승객은 손을 잡고 내려 주십시오.

お子様連のお客様は手をつないでお降りください。

*手をつなぐ 손을 잡다

렌터카

렌터카는 어디서 빌릴 수 있죠?

レンタカーはどこで借りられますか。　　　　　　*借りる 빌리다

경차를 3일간 빌리고 싶어요.

軽自動車を三日間借りたいです。

차종은 어떤 것이 있죠?

車種はどんなものがありますか。

실전회화 A 車種はどんなものがありますか。 차종은 어떤 것이 있죠?
실전회화 B 軽自動車、乗用車、エコカー、ミニバンなど、いろいろあります。
경차, 세단, 친환경 자동차, 미니 밴 등 여러 가지 있어요.

친환경 자동차라면 하루에 얼마죠?

エコカーだと一日いくらですか。

실전회화 A エコカーだと一日いくらですか。 친환경 자동차라면 하루에 얼마죠?
실전회화 B 24時間まで1万円ちょっとです。 24시간까지 만 엔 약간 넘죠.

요금표를 보여 주세요.

料金表を見せてください。

어린이 안전벨트는 일반 옵션인가요?

チャイルドシートは一般オプションですか。

실전회화 A チャイルドシートは一般オプションですか。 어린이 안전벨트는 일반 옵션인가요?
실전회화 B はい、ただし、一日540円がかかります。 네, 다만 하루 540엔이 들어요.

내비게이션도 추가 요금을 내야 하는 건가요?

カーナビも追加料金を払わないといけないんですか。

＊払う 지불하다

실전회화 A カーナビも追加料金を払わないといけないんですか。
내비게이션도 추가 요금을 내야 하는 건가요?
실전회화 B いいえ、カーナビは無料となっております。 아뇨, 내비게이션은 무료입니다.

요금에 보험은 포함되어 있나요?

料金に保険は含まれていますか。

＊含む 포함하다

일반 휘발유로 가득 채워 주세요.

レギュラーで満タンにしてください。

차를 돌려줄 때는 어느 영업소든 상관없나요?

車を返す時はどこの営業所でもかまいませんか。

원 웨이 렌탈은 일부 수수료가 듭니다.

ワンウェイ(乗り捨て)は一部手数料がかかります。

＊乗り捨て 타고 간 차를 그대로 버려 둠

국제운전면허증을 복사할게요.

国際運転免許証のコピーを取らせてください。

기름 넣는 방법을 가르쳐 주셨으면 하는데요.

ガソリンを入れる方法を教えてほしいですが。

엔진이 걸리지 않아요.

エンジンがかかりません。

택시

택시는 어디서 잡을 수 있죠?

タクシーはどこで拾えますか。 * タクシーを拾う 택시를 잡다

신주쿠 동쪽 출입구까지 부탁드려요.

新宿の東口までお願いします。

손을 들면 지나다니는 택시를 잡을 수 있을까요?

手をあげれば、流しのタクシーはつかまりますか。

* タクシーがつかまる 택시가 잡히다

근처에 택시 승강장이 있나요?

近くにタクシー乗り場はありますか。

지금 시부야 하치코마에에 있는데요, 택시를 한 대 보내 주실래요?

今、渋谷のハチ公前にいるんですが、タクシー一台を送ってもらえますか。

Biz tip 현재 택시 요금은 도쿄 도심부에서 730엔 정도 하는데요. 택시를 부를 경우에는 400엔 정도를 추가 지불해야 하는 곳도 있고 무료인 곳도 있어요.

이 주소까지라면 얼마나 나오죠?

この住所までならいくらぐらいですか。

가장 가까운 역까지 얼마나 걸려요?

最寄の駅までどれぐらいかかりますか。

A 最寄の駅までどれぐらいかかりますか。 가장 가까운 역까지 얼마나 걸려요?

B 今の時間帯ですと、20分はかかると思います。
지금 시간대라면 20분은 걸릴 것 같아요.

조금 서둘러 주실래요?

少し急いでもらえますか。

*急ぐ 서두르다

A 少し急いでもらえますか。13時のフライトなので、11時30分には着いて
いなきゃいけないんです。
조금 서둘러 주실래요? 13시 비행기라서 11시 30분에는 도착해야 하거든요.

B 大丈夫です。時間までには着きますので。
괜찮아요. 시간까지는 도착할 테니까요. *きゃ＝なければ

지름길(빠른 길)로 가 주실 수 있어요?

近道で行ってもらえますか。

A 近道で行ってもらえますか。지름길(빠른 길)로 가 주실 수 있어요?

B お客さん、お急ぎですか。손님, 급하신가요?

A 高速を使ってもいいですから。고속도로를 타도 괜찮으니까요.

Biz tip 고속도로는 줄여서 高速라고 해요. 高速を使う 대신 高速に乗る도 가능해요. 참고로 고속도로
에서 나오는 경우에는 高速を降りる라고 합니다.

잔돈은 됐어요.

おつりはいいです。

おつりは要りません。

다음 코너에서 오른쪽으로 돌아 주세요.

次の角を右に曲がってください。

次の角で右折です。

*右折 우회전

Biz tip '모퉁이를 끼고 돈다'는 의미에서 角を가 됩니다. 조사에 유의하세요.

다음 사거리에서 좌회전하세요.

次の交差点を左折です。

Biz tip '좌회전'이라는 우리말 발음 때문에 ざせつ라고 발음하기 쉬운데 일본어의 'ざせつ(挫折)'는 '좌절'
이 되니까 조심하세요.

여기서 세워 주세요.

ここで停めてください。

ここでいいです。

この辺でいいです。

ここで降ります。

ここで下ろしてください。

*下ろす 내려 주다

この辺りで停めてもらってけっこうです。

에어컨을 켜 주실 수 없나요?

クーラーを入れてもらえませんか。

앞으로 몇 분이면 도착하죠?

あと、何分で着きますか。

택시로 여기저기 돌아보고 싶은데요.

タクシーで観光したいんですが。　　　　　　　　　* 観光 관광

Biz tip 도심에서는 주로 근거리 이동에 택시를 사용하지만, 지방에서는 택시로 관광지를 돌아보는 경우가 많아요. 전철과 연계하여 인터넷으로 신청을 받고 희망하는 코스의 택시 티켓을 구입하여 역 앞에서 승차하는 서비스도 있습니다.

관광

**관광 명소
추천 및 정보**

거리의 볼 만한 곳을 알려 주세요.
街の見所を教えてください。

박물관은 몇 시부터죠?
博物館は何時からですか。

오늘은 열었나요?
今日は開いていますか。

여기 미술관은 정말 대단하다고 들었어요.
ここの美術館はすばらしいと聞いています。

A　ここの美術館はすばらしいと聞いています。 여기 미술관은 정말 대단하다고 들었어요.
B　ええ、私も聞きました。明日、ぜひ行ってみましょう。
　　네, 저도 들었어요. 내일 꼭 가 봅시다.

전시품에 손대지 말아 주세요.
展示品に触れないでください。　　　　　　　　　　　* ～に触れる ～을 만지다

헤드폰을 이용하실 때는 소리가 새어나가지 않게 주의하세요.
ヘッドフォンを利用される際には音漏れにご注意ください。

* 音漏れ 소리가 새어나감

다른 손님에게 폐가 되지 않도록 조용히 관람해 주십시오.
他のお客様に迷惑にならないよう静かにご観覧ください。

당일치기로 다녀오려면 어디가 좋죠?
日帰りの旅行をするならどこがいいですか。　　　　* 日帰り 당일치기

이번 주에는 어떤 행사가 있어요?
今週はどんな催しがありますか。

관광 지도를 얻을 수 있나요?
観光地図をもらえますか。

관광 투어에는 어떤 것이 있죠?
観光ツアーにはどんなものがありますか。

어느 코스가 좋아요?

どのコースがおすすめですか。   *すすめ 추천

자유 시간은 있나요?

自由時間はありますか。

신사를 돌아보고 싶은데요, 유명한 신사를 소개해 주세요.

神社めぐりをしたいんですが、有名な神社を紹介してください。

         *めぐり 순회

관광 명소 방문

여기서 사진을 찍어도 되나요?

ここで写真を撮ってもいいですか。

죄송해요, 사진을 찍어 주실래요?

すみません、写真を撮っていただけますか。

여기를 누르면 됩니다.

ここを押すだけでいいです。

ここをタッチするだけでいいです。

입장료는 얼마죠?

入場料はいくらですか。

A　入場料はいくらですか。 입장료는 얼마죠?
B　大人は800円です。 어른은 800엔입니다.

휴관일은 언제죠?

休館日はいつですか。

티켓은 어디서 팔죠?

チケットはどこで売っていますか。

학생 할인은 있나요?

学生割引はありますか。

A　学生割引はありますか。 학생 할인은 있나요?
B　もちろんです。学生証はお持ちですか。 물론이에요. 학생증은 갖고 계세요?

짐을 맡길 수 있는 곳은 있나요?

荷物を預けられるところはありますか。

* 預ける 맡기다

여기에는 뭔가 유명한 작품이 있나요?

ここには何か有名な作品がありますか。

특별 전람회는 별도 요금인가요?

特別展覧会は別料金ですか。

박물관(미술관) 상품은 어디서 살 수 있죠?

ミュージアムグッズはどこで買えますか。

관내 투어는 있나요?

館内ツアーはありますか。

몇 시쯤 가면 기다리지 않고 탈 수 있나요?

何時ごろ行けば待たずに乗れますか。

관람 경로는 이쪽이 맞나요?

順路はこちらで合っていますか。

야경이 멋지네요.

夜景がすばらしいですね。

A　夜景がすばらしいですね。 야경이 멋지네요.
B　日本三大夜景の一つですからね。 일본 3대 야경의 하나니까요.

이것은 언제 세워진 거죠?

これはいつ建てられたものですか。

3,500그루의 수국이 정말 볼 만해요.

3,500株のアジサイが見ものです。

* 見もの 볼 만한 가치가 있는 것

교토는 구경할 데가 많아요.

京都は見物するところが多いです。

A　京都は見物するところが多いです。 교토는 구경할 데가 많아요.
B　それに、来るたびに違う感じがします。 게다가 올 때마다 다른 느낌이 들어요.

* ～たびに ～마다

쇼핑

쇼핑가는 어디예요?
ショッピング街はどこですか。

쥘부채는 있나요?
扇子はありますか。

그냥 둘러보는 거예요.
ちょっと見ているだけです。

A 何かお探しですか。뭔가 찾으시는 물건이 있나요?
B ちょっと見ているだけです。그냥 둘러보는 거예요.

얼마죠?
おいくらですか。

이 마을 기념품에는 어떤 것이 있죠?
この町のお土産にはどんなものがありますか。

기념품을 사고 싶은데, 추천해 줄 만한 가게가 있나요?
お土産を買いたいんですが、おススメの店はありますか。

상점은 몇 시까지 영업하죠?
お店は何時までやっていますか。

저것을 보여 주세요.
あれを見せてください。

창가에 있는 재킷을 보여 주세요.
ショーウィンドーにあるジャケットを見せてください。

입어 봐도 될까요?
試着してもいいですか。
着てみてもいいですか。
袖を通してみてもいいですか。   * 袖を通す 옷을 입다

다른 디자인이 있으면 보여줄 수 있어요?
他のデザインのものがあれば見せてもらえますか。

어떤 소재죠?
素材は何ですか。
<small>そざい</small>

다른 색깔은 없나요?
色違いはありませんか。
<small>いろちが</small>

좀 더 작은 사이즈는 없나요?
もっと小さいサイズはありませんか。

잠깐 생각할 시간을 주세요.
少し考えさせてください。

사이즈는 24센티입니다.
サイズは24です。

> Biz tip 일본 신발은 우리와 자릿수가 틀린데요. 우리는 백 단위로 나가지만 일본은 십 단위입니다. 즉 일본의 24는 우리의 240과 같아요.

좀 싸게 안 돼요? 너무 비싸요.
少し安くなりませんか。高すぎます。

미안해요. 다시 올게요.
ごめんなさい。また来ます。

선물용으로 포장해 주세요.
ギフト用にラッピングしてください。
<small>よう</small>

이 짐도 같이 싸 줄래요?
この荷物もまとめてもらえますか。   *まとめる 하나로 합치다

이 신용카드는 쓸 수 있나요?
このクレジットカードは使えますか。

더러운 것이 묻어 있었어요. 다른 것으로 바꿔 주세요.
汚れがついていました。別の物と取り替えてください。
<small>よご</small>　<small>と　か</small>

     *取り替える 교환하다

할부로 해 주실 수 있어요?
分割払いでお願いできますか。
<small>ぶんかつばら</small>

귀국

🎧 06-9.mp3

회사 복귀

출장에서 돌아왔어요.

出張から帰ってきました。

> A 出張から帰ってきました。 출장에서 돌아왔어요.
> B 出張、お疲れ様でした。 출장, 수고 많으셨어요.

이거, 선물인데요. 여러분 같이 드세요.

これ、お土産です。みなさんでどうぞ。

> A 出張帰りに買いました。これ、お土産です。みなさんでどうぞ。
> 출장 다녀오는 길에 샀어요. 이거, 선물인데요. 여러분 같이 드세요.
> B 日本のお菓子ですね。いただきます。
> 일본 과자네요. 잘 먹을게요.

출장에서 방금 돌아왔어요.

出張から戻ってきたばかりです。

* 〜たばかり 막 〜하다

일이 산더미 같아요.

仕事が溜まっています。

* 溜まる 쌓이다

仕事が山ほどあります。

仕事が山積みです。

仕事が山積しています。

출장에서 돌아와서 얼마 안 되다 보니 일에 쫓기고 있어요.

出張から帰ってきてまもないので仕事に追われています。

* 〜に追われる 〜에 쫓기다

출장 보고

출장 보고서는 언제까지 내면 되죠?

出張報告書はいつまで出せばいいでしょうか。

> A 出張報告書はいつまで出せばいいでしょうか。 출장 보고서는 언제까지 내면 되죠?
> B できるだけ早くお願いします。部長が首を長くして待っているみたいで
> すから。 가능한 한 빨리 부탁해요. 부장님이 학수고대하시는 모양이니까.

* 首を長くして待つ 눈이 빠지게 기다리다

보고서는 메일로 제출해도 되나요?

報告書はメールで提出してもよろしいでしょうか。

출장 경비 명세서도 같이 내는 건가요?

出張経費の明細書もいっしょに出すんですか。

A 出張経費の明細書もいっしょに出すんですか。 출장 경비 명세서도 같이 내는 건가요?
B 明細書は経理部のほうに出してください。 명세서는 경리부 쪽에 내 주세요.

참가비 무료인 비즈니스 세미나와 강연회, 심포지엄에 참가했어요.

参加無料のビジネスセミナーや講演会、シンポジウムに参加しました。

최신 정보가 아주 많았어요.

最新情報が盛りだくさんでした。   * 盛りだくさん 수북함

전시회는 실패로 끝났어요.

展示会は失敗に終わりました。

전시회 부스를 출점해서 다행이었어요.

ブース出展をしてよかったです。

이번에는 대기업의 출점이 별로 없었어요.

今回は大手の出展があまりなかったです。

미팅에서는 도쿄 글로벌사의 프레젠테이션을 들었어요.

ミーティングでは東京グローバル社のプレゼンを聞きました。

회의가 끝난 후에는 저녁식사 모임이 있었어요.

会議が終わった後は、夕食会がありました。

공장 견학에서 이토 사장님의 수완에 감명을 받았어요.

工場見学で伊藤社長の手腕に感心させられました。

Biz tip 感心させられるは '感心する(감탄하다)'에 사역형과 수동형이 붙은 사역수동형입니다. 사역수동형은 대개 '어쩔 수 없이 ~하다'로 해석하는 경우가 많으니까, 感心させられるは '나도 모르게 깊은 감동을 받았다' 정도로 해석하면 좋겠네요.

거래처 인사돌기는 무사히 끝났어요.

取引先の挨拶回りは無事に終わりました。

도쿄물산과의 계약에 성공했어요.

東京物産との契約に成功しました。

도쿄컴퍼니의 이시이 부장님으로부터 샘플이 부족하다는 지적이 있었습니다.

東京カンパニーの石井部長からサンプルが足りないという指摘
がありました。

신규 개척은 잘되지 않았어요.

新規開拓はうまくいきませんでした。　　　　　　＊うまくいく 잘되다

결과는 별로 기대할 만한 것이 못 됩니다.

結果はあまり望ましくありません。

실전회화

A　貿易博覧会はどうでしたか。 무역 박람회는 어땠어요?
B　結果はあまり望ましくありません。 결과는 별로 기대할 만한 것이 못 됩니다.

＊望ましい 바람직하다

현재 긍정적인 대답을 듣지 못했지만 출장 갈 때마다 찾아뵐 생각이에요.

今のところいい返事はもらっていませんが、出張のたびに伺う
つもりです。

PART

7

회의

현황 보고, 중요 사안에 대한 의사 결정, 정보의 상호 공유, 주요 전략에 대한 의견 수렴 등을 위해 회의는 꼭 필요합니다. 직장인이라면 크고 작은 회의를 빈번하게 소화할 수 있어야 하는데요. 이번 파트에서는 회의를 진행하는 방법에서부터 상황을 보고하고 의견을 진술하며 회의에 참석한 사람들을 설득하는 기술 등을 배워 봅니다. 적절히 제어하면서도 참석자의 발언을 이끌어내는 회의 진행 기술과, 토론에서 이의를 제기하고 동의하거나 반박하면서 상대방을 설득하는 데 필요한 표현들을 마스터한다면 여러분도 회의장의 손석희가 될 수 있습니다.

회의 시작

🎧 07-1.mp3

**인사와
인원 점검**

여러분, 다 모이셨나요?

みなさん、お集まりですか。

* 集まる 모이다

みなさん、揃いましたか。

* 揃う 모이다

여러분, 자리에 앉아 주세요.

みなさん、席についてください。

* 席につく 착석하다

정각이 되었어요.

定刻になりました。

이제 시간이 되었으니 시작합시다.

そろそろ時間になりましたので、始めましょう。

시간도 얼마 없으니까 바로 시작했으면 합니다.

時間もあまりないので、さっそく始めたいと思います。

피곤하실 텐데 시간을 내주셔서 감사합니다.

お疲れのところ、時間を割いてくださってありがとうございます。

* 時間を割く 시간을 할애하다

바쁘신데 모여 주셔서 감사합니다.

お忙しいところお集まりいただき、ありがとうございます。

그럼, 업무 회의를 시작하겠습니다.

では、業務会議を始めます。

오늘 사회는 저, 영업부의 김○○이 맡겠습니다.

本日の司会は、私、営業部のキムが務めさせていただきます。

* 務める (임무를) 수행하다

오늘은 수고가 많습니다.

本日はご苦労様です。

* 苦労 고생

Biz tip ご苦労는 윗사람이 아랫사람에게 쓰는 인사말입니다. 부장이나 과장이 회의를 시작하면서 직원들을 치하하는 말이죠. 아랫사람이 윗사람에게 쓸 때는 お疲れ様를 씁니다.

전시회 준비를 위한 기획 회의를 시작하겠습니다.
展示会の準備に向けての企画会議を始めさせていただきます。

아직 두 분이 오시지 않아서 잠시 기다려 주세요.

まだお二人がお見えでないので、今しばらくお待ちください。

＊見え 오심

A まだお二人がお見えでないので、今しばらくお待ちください。
아직 두 분이 오시지 않아서 잠시 기다려 주세요.
B 山田さんと今村さんでしたら棚卸しで遅くなるそうです。
야마다 씨와 이마무라 씨라면 재고 정리로 늦어진다고 하더군요.

빨리 오신 여러분께는 죄송합니다.
早く来ていただいたみなさんには申し訳ありません。

누군가 해외사업부 하야시 씨를 불러다 줄래요?
どなたか海外事業部の林さんを呼んできてもらえますか。

회의 안내

오늘은 7월 정례 회의입니다.
本日は7月の定例会議です。

회의 예정이 변경되었습니다.
会議の予定が変更になりました。

사장님은 출장 때문에 회의에 나올 수 없어요.
社長は出張のため、会議に出られません。

제1회의실은 공사로 사용할 수 없어요.
第一会議室は工事で使えません。

자료는 5장 묶음으로 되어 있어요.
資料は５枚つづりとなっています。

＊つづり 철한 것

A 資料は５枚つづりとなっています。ご確認ください。
자료는 5장 묶음으로 되어 있어요. 확인해 주세요.
B こちら、一枚が足りません。여기, 한 장이 모자라네요.

자료에 안건이 자세히 적혀 있어요.
資料に案件が詳しく書かれています。

안건은 2페이지에 있어요.

案件は２ページにあります。

미리 메일로 보내 드린 자료는 지참해 주셨나요?

あらかじめメールでお送りした資料はご持参いただけましたか。

바로 앞에 어젠다가 준비되어 있어요.

お手元にアジェンダが用意されております。

어젠다에는 검토 과제(検討課題), 의제(議題), 의사 일정(議事日程) 등이 쓰여 있어요.

오늘 회의는 의사록 드리븐 방식으로 진행할게요.

今日の会議は議事録ドリブン(driven)方式で行います。

의사록은 총무부의 기무라 씨가 맡아 주겠습니다.

議事録は総務部の木村さんに務めてもらいます。

회의 내용을 메모해 주지 않을래요?

会議の内容をメモしてくれませんか。

의사록은 내일까지 메일로 보내 드릴게요.

議事録は明日までにメールで送ります。

회의 내용은 회의가 끝나는 대로 인트라넷에 업로드 할게요.

会議の内容は会議が終わり次第、イントラネットにアップします。

＊次第 ～하는 대로

뒤에 계신 분, 스크린의 영상이 잘 보이나요?

後ろの方、スクリーンの映りは大丈夫でしょうか。

＊映り 비침

경리부의 다나카 씨가 마실 차를 준비해 주었어요. 감사합니다.

経理部の田中さんがお茶の準備をしてくれました。ありがとうございます。

프로젝터를 준비해 두었으니 사용하세요.

プロジェクターを用意しておきましたので、お使いになってください。

주요 의제에 40분 정도를 예정하고 있어요.

メインの議題に40分ほどを予定しております。

387

오늘 회의 주제는 세 가지 있어요.

今日の議題は三つあります。

가능하면 휴대전화는 꺼 주시면 좋겠네요.

できれば携帯電話はオフにしていただければと思います。

스마트폰은 묵음 모드로 바꿔 주세요.

スマホはサイレントマナーモードにお切り替えください。

*切り替える 전환하다

시간 내에 끝날 수 있게 협력해 주세요.

時間内に終われるよう、ご協力ください。　　　　*よう(に) ~하도록

회의는 1시간 정도로 생각해 주세요.

会議は１時間ぐらいと見てください。

이번에는 효율성 있게 진행하고 싶어요.

今回は効率よく進めたいと思います。

> **실전회화**
>
> A　今回は効率よく進めたいと思います。 이번에는 효율성 있게 진행하고 싶어요.
>
> B　前回はダラダラと長びく会議になってしまいましたからね。
> 　　지난번에는 질질 지루하게 길어지는 회의가 되고 말았으니까요.　　*長びく 지연되다

오늘 회의에는 도쿄지사의 고바야시 과장님도 오셨습니다.

今日の会議には東京支社の小林課長もおいでになりました。

*おいでになる 오시다

앱 개발자도 와 주셨어요.

アプリの開発者にも来ていただきました。

회의 진행자는 과장님께 부탁하고 싶네요.

会議の進行役は課長にお願いしたいと思います。　　　　*役 역할, 직무

어젠다에는 오늘 10시부터 시작해서 내일 18시까지라고 쓰여 있어요.

アジェンダには今日10時から始まり、明日18時までとあります。

Biz tip　'とある'는 문장 맨 앞에 쓰일 경우, '어떤, 어느'의 의미가 되지만, 문장 뒤에 쓰일 때는 '~라고 적혀
있다', '~라고 되어 있다'는 뜻이 됩니다.

**진행 순서
정리**

맨 처음 10분간은 지금까지 해 온 일에 대해 의견을 나누고 싶네요.

最初の10分間は今まででやってきたことについて話し合いたいで
す。　　　　*話し合う 협의하다

질문은 보고가 끝날 때까지 자제해 주셨으면 해요.

質問は報告が終わるまで控えていただきたいです。　　＊控える 삼가다

우선은 현재의 진행 상황에 대해 야마다 씨로부터 보고가 있겠습니다.

まずは今の進行状況について、山田さんから報告があります。

처음으로 이번 신상품에 관한 큰 흐름에 대해서 설명이 있겠습니다.

初めに、今回の新商品に関する大きな流れについて、ご説明が
あります。

우선 이번 신상품의 기본 컨셉트에 대한 설명을 할게요.

まず、今回の新商品の基本コンセプトについての説明をします。

이상으로 제가 하는 설명은 끝내겠습니다.

以上で、私のほうからの説明は終わります。

다음은 나눠 드린 자료 중 팸플릿을 보세요.

次はお配りした資料のうち、パンフレットをご覧ください。

＊配る 분배하다

자세한 상황에 대해서는 이 발언이 끝나면 말씀해 주세요.

詳しい状況についてはこの発言が終わったらお話しください。

A　お話中すみませんが、あらかじめ言っておきたいことがあります。
　　말씀 중에 죄송한데 미리 말해 둘 것이 있어요.

B　詳しい状況についてはこの発言が終わったらお話しください。
　　자세한 상황에 대해서는 이 발언이 끝나면 말씀해 주세요.

미팅 후에는 '사파이어실'에서 오찬이 있겠습니다.

ミーティングの後は「サファイアの間」でランチョンがあります。

회의 주제 소개

긴급 회의인 것은 여러분, 잘 아시리라 생각해요.

緊急会議なのはみなさん、ご存じだと思います。

오늘은 긴급 안건이 있어서 모였어요.

今日は緊急の案件があって集まりました。

A　今日は緊急の案件があって集まりました。 오늘은 긴급 안건이 있어서 모였어요.

B　何かありましたか。何だか気になりますね。 무슨 일이 있었나요? 왠지 걱정이 되네요.

389

오늘 회의의 테마는 인턴십 프로그램입니다.

本日の会議のテーマはインターンシップ・プログラムです。

A 今日の案件は何ですか。오늘 안건은 뭐죠?

B 本日の会議のテーマはインターンシップ・プログラムです。
오늘 회의의 테마는 인턴십 프로그램입니다.

오늘은 다음 달에 있는 이벤트에 대해서입니다.

今日は来月にあるイベントについてです。

오늘은 일본으로의 진출에 대해 의견을 나누고 싶은데요.

今日は日本への進出について話し合いたいです。

오늘 모인 것은 신상품의 아이디어를 내기 위해서입니다.

今日、集まったのは新商品のアイデアを出すためです。

오늘의 주요 의제는 경비 절감입니다.

今日の主要議題は経費削減です。　　　　　　　　　　＊削減 삭감

첫 안건은 서울지점의 리뉴얼 오픈에 관한 것입니다.

最初の案件はソウル店のリニューアルオープンのことです。

＊〜のこと 〜에 관한 모든 것

오늘 목표는 리스크 매니지먼트를 어떻게 할까입니다.

今日のゴールはリスク・マネジメントをどうするかです。

서버 유지·보수의 구체적인 스케줄을 이야기하기 위해서입니다.

サーバメンテナンスの具体的なスケジュールを話し合うためです。

매상을 분석하고 늘리는 방법에 대해 이야기 나눕시다.

売上げを分析し、伸ばす方法について話し合いましょう。

이 회의는 새로운 사업 계획에 관한 것입니다.

この会議は新しい事業計画に関するものです。

A この会議は新しい事業計画に関するものです。
이 회의는 새로운 사업 계획에 관한 것입니다.

B 先月新事業を立ち上げたばかりじゃないですか。
지난달에 신사업을 일으킨 지 얼마 안 되었잖아요. ＊立ち上げる 기동시키다 〜たばかり 막 〜함

오늘은 도쿄물산과의 합병에 대해 진지하게 생각해 봅시다.

今日は東京物産との合併について真剣に考えてみましょう。

신프로젝트의 멤버가 된 여러분과 깊은 이야기를 나눌 수 있다면 좋겠어요.

新プロジェクトのメンバーになったみなさんと踏み込んだ話が
できたらと思っています。　　　　　　　　　　　* 踏み込む 깊이 파고들다

오늘이야말로 결론을 냅시다.

今日こそ、結論を出しましょう。　　　　　　　* 結論を出す 결론을 내다

우리들은 해결책을 내기 위해 모였어요.

私たちは解決策を出すために集まりました。

획기적인 영업 전략을 소개하겠습니다.

画期的な営業戦略をご紹介します。

어떻게 하면 거래처를 늘릴 수 있는지 아이디어를 내 주세요.

どうしたら取引先を増やせるか案を出してください。

신입사원의 배속을 어떻게 할지 정해야 해요.

新入社員の配属をどうするか決めなければなりません。

실전회화

A　新入社員の配属をどうするか決めなければなりません。
　　신입사원의 배속을 어떻게 할지 정해야 해요.

B　それ、人事部の仕事じゃありませんか。 그거, 인사부가 해야 할 일 아닌가요?

미리 전달해 드린 대로 담당자를 바꾸는 이야기부터 시작합시다.

あらかじめお伝えしたように、担当者を変える話から始めま
しょう。

회의 진행

🎧 07-2.mp3

본론 개시

그럼, 본론으로 들어갑시다.
では、本題に入りましょう。

여러분, 앞에 있는 스크린을 봐 주십시오.
みなさん、前方のスクリーンをご覧ください。

이것은 개발팀에서 만든 제품의 하나입니다.
これは開発チームで作った製品の一つです。

개발자로부터 제품에 대해 할 이야기가 있어요.
開発者から製品について話があります。

사업 계획의 큰 틀에 대해서는 이미 아시리라 생각해요.
事業計画の大枠についてはもうご存じだろうと思います。

*大枠 큰 테두리

문제를 일으킨 경위부터 설명해 주시죠.
トラブルを起こした経緯から説明してもらいましょうか。

Biz tip '~てもらえませんか(~해 줄래요?)'는 부탁할 때 많이 쓰는 표현이지만 '~てもらいましょうか(~해 주시죠)'는 다소 강압적인 뉘앙스가 있으니 사용에 주의하세요.

지난 회의 내용 정리

어디까지 논의를 했는지 기억하고 계시리라 생각해요.
どこまで話し合ったか覚えていらっしゃると思います。

*いらっしゃる 계시다

거의 모든 분은 지난번 회의에 출석하셨습니다.
ほとんどの方は前回の会議に出席されました。　　*~される ~하시다

지난번 회의에서는 리서치 결과를 들었어요.
前回の会議ではリサーチの結果を聞きました。

스케줄을 정하는 데까지 했어요.
スケジュールを決めるところまでやりました。

상품 콘셉트에 관해서는 의견이 모아졌어요.

商品のコンセプトに関しては話がまとまりました。

*まとまる 하나로 정리되다

지난번 회의로부터의 진척 상황에 대해 보고해 주세요.

前回の会議から進み具合いについて報告してください。

*進み具合い 나아간 상태

지난번 의사록이 제 앞에 있는데요, 간단하게 정리해 줄래요?

前回の議事録が手元にありますが、簡単にまとめてもらえますか。

*手元 자기 주위

모두 같이 지난번 회의록을 보면서 이야기를 진행시키죠.

みんなで前回の議事録を見ながら、話を進めましょう。

> **Biz tip** 의사록 드리븐 방식으로 회의를 진행시킬 경우 의사록을 프로젝터나 디스플레이에 띄워 그 자리에서 쓰면서 회의를 하기 때문에 회의가 끝날 무렵에는 참가자 전원이 합의하는 의사록이 만들어지게 됩니다.

지난번 내용을 떠올려 주셨으면 해요.

前回の内容を思い出してもらいたいです。

*思い出す 상기하다

경비 절감을 위해서 다음 분기에 할 수 있는 일은 무엇인가에 대해서 이야기가 나왔죠.

コストダウンのために来期にできることは何かについて話がありました。

우리 회사의 소프트웨어가 어디까지 와 있는지에 대해 논의가 있었어요.

わが社のソフトウェアがどこまで来ているかについて議論がありました。

마케팅 부문에 대한 이야기는 그냥 지나갔어요.

マーケティング部門についての話はパスしました。

*パス=pass

▼ 2 회의 진행

논의 내용 실행 확인

부문별로 논의는 했나요?

部門ごとに話し合いは行いましたか。

*～ごとに ~마다

결국 샘플은 보냈나요?

結局サンプルは送りましたか。

A　結局サンプルは送りましたか。 결국 샘플은 보냈나요?

B　前回の会議でその話が出ましたので、その日に送りました。
지난번 회의에서 그 이야기가 나와서 그날로 보냈어요.

자판기 건은 어떻게 되었어요?

自販機の件はどうなりましたか。

A 自販機の件はどうなりましたか。 자판기 건은 어떻게 되었어요?
B まだ、検討中です。 아직 검토 중이에요.

신상품의 타깃은 정해졌나요?

新商品のターゲットは決まりましたか。

설문 조사는 했어요?

アンケートは行いましたか。

총무부의 사토 씨, 인터뷰 기사는 어떻게 되었나요?

総務部の佐藤さん、インタビュー記事はどうなりましたか。

A 総務部の佐藤さん、インタビュー記事はどうなりましたか。
총무부의 사토 씨, 인터뷰 기사는 어떻게 되었나요?
B 社内報に載せました。 사내보에 실었어요.

경력직 사원 연수 건은요?

中途採用社員の研修の件は？　　　　　　　　　　　* 中途採用 중도 채용

업데이트가 아직이라는 지적이 있었는데 어때요?

アップデートがまだだという指摘がありましたが、どうですか。

A アップデートがまだだという指摘がありましたが、どうですか。
업데이트가 아직이라는 지적이 있었는데 어때요?
B 少々時間がかかりそうです。 조금 시간이 걸릴 듯싶네요.

시스템이 제대로 가동하지 않는다는 클레임은요?

システムがうまく稼働しないというクレームは？

A システムがうまく稼働しないというクレームは？
시스템이 제대로 가동하지 않는다는 클레임은요?
B 1週間ほどかかりましたが、対応済みです。 일주일 정도 걸렸지만 대처를 끝냈어요.

* ～済み ～완료

계약을 성사시켰다는 보고가 아직인 것 같은데요.

契約がとれたという報告がまだのようですが。

* 契約がとれる 계약을 따내다

제안하기

이런 것은 어떨까요?

こういうのはどうでしょうか。

이렇게 하면 어떻습니까?

こうしてはいかがでしょうか。

이참에 아예 이렇게 합시다.

この際いっそのこと、こうしましょう。　　　　　*いっそのこと 차라리

고객에게 물어보는 것은 어떨까 싶어서요.

クライアントに聞いてみるのはどうかと思いまして。

저, 제안할 것이 있어요.

私、提案があります。

> A　私、提案があります。 저, 제안할 것이 있어요.
> B　はい、何でしょう。 네, 뭐죠?

대단한 건 아니지만, 자유근무시간제에 대한 개인적인 의견을 들어 보고 싶어요.

たいしたことじゃありませんが、フレックスタイムについての
個人的な意見を聞いてみたいです。　　　　　*たいした 굉장한

PR을 어떻게 하면 좋을지 모두 같이 생각해 보고 싶군요.

PRをどうすればいいかみんなで考えてみたいです。

절충안을 생각해 보는 것도 좋을 것 같아요.

妥協案を考えてみるのもいいと思います。　　　　　*妥協案 타협안

더욱 많은 사원들에게 의견을 구하는 편이 좋을 것 같아요.

もっと多くの社員に意見を求めたほうがいいと思います。

이 문제는 정례 회의 때 안건으로 상정하는 편이 좋겠어요.

この問題は定例会議の時、案件にかけたほうがいいでしょう。

> A　この問題は定例会議の時、案件にかけたほうがいいでしょう。
> 　　이 문제는 정례 회의 때 안건으로 상정하는 편이 좋겠어요.
> B　これは差し迫った問題なので、今じゃないといけません。
> 　　이것은 절박한 문제라서 지금이 아니면 안 됩니다.　　　　　*差し迫る 절박하다, 닥치다

복잡한 안건인 만큼 더욱 시간을 들입시다.

複雑な案件だけに、もっと時間をかけましょう。

회의가 길어질지도 모르니까 이것은 다른 날 할까요?

会議が長くなるかもしれないので、これは日を改めましょうか。

日を改めるは '다른 날로 잡다'라는 뜻인데요. 비즈니스 회화에서는 '日を改めて(다른 날에)'의 꼴
로 많이 쓰여요.

회의에 참가하는 인원수를 줄이는 건 어때요?

会議に参加する人数を減らすのはどうでしょう。

1인당 하나의 기획을 내도록 합시다.

一人あたり一つの企画を出すようにしましょう。

내일 임시회의를 열 필요가 있어요.

明日、臨時会議を開く必要があります。

이 의제는 1시간이면 끝날 것 같은 이야기가 아니에요.

この議題は1時間で終わるような話ではありません。

이것은 회의 후반에 합시다.

これは会議の後半にやりましょう。

각 부서별로 논의한 후에 할까요?

各部ごとに話し合ってからにしましょうか。

 A　意見が全然まとまりませんね。 의견이 전혀 모아지지 않네요.
　　　 B　各部ごとに話し合ってからにしましょうか。 각 부서별로 논의한 후에 할까요?

지금은 프로젝트에 집중해서 논의해야 합니다.

今はプロジェクトに集中して話し合うべきです。　　＊べき ~해야 함

나머지는 내일 합시다.

続きは明日にしましょう。　　＊続き 이어짐

더욱 중요한 안건을 우선시해야 하는 거 아닌가요?

もっと重要な案件を優先させないといけないんじゃないでしょ
うか。

꼬고 또 꼬는 것이 일본어의 특징인데요. 꼬인 것을 풀어가다 보면 수학문제를 푸는 기분이 들죠. '~
ないといけないんじゃないでしょうか(~하지 않으면 안 되는 것 아닌가)'는 결국 '~해야 된다'는 제안
의 뜻이에요.

의견 묻기

어떻게 생각하세요?

どう思いますか。

どのようにお考えですか。

どうしたらいいと思いますか。

뭔가 의견, 없으세요?

何かご意見、ありませんか。

의견을 들려주세요.

ご意見をお聞かせください。

그 밖에는 없나요?

他にはありませんか。

하시모토 씨, 어떻게 생각하세요?

橋本さん、いかがですか。

Biz tip 직접 사람을 지목하여 활발한 회의가 되도록 유도할 수 있어요.

과장님 의견을 들려주셨으면 하는데요.

課長のお考えを聞かせていただきたいのですが。

뭔가 좋은 아이디어는 없나요?

何かいいアイデアはありませんか。

何かいい方法はないでしょうか。

스즈키 씨가 제안한 스포츠 이벤트에 대해 의견을 듣고 싶네요.

鈴木さんが提案したスポーツイベントについて、ご意見をお聞きしたいです。

이 건에 관해서 누구라도 괜찮으니까 말씀하세요.

この件に関して、どなたからでもけっこうですので、どうぞ。

괜찮으시면 있는 그대로 말씀해 주세요.

よろしければありのままお話しください。

솔직한 감상을 들려주세요.

率直なご感想をお聞かせください。

지장이 없으면 기탄없는 의견을 들려주세요.

差し支えなければ、遠慮のないご意見を、どうぞ。 *遠慮 거리낌

탁 털어놓고 숨김없이 말씀하세요.

ざっくばらんにお話しください。　　　　　*ざっくばらん 숨김없는 모양

그 점은 어떤가요?

その点はいかがでしょうか。

Biz tip 어떤 의견이 나오자마자 그에 대한 생각이나 감상을 바로 물을 때 쓰는 표현이에요.

여기까지에서 뭔가 질문이 있으면 발언해 주세요.

ここまでで何かご質問がございましたら、発言してください。

Biz tip 안건에 대한 의견이 섞이지 않도록 안건의 내용별로 끊어서 의견을 물어보는 게 좋아요.

여기까지는 문제없죠?

ここまではよろしいですね。

Biz tip 하나의 안건에 대한 논의가 어느 정도 종결되었음을 모두에게 확인하는 표현이에요.

A ここまではよろしいですね。 여기까지는 문제없죠?
B はい、進めてください。 네, 계속 진행해 주세요.

이것에 동의하는 분은 손을 들어 주세요.

これに同意する方は手をあげてください。

타사와 차별화를 꾀하기 위해서는 어떻게 하면 좋을까요?

他社と差別化を図るためにはどうすればいいでしょうか。

　　　　　*図る 도모하다

A 他社と差別化を図るためにはどうすればいいでしょうか。
타사와 차별화를 꾀하기 위해서는 어떻게 하면 좋을까요?
B 地域を絞り込むのはどうでしょうか。 지역을 축소해 보는 것은 어떨까요?

　　　　　*絞り込む (수나 범위를) 축소해 가다

이것에 반대하시는 분은 안 계신가요?

これに反対の方はいらっしゃいませんか。

이견이 있으면 발언해 주세요.

異論がありましたら、ご発言ください。

Biz tip 異論, 異義, 異見, 異存, 反論 등이 모두 '다른 의견' 즉 '이견', '이의'의 뜻으로 씁니다.

지금 나온 의견에 대해 언급하고 싶으신 분은 안 계시나요?

今の意見に対してコメントしたい方はいらっしゃいませんか。

덧붙일 것은 없나요?

付け加えることはありませんか。

그렇게까지 부정적이 되는 이유는 뭐죠?

そこまでネガティブになる理由は何ですか。

A　そこまでネガティブになる理由は何ですか。　그렇게까지 부정적이 되는 이유는 뭐죠?
B　今までの経験から申し上げただけです。　지금까지의 경험에서 말씀드렸을 뿐이에요.

프로젝트 멤버로서 한마디 부탁드려요.

プロジェクトのメンバーとして一言、お願いします。

이 분야에 정통한 다카하시 연구원의 의견을 듣고 싶네요.

この分野に詳しい高橋研究員のご意見を聞きたいです。

Biz tip 일본 TV에서 '~전문가'라고 소개할 때 '~専門家'라고 하기보다는 '~に詳しい(~을 잘 아는)'라고 하는 경우가 많아요.

불경기 속에서 수익을 내는 것이 가능할까요?

不景気の中、収益を出すことができるでしょうか。

A　不景気の中、収益を出すことができるでしょうか。
　　불경기 속에서 수익을 내는 것이 가능할까요?
B　やり方次第だと思います。　방법에 달려 있다고 봅니다.　＊～次第 ～여하로 결정됨

일본과 공동 캠페인을 하는 일에 찬성인가요?

日本と共同キャンペーンをすることに賛成ですか。

생각난 점이 있으시면 뭐든지 말씀해 주세요.

お気づきの点がございましたら、何でもおっしゃってください。

＊気づき 깨달음

발언 연결 및 제지

제가 그것에 대해서 말해도 될까요?

私がそれについて話してもよろしいでしょうか。

발언해도 될까요?

発言、よろしいでしょうか。

A　発言、よろしいでしょうか。　발언해도 될까요?
B　はい、木村さん、お話しください。　네, 기무라 씨, 말씀하세요.

아직 할 이야기가 남았어요.

話の続きがまだあります。

まだ話が終わっていません。

끼어들어 죄송합니다. 한마디 괜찮을까요?

口を挟むようで申し訳ありません。一言、いいですか。

혹시 모르니까 한마디 하게 해 주세요.

念のため、一言、言わせてください。　　　　＊念のため 확실히 해 두기 위해서

마지막으로 덧붙여 말하고 싶은 것이 있어요.

最後に付け加えて言いたいことがあります。

본래의 주제에서 벗어나 있어요.

本題からはずれています。

회의가 중구난방인 것 같아요.

会議が迷走しているようです。　　　　　　　＊迷走 이리저리 이동

그 문제는 이 정도로 해 두죠.

その問題はこれぐらいにしましょう。

좀 더 구체적으로 설명해 줄 수 있나요?

もっと具体的に説明してもらえますか。

의견은 간단하게 부탁드려요.

意見は手短にお願いします。

다른 말로 표현하면 어떻게 되는 거죠?

別の言い方をすると、どうなるんでしょうか。

다음 미팅으로 넘길까요?

次のミーティングに持ち越しましょうか。　　　＊持ち越す 미루다

말씀 중에 죄송한데요, 이제 그 이야기는 됐습니다.

お話中、申し訳ありませんが、もうその話はいいです。

남은 시간은 안건에 사로잡히지 말고 자유롭게 의견을 교환합시다.

残りの時間は案件にとらわれず、自由に意見を交わしましょう。

＊とらわれる 얽매이다

그 이야기는 이○○ 씨로부터 들었으니 그 다음을 부탁할게요.

その話はイさんから聞きましたので、その続きをお願いします。

＊続き 연속

여러분, 흥분하신 것 같은데, 진정하세요.

みなさん、興奮なさっているようですが、落ち着いてください。

표결에 부칠 수밖에 없을 것 같군요.

決を取るしかないようですね。

＊決を取る 표결에 부치다

본격 논의

07-3.mp3

상황 보고

프로젝트에 대해서 보고드리겠습니다.
プロジェクトについてご報告します。

저쪽이 3%의 가격 인하를 요구하고 있거든요.
先方が3%の値下げを求めているからです。

> A　注文が遅れているのはなぜですか。주문이 늦어지고 있는 것은 왜죠?
> B　先方が3%の値下げを求めているからです。
> 　　저쪽이 3%의 가격 인하를 요구하고 있거든요.

단가 인하를 요구하고 있어요.
単価の切り下げを要求しています。

급히 콘셉트를 바꾸고 싶다는 의뢰가 왔어요.
急きょ、コンセプトを変えたいという依頼がありました。

> A　急きょ、コンセプトを変えたいという依頼がありました。
> 　　급히 콘셉트를 바꾸고 싶다는 의뢰가 왔어요.
> B　いつ連絡がありましたか。언제 연락이 왔죠?

조속히 예산을 다시 짜야 할 필요가 생겼어요.
早急に予算を練り直す必要が出てきました。 *練る 짜다 ～直す 다시 ～하다

각 부분의 지원이 꼭 필요한 상황입니다.
各部門のフォローが欠かせない状況です。 *欠かせない 없어서는 안 될

제품 트러블이 끊이지 않는 상황입니다.
製品のトラブルが絶えない状況です。 *絶える 끊어지다

발주 관계는 영업부가 담당하고 있어요.
発注関係は営業部が担当しています。

거래처로부터 클레임이 들어왔어요.
取引先からクレームがありました。

견본 시장 참가를 계획하고 있어요.

見本市への参加を計画しています。

접대 계획을 세워 두었습니다.

接待プランを立てておきました。

인력 부족에 직면하고 있어요.

人手不足に直面しています。

이달 말에는 출하할 수 있을 전망입니다.

今月末には出荷できる見込みです。　　　　　　　　＊見込み 예상

수속을 하는 중입니다.

手続きをしているところです。

이런 때를 위해서 사전 교섭을 해 두었기 때문에 걱정 없어요.

こういう時のために根回しをしておいたので心配ありません。

판매권을 따지 못하면 우리 회사는 이 위기를 극복할 수 없어요.

販売権を手に入れられなければわが社はこの危機を乗り越える
ことができません。　　　　　　　　＊手に入れる 획득하다 乗り越える 극복하다

주문 취소는 예상하지 못했어요.

注文の取消しは予想外でした。

 A　注文の取消しは予想外でした。 주문 취소는 예상하지 못했어요.
B　困ったものですね。 일이 곤란하게 되었네요.

대략 5억 엔 규모의 손실이 될지도 모릅니다.

おそらく５億円規模の損失になるかもしれません。

한순간에 적자로 돌아설 우려가 있습니다.

一気に赤字に転ずる恐れがあります。　　　　　　＊～に転ずる ～로 바뀌다

의견 진술과
설득

한층 완화해야 한다는 것이 제 의견이에요.

もっと緩和すべきだというのが私の意見です。　　　＊～べき ～해야 함

제 생각으로는 벤처 프로젝트 설계가 중요하다고 생각해요.

私の考えでは、ベンチャープロジェクトの設計が大事だと思います。

Biz tip 자기 의견을 진술할 때 가장 기본적인 패턴은 '私は〜と思います'지만, 그 밖에 '私の考えでは(제 생각으로는)', '私が思うには(제가 생각하기에는)', '個人的な見解としては(개인적인 견해로서는)', '自分の考えを申し上げますと(제 생각을 말씀드리면)' 등을 주장이나 의견 앞에 붙이는 방법도 있어요.

무엇보다도 디자인이 좋으니 괜찮을까 싶은데요.

何よりもデザインがいいから大丈夫かと思いますけど。

Biz tip 의견을 말할 때는 단정적인 어감을 피하고 완곡하게 표현하기 위해 주장이나 의견 뒤에 '〜かと思います'를 붙이기도 합니다. 그 밖에 '〜がいいだろうと思う(〜가 좋을 것 같아요)', '〜がいいのではないかと思う(〜가 좋지 않을까 싶네요)'와 같은 표현도 단정적인 어감을 피하는 데 효과적이에요.

시장의 요구와 일치한다고 생각해요.

市場のニーズにマッチしていると思います。

디자이너와의 공동 제작이 좋을 것 같아요.

デザイナーとのコラボレーションがいいと思います。

판매 체제를 조정하는 편이 리스크가 적다고 생각해요.

販売体制を整えたほうが、リスクが少ないと思います。

＊整う 정돈하다

컴플라이언스(법령 준수)를 철저히 하려고 생각해요.

コンプライアンスを徹底しようと思います。

Biz tip 기업 윤리에 의거하여 활동하는 컴플라이언스가 크게 주목받고 있어요.

A コンプライアンスを徹底しようと思います。 법령 준수를 철저히 하려고 생각해요.
B コンプライアンス違反でつぶれた会社も少なくないですからね。
법령 준수 위반으로 망한 회사도 적지 않으니까요. ＊つぶれる 도산하다

매뉴얼을 재검토할 필요가 있어요.

マニュアルを見直す必要があります。 ＊見直す 재고하다

지금의 안으로 간다면, 인원이 2배는 필요해요.

今の案でいきますと、人員が倍は必要です。

사양이 이러니저러니 말하기 전에 단가를 올려야 하는 거 아닌가요?

スペックがどうこう言う前に単価をあげないといけないんじゃないでしょうか。 ＊〜ないといけない 〜해야 한다

소비자의 트렌드를 해독할 정보가 필요해요.

消費者のトレンドを読み解く情報がほしいです。

 A 消費者のトレンドを読み解く情報がほしいです。
소비자의 트렌드를 해독할 정보가 필요해요.

B トレンド分析によって何が分かるんですか。 트렌드 분석을 통해 무엇을 알 수 있는데요?

찬스를 잡아야 해요.

チャンスをつかむべきです。

지금까지처럼 대폭적인 경비 절감을 해야 합니다.

今までのように大幅なコストカットを行わなければなりません。

전 사원이 마음을 하나로 모아 문제 해결에 전력을 기울여야 해요.

全社員が心を一つにして問題解決に取り組まないといけません。

＊〜に取り組む 〜에 몰두하다

앞으로는 구조 조정도 검토하지 않을 수 없어요.

今後はリストラも検討せざるを得ません。

＊〜ざるを得ない 〜하지 않을 수 없다

5%의 가격 인상 따위 말도 안 돼요.

5%の値上げなどあり得ません。　　　　　　＊あり得ない 있을 수 없다

연간 10억 엔 이상의 손실이 될 게 뻔해요.

年間で10億円以上の損失になるはずです。　　＊はず 당연히 〜할 것

 A 年間で10億円以上の損失になるはずです。 연간 10억 엔 이상의 손실이 될 게 뻔해요.

B どうしてそんなことが言えるんですか。 어떻게 그렇게 자신 있게 말할 수 있죠?

고객의 요구는 따라야 해요.

クライアントの要求には従わなければなりません。

＊〜に従う 〜을 따르다

이건 반드시 이익으로 이어질 겁니다.

これは必ず利益につながります。

 A これは必ず利益につながります。 이건 반드시 이익으로 이어질 겁니다.

B そこまでおっしゃるんでしたら、やってみましょうか。
그렇게까지 말씀하신다면 해 볼까요?

구체적인 판로를 예상한 상품을 만들어야 해요.
具体的な販路をイメージした商品を作らなければなりません。

이익을 낳는 아이템인 것은 확실해요.
利益を生むアイテムなのは確かです。

참치의 구입과 공급에 우리 회사도 힘을 쏟아야 합니다.
マグロの買い付けと供給にわが社も力を入れるべきです。

* 力を入れる 힘을 쏟다

A　マグロの買い付けと供給にわが社も力を入れるべきです。
　　참치의 구입과 공급에 우리 회사도 힘을 쏟아야 합니다.
B　でしたら、プロジェクトを立ち上げる必要がありますね。
　　그렇다면 프로젝트를 새로 시작할 필요가 있네요.

판매 채널을 확보하는 일을 잊어서는 안 됩니다.
販売のチャンネルを確保することを忘れてはいけません。

한 단계 높은 수준의 상품을 지향해야 합니다.
ワンランク上の商品を目指すべきです。　　　　　* ワンランク one rank

A　ワンランク上の商品を目指すべきです。 한 단계 높은 수준의 상품을 지향해야 합니다.
B　＋αの価値を考えないとだめですね。 플러스 알파의 가치를 생각해야겠군요.

요구를 받아들이지 않으면 거래는 타사로 바뀔 것이 틀림없어요.
要求を飲みこまなければ、取引は他者に乗り換えられるに違い
ありません。　　　　　　　* 乗り換える 갈아타다 ～に違いない ～임에 틀림없다

낭비를 없애면 예산 안에서 해결될 겁니다.
無駄をなくせば、予算内に収まります。　　　　　　　* 収まる 담아지다

요점만 말씀드리죠.
要点だけお話しします。

밝은 기분으로 만들어 주는 소비가 요구되고 있어요.
明るい気持ちにしてくれる消費が求められています。

* 求める 요구하다

같은 방법으로 시장에 내놓은 모델도 실패했다는 사실을 떠올리셨으면 해요.
同じやり方でマーケットに出したモデルも失敗したことを思い
出していただきたいです。

판매부의 책임은 피할 수 없어요.

販売部の責任は免れません。 * 免れる 피하다

Biz tip 의미상으로 보면 免れる에 られる를 붙여서 가능형으로 만들어야 하지만 실제로는 責任を免れない의 꼴로 굳어져 '책임을 면할 수 없다'는 의미를 나타내는 경우가 많아요. 가능형인 免れられない, 免れ得ない도 문법상으로 틀린 것은 아니지만 원어민의 입장에서 보면 다소 어색하다고 하네요.

주거래 은행한테 융자를 중지당하면 우리는 망합니다.

メインバンクに融資をストップされたら、うちは倒産します。

* 倒産 도산

그것은 시기상조인 것 같아요.

それは時期尚早のような気がします。 * 気がする 느낌이 들다

불경기니까 고객들도 목숨을 걸고 필사적인 거죠.

不景気だからクライアントも生き残りをかけて必死なんです。

Biz tip '生き残りをかけて(남은 생을 걸고)'는 정식 숙어는 아니지만 비즈니스 회화와 칼럼에서 많이 쓰는 관용 표현입니다. 필사적으로 노력하는 모습이 연상되죠?

사원 교육을 철저히 하면 그뿐이죠.

社員教育を徹底すればいいだけです。

제대로 어필하면 저쪽도 이해해 주지 않을까요?

うまくアピールすれば、先方も理解してくれるのではないでしょうか。

Biz tip '～のではないでしょうか(～하는 건 아닐까요?)'는 설득할 때 자주 쓰는 표현이에요.

더 싼 재료를 매입하면 경비 절감도 가능해요.

もっと安い材料を仕入れればコストダウンも可能です。

* 仕入れる 사들이다

품질을 안정화하는 것이 과제입니다.

品質の安定化が課題です。

컴퓨터 시스템 온라인화가 시급해요.

コンピューターシステムのオンライン化が急がれます。

Biz tip '～が急がれる(～가 시급하다)'는 긴박감을 주기 때문에 설득 효과가 높아요.

공급, 유통, 판매를 일괄함으로써 가격을 조정하는 것이 목적이에요.

供給、流通、販売を一括することで価格をコントロールするのが目的です。

* ～ことで ～함으로써

기획 단계에서부터 문제가 있었어요.

企画の段階から問題がありました。

저쪽이 반대하고 있다고 들었어요.

先方が反対していると聞きました。

시장 예측이 안일했다는 의견이 있어요.

市場予測があまかったという声があります。　　　　　*あまい 무르다

이런 회의는 생산성이 낮은 것 같아요.

こういう会議は生産性が低い気がします。

저희들이 세운 전략은 시대에 뒤떨어져요.

私たちが立てた戦略は時代遅れです。　　　　　*時代遅れ 시대착오적

그렇게 되면 원료 확보가 어려워져요.

そうなると、原料の確保が難しくなります。

방어적인 방법은 통하지 않아요.

ディフェンシブなやり方はもう通用しません。　　　　　*通用 통용

제 기획의 어디가 문제인 거죠?

私の企画のどこがだめなんでしょうか。

전에도 말했지만 이건 디자인 문제가 아니에요.

前にも言ったと思いますが、これはデザインの問題じゃありません。

매상이 줄고 있다는 점에 위기감을 느껴야 해요.

売上げが減っていることに危機感を覚えないといけません。

*覚える 느끼다

분명히 말하겠는데 가능성은 낮아요.

はっきり言わせてもらいますと、可能性は低いです。

*言わせてもらう＝言う

계약을 따내지 못한 것은 가격 때문 아니에요?

契約がとれなかったのは価格のせいじゃありませんか。

이 상품은 콘셉트와 타깃이 애매해요.

この商品はコンセプトとターゲットがあいまいです。

기술력으로 승부하겠다고 하셨지만 정말 자신 있는 건가요?

技術力で勝負するとおっしゃいましたが、本当に自信があるんですか。

*おっしゃる 말씀하시다

작년부터 이렇다 할 히트 상품을 내지 못했어요.

去年からこれといったヒット品を出していません。

*これといった 이렇다 할

작년만 해도 1,000만 엔의 투자가 있었지만, 그 효과가 나오지 않고 있어요.

去年だけで1,000万円の投資がありましたけど、その効果が出ていません。

전시회는 돈 낭비예요.

展示会はお金の無駄です。

> **실전회화**
> A 展示会はお金の無駄です。 전시회는 돈 낭비예요.
> B それは違うと思います。今は従来の取引先だけではやっていけない時代なんです。 그건 아니라고 봐요. 지금은 기존 거래처만으로는 꾸려 나갈 수 없는 시대인 걸요.

타사와 비교해서 사양이 뒤떨어져요.

他社に比べて、スペックが後れをとっています。

> **Biz tip** 비즈니스에서는 경쟁에 민감하다 보니 '後れをとる(뒤떨어지다)'라는 표현을 자주 쓰게 됩니다. 劣る, 立ち後れる, 引けをとる, 時代に後れる 등도 모두 비슷한 의미예요.

수요가 얼마나 있는지도 모르는 것이 실정이에요.

需要がどれぐらいあるかも分からないのが実情です。

이미 시장은 포화 상태예요.

もうマーケットは飽和状態です。

> **실전회화**
> A もうマーケットは飽和状態です。 이미 시장은 포화 상태예요.
> B 商品やサービスに付加価値を持たせないとだめですね。 상품이나 서비스에 부가 가치를 주지 않으면 안 되겠군요.

경쟁 상품과는 도대체 어디가 다른 거죠?

競合商品とはいったいどこが違うんですか。

*競合 경합

자료 복사 상태가 좋지 않아서 잘 안 보여요.

資料の写りが今一でよく見えません。

> **Biz tip** 今一는 조금 모자라는 모양을 나타내는데요, 흔히들 말하는 '2% 부족하다'의 어감과 비슷합니다.

화인

▼ 3 문제 제의

그래프 수치가 이상해요.
グラフの数値がおかしいです。

동의

전적으로 동감입니다.
まったく同感です。

그건 그렇군요.
それはそうですね。

그건 일리가 있네요.
それは一理ありますね。

말씀하신 그대로라고 생각해요.
おっしゃるどおりだと思います。　　　　　　　　　*〜どおり 〜대로

지적하신 그대로입니다.
ご指摘のとおりです。

재밌을 것 같군요.
おもしろそうですね。

상당히 흥미롭군요.
非常に興味深いです。

이의 없음!
異議なし！

콘셉트 그 자체에 이의는 없어요.
コンセプトそのものに異論はありません。

불만은 없어요.
不満はありません。

그럼, 그렇게 하기로 하죠.
じゃ、そういうことで。

A　責任者はパクさんにしましょう。 책임자는 박〇〇 씨로 하죠.
B　じゃ、そういうことで。 그럼, 그렇게 하기로 하죠.

할 수 없군요.

しかたありませんね。

그렇게 할 수밖에 없을 것 같군요.

そうするしかないようですね。

과연, 그게 좋겠네요.

なるほど、それがいいですね。

A 社内コンペにしましょうか。 사내 공모로 할까요?
B なるほど、それがいいですね。 과연, 그게 좋겠네요.

훌륭한 생각이네요.

けっこうなことじゃありませんか。

Biz tip 반어적으로 표현함으로써 강조하는 의미가 있어요.

그 방향으로 추진합시다.

その線でいきましょう。　　　　　　　　　　　＊線 선

A 発注の量を変えるのはいかがでしょうか。 발주량을 바꿔 보는 건 어떨까요?
B その線でいきましょう。 그 방향으로 추진합시다.

개발부 판단에 맡기겠어요.

開発部の判断にお任せします。　　　　　　　　＊任せる 맡기다

그 주장은 틀리지 않아요.

その主張は間違っていません。

박○○ 씨 의견에 찬성합니다.

パクさんのご意見に賛成です。

야마다 씨 의견을 지지합니다.

山田さんの意見を支持します。

옳은 의견이라고 생각해요.

正しい意見だと思います。

박○○ 씨와 같은 의견이에요.

パクさんと同じ意見です。

그것은 주목할 만한 생각이에요.

それは注目に値するお考えです。

* ~に値する ~할 가치가 있다

꼭 하겠다고 하신다면 저도 좋아요.

どうしてもとおっしゃるのなら、私もいいです。

* どうしても 무슨 일이 있어도

반대할 생각은 없어요.

反対するつもりはありません。

반대

그렇게는 생각하지 않아요.

そうは思いません。

그것은 깊이 생각해 볼 일이에요.

それは考えものです。

Biz tip 바로 속단해서 결정할 일이 아니라는 뉘앙스가 있어요.

저는 조금 다른 생각을 갖고 있어요.

私は少し違う考えを持っています。

말이 안 돼요.

話になりませんね。

그건 무리가 있어요.

それは無理があります。

구조 조정에는 반대입니다.

リストラには反対です。

Biz tip 반대하는 내용을 직접 언급하는 문형이에요.

경비 절감이 가능할지 솔직히 의문이에요.

コストダウンができるか正直疑問です。

Biz tip 正直는 명사로 쓰이면 '정직'이란 뜻이지만 부사로 쓰이면 '사실은', '솔직히 말해서'라는 뜻이에요.

그 생각이 맞을지 아닐지 의문이 남네요.

その考えが正しいかどうか疑問が残ります。

그것은 의심스러운 부분이 있어요.

それは疑わしいところがあります。

반드시 맞다고는 볼 수 없어요.
必ずしも正しいとは思えません。

가격 설정이 너무 높은 거 아닌가요?
価格設定が高すぎるのではありませんか。　　　　　*～すぎる 너무 ～하다

Biz tip 넌지시 상대방 의견에 반대할 때는 '～のではありませんか'를 씁니다.

그 견해에는 문제가 있는 것 아닐까요?
その見解には問題があるのではないでしょうか。

매출 예상이 너무 낙관적인 듯싶네요.
売上げ予想が楽観的すぎるような気がします。

말씀하신 의미는 알겠습니다만, 지금 바로는 무리입니다.
おっしゃることは分かりますが、今すぐには無理です。

말대꾸하는 것 같지만, 그건 아니라고 생각해요.
お言葉を返すようですが、それは違うと思います。

확실히 그건 그렇지만 영업부 입장도 생각해 주셔야지요.
確かにそれはそうですが、営業部の立場も考えていただかないと。

그것에는 찬성하기 힘드네요.
それは賛成しかねます。　　　　　　　　　*～かねる ～하기 어렵다

기본적으로는 찬성이지만, 가격에서 부담이 너무 커요.
基本的には賛成ですが、価格において負担が大きすぎます。

그런 견해도 가능하지만, 이 기회를 놓치면 아까워요.
そういう見方もできますが、このチャンスを逃すのはもったいないです。　　　　　　　　　*見方 관점

그것은 지지할 수 없어요.
それは支持できません。

그것을 따를 수는 없어요.
それに従うことはできません。

그에 동의할 수는 없어요.
それに同意することはできません。

일부 동의하는 부분도 있지만 100%는 동의할 수 없어요.

一部同意するところもありますが、100%は同意できません。

그렇게 단언해도 되는 걸까요?

そう断言していいものでしょうか。

그것에는 확신이 들지 않아요.

それには確信が持てません。

이건 절대로 성공할 수 없어요.

これは絶対成功できません。

저는 납득할 수 없어요.

私は納得できません。

놓치고 있는 부분이 있는 것 같은데요.

見逃している部分があるように思いますが。 　　*見逃す (못 보고) 놓치다

그와 같은 방법은 받아들일 수 없어요.

そのようなやり方は受け入れることができません。

중요한 부분이 빠져 있어요.

肝心なところが抜けています。 　　　　　　　　　　　*抜ける 누락되다

좀 더 좋은 방법이 있는 게 틀림없어요.

もっといい方法があるはずです。

저라면 그와 같은 일은 안 해요.

私でしたら、そのようなことはしません。

그런 일은 용납되지 않아요.

そんなことは許されません。 　　　　　　　　　　　　*許す 용서하다

프로젝트
예상 및
준비

프로젝트 매니저는 정해졌나요?

プロジェクト・マネージャーは決まりましたか。

신시스템을 도입하기 위한 프로젝트예요.

新システムを取り入れるためのプロジェクトです。

검토를 충분히 할 만큼의 시간이 부족해요.

検討を十分に行うだけの時間が足りません。

이 프로젝트는 반드시 성공시키겠어요.

このプロジェクトは必_{かなら}ず成功させます。

프로젝트를 시작하기 전의 준비 작업은 끝났나요?

プロジェクトを始める前の準備作業_{じゅん び さ ぎょう}は終わりましたか。

프로젝트에서의 작업 순서를 차트로 만들어 봤어요.

プロジェクトにおける作業の手順_{て じゅん}をチャートにしてみました。

＊〜における 〜에 있어서의

개방적인 시점에 서서 전문가의 의견을 듣는 것도 중요해요.

オープンな視点_{し てん}に立って、スペシャリストの意見を聞くことも
大事です。

프로젝트 범위를 결정하는 일은 어디까지 나갔어요?

プロジェクトのスコープを決めることはどこまで進_{すす}みましたか。

프로젝트를 계약한 곳과 진행하는 곳이 달라서 하기 힘들어요.

プロジェクトを契約したところと進めるところが違うので、や
りにくいです。

A　プロジェクトは順調_{じゅんちょう}に進んでいますか。 프로젝트는 순조롭게 진행 중인가요?

B　プロジェクトを契約したところと進めるところが違うので、やりにくい
　　です。 프로젝트를 계약한 곳과 진행하는 곳이 달라서 하기 힘들어요.

이제부터는 엔지니어가 프로젝트 계약부터 참석할 수 있도록 해 줬으면 해요.

これからはエンジニアがプロジェクトの契約から参加_{さん か}できるよ
うにしてほしいです。

즉시 전력이 되는 멤버가 적어서 힘들어요.

即戦力_{そくせんりょく}となるメンバーが少_{すく}なくて困_{こま}っています。　＊即戦力 즉전력

현재 스케줄대로 진행 중이에요.

今のところ、スケジュールどおり進んでおります。

자칫 잘못하면 실패로 끝날 위험도 있어요.

下手_{へ た}をすれば、失敗に終わる恐_{おそ}れもあります。

개발 경비를 적게 잡은 것 같아요.

開発_{かいはつ}コストを少なく見積_{み つ}もったようです。　＊見積もる 어림잡다

시간과 예산이 한정되어 있어요.

時間と予算_{よ さん}が限_{かぎ}られています。　＊限る 한정하다

수주할 수 있을지 어떨지 현재로선 모르겠어요.

受注できるかどうか今のところ分かりません。

사용자에게 물어보는 것이 먼저 아닐까요?

ユーザーへのヒアリングが先じゃないでしょうか。

유연하게 조정할 수 있도록 해야 해요.

柔軟にコントロールできるようにしないといけません。

다른 부서의 지혜를 빌리게 될지도 모르겠어요.

他部署の知恵を借りることになるかもしれません。

질문

단도직입적으로 묻겠습니다.

単刀直入に聞きます。

이 자료에 있는 데이터에 대해 두세 가지 여쭤 봐도 될까요?

この資料にあるデータについて二、三、伺ってよろしいでしょうか。

생산 조정은 어느 정도 시행하나요?

生産調整はどのくらい行いますか。

우선 포장에 대해서 여쭙고 싶은데요.

まず、パッケージについて伺いたいんですが。

가격을 내려도 좋다고 하시는 건가요?

値下げをしてもいいとおっしゃるんですか。

'감성 가치'라고 말씀하셨는데요, 어떤 의미죠?

「感性価値」とおっしゃいましたが、どういう意味でしょうか。

A 「感性価値」とおっしゃいましたが、どういう意味でしょうか。
　'감성 가치'라고 말씀하시는데요, 어떤 의미죠?
B 消費者の感性に働きかけ、感動や共感を得ることで表われる価値を言います。
　소비자의 감성에 호소하여 감동이나 공감을 얻음으로써 드러나는 가치를 말해요.

＊働きかける 작용하다

사례를 들어 설명을 부탁드릴 수 있을까요?

事例を挙げてご説明願えますか。

＊ご＋한자어＋願う ～부탁하다

416

회의 종료

🎧 07-4.mp3

회의 마무리

앞으로 5분 남았어요.
残^{のこ}り5分となりました。

의견이 전부 나온 것 같군요.
意見^{いけん}が出尽^{でつ}くしたようですね。   *出尽くす (나올 것이) 다 나오다

이야기가 문제 해결에 접근한 것 같네요.
話^{はなし}が煮詰^{につ}まってきたようですね。   *煮詰まる 바짝 졸아들다

실전회화

A 話が煮詰まってきたようですね。 이야기가 문제 해결에 접근한 것 같네요.
B けっこう話し合いましたからね。 꽤 논의했으니까요.

논의를 정리합시다.
議論^{ぎろん}をまとめましょう。

논의해 온 것을 돌아봅시다.
話し合ってきたことを振^ふり返^{かえ}りましょう。

이상으로 오늘 예정했던 안건은 전부 끝났습니다.
以上で、本日予定していた案件^{あんけん}はすべて終了^{しゅうりょう}しました。
     *終了 종료

이쯤에서 오늘의 결정 사항을 확인하겠습니다.
このへんで、本日の決定事項^{けっていじこう}を確認^{かくにん}いたします。

더 논의하고 싶지만 오늘은 이쯤에서 정리하고 싶어요.
もっと議論^{ぎろん}したいところですが、今日はこの辺^{へん}でまとめたいと思います。

여러분, 다음 회의까지 무엇을 해야 하는지 알고 계시죠?
みなさん、次の会議まで何をしなければならないのか分かっていますね。

활발한 의견 교환이 있었어요.
活発^{かっぱつ}な意見交換^{いけんこうかん}がありました。

작업을 능률적으로 추진하는 일에 대한 이야기가 좋았어요.

作業を能率的に進めることについての話がよかったです。

이번 회의는 브레인스토밍 형식으로 이루어졌어요.

今回の会議はブレイン・ストーミング形式で行われました。

Biz tip 브레인스토밍이란 하나의 테마에 대해 팀원이 자유롭게 발언함으로써 아이디어를 내고 문제를 해결하는 창조적 개발 기법이라 할 수 있어요.

협의 내용을 제대로 업무에 활용해 주세요.

協議内容をしっかりと仕事に活かしてください。

아이디어를 내 주신 분들께 감사드려요.

アイデアを出してくださった方々に感謝します。

회의 출석 상황은 나중에 보고드리죠.

会議の出席状況は後からご報告します。

질의응답

그 밖에 말하고 싶은 것이 있는 분은 계시나요?

他に言いたいことのある方はいらっしゃいますか。

그 밖에 거론하고 싶은 것은 있나요?

他に取り上げたいことはありますか。　　　　　　＊取り上げる 문제 삼다

신상품 발매 시기에 대해 덧붙이고 싶은 말은 없나요?

新商品の発売タイミングについて付け加えたいことはありませんか。

오늘 결정한 일에 다른 의견이 있으시면 말씀하세요.

今日決めたことに異見がありましたら、どうぞ。

두 개 정도 질문을 받고 나서 회의를 끝내겠습니다.

二つほど質問を受けてから、会議を終ります。

질문드려도 될까요?

お尋ねしてもよろしいでしょうか。　　　　　　　＊尋ねる 묻다

참고삼아 대답해도 될까요?

参考までにお答えしてよろしいですか。

의제와 직접 관련은 없는데요, 말해도 될까요?
議題と直接関係はありませんが、話していいですか。

A 議題と直接関係はありませんが、話していいですか。
의제와 직접 관련은 없는데요, 말해도 될까요?

B ご遠慮なくおっしゃってください。 주저 마시고 말씀하세요

경쟁 회사에 대한 대처는 어떻게 되는 거죠?
ライバル会社への対処はどうなるんですか。

오늘 결론이 나지 않은 일은 어떻게 하나요?
今日結論が出なかったことはどうしますか。

근거는 있나요?
根拠はありますか。

A 根拠はありますか。 근거는 있나요?

B 今のところはありません。 현재로서는 없어요

추가할 사항은 없는 것 같군요.
追加することはないと思います。

결론 맺기

슬슬 결론을 내야 합니다.
そろそろ結論を出さなければなりません。

A안으로 정해졌어요.
A案に決まりました。

만장일치로 결정 났어요.
全会一致で決まりました。
満場一致で決まりました。

아직 결론은 나지 않았어요.
まだ結論は出ていません。

결론을 내기는 일러요.
結論を出すのは早いです。

상황을 지켜봅시다.
状況を見守りましょう。

이 상태로 가면 결론을 낼 수 있을 리가 없어요.

この調子だと、結論が出せるわけがありません。

* ～わけがない ～할 리가 없다

다음 회의까지 결론은 보류하기로 하죠.

次の会議まで結論は見合わせることにします。　* 見合わせる 미루다

추세를 보고 나서 정합시다.

成り行きを見てから決めましょう。

이 결론이 과연 현실적인지 생각해 봅시다.

この結論が果たして現実的なのか考えてみましょう。

사장님께 상의해 보지 않는 한 모르겠어요.

社長に相談してみないかぎり分かりませんね。　* ～かぎり ～(하는) 한

모두에게 생각할 시간을 주세요.

みんなに考える時間をください。

모두 같이 정한 일이니 협조 부탁해요.

みんなで決めたことですので、ご協力お願いします。

봄 캠페인 기획은 퀴즈 형식으로 하게 되었어요.

春のキャンペーン企画はクイズ形式で行うことになりました。

Biz tip　'～ことになる(～하게 되다)'는 결정된 사실을 말할 때 써요.

중국 시장은 이제 전망이 없다는 것으로 의견이 좁혀졌죠.

中国市場はもう見込みがないということに意見が絞られました。

* 意見を絞る 의견을 좁히다

판촉 이벤트는 김○○ 씨, 영업은 박○○ 씨에게 부탁합니다.

販促イベントはキムさん、営業はパクさんにお願いします。

Biz tip　논의가 끝나면 정리 단계(클로징)에서 전체 내용을 요약하고 결정 사항을 확인하며 다음에 무엇을 해야 하는지 이야기하는데요. 역할 분담을 참가자에게 명확히 전달하는 것이 중요합니다.

구체적인 스케줄을 정하는 것은 이번 금요일까지예요.

具体的なスケジュールを決めるのは今週の金曜日までです。

의사록은 오후에 나눠 드릴 테니 그것을 보고 각 부서는 실수 없이 움직여 주세요.

議事録は午後配りますので、それを見て、各部はしっかり動いてください。

* しっかり 정신 차려서

회의 마치기

여러분, 대단히 수고 많으셨어요.

みなさん、どうもお疲れ様でした。

아쉽지만 시간이 다 되었네요.

残念ながら、時間がなくなってきました。　　　＊なくなる 없어지다

이로써 일단락되었네요.

これで一段落つきましたね。　　　　　　　＊一段落つく 일단락되다

그럼, 회의를 끝내겠습니다.

では、これで会議を終わります。

では、これで会議を終わりにしましょう。

오늘 미팅은 여기까지 하겠습니다.

今日のミーティングはこれまでにします。

각 팀장은 전략 보고서를 내일 모레까지 제출해 주세요.

各チームリーダーは戦略報告書を明後日までに提出してください。

A　各チームリーダーは戦略報告書を明後日までに提出してください。
　　각 팀장은 전략 보고서를 내일 모레까지 제출해 주세요.

B　できれば今週いっぱいまでにしてもらえませんか。
　　가능하면 이번 주 말까지로 해 줄 수 없나요?

다음 주 금요일에 다시 모여 주시게 됩니다.

来週の金曜日にまた、お集まりいただくことになります。

다음 주 수요일 4시, 같은 장소에서 만납시다.

来週の水曜日４時、同じところでお会いしましょう。

A　来週の水曜日４時、同じところでお会いしましょう。
　　다음 주 수요일 4시, 같은 장소에서 만납시다.

B　では、その時に。 그럼, 그때 뵙죠.

구체적인 대책에 대해서는 내일 다시 이야기합시다.

具体策については明日また話しましょう。

혹시 불충분한 점이 있으면 다음 회의 안건으로 하죠.

もし不十分なところがあれば、次の会議の案件にしましょう。

421

다음 회의에 참석하지 못하는 분은 미리 메일로 연락 주세요.

次回の会議に参加できない方はあらかじめメールでご連絡ください。

다음 미팅은 보시는 바와 같은 스케줄로 실시됩니다.

次の打ち合わせはご覧のスケジュールで行われます。

A 次の打ち合わせはご覧のスケジュールで行われます。
다음 미팅은 보시는 바와 같은 스케줄로 실시됩니다.

B 次回出張で出られませんが、どうすればいいでしょうか。
다음 번에 출장으로 나오지 못하는데 어떡하면 좋죠?

마지막으로 불량품을 없애는 일에 대해서는 개발과장에게 의견을 보내 주세요.

最後に不良品をなくすことについては開発課長まで意見をお寄せください。

*寄せる 보내다

혹시 무슨 일 있으면 회의 후에 저에게 상의해 주세요.

もし何かありましたら、会議の後、私にご相談ください。

뭔가 변경 사항이 있으면 그때마다 알려 드릴게요.

何か変更がありましたら、その都度お知らせします。

각 부서 부장님께는 전해 드릴 말이 있으니 잠시 남아 주셨으면 합니다. 다른 분들은 돌아가셔도 됩니다.

各部長にはお伝えしたいことがありますので、しばらく残っていただきたいてす。他の方たちはお戻りになってけっこうです。

A 各部長にはお伝えしたいことがありますので、しばらく残っていただきたいてす。他の方たちはお戻りになってけっこうです。
각 부서 부장님께는 전해 드릴 말이 있으니 잠시 남아 주셨으면 합니다. 다른 분들은 돌아가셔도 됩니다.

B うちの部署は部長が来ていませんが。저희 부서는 부장님이 안 오셨는데요.

시간이 있으신 분은 뒷정리를 도와주세요.

時間がおありの方は後片付けをお手伝いください。

PART

8

프레젠
테이션

프레젠테이션이 매출로 직결되는 시대입니다. 직장인이라면 누구나 그 중요성을 인지하게 되었죠. 거래를 희망하는 회사에 가서 제품을 설명하는 프레젠테이션부터 전시회나 중소기업박람회 등에서 하는 프레젠테이션까지 그 기회도 다양해졌습니다. 프레젠테이션은 제한된 시간에 얼마나 상대를 설득하여 움직일 수 있는가가 관건입니다. 그러기 위해서는 첫인상부터 시선 처리, 시각 자료의 활용, 청중과의 교감이 중요하죠. 동시에 데이터를 사용해서 알기 쉽게 포인트를 설명하거나 어필하는 힘이 필요합니다. 청중을 사로잡는 프레젠테이션이 되려면 어떻게 시작하고 진행하며 내용을 전개해 나가야 할까요? 그 해답이 궁금하시면 다음 페이지로 go! go!

프레젠테이션 시작

인사

여러분, 안녕하세요.
みなさん、おはようございます。
みなさん、こんにちは。
みなさん、ようこそ。

오늘은 바쁘신 가운데 감사합니다.
本日は、お忙しいところありがとうございます。

오늘은 모여 주셔서 대단히 감사합니다.
今日はお集まりいただき、まことにありがとうございます。

Biz tip 회화체에서도 격식을 차려야 하는 경우에는 중지법(ます형으로 문장을 잇는 방법)을 사용할 수 있어요.

프레젠테이션에 왕림해 주셔서 감사합니다.
プレゼンにお越しくださり、ありがとうございます。

＊お越しくださる 와 주시다

비가 오는 가운데, 전시회에 와 주셔서 감사합니다.
雨の中、展示会に来ていただき、ありがとうございます。

서울상사의 신상품 발표회에 와 주셔서 감사합니다.
ソウル商事の新商品発表会に来てくださり、ありがとうございます。

귀사에는 늘 큰 신세를 지고 있습니다.
御社にはいつも大変お世話になっております。

Biz tip 제품 판매나 신상품 홍보를 위한 프레젠테이션의 경우에는 거래를 희망하는 회사로 직접 가서 진행하는 경우도 많으므로 상황에 맞는 인사가 중요합니다.

오늘은 여러분을 만나 뵙게 되어 매우 기쁩니다.
今日はみなさんにお会いでき、大変うれしく思います。

오늘의 프레젠테이션이 도움이 되기를 바랍니다.
今日のプレゼンがお役に立てればと思っております。

＊役に立つ 도움이 되다

여러분들 앞에서 발표회를 하는 기회를 얻게 되어 영광입니다.

みなさんの前で発表会を行うチャンスをいただき、光栄です。

참가해 주신 여러분께 감사 말씀드립니다.

参加してくださったみなさんに感謝申し上げます。

Biz tip 중소기업 박람회, 전시회, 회사 설명회, 신상품 발표회에 두루두루 쓸 수 있는 표현입니다.

찾아와 주신 분들께 감사드립니다.

足を運んでくださった方々に感謝します。　　　　　＊足を運ぶ 찾아가다

저희 회사의 기술을 소개할 수 있는 장을 만들어 주신 주최 측에도 감사드립니다.

弊社の技術をご紹介できる場を設けてくれた主催側にも感謝します。

이와 같은 기회를 얻을 수 있게 된 것은 최상의 기쁨입니다.

このような機会が与えられたことは最高の喜びです。

일본어로 하는 프레젠테이션이라 약간 긴장하고 있어요.

日本語でのプレゼンなので、少々緊張しております。

부디 마지막까지 들어 주시기 바랍니다.

どうか最後までお聞きください。

여러분 들리시나요? 들리지 않는 경우에는 손을 들어 주세요.

みなさん、聞こえますか。聞こえない場合は、手をあげてください。

Biz tip 뒷자리까지 소리가 잘 들리는지 꼭 확인하고 넘어가야겠죠?

소개

우선 제 소개부터 할게요.

まず、自己紹介からさせていただきます。

간단하게 제 소개를 하게 해 주세요.

簡単に自己紹介をさせてください。

개발부의 김○○입니다.

開発部のキムです。

Biz tip 사내 프레젠테이션의 경우에는 간단히 소속과 이름만 밝혀도 괜찮아요.

한국물산의 최○○입니다.

韓国物産のチェでございます。

프레젠테이션을 하게 될 박○○입니다.

プレゼンをさせていただくパクと申します。

오늘 프레젠테이션을 할 수출 담당 하야시라고 합니다.

本日プレゼンをさせていただきます輸出担当の林でございます。

저는 마케팅 디렉터인 이태호입니다.

私はマーケティングディレクターのイ・テホです。

컨설팅을 담당하는 다나카라고 합니다.

コンサルティングを担当している田中と申します。

비즈니스 전략 기획을 담당하고 있어요.

ビジネス戦略の企画を担当しております。

프로젝트 책임자로서 이 자리에 섰습니다.

プロジェクトの責任者としてこの場に立ちました。

방금 소개를 받은 다이이치기획의 강○○이라고 합니다.

ただ今ご紹介いただきました、ダイイチ企画のカンと申します。

사회자가 따로 있는 프레젠테이션의 경우에 필요한 표현입니다.

저를 모르시는 분도 많은 것 같은데요, 새로이 영업을 담당하게 된 가토입니다.

私を知らない方も多いと見受けますが、新しく営業を担当する
ことになった加藤です。 　　　　　　　　　　* 見受ける 보고 판단하다

마케팅 전문가입니다.

マーケティングの専門家です。

간단한 약력도 함께 소개하면 청중에게 신뢰감을 줄 수 있어요.

오랫동안 컨설턴트를 하고 있습니다.

長年コンサルタントをしております。

팀 매니저를 맡고 있어요.

チームマネージャーを務めています。

프로젝트 매니저로서 리더십을 발휘해 왔습니다.

プロジェクト・マネージャとしてリーダーシップを発揮して参
りました。 　　　　　　　　　　　　　　* 参る 오다(겸양어)

회사는 1980년에 설립되었습니다.

会社は1980年に設立されました。

종업원은 100명 정도입니다.

従業員は100人ほどです。

일본에 자회사를 갖고 있어요.

日本に子会社を持っています。

작년 매출은 12억 엔 정도였습니다.

去年の売上げは12億円ぐらいでした。

50년간 의료 기기만을 만들어 왔어요.

50年間、医療機器だけを作ってきました。

인도 기업과의 합병을 계획 중입니다.

インドの企業との合併を計画しています。

저희 회사는 벤처 기업입니다.

弊社はベンチャー企業です。

올해 생산은 3,000대 정도를 예상하고 있어요.

今年の生産は3,000台ぐらいを見込んでおります。　＊見込む 예상하다

만드는 것은 주로 나사입니다.

作っているのは主にネジです。

부품을 만드는 기술은 일본에서도 톱클래스입니다.

パーツ作りの技術は日本でもトップクラスです。

Biz tip 특화된 분야를 강조하면 강한 인상을 줄 수 있어요.

친환경 기업을 목표로 하고 있어요.

環境にやさしい企業を目指しています。

Biz tip '~にやさしい(~에 좋은, 친~)'라는 표현은 비즈니스에서 자주 쓰여요.

저희 회사는 주로 유기농 상품을 취급합니다.

弊社は主にオーガニック商品を扱っております。

저희 회사는 스마트폰 액세서리 시장에서 20%를 점유하고 있어요.

当社はスマホ・アクセサリー市場で2割のシェアを持っています。

저희 회사는 그래픽&웹 디자인 제작을 수많이 했습니다.

弊社はグラフィック＆ウェブデザイン製作を数多く手がけました。

＊手がける 손대다

Biz tip 실적 위주로 설명하는 것이 가장 효과적인 소개가 될 수 있어요.

주제 제시

주제는 '음식과 생활'입니다.

テーマは「食と生活」です。

오늘은 제조 라인에 관한 이야기입니다.

今日は製造ラインの話です。

오늘 말씀드리고 싶은 것은 지진 후의 생활입니다.

今日、お話ししたいのは震災後の生活です。

발표 테마는 자동차 연비입니다.

発表のテーマは車の燃費です。

저희 사업 계획에 대해서입니다.

私どもの事業計画についてです。

프레젠테이션의 테마는 고객 서비스입니다.

プレゼンテーションのテーマは、顧客サービスです。

오늘 주제는 어떻게 하면 효율성을 개선할 수 있을까입니다.

今日の主題はどうすれば効率性を改善できるかです。

오늘 테마는 리스크를 피하기 위한 전략이에요.

本日のテーマはリスクを避けるための戦略です。

회사를 여기까지 크게 키울 수 있었던 노하우에 대해 말씀드리죠.

会社をここまで大きくできたノーハウについて話しましょう。

오늘 말씀드릴 것은 온라인 광고에 대해서입니다.

今日、お話させていただくのはオンライン広告についてです。

오늘은 올해의 트렌드에 대해서 말씀드리죠.

今日は、今年のトレンドについてお話しします。

이번 세미나에서는 전문가로부터 이야기를 듣는 기회를 마련했어요.
今回のセミナーでは、専門家からお話を伺う機会を設けました。

큰 호평을 받고 있는 신상품을 소개합니다.
大好評をいただいている新商品をご紹介します。

지금까지의 매출에 대해 말씀드리죠.
これまでの売上げについてお話させていただきます。

오늘 발표에서는 아웃 소싱의 효율성에 대해 이야기하겠어요.
今日の発表ではアウトソーシングの効率性についてお話します。

효율적인 마케팅 전략에 대해 자세히 알아보죠.
効率的なマーケティング戦略について詳しく調べてみましょう。

상반기의 판매 실적을 발표하겠습니다.
上半期の販売実績を発表させていただきます。

Biz tip 하반기는 下半期라고 해요.

신제품의 특징을 보여 드리고자 합니다.
新製品の特徴をお見せしようと思います。

어떻게 아이디어를 만들어 낼 수 있느냐를 함께 생각해 봅시다.
どのようにアイデアを作り出せるかをいっしょに考えてみましょう。

시장의 최신 사정을 알려 드리죠.
マーケットの最新事情をお届けします。

*届ける 보내 주다

목적 제시

2년 반 동안의 개발을 거친 상품을 보여 드릴 수 있어서 매우 기쁩니다.
2年半の開発を経た商品をお見せでき、大変うれしく思います。

오늘 프레젠테이션의 목적은 저희 회사의 프로젝트에 대해 전해 드리기 위해서입니다.
本日のプレゼンの目的は、弊社のプロジェクトについてお伝えするためです。

이번 프레젠테이션을 들으시면 유통 구조에 대해 알게 되실 거예요.
今回のプレゼンをお聞きになれば、流通の仕組みがお分かりになると思います。

저희 회사가 만들고 있는 알루미늄 케이스를 보여 드리기 위해서입니다.

弊社が作っているアルミケースを見てもらうためです。

프레젠테이션의 핵심적인 부분은 마케팅 전략을 설명하기 위해서죠.

プレゼンのコアな部分はマーケティングの戦略を説明するためです。

> **Biz tip** 원가를 알리고 가르쳐 주는 경우에 教える라는 동사는 되도록 피하세요. 겸양 표현으로 바꾸어 お教えする라고 해도 상대방을 가르친다는 어감을 피하기 힘들거든요. 그런 경우에는 伝える, 知らせる, 説明する 등의 동사가 적당합니다.

전기 자동차의 보급에 프레젠테이션의 목적이 있어요.

電気自動車の普及にプレゼンの目的があります。

목적은 한일 무역에 관한 정보를 업데이트 하는 것입니다.

目的は韓日貿易に関する情報をアップデートすることです。

경쟁력을 높이는 것이 프레젠테이션의 목적임은 여러분도 아실 거예요.

競争力アップがプレゼンの目的なのはみなさんもご存じかと思います。

이 프레젠테이션에서는 '흥미를 끌 수 있는 디자인'을 목표로 하고 있어요.

このプレゼンでは「興味をそそられるデザイン」を目標にしています。

＊そそる 돋우다

(여러분이) 스마트폰 게임의 재미를 느껴볼 수 있기 위한 프레젠테이션입니다.

スマホゲームのおもしろさを感じていただくためのプレゼンです。

＊〜ための 〜을 위한

오늘은 생활에 도움이 되는 것을 소개하고 싶어서 왔습니다.

本日は生活に役立つものをご紹介したく、参りました。

트렌드를 아는 것은 상품 개발의 힌트가 되죠.

トレンドを知ることは商品開発のヒントになります。

각각의 상점에 맞는 분위기를 만들 수 있어요.

それぞれの店に合った雰囲気を作ることができます。

오늘 전해 드리는 비결을 잘 활용하셨으면 해요.

今日お伝えするコツをうまく活かしていただきたいです。

저희 회사의 경영 이념을 확실히 알아주셨으면 합니다.

弊社の経営理念をしっかりと分かっていただきたいです。

저희들은 여러분의 매출을 지원하기 위해 왔습니다.

私どもはみなさんの売上げをサポートするために来ました。

오늘은 저희 회사의 최신 기술을 발표하기 위해 여러분을 오시라고 했어요.

今日は弊社の最新技術を発表するためにみなさんに来ていただきました。

이 발표에서 창업의 실마리를 찾으시기 바랍니다.

この発表で創業の糸口を見つけてほしいです。

* ～てほしい ～하기를 바라다

이 프레젠테이션은 향수의 상품화를 발표하기 위해 마련되었습니다.

このプレゼンは香水の商品化を発表するために設けられました。

벤치마킹을 이해하는 좋은 기회가 될 겁니다.

ベンチマーキングを理解するいい機会になると思います。

새로운 사업 모델의 효율성을 강조하기 위해 프레젠테이션을 준비했어요.

新しい事業モデルの効率性を強調するためにプレゼンを準備しました。

이 프레젠테이션은 업적을 올리려는 여러분을 도와 드리겠습니다.

このプレゼンは業績を上げようとするみなさんを手助けします。

* 手助け 조력

이 프레젠테이션을 통해서 전해 드리고 싶은 것은 이문화 간의 교류가 얼마나 중요한가 하는 점입니다.

このプレゼンを通して、お伝えしたいのは異文化間の交流がいかに大事かということです。

* ～を通して ～을 통해서

여러분은 프레젠테이션이 끝나면 국제 무역에 관해 새로운 시각을 가질 수 있습니다.

みなさんはプレゼンの後、国際貿易に関して、新しい見方を持つことができます。

프레젠테이션이 영업 전략에 얼마간의 도움이 되면 기쁘겠어요.

プレゼンが営業戦略に何らかの足しになれば幸いです。

* 何らか 얼마간

프레젠테이션이 끝나면 여러분은 자신감 넘치는 영업사원이 되어 있을 겁니다.

プレゼンが終われば、みなさんは自信のあふれる営業マンになっているでしょう。

개요 설명

이것이 전체적인 개요입니다.

これが全体的な概要です。

인터넷 활용을 중심으로 설명드릴게요.

インターネット活用を中心にご説明します。

주로 유통 시스템에 대해서 설명드릴게요.

主に流通システムについて説明させていただきます。

오늘은 신상품에 중점을 두고 말씀드리고 싶네요.

今日は新商品に重点をおき、お話ししたいと思います。

세 가지 포인트로 나누어 말씀드릴게요.

三つのポイントに分けてお話しさせていただきます。

* 〜に分ける 〜로 나누다

네 부분으로 나누어 이야기를 진행할게요.

四つの部分に分けて話を進めさせていただきます。

설명은 세 가지 부분으로 나뉘어져 있어요.

ご説明は三つの部分に分けられています。

기본적으로 전해 드리고 싶은 내용이 세 가지 있어요.

基本的にお伝えしたいことが三つあります。

프레젠테이션은 다음과 같은 12장의 슬라이드로 되어 있어요.

プレゼンは次のような12枚のスライドになっています。

이번 프레젠테이션은 알기 쉽게 구성되어 있어요.

今回のプレゼンは分かりやすく組み立てられています。

* 組み立てる 구성하다

브랜드 이미지라는 주제 하에 이미지 향상을 위한 방법을 4가지 말씀드리고 싶어요.

ブランドイメージというテーマのもと、イメージアップのための方法を四つ申し上げたいです。

프레젠테이션

▼
1
프레젠테이션 시작

우선은 출판 시장, 다음으로 전자책, 마지막으로는 영업 전략입니다.

まずは出版市場、次に電子ブック、最後は営業戦略です。

그 밖에도 전체적인 개요와 프레젠테이션의 윤곽을 설명할 때는 '第一に、第二に、そして最後に', '最初に、2番目に、3番目に', '最初のトピックは、2番目のトピックは、3番目のトピックは'와 같은 순서를 나타내는 표현을 이용하세요.

말씀드리고 싶은 것은 세 가지 있어요. 첫 번째는 설문 조사 결과, 두 번째는 분석, 세 번째는 제안입니다.

お話ししたいのは三つあります。一つ目はアンケート調査の結果、二つ目は分析、三つ目は提案です。

처음에 결론을 전해 드리고 그 다음에 근거와 구체적인 예를 말씀드릴게요.

最初に結論をお伝えして、その後、根拠と具体例をお話しします。

프레젠테이션을 보시고 우선은 이해, 다음으로 납득, 그리고 행동으로 옮겨 주시면 좋겠어요.

プレゼンをご覧になり、まずは理解、次に納得、それから行動に移していただけたらと思います。

저희가 기획한 시나리오가 제1파트에 와 있어요.

私どもが企画したシナリオが第一のパートに来ています。

배경부터 시작할게요.

背景から始めたいと思います。

프레젠테이션의 맨 처음 파트에서는 샘플을 보여 드리겠습니다.

プレゼンの最初のパートではサンプルをご覧に入れます。

＊ご覧に入れる＝見せる

각 파트별로 개요를 설명합니다.

우선은 언론의 반응을 동영상으로 보여 드리겠습니다.

まずは、マスコミの反応を動画でお見せします。

문제를 파헤쳐 보는 것은 그 다음이 됩니다.

問題を探ってみるのはその後になります。

＊探る 살피다

마지막으로 프로젝트의 성과를 발표하겠습니다.

最後にプロジェクトの成果を発表させていただきます。

마지막은 인사부의 제안으로 프레젠테이션을 마치겠습니다.

最後は人事部からのご提案をもってプレゼンを終わります。

프로젝트 발표 후, 10분간의 질의응답이 있어요.
プロジェクトの発表の後、10分間の質疑応答があります。

소요 시간

시간은 대략 20분에서 30분입니다.
時間はおよそ20分から30分です。 ＊およそ 대략

프레젠테이션은 1시간 정도 걸립니다.
プレゼンは1時間ほどかかります。

프레젠테이션은 30분이면 충분합니다.
プレゼンは30分あれば十分です。

본 프레젠테이션은 약 20분을 예정하고 있어요.
このプレゼンテーションは約２０分を予定しております。

쉬는 시간을 넣어서 1시간 예정입니다.
休み時間を入れまして、1時間の予定です。

점심시간 전에는 끝날 겁니다.
お昼の前には終わると思います。

동영상을 보는 시간도 포함하면 대략 1시간이 조금 못 돼요.
動画を見る時間も含めますと、だいたい1時間弱です。

＊弱 조금 모자람

늦어도 14시에는 끝나요.
遅くても14時には終わります。

설명은 간단히 하려고 해요.
説明は手短にしようと思っております。 ＊手短 간단함

시간 내에는 끝낼 생각이에요.
時間内には終わらせるつもりです。

질의응답 관련

혹시 질문 등이 있으면 언제든지 말씀해 주세요.
もし質問などがございましたら、いつでもおっしゃってください。

＊おっしゃる 말씀하시다

주저 마시고 질문해 주세요.

ご遠慮なくご質問ください。

어떤 것이든 상관없어요.

どのようなことでもかまいません。

Biz tip どんな보다 정중한 표현이 どのような 입니다.

질문은 프레젠테이션 후에 부탁드려요.

ご質問はプレゼンの後に、お願いします。

프레젠테이션 후에 질문 시간을 마련했으니 협조 부탁드려요.

プレゼンの後に質問の時間を設けておりますので、ご協力ください。

프레젠테이션이 얼추 끝나고 나서 질의응답을 할게요.

プレゼンテーションが一通り終わってから質疑応答を行います。

＊一通り 대강

질문은 마지막까지 자제해 주세요.

ご質問は最後までお控えください。

ご質問は最後までご遠慮いただいております。

시간이 허락하는 한, 질문을 받겠습니다.

時間の許すかぎり、ご質問をお受けします。　　＊～かぎり (～하는) 한

기타
공지 사항

설명이 부족하면 그때마다 말씀해 주세요.

説明が足りなければ、その都度おっしゃってください。

＊その都度 그때마다

오늘은 프로젝터를 사용하면서 이야기를 진행하겠습니다.

今日はプロジェクターを使って話を進めます。

프레젠테이션 후에 15분 정도 휴식 시간을 가지려고 합니다.

プレゼンの後、15分ほどの休憩を入れようと思います。

질의응답 시간이 끝나면 잠시 쉬도록 하죠.

質疑応答の時間が終わったら、少し休みを入れさせてください。

＊休みを入れる 휴식을 넣다

다나카 부장님의 발표가 끝나면 5분 정도 휴식하겠습니다.

田中部長の発表が終わったら、5分ほど休みます。

10분간의 휴식 시간이 끝나면 프로젝트 리더인 하야시 씨의 간단한 프레젠테이션이 있어요.

10分間の休みを取った後は、プロジェクトリーダーである林さんの簡単なプレゼンがあります。　　　　　　　　　　　* ～である ～이다

뒤쪽에 음료가 준비되어 있으니 이용해 주세요.

後ろのほうに、飲み物が用意されていますので、ご利用ください。

프레젠테이션이 끝나면 식사회가 있으니 괜찮으시면 참석해 주세요.

プレゼンの後は、食事会がございますので、よろしければご出席ください。　　　　　　　　　　　　　　　　　* 出席 출석

발표자가 쓰신 책은 1층 접수처에서 구입하실 수 있습니다.

発表者がお書きになった本は1階の受付でお求めになれます。

샘플 신청서는 뒤쪽에 있습니다.

サンプルの申込書は後ろのほうにあります。

Biz tip 설명회나 발표회 후 제품에 관심을 갖게 된 바이어들을 위한 샘플, 카탈로그, 주문서 등이 어디에 있는지 공지하는 표현이에요.

저희 회사의 상품 카탈로그를 준비했습니다. 필요하신 분은 언제라도 말씀해 주세요.

弊社の商品カタログを用意しております。必要な方はいつでも声をかけてください。　　　　　　　　　　　　　* 声をかける 말을 걸다

무슨 일이 있으시면 가까운 직원에게 편히 문의해 주세요.

何かありましたら、最寄のスタッフまでお気軽にお尋ねください。　　　　　　　　　　　　　　　　　　　　　　* 尋ねる 묻다

지금부터 자료를 나눠 드리겠습니다.

ただ今より資料をお配りします。　　　　　　　　　* 配る 배포하다

みなさん、おはようございます。本日は、お忙しいところありがとうございます。まず、自己紹介からさせていただきます。はじめてお目にかかる方もいらっしゃるようですが、開発部のキムです。プロジェクトの責任者としてこの場に立ちました。本日は来月のキャンペーンに向けてオンライン広告のための3つのコンセプトを提案させていただきます。競争力アップがこのプレゼンの目的なのはみなさんもご存じかと思います。まずインターネット活用を中心にご説明することになりますが、よろしいでしょうか。今日のプレゼンは遅くても14時には終わります。プレゼンテーションが終わった後に、質疑応答の時間がありますので、よろしくお願いいたします。では、ただ今より資料をお配りします。

여러분, 안녕하세요. 오늘은 바쁘신데 감사합니다. 우선 제 소개부터 할게요. 처음 뵙는 분도 계신 것 같은데, 개발부의 김○○입니다. 프로젝트 책임자로서 이 자리에 섰습니다. 오늘은 다음 달에 있는 캠페인을 대비하여 온라인 광고를 위한 세 가지 콘셉트를 제안하겠습니다. 경쟁력을 높이는 것이 이 프레젠테이션의 목적인 것은 여러분도 아실 거라 생각합니다. 우선 인터넷 활용을 중심으로 설명하게 되는데 괜찮을까요? 오늘 프레젠테이션은 늦어도 14시에는 끝납니다. 프레젠테이션이 끝난 후에 질의응답 시간이 있으니 잘 부탁드려요. 그럼 지금부터 자료를 나눠 드리겠습니다.

みなさん、はじめまして。お集まりいただきましてありがとうございます。私はソウルモーターズマーケティング部の河島と申します。2010年より販促キャンペーンを担当しています。今回のプレゼンは私たちのビジネスがどうやって去年より20%以上の利益を達成したかをお見せするのが目的です。四つの部分に分けで話を進めさせていただきます。まずは、マスコミの反応からお見せします。なお、このプレゼンテーションは約20分を予定しております。もし質問などがございましたら、いつでもおっしゃってください。後ろのほうに、飲み物が用意されていますので、いつでもご利用ください。

여러분 처음 뵙겠습니다. 모여 주셔서 감사합니다. 저는 서울모터스 마케팅부의 가와시마라고 합니다. 2010년부터 판촉 캠페인을 담당하고 있죠. 이번 프레젠테이션은 저희들의 비즈니스가 어떻게 작년보다 20% 이상의 이익을 달성했는지 보여 드리는 것이 목적입니다. 네 가지 부분으로 나누어 이야기를 진행하고자 합니다. 우선은 매스컴의 반응부터 보여 드리죠. 그리고 이 프레젠테이션은 약 20분을 예정하고 있습니다. 혹시 질문이 있으시면 언제라도 말씀해 주세요. 뒤쪽에 음료가 준비되어 있으니 언제라도 이용 바랍니다.

Chapter 2

프레젠테이션 진행

🎧 08-2.mp3

도입부

그럼, 시작할까요?

それでは、始めましょうか。

그럼, 프레젠테이션을 시작하겠습니다.

では、プレゼンを始めさせていただきます。

와 주신 여러분께 꼭 보여 드리고 싶은 것이 있어요.

来ていただいたみな様にぜひ見てもらいたいものがあります。

우선, 도우미 로봇을 보여 드리고 싶네요.

最初に、介助ロボットをご覧に入れたいと思います。 *介助 시중 듦

잡지 매출 순위에 트레이닝 잡지가 들어 있어요.

雑誌の売上げランキングにトレーニング雑誌がランクインしています。

이건 고민 상담 메일인데요, 일부를 읽어 드릴게요.

これはお悩み相談のメールですが、一部を読ませていただきます。

처음으로 여러분께 한 가지 질문을 하겠습니다.

はじめに、一つみなさんへの質問です。

우선은 판매 계획 설명부터입니다.

まずは、販売計画の説明からです。

먼저 자료를 보고 가죠.

先に、資料を見ていきたいと思います。

처음으로는 프로젝트의 예산을 봅시다.

はじめに、プロジェクトの予算を見てみましょう。

최근에 막 끝난 프로젝트의 결과부터 봐 주세요.

最近終わったばかりのプロジェクト結果からご覧ください。

몇 가지 숫자를 보여 드림으로써 프레젠테이션을 시작할게요.

いくつかの数字をお見せすることで、プレゼンを始めます。

우선 처음으로, 상품을 개발한 계기부터 말씀드리고자 합니다.

まず最初に、商品を開発したきっかけからお話しようと思います。

마케팅에 관한 보고서부터 살펴보죠.

マーケティングに関する報告書から見てみましょう。

저희 회사의 기업 이념을 설명하는 것부터 시작해야겠네요.

弊社の企業理念を説明することから始めないといけませんね。

트렌드에 대해 말씀드리기 전에 개요부터 보고 갈까요?

トレンドについてお話しする前に、概要から見てみましょうか。

우선은 프레젠테이션에서 다룰 안건을 가볍게 훑어볼까요?

まずは、プレゼンテーションで扱う案件をざっと見てみましょうか。

*ざっと 대강

바로 내용으로 옮겨가 보죠.

さっそく内容に移りたいと思います。

*移る 옮기다

프레젠테이션이 어떠한 흐름으로 진행하는지 목차를 보면서 설명하겠습니다.

プレゼンがどのような流れで進むのか目次を見ながら説明します。

오늘의 주요한 흐름을 짚고 나서 구체적인 이야기로 넘어갑시다.

今日の主な流れを押えてから、具体的な話に移りましょう。

*押える 파악하다

소개는 이 정도로 하고 본론으로 들어가고 싶습니다.

ご紹介はこれぐらいにして、本題に入らせていただきたいと思います。

내용 연결

이번에는 설문 조사 결과를 보고 갈게요.

今度はアンケート結果を見ていきます。

프레젠테이션 첫 부분에서는 저희 상품의 견본을 보여 드렸습니다.

プレゼンの最初のところでは当社の商品の見本をお見せしました。

Biz tip 앞에서 했던 내용을 요약하거나 정리하면 다음 내용으로 이어가기가 수월해지죠.

앞으로는 두 번째 문제점을 들어 보겠습니다.

これからは二つ目の問題点を挙げてみます。

*挙げる (예를) 들다

다음은 인터넷 사용자의 반응입니다.
次はインターネットユーザーの反応です。

다음은 앞으로의 과제에 대해서 설명할게요.
次はこれからの課題についてご説明します。

다음으로 프로젝트 스케줄을 검토합시다.
次に、プロジェクトのスケジュールを検討しましょう。

다음으로 다음 분기의 목표에 대해서, 그 다음에 영업 전략 순서로 이야기를 해 가겠어요.
次に、来期の目標について、それから営業戦略の順で話してまいります。

*まいる 가다(겸양어)

경쟁사 상품과의 비교가 다음에 옵니다.
ライバル業者の商品との比較が次に来ます。

그럼, 계속해서 세 번째 요소에 대해 말씀드리죠.
では、引き続き、三つ目の要素についてお話しします。

그럼, 세 번째 항목으로 넘어가겠습니다.
じゃ、三つ目の項目へ移らせていただきます。

그럼, 더욱 상세하게 설명하죠.
では、もっと詳しく説明しましょう。

이 내용은 프레젠테이션 제2파트로 이어집니다.
この内容はプレゼンの第2パートにつながります。

마지막으로, 앞으로 5년간의 영업 전략에 대해 전해 드리고 싶네요.
最後になりますが、今後5年間の営業戦略についてお伝えしたいと思います。

보고가 끝나면 앞으로 직면하게 될 문제에 대해서 구체적인 예를 들어 보죠.
報告が終われば、今後直面することになる問題について具体的な例を挙げてみましょう。

*～ことになる ～하게 되다

기업 문화에 대해서는 이 이야기가 끝나고 나서 하게 됩니다.
企業文化についてはこの話が終わってからになります。

*～からになる ～한 후가 되다

이 파트에서는 현재 하고 있는 영업에 대해서 설명하고 서비스를 도입하는 장점에 대해서는 그 다음에 할게요.

このパートでは現在行っている営業についてお話しして、サービスを取り入れるメリットはその次にやります。 ＊取り入れる 도입하다

방금 전 이야기로 돌아갑시다.

先ほどの話に戻りましょう。

상반기의 영업 결과 부분으로 이야기를 되돌려 보죠.

上半期の営業結果のところに話を戻します。

한 번 더 앞에서 본 슬라이드를 불러 보죠.

もう一度前のスライドを出しましょう。 ＊スライドを出す 슬라이드를 부르다

이것은 프레젠테이션 후반에서 한 번 더 나옵니다.

これはプレゼン後半でもう一度出てきます。

호기심 유발

실버 인구가 점점 늘고 있어요.

シルバー人口がどんどん増えています。

종래의 시스템보다도 거의 2배로 빨라요.

従来のシステムよりもほぼ倍の早さです。 ＊早さ 빠르기

> **Biz tip** 형용사 어간에 さ나 み를 붙이면 명사가 되는데요. さ는 객관적인 정도를 의미하고, み는 주관적 느낌의 '그 자체'를 말해요. ex) 深さ 깊이, 深み 깊음

뭐, 말할 필요도 없지만, 돈을 안전하게 저축하는 일은 중요합니다.

まあ、言うまでもありませんが、お金を安全に貯えることは大切です。

옛날과 달리 자녀가 부모가 늙은 후에 보살피는 일을 기대할 수 없게 되었어요.

昔と違って、子供が親の老後の面倒を見ることが期待できなくなりました。 ＊面倒を見る 돌보다

다이어트를 하지 않는 여성이 있을까요?

ダイエットをしない女性がいるでしょうか。

'창의적'이라는 말이 사회에 넘쳐나고 있어요.

「クリエイティブ」という言葉が社会にあふれています。

이 문제에는 몇 가지 해결 방법이 있어요.

この問題にはいくつかの解決法があります。

여러분이 놀랄 만한 기술이 숨어 있어요.

みなさんが驚くような技術が隠れています。

이것은 한국 기업과의 거래를 고려 중인 분에게는 기쁜 소식이에요.

これは韓国の企業との取引を考えている方にとってはうれしい
ニュースです。　　　　　　　　　　　　　　＊〜にとって 〜에게 있어서

팀을 하나로 만들 방법을 알고 싶지 않으세요?

チームを一つにさせる方法が知りたくありませんか。

Biz tip 평서형 문장보다 의문형으로 쓰면 호기심을 증폭시킬 수 있어요.

이것이 얼마나 어려운지 상상이 가나요?

これがどれほど難しいことか想像がつきますか。

　　　　　　　　　　　　　　　　　　　＊想像がつく 상상이 가다

Biz tip 청중에게 피드백을 구함으로써 주의를 집중시키는 효과가 있어요.

오늘 프레젠테이션은 일본으로 투자를 생각하는 분들에게 큰 힌트가 될 겁니다.

今日のプレゼンは日本への投資をお考えの方々に大きなヒント
になるでしょう。

이 발표는 인원 삭감으로 곤경에 처한 회사에 하나의 가이드라인이 될 겁니다.

この発表は人員削減に困っている会社に一つのガイドラインに
なると思います。　　　　　　　　　　＊〜に困っている 〜으로 곤란을 겪다

여러분은 지금까지 어떠한 방법으로 물건을 팔아왔나요?

みなさんはこれまでどういった方法で物を売ってきましたか。

　　　　　　　　　　　　　　　＊どういった=どういう=どのような

여러분 중에서 경제신문을 구독하시는 분은 손을 들어 보실래요?

みなさんの中で経済新聞をとっていらっしゃる方は手をあげて
いただけますか。　　　　　　　　　　　＊新聞をとる 신문을 구독하다

Biz tip 행동을 재촉함으로써 청중과의 공감도를 높이고 문제의 중요성을 암시하는 효과가 있어요.

실전회화 みなさんの中で経済新聞をとっていらっしゃる方は手をあげていただけます
か。(しばらくして) ありがとうございます。ご覧のとおり、経済新聞をとっ
ている方はあまりいません。여러분 중에서 경제신문을 구독하시는 분은 손을 들어 보실래요? (잠
시 후) 감사합니다. 보시다시피 경제신문을 구독하시는 분은 별로 없어요.

이 문제를 어떻게 해결해야 하는지 잠시 생각해 보세요.

この問題をどうやって解決すべきか、ちょっと考えてみてください。

앞으로 이야기해야 할 내용에 대해 잠시 시간을 주고 미리 생각해 보게 하면 주의 집중 효과가 있어요.

화제가 되고 있는 빅 데이터에 대해서 생각해 봅시다.

話題になっているビッグデータについて考えてみましょう。

이 숫자에 주목해 주세요.

この数字にご注目ください。

분위기가 산만해지고 있다고 느낄 때 숫자 등을 사용한 시각적 효과를 통해 주의를 집중시킬 수 있습니다. 프레젠테이션의 주제와 관련이 있는 숫자라면 그 효과는 더욱 커집니다.

과연 이것밖에 방법이 없을까요?

果たしてこれしか方法がないでしょうか。

의문문이지만 답변을 요하는 질문이 아니라 생각의 전환을 꾀함으로써 분위기를 바꿀 때 좋은 표현이에요.

정말로 이 흐름에 따라갈 생각이세요?

本当にこの流れについていくおつもりですか。

* ～についていく ～에 따라가다

하루에 얼마나 많은 회사가 해킹을 당하고 있는지 아세요?

一日にどれだけ多くの会社がハッキングされているかご存じですか。

자신과 가까운 문제임을 느끼게 함으로써 문제의 심각성을 일깨우는 동시에 청중과 함께 호흡할 수 있는 질문이에요.

10년 이내에 로봇 카가 일상적으로 거리를 달리게 된다는 사실을 아세요?

10年以内にロボットカーが普通に街を走るようになるということを知っていますか。

* ～ようになる ～하게 되다

청중이 깜짝 놀랄 만한 데이터나 최신 정보를 전달함으로써 산만해졌던 주의를 한곳으로 집중시킬 수 있어요.

눈 깜짝할 사이에 바뀌어 버리는 마켓을 떠올려 보세요.

あっという間に変わってしまうマーケットを頭に浮かべてみてください。

자신이 지금 정리 해고당했다고 상상해 보세요.

自分が今リストラされたと想像してみてください。

단 한 번의 협상으로 거래에 성공한 분, 계세요?

たった一度の交渉で取引に成功したという方、いらっしゃいますか。

'CEO'라고 하면 어떤 이미지가 떠올라요?

「CEO」というとどんなイメージが浮かびますか。

고객 입장에서 생각해 봅시다. 어떤 상품에 손이 갑니까?

クライアントの立場で考えてみましょう。どのような商品に手が伸びますか。

* 手が伸びる 손길이 뻗치다

왜 자신에게는 새로운 아이디어가 없을까 생각해 본 적 있나요?

どうして自分には新しいアイデアがないのか、考えてみたことありますか。

직접 농가에 가서 채소를 사들인 적이 있나요?

自分で農家へ行って野菜を仕入れたことがありますか。

상사와 의견이 충돌한 적이 없는 사람이 세상에 있을까요?

上司と意見がぶつかったことのない人が世の中にいるでしょうか。

이 상품을 대박 나게 하려면 어떻게 하면 좋을까요?

この商品をヒットさせるにはどうすればいいでしょうか。

작년 매출에 만족하나요?

去年の売上げに満足していますか。

인터넷 비즈니스라면 누구나 성공할까요?

ネットビジネスだったらだれでも成功するでしょうか。

여러분이 사장이라면 어떤 기획서가 마음에 들까요?

みなさんが社長だったら、どのような企画書が気に入るでしょうか。

컴퓨터보다 스마트폰에 주목해야 하는 이유를 아시나요?

パソコンよりスマートフォンに注目しなければならない理由をご存じですか。

중요한 것은 뭐라고 생각하나요?

大事なのは何だと思いますか。

실제 영업할 때 반드시 기억해 주셨으면 하는 것이 있어요.

実際のセールスの時に、必ず覚えていただきたいことがあります。

즉, 이것은 무엇을 의미하는 것일까요?

つまり、これは何を意味するのでしょうか。

여러분이라면 어떻게 할래요?

みなさんだったら、どうしますか。

내용 추가

더군다나 일본만의 문제가 아니에요.

しかも、日本だけの問題じゃありません。

게다가 함께 망할 우려도 있어요.

おまけに、共倒れの恐れもあります。　　　　　　　　＊共倒れ 함께 쓰러짐

게다가 인력 부족도 무시할 수 없어요.

その上、人手不足も無視できません。

그 밖에도 여러 가지 신경 써야 하는 일이 있어요.

他にも、いろいろと気を使わなければならないことがあります。

＊気を使う 신경을 쓰다

더군다나 미국뿐만 아니라 아시아에도 좋은 기회예요.

それに、アメリカだけじゃなく、アジアにもいいチャンスです。

그리고 서비스 개선도 해야 해요.

それから、サービスの改善をしなければなりません。

일본어뿐만 아니라 중국어도 필요해집니다.

日本語のみならず、中国語も必要になってきます。

＊のみならず＝だけでなく

덧붙여 말하면 엔저 현상은 당분간 계속될 거예요.

つけくわえて言いますと、円安はしばらく続きます。

그에 덧붙여 그 지역의 문화도 공부해야 해요.

それにくわえて、その地域の文化も勉強しないといけません。

＊～ないといけない ～해야 한다

보안 문제는 개인뿐만 아니라 기업에 있어서도 중요해요.

セキュリティーの問題は個人だけじゃなく、企業にとっても大事です。

매출에 대해서는 좀 더 자세하게 설명해야겠군요.

売上げについてはもっと詳しく説明しなければなりませんね。

그런 때는 더욱 협상을 계속할 필요가 있어요.

そういう時は、さらに、交渉を続ける必要があります。

더욱 깊이 파고들어 이야기하면 포인트는 이것입니다.

もっと深くほり下げて話しますと、ポイントはこれです。

*ほり下げる 깊이 파고들다

반대 내용 제시

도산하는 기업이 많은 가운데 저희 회사의 매출은 5%나 늘었어요.

倒産する企業が多い中、弊社の売上げは5％も伸びました。

자유근무시간제는 일하는 방식에 자유가 있어요. 그러나 거래 회사와의 시간 설정이 어려워지죠.

フレックスタイム制は働き方に自由があります。しかし、取引会社との時間の設定が難しくなります。

대책을 세웠음에도 불구하고 부서 간의 커뮤니케이션 문제는 여전히 있어요.

対策を立てたにもかかわらず、部門内のコミュニケーションの問題は依然としてあります。

*～にもかかわらず ～에도 불구하고

그럼에도 불구하고 고객은 새로운 서비스를 요구해요.

それにもかかわらず、クライアントは新しいサービスを求めます。

잇달아 앱이 개발되고 있지만, 장애우를 위한 것은 없어요.

つぎつぎとアプリが開発されていますが、体の不自由な方のためのものはありません。

하지만 이것은 종래의 액정 보호 필름과는 달라요.

ですが、これは従来の保護フィルムとは違います。

구운 고기를 넣는 것이 일반적이지만, 촉촉한 식감을 좋아하는 일본인에게는 맞지 않아요.

焼いた肉を入れるのが普通ですけれども、しっとりした食感を好む日本人には向いていません。

*～を好む ～를 좋아하다 向く 적합하다

100엔밖에 하지 않지만 일본에서는 제일 잘 팔려요.

100円しかしませんが、日本では一番売れています。

* 売れる (잘) 팔리다

그러나 메인 상품으로 잘 팔리는 상품 중에서 1등이에요.

しかしながら、メイン商品として売れ筋ナンバーワンです。

예상을 꺾고 주가는 하락했어요.

予想に反して株価は下落しました。

* 〜に反して 〜에 반하여

그렇다고는 해도 일본 시장은 매력적이에요.

そうは言っても、日本のマーケットは魅力的です。

그런데도 시장의 반응은 2% 부족했어요.

それなのに、市場の反応は今一でした。

* 今一 조금 모자라는 모양

중간 정리

여기까지가 최근 연구 동향이었어요.

ここまでが最近の研究トレンドでした。

이렇게 해서 내년도 사업 계획을 정리해 보았습니다.

こうして来年度の事業計画をまとめてみました。

프레젠테이션 테마에 관한 것이 여기까지입니다.

プレゼンのテーマに関することがここまでです。

이렇게 해서 프레젠테이션의 반이 끝났어요.

こうしてプレゼンの半分が終わりました。

이것으로 상품 소개를 마칩니다.

これで、商品の紹介を終わります。

이것이 구조 조정 문제에 대해 말씀드릴 수 있는 전부입니다.

これがリストラ問題について申し上げられるすべてです。

이 서브 주제에 대해서는 이 정도로 하죠.

このサブテーマについてはこれぐらいにしましょう。

다시 말해서, 이것이 신사업에 있어서 첫 번째 전략이 됩니다.

つまり、これが新事業における一つ目の戦略になります。

* 〜における 〜에 있어서의

그런데 말이죠, '전업주부(夫)'라는 말을 들어본 적 있나요?

ところでですね、「専業主夫」という言葉を聞いたことありますか。

여러분은 최근에 서점에 들른 적 있나요?

みなさんは最近、本屋に立ち寄ったこと、ありますか。

주제에서 벗어난 이야기가 되지만, 요즘 매우 인기 있는 TV 프로가 있죠?

テーマから外れた話になりますが、最近大人気のテレビ番組が
ありますね。

> Biz tip 청중에게 테마와는 큰 상관이 없다는 신호를 주어서 혼동이 없도록 합니다. 머리 아픈 이야기에서 잠시 벗어나 신선한 자극이 될 수 있는 화제를 골라 청중에게 던지면 다시 한 번 프레젠테이션에 집중할 수 있는 공기의 흐름을 만들 수 있어요.

본론에서 잠시 벗어나서 제가 빠져 있는 만화 이야기를 해 볼까요?

本題から少しそれまして、私がはまっているマンガの話をしま
しょうか。　　　　　　　　　　　　　　　　* それる 빗나가다 はまる 열중하다

이야기는 다를지 모르겠지만 저는 이렇게 생각해요.

話は違うかもしれませんが、私はこう思います。

이야기가 옆길로 새서 죄송한데요. 제가 학생 때 있었던 일이에요.

話がわき道にそれて申し訳ありませんが、私の学生時代にあっ
たことです。　　　　　　　　　　　　　　　* わき道にそれる 옆길로 새다

본론에서 멀어지게 되지만, 재밌는 옛날이야기를 하나 할게요.

本筋から遠ざかることになりますが、おもしろい昔話を一つさ
せてください。　　　　　　　　　　　　　　　　　* 遠ざかる 멀어지다

프레젠테이션 주제와는 동떨어져 있지만, 이런 우스갯소리가 있어요.

プレゼンのテーマとはかけ離れていますが、こんな笑い話があ
ります。　　　　　　　　　　　　　　　　　* かけ離れる 동떨어지다

이야기가 꽤 벗어났지만 하는 김에 하나 더 이야기할까요?

話が大分それましたが、ついでにもう一つ話してもいいですか。

여기까지 괜찮으세요?

これまでのところ、よろしいでしょうか。

> Biz tip 프레젠테이션 중간 중간 청중이 내용을 잘 따라오고 있는지 체크하면서 잠시 숨통을 트이게 하는 표현이에요. 적절히 활용해 주세요.

여기서 잠깐 다른 자료를 살펴봅시다.

ここでちょっと他の資料を見てみましょう。

Chapter 3

프레젠테이션 내용 전개

| **동향 및 현황** | 지금은 물건이 팔리지 않는 시대예요.
今はものが売れない時代です。 |

지금은 물건이 팔리지 않는 시대예요.

今はものが売れない時代です。

헬스클럽이 매년 늘고 있어요.

フィットネスクラブが年々増えています。

경기가 침체되어 있어요.

景気が低迷しています。　　　　　　　　　　　　　　* 低迷 침체

PB 상품이 잘 팔리고 있어요.

プライベートブランド商品がよく売れています。

칼로리나 당분을 억제한 상품이 큰 인기예요.

カロリーや糖質を抑えた商品が大人気です。

아시다시피 고령화가 진행되고 있어요.

ご存じのように高齢化が進んでいます。

요즘 회복 조짐이 보여요.

このところ回復の兆しが見られます。　　　　　　　* 兆し 징조

하나의 라이프 스타일로서 젊은 여성에게 크게 지지받고 있어요.

一つのライフスタイルとして若い女性から大きく支持されています。

미디어에서는 질병에 대한 프로그램이 많이 편성되고 있어요.

メディアでは病気についての番組がたくさん組まれています。

* 組む 짜다

스포츠용품이 점점 많이 팔리고 있어요.

スポーツ用品が売れ行きを伸ばしています。

* 売れ行き 팔림새 伸ばす 늘리다

우리는 글로벌 시대에 살고 있어요.

私たちはグローバル時代に生きています。

아이들을 지킬 수단이 별로 없는 것이 실정이에요.

子どもたちを守る手だてがあまりないのが実情です。

혼자 사는 사람이 많아지는 경향이 있어요.

一人暮しが多くなる傾向にあります。　　　　＊〜傾向にある 〜경향이 있다

'결혼=행복'이라는 말은 옛날이야기가 되었어요.

「結婚＝幸せ」という話は昔話になりました。

IT화, 저출산화, 환경의 변화가 뚜렷이 드러나고 있어요.

IT化、小子化、環境の変化が著しいです。　　　　＊著しい 현저하다

이대로는 아시아 시장에서 뒤처지고 맙니다.

このままではアジアの市場から取り残されてしまいます。

＊取り残す 남겨 두다

지명도 때문에 그나마의 매출을 확보하고 있는 것뿐이에요.

ネームバリューからそこそこの売上げを確保しているだけです。

＊そこそこ 그럭저럭

매출 신장은 부진해요.

売上げの伸びは思わしくありません。　　　　＊思わしい 바람직하다

점유율이 저하되고 있어요.

シェアが低下しています。

실적이 계속 악화되었어요.

業績が悪化し続けました。

영업 사원이 영업에 전념할 수 없는 상황이에요.

営業マンが営業に専念できない状況です。

캠페인 덕분에 브랜드 이미지가 좋아졌어요.

キャンペーンのおかげでブランドのイメージがよくなりました。

당사 제품이 타사보다 늘 20% 정도 쌉니다.

当社の製品が他社よりいつも20％ほど安いです。

이번 수주량은 하루 생산량의 20일치에 해당돼요.

今回の受注量は一日生産量の20日分に当たります。

＊〜に当たる 〜와 맞먹다

작년 교제비는 매출의 5%였어요.

去年の交際費は売上げの5%でした。
こうさい ひ

우리 회사는 기술적인 면에서는 꽤 앞서 있어요.

わが社は技術の面ではけっこう進んでいます。
ぎ じゅつ めん

*進む 앞서다

삼성전자가 '브랜드 충성도'에서 애플을 앞질렀어요.

サムスン電子が「ブランド忠誠度」でアップルを抜きました。
でん し ちゅうせい ど ぬ

*～を抜く ～을 앞지르다

이것은 현실 문제로서 더 이상 피해갈 수 없어요.

これは現実問題として、もはや避けられません。
げんじつ さ

<table>
<tr><td>원인 및
결과 설명</td><td>

무엇보다도 안전하기 때문이지요.

何よりも安いからです。

경어에 익숙하지 않아서요.

敬語に慣れていないからです。
けい ご な

대처하는 서비스의 차이에서 오는 것이죠.

対応するサービスの違いからくるものです。
たいおう

판매 부진에 따른 것입니다.

販売の不振によるものです。
はんばい ふ しん

*～による ～에 의한

원인은 따로 있는 경우가 많아요.

原因は別にある場合が多いです。
げんいん べつ ば あい

그 원인으로서 상품 수가 부족하다는 점을 들 수 있어요.

その原因として、商品の数が足りないことが挙げられます。
かず あ

이에 따라 내년도의 판로가 결정됩니다.

これによって、来年度の販路が決まります。
はん ろ

그 결과, 문제는 해결되었어요.

その結果、問題は解決されました。
けっ か かいけつ

결과적으로 기획 그 자체가 취소되고 말았어요.

結果的に、企画そのものが流れてしまいました。
けっ か てき き かく

*流れる 중지되다
</td></tr>
</table>

엔저 덕분에 예상 이상으로 팔렸어요.

円安のおかげで、予想以上に売れました。

품질은 같은데도 비교적 싸다는 이미지가 있기 때문이죠.

品質は同じなのに割安というイメージがあるからです。

*割安 비교적 쌈

건강을 염려하는 사람이 많아졌기 때문으로 보입니다.

健康を気づかう人が多くなったためと思われます。

배경에 있는 것은 서양의학의 한계를 알게 된 점이죠.

背景にあるのは西洋医学の限界を知ったことです。

날씬한 몸에 대한 동경도 큰 요인이 되고 있어요.

スマートな体へのあこがれも大きな要因になっています。

의식의 변화가 크게 관련되어 있어요.

意識の変化が大きく関係しています。

여성에게 있어서 일은 더없이 소중한 것이 되었기 때문이죠.

女性にとって、仕事はかけがえのないものになってきたからです。

*かけがえのない 매우 소중한

하나하나 정성 들여 만들었기 때문에 매우 안전해요.

一つ一つ丁寧に作りましたので、とても安全です。 *丁寧 주의 깊음

그러니까 상품 개발 예산을 늘려야 해요.

したがって、商品開発の予算を増やさなければなりません。

그러므로 100엔이라도 100엔 이상의 부가가치를 낼 수 있어요.

ですので、100円でも100円以上の付加価値が出せます。

그런 이유로 고객을 다시 불러올 수 없었던 것이죠.

というわけで、お客を呼び戻すことができなかったのです。

그 때문에 이 스테이플러는 작은 힘으로도 서류를 철할 수 있어요.

そのため、このホッチキスは軽い力でも書類をとじることができます。

*とじる 철하다

이상의 이유 때문에 전자 부품의 소형화가 가능해졌어요.

以上のことから、電子部品の小型化が可能になりました。

기간 대비
비교

연간 2,000만 달러의 매출을 올리고 있어요.
年間2,000万ドルの売上げを上げています。

작년과 비교하면, 소비가 상당히 줄었어요.
去年と比べますと、消費がずいぶんと減りました。　　　*減る 줄다

2월에는 1년 전보다 광고 수입이 10% 줄었어요.
2月には1年前より広告収入が10%減りました。

이번 분기 영업 경비는 전년 같은 시기에 비해서 10% 늘었어요.
今期の営業コストは前年同期に比べ、10%増えました。

수익은 5월을 정점으로 서서히 떨어지고 있어요.
収益は5月をピークに徐々に落ち込んでいます。

*〜をピークに 〜을 정점으로

그 이후로 수익이 월 4% 정도 계속 내려가고 있어요.
それ以来、収益が月4%ほど下がり続けています。　　*下がる 내려가다

기업 주가가 3개월에 5%나 내려갔어요.
企業の株価が3ヶ月で5%も下がりました。

올해 연간 매출은 20% 증가했어요.
今年の年間売上げは20%増加しました。

과거 1년간에 경비가 상당히 감소했어요.
過去一年間でコストがかなり減少しました。

과거 10년에 걸쳐 순이익을 쌓아 올렸어요.
過去10年にわたって純利益を積み上げました。

성장률은 작년과 같아요.
成長率は去年と同じです。

5년 전에 자본금 1억 엔, 사원 100명으로 시작한 회사예요.
5年前に資本金1億円、社員100人で始めた会社です。

올해 1년 동안에 공장을 수만 개로 늘리겠어요.
今年一年で工場を数万個に増やします。

2년간 생산 거점을 40% 중국으로 옮겼어요.
2年間、生産拠点を40%中国に移しました。

불경기가 계속되는 가운데, 3년 연속으로 점유율 1위를 지키고 있어요.
不景気が続く中、3年連続でシェアトップを守っています。

작년에 두 자릿수 성장을 보였어요.
去年、二桁の伸びを見せました。　　　　　　　　　　　　　* 桁 자릿수

2사분기와 3사분기에서는 매출이 크게 향상되었어요.
第二四半期と第三四半期では売上げが大きく向上しました。

Biz tip 분기를 표현하는 방식이 우리와 다르니까 주의하세요.

일반 비교

긴 안목으로 보면 중국보다 한국이에요.
長い目で見たら、中国より韓国です。

앞에 했던 테스트와의 차이를 확실히 알 수 있어요.
前のテストとの違いがはっきりと分かります。

보다 안전한 것은 저희 회사 제품이에요.
より安全なのは弊社のものです。

현재의 시스템이 보다 취급하기 편해졌어요.
今のシステムがより扱いやすくなっています。

이전과 비교해서 불안해하는 사람이 늘었어요.
以前と比べ、不安を抱く人が増えました。　　　　　　　　* 抱く 안다

입장에 있어서 비슷한 부분이 있어요.
スタンスにおいて似通ったところがあります。　　　　　* 似通う 비슷하다

겉보기로는 매우 닮았어요.
見た目ではとても似ています。

예상대로의 매출을 기록했어요.
予想どおりの売上げを記録しました。

이전 기종과 마찬가지로 와이파이를 사용해요.
前の機種と同じように、無線LANを使います。

타사 디스플레이와 별로 차이는 없어요.
他社のディスプレーとあまり差はありません。

전의 것보다 사양을 2배 높인 카메라예요.

前のものよりスペックを2倍高めたカメラです。

법인용과 개인용에서는 차이가 있어요.

法人向けと個人向けでは違いがあります。　　　　*〜向け 〜용

가짜와 진짜의 차이는 알기 어려워요.

偽物と本物の違いは分かりにくいです。

애플사에 견줄 만한 기업이에요.

アップル社に匹敵するような企業です。　　　　*匹敵する 맞서다

유사한 형태의 비즈니스 모델을 비교해 보았어요.

類似するタイプのビジネス・モデルを比べてみました。

히트 상품에는 몇 가지 공통점이 있어요.

ヒット商品にはいくつかの共通点があります。

조작이 전의 것보다 간단해졌어요.

操作が前のより簡単になりました。

디자인 면에서 다른 스마트폰과는 달라요.

デザインの面で他のスマートフォンとは違います。

우리 회사의 판매 가격이 경쟁사보다 높은 것 같군요.

わが社の販売価格がライバル社より高いような気がします。

*気がする 기분이 들다

종래의 것과는 비교할 수도 없어요.

従来のものとは比べ物になりません。　　*比べ物にならない 비교가 안 되다

주가만으로 단순 비교할 수는 없어요.

株価だけで単純比較はできません。

이익과 안전을 저울질하는 경우가 있어요.

利益と安全を天秤にかけることがあります。　　*天秤にかける 저울질하다

종래의 상품보다 30% 싸고 고품질이에요.

従来の商品より3割安く、高品質です。

50%의 점유율을 차지하는 회사의 제품은 900그램이지만, 그에 비해 저희 회사는 300그램 가볍게 만들었어요.

50%のシェアを占めている会社のものは900グラムですが、それに比べ、弊社は300グラム軽くしました。

*シェアを占める 점유율을 차지하다

대조 · 대비

마켓이 확대되고 있는데도 우리 회사는 투자를 줄이고 있어요.

マーケットが拡大しているのに、わが社は投資を減らしています。

불경기지만 예산을 늘리기로 했어요.

不景気ですが、予算を増やすことにしました。

*～ことにする ～하기로 하다

설령 약간 비싸더라도 오래 쓸 수 있어요.

たとえ、少し高くても長く使えます。

매출이 7% 늘었음에도 불구하고 손실이 1,000만 엔에 달했어요.

売上げが7%伸びたにもかかわらず、損失が1,000万円に達しました。

일본 전체가 디플레이션인 가운데, 브랜드 상품은 불티나게 팔려요.

日本全体がデフレの中、ブランド品は飛ぶように売れています。

Biz tip 飛ぶように売れるは '불티나게 팔리다'라는 뜻의 관용 표현인데요. 売れ行きがうなぎのぼりになる, 大ヒットする, バカ売れする 등도 비슷한 의미입니다.

한국과는 대조적으로 이익을 올리고 있어요.

韓国とは対照的に利益を上げています。

그 반면에 사업을 확장할 수 있는 좋은 기회예요.

その反面、事業を拡大できるいいチャンスです。

판매량은 많은데 이익이 안 나는 경우가 많거든요.

販売量は多いのに、利益にならないことが多いんです。

그에 반해서 이것은 수익이 예상됩니다.

それに反して、これは収益が見込まれます。

*見込む 예상하다

한편, 저희 회사의 새로운 시스템은 단 3번으로 끝나요.

一方、弊社の新しいシステムはたったの3回で終わります。

그에 비해서 저희 회사 것은 알루미늄과 플라스틱이어서 가벼워요.

それに対し、当社のはアルミとプラスチックなので、軽いです。

타사 제품과는 달리, 저희 회사 제품은 3년간 보장돼요.

他社の製品とは違い、当社のは３年の保証つきです。

* 〜つき 〜가 붙음

물가는 올랐지만, 임금은 그대로예요.

物価は上がりましたが、賃金はそのままです。

| 의견 제시 | 빨리 손을 쓰지 않으면 큰일 납니다.

早く手を打たないと、大変なことになります。

그래서 우수한 인재를 새로이 채용하면 어떨까 생각하는데요.

そこで、優秀な人を新たに採用してはいかがかと思いますが。

Biz tip 배경 설명 등을 마친 후에 의견을 제시할 때는 そこで라는 접속사를 사용하여 표현하는 경우가 많아요.

가격을 재고할 필요가 있어요.

価格を見直す必要があります。

선전을 강화할 필요성을 느꼈어요.

宣伝を強化する必要性を感じました。

건강에 좋은 메뉴 개발이 시급해요.

ヘルシーなメニューの開発が急がれます。

앱 개발이야말로 지금 가장 주력해야 하는 일이에요.

アプリ開発こそ今もっとも力を注ぐべきことです。

* 力を注ぐ 힘을 쏟다

새로운 라이프 스타일을 제안하겠습니다.

新しいライフスタイルをご提案します。

저희 회사의 모델을 권해 드립니다.

弊社のモデルをお勧めします。

제조사 주도의 적극적인 개발을 권해 드립니다.

メーカー主導の積極的な開発をお勧めします。

리스크와 리턴의 균형을 생각하면서 운용할 것을 권합니다.

リスクとリターンのバランスを考えながら運用<ruby>運用<rt>うんよう</rt></ruby>を行うことをお勧めします。

그러니까 여성의 능력을 적극적으로 활용해 보세요.

そこで、女性の能力を積極的に活用してみてください。

폭넓은 고객층으로 확대해 가지 않으면 안 됩니다.

幅広い客層に拡大していかなければなりません。

다양한 요구에 맞추어 상품 라인업을 늘려야 해요.

多様なニーズに合わせて、商品ラインナップを多くしないといけません。

하루라도 빨리 프로그래머를 다섯 명 채용해야 해요.

一日も早く、プログラマーを５人雇うべきです。

Biz tip 강한 확신을 가지고 의견을 제시할 경우에는 '베키다(~해야 한다)'를 이용하여 주장할 수 있어요. 다만 상당히 강한 어감을 주니 주의하세요.

구체적으로 말하면 새로운 시장을 찾는 일입니다.

具体的に言いますと、新しいマーケットを探すことです。

고객의 요구를 재빠르게 읽어내어 상품에 반영해야 합니다.

クライアントのニーズを一早く読んで、商品に反映させるべきです。

첫 번째 해결책은 온라인 사업을 확대하는 일입니다.

第一の解決策はオンライン事業を拡大することです。

그것과는 별도로 사용자에게 언어 메뉴를 선택할 기회를 주어야 합니다.

それとは別に、ユーザーに言語メニューを選ぶ機会をあげるべきです。

어떻게 편히 쉴 수 있는가가 문제가 되죠.

どうやってゆっくり休めるかが問題になってきます。

저희는 경비 삭감이 전혀 이루어지고 있지 않아요.

私どもはコスト削減が全然できていません。

하이브리드적인 발상을 토대로 보다 진화한 시스템을 계속해서 제안해 드리겠습니다.

ハイブリッド的発想をもとに、より進化したシステムをご提案
し続けます。

＊～をもとに ～를 토대로

보다 적극적으로 혁신을 이루시기 바랍니다.

より積極的にイノベーションを行っていただきたいです。

FTA(자유무역협정)가 유리하다고 생각해요.

FTA(自由貿易協定)が有利だと思います。

개발력을 키우지 않으면 경쟁에서 지고 말아요.

開発力を育てないと、競争に負けてしまいます。

이것은 가격을 내리기 위한 일시적인 방법에 불과해요.

これは価格を下げるための一時的な方法にすぎません。

＊～にすぎない ～에 불과하다

장르를 특화한 것이 아니면 안 팔려요.

ジャンルを特化したものでなければ売れません。

왜 글로벌화를 지향해야 하는지 설명드릴게요.

どうしてグローバル化を目指さなければならないかご説明します。

부연 설명

잘 팔리는 것만으로는 안 됩니다.

よく売れるだけではだめです。

'불공평한 상태'란 무엇을 의미하는지 좀 더 설명을 계속하죠.

「アンフェア」とは何を意味するかもう少し説明を続けましょう。

새로운 시장을 만들어 낼 수 있어요.

新たなマーケットを作り出すことができます。

그렇게 하지 않으면 치열한 경쟁 속에서 셰어 확대는커녕 확보도 어려워질 거예요.

そうしなければきびしい競争の中、シェアの拡大どころか確保
も難しくなるでしょう。

새로운 콘셉트의 상품을 시장에 내놓음으로써 확대되는 수요에 대처할 수 있어요.

新しいコンセプトの商品を市場に出すことで、拡大する需要に
応えられます。

＊～ことで ～함으로써

460

잠재 수요를 발굴할 수 있어요.

潜在需要を掘りおこすことができます。　　　　　　　　　　＊掘りおこす 파내다

주부 손목에 가중되는 부담을 줄일 수 있어요.

主婦の手首にかかる負担を減らせます。

또 원 클릭으로 결제가 가능한 강점이 있어요.

また、ワン・クリックで決済ができる強みがあります。

운송료가 들지 않는 것은 큰 장점이죠.

運送料がかからないのは大きなメリットです。

아시다시피 매출은 캠페인 후에 크게 호전되었어요.

お分かりのように、売上げはキャンペーンの後、大きく好転しました。

바꿔 말하면 최대의 문제는 마케팅이라는 말이죠.

言い換えると、最大の問題はマーケティングだということです。

이것에서도 알 수 있듯이 참가자는 점점 늘어갈 겁니다.

これからも分かるように、参加者はどんどん増えていくでしょう。

즉, 이것은 생태학에 대한 관심이 커졌음을 의미합니다.

つまり、これはエコロジーへの関心が高くなったことを意味します。

전문가의 이야기를 곧이곧대로 믿는 것은 위험해요.

専門家の話をうのみにするのは危ないです。

＊うのみにする 통째로 삼키다

적은 돈으로도 이익을 볼 수가 있어요.

少ないお金でも儲ることができます。　　　　　　　　　　＊儲る 이익을 보다

판매 후의 관리와 지원은 매우 중요한 일이에요.

販売後のフォローアップはとても大切なことです。

예를 들면 의료 문제죠.

例えば、医療の問題です。

예를 들어서 말이죠. 중국이 언제 미국의 경제력을 따라잡을 수 있을지입니다.

例えばですね、中国がいつアメリカの経済力に追いつけるかです。

＊追いつく 따라잡다

가령, 1개 120엔에 토마토를 파는 회사가 있다고 가정하죠. 최종적으로 9개가 팔렸을 경우, 이 회사의 판매액은 1,080엔이 됩니다.

例えば、1個120円でトマトを売っている会社があるとします。
最終的に9個が売れた場合、この会社の売上高は、1,080円となります。

＊売上高 매상고

예를 들어 독자적인 기술을 갖고 있다고 칩시다.

例えば、独自の技術を持っているとしましょう。

예를 들면, 배송료를 무료로 하는 서비스입니다.

例をあげますと、送料を無料にするサービスです。

여기에서는 중국의 예를 드는 편이 좋을 것 같군요.

ここでは中国の例をあげたほうがよさそうですね。

＊～がよさそうだ ～가 좋을 것 같다

근거 제시

이 이론은 1년간의 실험에 따른 것입니다.

このセオリーは１年間の実験によるものです。

이 차이를 보면 어느 제품이 좋은지 알게 되실 겁니다.

このギャップを見れば、どの製品がいいかお気づきになるでしょう。

＊気づき 깨달음

이 데이터에 따르면, 계속 구입하는 사람은 대체로 여성이에요.

このデータによりますと、リピーターはだいたい女性です。

최근 조사에 따르면 젊은이들은 미래에 기대를 걸지 않는 모양이에요.

最近の調査によると、若者は未来に期待しないようです。

이 결과로부터 인간관계에서 스트레스를 겪는 사람이 많음을 알 수 있어요.

この結果から、人間関係でストレスを感じる人が多いのが分かります。

꽃가루 알레르기 환자에게는 연근이 좋다는 연구 결과가 있어요.

花粉症のアレルギー患者にはレンコンがいいという研究結果があります。

이런 사실에서 아웃도어 상품은 기존 이미지에서는 벗어났어요.

こうしたことから、アウトドア商品は従来のイメージではなくなりました。

여러 가지 경제 지표를 보면 경제에 밝은 조짐이 안 보여요.

いろんな経済指標を見ていると、経済に明るい兆しが見えません。

어떤 통계에 의하면, 1월 실업률은 0.2포인트 악화되었다고 해요.

ある統計によると、1月の失業率は0.2ポイント悪化したそうです。

설문 조사를 통해서 소비자는 인터넷에서 상품 정보를 얻고 있음을 알 수 있었어요.

アンケートから、消費者はインターネットから商品の情報を得ていることが分かりました。

보고서는 이 기술이 세계적 수준임을 보여 주고 있어요.

報告書はこの技術が世界的なレベルであることを示しています。

＊示す 보여 주다

전문가들은 방사능 영향은 적을 거라고 보고 있어요.

専門家たちは放射能の影響は少ないだろうと見ています。

| 자료 활용 | 그래프 1을 봐 주세요. |

グラフ1を見てください。

이쪽 슬라이드를 봐 주시겠어요?

こちらのスライドを見ていただけますか。

경비를 전년과 비교해 보세요.

コストを前の年と比べてみてください。

가지고 계신 자료, 2페이지를 봐 주세요.

お手元の資料、2ページ目をご覧ください。

＊手元 가까운 곳

나눠 드린 자료를 봐 주세요.

お配りした資料をご覧ください。

＊配る 나눠 주다

이쪽의 표 1을 봐 주세요.

こちらの表1をご覧ください。

이것은 스마트폰 사이즈와 한 해 수입의 상관관계를 보여 주는 표입니다.

これはスマホのサイズと年収（ねんしゅう）の相関関係（そうかんかんけい）を示（しめ）す表です。

이 빨간 숫자에 주목해 주세요.

この赤い数字（すうじ）に注目してください。

이 제품을 직접 만져 보세요.

この製品（せいひん）を手にとってみてください。

Biz tip 중소기업 박람회나 비즈니스 상담(商談)회, 제품 전시회 등에서 부스를 설치해 출점할 경우, 직접 만져보고 작동시켜 보는 코너를 만들기도 하는데요. 프레젠테이션을 할 때도 청중에게 직접 만져 보게 함으로써 제품의 우수성을 효과적으로 어필할 수 있어요.

여기에 세금에 관한 자료가 있어요.

ここに税金（ぜいきん）に関する資料（しりょう）があります。

이 그래프는 마켓 규모를 나타내고 있어요.

このグラフはマーケットの規模（きぼ）を表（あら）わしています。

이것은 화장품의 매출 신장률을 나타낸 것입니다.

これは化粧品（けしょうひん）の売上げ（のげ）の伸び率（りつ）を表わしたものです。

세 가지의 색깔은 다른 연도를 나타내고 있어요.

三つの色付け（いろづけ）は違（ちが）う年度（ねんど）を表わしています。　　　　　　＊ 色付け 채색

보시기에 오른쪽에 있는 꺾은선 그래프는 원유 가격의 변화를 나타낸 것이에요.

向かって右の折れ線（おせん）グラフは原油価格（げんゆかかく）の変（か）わりを表わしたものです。

Biz tip 프레젠테이션 자료는 항상 청중의 입장에서 생각하고 만들고 보여 주어야 하죠. 그래서 그래프 등을 볼 때도 혼동을 일으키지 않도록 청중 입장에서 어느 방향인지 명확히 제시해 주는 것이 좋습니다.

이것은 일본과 한국의 식비를 비교한 것입니다.

これは日本と韓国の食費（しょくひ）を比較（ひかく）したものです。

이쪽의 설문 조사 결과를 보세요.

こちらのアンケートの結果（けっか）を見てください。

이것은 의식 조사 결과를 정리한 것입니다.

これは意識調査（いしきちょうさ）の結果をまとめたものです。

이 차트는 전체적인 모습을 파악하는 데에 도움이 될 겁니다.

このチャートは全体像（ぜんたいぞう）をとらえるのに役立つ（やくだつ）と思います。

가로축은 상품이고 세로축은 가격입니다.
横軸は商品で、縦軸は価格です。

이 막대그래프의 빨간 부분이 시장 점유율입니다.
この棒グラフの赤いところが市場シェアです。

지출은 늘고 수입은 줄었어요.
支出は増えて、収入は減りました。

Biz tip 시각 자료의 효과를 극대화시키기 위해 차이가 명확한 두 가지 자료를 제시하는데요. 그럴 경우에 '~는 증가해서, ~는 감소했다', '~는 증가해서, ~는 감소했다' 같은 표현이 유용하게 쓰입니다.

도쿄하우스의 주가가 큰 폭으로 내려간 것을 바로 알 수 있죠.
東京ハウスの株価が大幅に下がったのが見てとれます。

* 見てとれる 바로 이해할 수 있다

자료 분석

2월 매출이 가장 낮아요.
2月の売上げがもっとも低くなっています。

20%에서 4%로 실적이 뚝 떨어졌어요.
20%から4%へと業績ががた落ちです。

* がた落ち 폭락

이 그래프에서도 알 수 있듯이 매출이 점점 떨어지고 있어요.
このグラフからも分かるように売上げがどんどん落ちています。

이 슬라이드에서 가을에 매출이 가장 높았다는 사실을 아셨을 겁니다.
このスライドから、秋に売上げが最高だったのがお分かりいただけたと思います。

자외선 차단제 상품만은 높은 성장률을 보이고 있어요.
日焼け止商品だけは高い伸び率を見せています。

안전성이 비약적으로 상승하고 있어요.
安全性が飛躍的に上昇しています。

업계가 침체해 있는 가운데 저희 회사는 급속한 신장을 보이고 있습니다.
業界が低迷する中、弊社は急速な伸びを示しています。

A의 성장률이 현저한 한편 B의 급속한 침체가 걱정입니다.
Aの伸びが顕著な一方で、Bの急速な落ち込みが気になります。

465

일에 대한 만족도가 현저한 저하를 보여 주고 있어요.

仕事への満足度が著しい低下を見せています。

보시다시피 휘발유 가격은 상승하는 경향을 보입니다.

ご覧のとおり、ガソリン価格は上昇傾向にあります。

＊～傾向にある ～경향을 보이다

V자 회복을 이뤄 내고 있어요.

V字の回復を果たしています。

＊果たす 달성하다

2014년을 경계로 순조로운 성장률을 보이고 있어요.

2014年を境に順調な伸びを見せています。

＊～を境に ～을 경계로

2014년을 정점으로 감소 경향을 보이고 있어요.

2014年をピークに減少傾向にあります。

신시스템 도입으로 수출이 크게 늘었어요.

新しいシステムの導入で輸出が大きく増えました。

스캔들이 실적 악화를 불러왔다는 사실을 한눈에 알 수 있어요.

スキャンダルが業績悪化を呼んだことが一目で分かります。

자료의 숫자를 통해 고객의 기대감이 점점 복잡해져 갈 것으로 예상됩니다.

資料の数字から、お客さんの期待感がますます複雑になっていくと予想されます。

이익은 한계에 도달하여 불안 요소가 되고 있어요.

利益は頭打ちになっており、不安材料になっています。

＊頭打ち 한계점 도달

Biz tip 그래프 분석에 자주 쓰이는 표현

한자	뜻	한자	뜻
落ち込み	침체	示す	보여 주다
伸び悩み	부진	続く	계속되다
横ばい	보합	推移する	변하다, 움직이다
徐々に	서서히	～を境に	～를 경계로

포인트 강조하기

Biz tip 유일함을 나타내는 조사나 요점을 나타내는 명사, 강조부사, 시급한 문제임을 강조하는 문형과 동사, 반복 사용 등의 방법을 통해 중요한 포인트를 강조할 수 있어요.

쟁점은 말하자면 점유율이에요.
そう てん
争点は言ってみればシェアです。

프로젝트 예산이 너무나도 부족해요.
よ さん   た
プロジェクトの予算があまりにも足りません。

새로운 네트워크 시스템만이 우리 회사의 살 길이에요.
新しいネットワークのシステムだけがわが社の生きる道です。

전자책 분야에서 여태껏 없던 발상으로 비즈니스에 착수한 것은 저희 회사뿐이에요.
でん し しょせき   ぶん や   はっ そう
電子書籍の分野でこれまでにない発想でビジネスに取り組んだ
のは弊社だけです。   ＊書籍 서적

정부의 강한 리더십이 절대적으로 필요해요.
せい ふ   ぜっ たい
政府の強いリーダーシップが絶対に必要です。

스트레스 해소에 매우 도움이 됩니다.
かい しょう   やく だ
ストレス解消にとても役立っています。

간과해서는 안 되는 것은 페이스북과 같은 SNS예요.
かん か
看過してはいけないのはフェースブックのようなSNSです。

가장 효과적인 것은 M&A입니다.
こう か てき
もっとも効果的なのはM&Aです。

우선은 구조를 맞게 고치는 것이 선결 과제죠.
し く   せん けつ
まずは仕組みを正しくすることが先決です。

생각할 수 있는 원인은 단 하나, '시대가 변했다' 그뿐이에요.
げん いん   じ だい
考えられる原因はただ一つ、「時代が変わった」それだけです。

실패, 그 이상도 그 이하도 아니에요.
い じょう   い か
失敗、それ以上でもそれ以下でもありません。

고객이 집착하는 문제는 누가 뭐라 해도 품질이죠.
ひん しつ
クライアントがこだわるのは何と言っても品質です。
                                    ＊何と言っても 뭐니 뭐니 해도

포인트는 무엇일까요? 연구에는 돈이 든다는 것입니다.
けん きゅう
ポイントは何でしょうか。研究にはお金がかかるということです。

결과는 어땠을까요? 대박이 났죠.

結果はどうだったでしょうか。大当たりでした。

일의 생산성을 향상시킬 수밖에 없어요.

仕事の生産性を向上させるしかありません。

＊〜しかない ～수밖에 없다

특히 기업 체질을 바꿀 것을 말씀드리고 있는 거예요.

特に、企業体質を変えることを申し上げています。

특히 기억해야 하는 것이 1997년의 아시아 통화 위기입니다.

特に忘れてはいけないのが97年のアジア通貨危機です。

요컨대 머리를 짜내도 아이디어가 나오지 않는다는 것이죠.

要は、頭を絞り出してもアイデアは出ないということです。

즉, 가격 인하는 어떻게든 피해 주었으면 하는 것이죠.

つまり、値下げはどうしても避けてほしいということです。

즉, 동남아시아에서도 실패할 가능성이 높다는 사실이에요.

すなわち東南アジアでも失敗する可能性が高いということです。

특히 중요한 것은 동료와의 커뮤니케이션이에요.

とりわけ重要なのは仲間とのコミュニケーションです。

정말로 이 산업은 더욱더 발전이 예상됩니다.

まさにこの産業はますますの発展が見込まれます。

지금이야말로 시스템을 바꿀 시기입니다.

今こそシステムを変える時期です。

5년 이상 흑자였다는 것은 좀처럼 없는 일이죠.

５年以上黒字だったというのはなかなかないことです。

바꿔 말하면, 광고는 설득이에요.

言い換えると、広告とは説得です。

Biz tip 앞에서 한 이야기를 다른 방법으로 표현한다는 것은 그만큼 중요하기 때문이에요. 다양한 방법으로 내용을 표현할 수 있는 스킬을 길러야 하겠습니다.

다르게 설명하면 현재의 점유율도 위태롭다고 할 수 있어요.

別の言い方をしますと、今のシェアも危ういと言えるでしょう。

6시그마 도입으로 서비스 질이 향상된 것은 틀림없는 사실이에요.

６シグマの導入でサービスの質が向上したのは紛れもない事実
です。

＊紛れもない 틀림없는

신용을 잃는 것은 불을 보듯 뻔합니다.

信用を失うのは火を見るより明らかです。

＊火を見るより明らか 명약관화

저희가 제안드리는 가이드라인은 여럿 있지만, 세 번째 제안은 꼭 필요해요.

私どもがご提案するガイドラインはいろいろありますが、三つ
目の提案は必須です。

＊必須 필수

**박람회·
전시회를
위한
제품 설명**

주부의 의견을 듣고 만들었어요.

主婦の声を聞いて作りました。

포장 디자인도 연구했어요.

パッケージのデザインも工夫しました。

＊工夫 궁리

여행이나 출장 등에 편리하다고 생각하지 않나요?

旅行や出張とかに便利だと思いませんか。

요즘 나오는 비즈니스 상품의 진화는 뚜렷합니다.

最近のビジネスグッズの進化は著しいです。

이것을 보면 매력적인 상품이라고 생각하실 것이 분명해요.

これを見れば、魅力的な商品だと思うはずです。

적은 힘으로도 폭을 자유롭게 바꿀 수 있는 것이 매력입니다.

軽い力でも幅を自在に変えられるのが魅力です。

때가 덜 타는 소재로 호평을 얻고 있어요.

汚れにくい素材で好評を得ています。

＊汚れる 더러워지다

아웃도어나 재해 때에 도움이 되는 물건으로 인기입니다.

アウトドアや災害時に役立つものとして好評です。

직접 만져 보면 그 좋은 점을 금방 알 수 있어요.

手にとってみれば、そのよさがすぐ分かります。　＊手にとる 손에 쥐다

쓰레기도 안 나오고 뒷정리도 간편합니다.

ゴミも出_でなくて後片付_{あとかたづ}けも楽_{らく}です。

이와 같은 훌륭한 아이템은 좀처럼 찾을 수 없을 겁니다.

このようなすばらしいアイテムはなかなか見_みつかりませんよ。

튜브를 깨끗이 짜낼 수 있는 상품이에요. 놀랍지 않나요?

チューブをきれいに絞_{しぼ}りだせるグッズです。驚_{おどろ}きじゃありませんか。

＊絞る 짜다

보시다시피 보통 옷걸이로 보이지만 손바닥 크기로까지 작게 할 수 있어요.

ご覧_{らん}のとおり、普通_{ふつう}のハンガーに見_みえますが、手_てのひらサイズにまで小_{ちい}さくできます。

여기에 샘플과 카탈로그를 준비해 두었으니 자유롭게 가져가세요.

こちらにサンプルとカタログを用意_{ようい}しておりますので、遠慮_{えんりょ}なくお取_とりください。

일의 효율을 높이는 데에 꼭 필요한 오피스 상품을 준비했어요.

仕事_{しごと}の効率_{こうりつ}アップに欠_かかせないオフィスグッズをご用意_{ようい}しました。

＊欠かせない 빠뜨릴 수 없는

이것은 USB 충전 케이블인데요, 릴로 둘둘 말거나 할 수 있어서 가방 안에서 케이블이 꼬이지 않아요.

これはUSB充電_{じゅうでん}ケーブルですが、リールでくるくる巻_まいたりできますのでカバンの中_{なか}でケーブルがごちゃごちゃになりません。

＊巻く 감다 ごちゃごちゃ 너저분한 모양

시험해 보면 알 수 있을 거라 생각하지만 힘이 거의 안 들어요.

試_{ため}してみるとお分_わかりかと思_{おも}いますが、力_{ちから}がほぼ要_いりません。

주머니 위치가 절묘한 것이 특징이에요.

ポケットの位置_{いち}が絶妙_{ぜつみょう}なのが特徴_{とくちょう}です。

접으면 이렇게 작아집니다.

折_おり畳_{たた}むとこんなに小_{ちい}さくなります。

＊折り畳む 개다

판매 담당자가 상담도 받고 있으니 편하게 말씀해 주세요.

販売担当_{はんばいたんとう}の者_{もの}がご商談_{しょうだん}も受_うけておりますので、気軽_{きがる}に声_{こえ}をかけてください。

＊声をかける 말을 걸다

最近の大きな二つのトレンドをご存じですか。一つは、two-in-oneです。複数の機能を持っているすぐれ物が売れるということです。もう一つは、発想の転換によって使い勝手がよくなった製品が人気を集めています。この鉛筆けずりはぐるぐるひねらなくても鉛筆が削れますし、USBにも使えます。韓国でも大好評を得ている商品です。自信をもってお勧めします。どうぞ、手にとって試してみてください。

요즘 크게 유행하는 두 가지 경향을 아시나요? 한 가지는 two-in-one이에요. 복수의 기능을 가진 좋은 물건이 잘 팔린다는 뜻이죠. 또 한 가지는 발상의 전환으로 사용이 편리해진 제품이 인기를 끌고 있어요. 이 연필깎기는 빙글빙글 돌리지 않아도 연필을 깎을 수 있고 USB로도 사용할 수 있죠. 한국에서도 대호평을 받고 있는 상품입니다. 자신 있게 권해 드립니다. 자, 어서 직접 써 보세요.

＊すぐれ物 뛰어난 물건 使い勝手がいい 쓰기에 편리하다

프레젠테이션 마무리

마무리 단계 알리기

슬슬 정리 단계로 들어가고 싶은데요.

そろそろまとめに入りたいんですが。 　　　　　　　　*まとめる 정리하다

발표의 마지막 부분이 되겠습니다.

発表の最後部分になります。

오늘 프레젠테이션의 마지막입니다.

本日のプレゼンテーションの最後になります。

말씀드리고자 했던 것은 거의 다 말한 것 같습니다.

お話ししようと思ったことはだいたい話したかと思います。

끝낼 시간이 다가온 것 같아서 한 가지만 더 전해 드리고 이야기를 매듭짓고자 합니다.

終わりの時間が来たようなので、もう一つだけお伝えして話を
締めくくりたいと思います。 　　　　　　　　*締めくくる 결말짓다

요점 정리

이상과 같이 말씀드렸습니다.

以上のように、お話して参りました。 　　　　　　*～て参る ～해 오다

우선은 요점을 정리해 볼게요.

まずは要点をまとめさせていただきます。

오늘 프레젠테이션을 한마디로 요약하면 이런 것입니다.

本日のプレゼンを一言で要約すると、こういうことです。

중요한 내용을 한 번 더 확인해 봅시다.

重要な内容をもう一度確認しましょう。

오늘 봐 주신 내용을 간단하게 정리해 보겠습니다.

今日、見ていただいた内容を簡単にまとめてみます。

프레젠테이션을 끝내기 전에 내용을 복습해 두겠습니다.

プレゼンを終える前に、内容をおさらいしておきます。
　　　　　　　　　　　　　　　　　　　　*さらう 복습하다

마지막으로 제가 강하게 제안드린 사항에 대해 한 번 더 볼게요.

最後に私のほうから強くご提案したことについてもう一度見て
みます。

꼭 검토를 부탁드리겠습니다.

ぜひともご検討をお願い申し上げます。

정리하자면 저희가 권해 드리는 것은 해외 시장의 전개입니다.

まとめますと、私どもがお勧めするのは、海外市場の展開です。

간단히 정리하면 투자가 필요하다는 것이죠.

手短にまとめますと、投資が必要だということです。

세심하고 지속적인 서비스 활동이 꼭 필요하다는 것은 몇 번이나 말씀드렸어요.

きめ細かで継続的なサービス活動が不可欠だということは何度
も申し上げました。

＊きめ細か 세심한 모양

요점은 하나입니다. 신시대의 영업이 바로 그것이죠.

要は一つです。新時代の営業というのがそれです。

결론적으로 말씀드리면, 선입관을 버리라는 것입니다.

結論的に申し上げますと、先入観を捨てろということです。

결론으로서 말씀드리면, 교토에 지사를 내는 것은 이점이 큽니다.

結論として言わせていただきますと、京都へ支社を出すことは
メリットが大きいです。

경쟁에서 이기기 위해서는 사업 확대가 급선무라고 생각됩니다.

競争で勝ち抜くためには、事業拡大が急務と思われます。

＊勝ち抜く 이겨 내다

대대적으로 CM을 내보내는 일을 다시 한 번 말씀드리고 싶네요.

大々的にコマーシャルを流すことを今一度申し上げたいと思い
ます。

＊今一度 다시(강조)

한국 시장은 가능성을 내포하고 있다는 점을 여러분이 알아주셨으니 이제 프레젠테이
션을 끝낼까 합니다.

韓国のマーケットは可能性を秘めているということをみなさん
に知っていただいた上で、プレゼンを終わりたいと思います。

＊秘める 숨기다 ～上で ～한 상태에서

프로젝트를 재고할 것을 강하게 권해 드리면서 제 이야기를 마칠까 합니다.

プロジェクトを考え直すことを強くお勧めしながら、私の話を
終わらせたいと思います。

마지막 강조
및 부탁

한 번 더 말씀드리고 싶은 것은 어디를 가도 이 정도의 사양은 찾아볼 수 없다는 것입니다.

もう一度申し上げたいことは、どこへ行ってもこれほどのスペッ
クは見つからないということです。

여러분은 이 점, 반드시 실천해 주셨으면 합니다.

みなさんにはこの点、必ず実践していただきたいと思います。

제가 소리 높여 말하고 싶은 것은 인프라 정비 문제입니다.

私が声を大にして言いたいのは、インフラ整備の問題です。

＊声を大にする 강하게 주장하다

잠재 고객을 타깃으로 삼는 것이 무엇보다도 중요합니다.

見込み客をターゲットにすることが何よりも大事です。

＊見込み 기대

그중에서도 중국 시장은 아무리 강조해도 부족하지 않아요.

中でも、中国市場はいくら強調しても足りません。

이번 인터넷 비즈니스는 신사업의 핵심이라고 해도 과언이 아니에요.

今回のネットビジネスは新事業のコアだと言っても過言ではあ
りません。

＊コア＝core

데이터 백업은 상당히 중요해요. 잊지 마세요.

データのバックアップは非常に重要です。お忘れなく。

Biz tip 강조 부사 중에서도 '상당히'라는 의미를 가진 非常に, すこぶる, とてつもなく, ずいぶん, こ
とのほか, 極めて, いたって, 実に, はなはだ, もっとも, 極端に 등은 가장 마지막에 강조할 때 효과
적입니다.

사람은 재산이라는 것을 꼭 명심하세요.

人は財産であることをぜひとも肝に銘じてください。

＊肝に銘じる 명심하다

현재 직면하고 있는 문제가 극히 복잡하니 부디 위기감을 가지세요.

今、直面している問題が極めて複雑なので、どうか危機感を持っ
てください。

가장 강조하고 싶은 것은 매뉴얼대로의 서비스로는 안 된다는 사실이에요.

一番強調したいのは、マニュアルどおりのサービスではだめだ
ということです。

오늘 프레젠테이션에서 가장 중요한 것은 Q&A 시트였어요.

今日のプレゼンでもっとも重要なことは、Q&Aシートでした。

오늘 말씀드린 서비스는 지금 당장이라도 도입해야 합니다.

今日話したサービスは今すぐにでも取り入れるべきです。

이 프레젠테이션에서 가장 말씀드리고 싶었던 것은 불경기는 이제 끝났다는 것입니다.

このプレゼンでもっとも言いたかったことは、不景気はもう終
わったということです。

프레젠테이션 내용에는 타사로 새어 나가면 안 되는 것도 포함되어 있으니 잘 부탁드려요.

プレゼンの内容には他社にもれてはいけないことも含まれてい
ますので、よろしくお願いします。 * もれる 새다 含む 포함하다

인용구 ·
일화 언급

저의 실패담을 얘기해도 될까요?

自分の失敗談を話してもいいでしょうか。

> **Biz tip** 경험만큼 도움이 되는 교재도 없습니다. 과거의 실패담에 청중은 공감하며 친근감을 느끼게 됩니다.
> 청중의 주의를 끄는 훌륭한 방법이 될 수 있다는 점 기억하세요.

피터 드러커의 명언을 언급해 보죠.

ピーター・ドラッカーの名言に触れてみましょう。

* ~に触れる ~에 접하다, ~을 언급하다

이것은 제가 어떤 책에서 인용한 건데요, 읽어 볼게요.

これは私がある本からとってきたものですが、読んでみますね。

자주 읽는 비즈니스 칼럼이 있어서 소개할게요.

よく読んでいるビジネスコラムがあるので、ご紹介しましょう。

'고객의 불만을 통해 상품의 결함을 알 수 있다. 고객의 요구가 신상품의 힌트가 된다.
고객이란 참 고마운 존재다'라고 말한 파나소닉 창업자 마쓰시타 고노스케의 에피소
드를 하나 말씀드리죠.

「お客様の苦情から商品の欠陥が分かる。お客様の要望が新商
品のヒントになる。お客様とは本当にありがたいものだ」と
言ったパナソニック創業者の松下幸之助のエピソードを一つお
話しします。

스티브 잡스가 말한 혁신에 대해서 생각해 봅시다.

スティーブ・ジョブズの言ったイノベーションについて考えて
みましょう。

끝맺기

이로써 프레젠테이션을 마치도록 하겠습니다.

これを持ちまして、プレゼンを終わりたいと思います。

경청해 주셔서 감사합니다.

ご清聴、ありがとうございました。

시간을 내주셔서 감사했습니다.

お時間をいただき、ありがとうございました。

여러분 수고가 많으셨습니다.

みなさん、お疲れ様でした。

샘플이 필요하신 분은 신청해 주세요.

サンプルをご希望の方はお申し込みください。   * 希望 희망

여러분에게 가치 있는 시간이 되었다면 좋겠네요.

みなさんに有意義な時間となっていれば幸いです。 * 幸い 다행. 행복

다음 프레젠테이션은 다음 달로 예정하고 있습니다.

次のプレゼンは来月に予定しております。

오늘 프레젠테이션에서 부족했던 부분은 전화나 메일 등으로 질문 주시면 답변해 드릴게요.

本日のプレゼンで足りなかったところは、お電話やメールなど
でご質問くだされればお答えいたします。

Biz tip 잠재적 고객을 위한 포석으로서 필요한 표현입니다.

오늘은 프레젠테이션에 참석해 주셔서 감사합니다.

本日はプレゼンテーションにご参加いただき、ありがとうござ
います。

비즈니스 상담은 상시 접수하고 있습니다.

ご商談はいつでも受け付けております。

Biz tip 제조사나 판매사의 프레젠테이션은 결국 제품 판매에 그 목적이 있죠. 따라서 프레젠테이션이 비즈니
스 상담으로 이어질 수 있도록 마지막에 상담 창구에 대해 언급하는 것이 좋아요.

질의응답

08-5.mp3

질문 받기

지금부터 질문에 대해서 답변하겠습니다.
これより、ご質問についてお答えします。

그럼 질의응답으로 넘어가지요.
それでは、質疑応答に移らせていただきます。　　　＊移る 옮기다

질문, 지적 등이 있으시면 부탁드립니다.
ご質問、ご指摘などがございましたら、お願いいたします。

저는 이상으로 끝내겠습니다만, 질문 등이 있으시면 말씀하세요.
私のほうからは以上ですが、ご質問などがございましたらどうぞ。

질문을 받겠습니다.
ご質問をお受けいたします。

주저 마시고 뭐든지 물어보세요.
遠慮なく何でもお聞きください。

10분 정도 질문을 받겠으니 질문해 주세요.
10分ぐらい、質問を受けますので、どうぞ。

질문이나 의견이 있으신 분, 안 계시나요?
ご質問かご意見のある方、いらっしゃいませんか。

한 분씩 부탁해요.
お一人様ずつお願いします。

질문하실 때는 소속과 성함을 알려 주시면 감사하겠습니다.
ご質問なさる際は、所属とお名前を教えていただければと思います。　　　＊際 때

우선 이쪽 분의 질문부터 받죠.
まずこちらの方のご質問から受けましょう。

시간 관계상 앞으로 하나만 질문을 받도록 하죠.
時間の関係であと一つだけ質問をいただくことにしましょう。
　　　　　　　　　　　　　　　　　　　　　　　　　＊あと 앞으로

질문해도 될까요?
よろしいでしょうか。

몇 가지 질문할게요.
いくつか質問させてください。

6시그마를 좀 더 알기 쉽게 설명해 줄 수 있나요?
６シグマをもっと分かりやすく説明していただけますか。

한국 시장은 이제 충분하다는 말씀인가요?
韓国のマーケットはもう十分ということでしょうか。

보다 나은 효과를 기대할 수 있다는 말씀이라고 생각해도 되나요?
よりよい効果が望めるということでよろしいでしょうか。

＊望む 바라다

자외선 대책은 국민적인 관심사가 될 거라고 말씀하시는 건가요?
紫外線対策は国民的な関心事になるとおっしゃるんですか。

구입 비용이 비싸다고 이해해도 될까요?
仕入れコストが高いと理解していいでしょうか。

제 이해가 맞는지 모르겠지만 당사의 네트워크 시스템 전체를 업그레이드 시켜야 한다는 말인가요?
私の理解が正しかったか分かりませんが、当社のネットワークシステム全体をグレードアップさせないといけないということでしょうか。

좋은 질문이군요.
いい質問ですね。

질문 감사드립니다.
ご質問、ありがとうございます。

글쎄요, 상당히 어려운 문제입니다.
そうですね。なかなか難しい問題です。

상당히 흥미로운 지적이네요.
とても興味深いご指摘です。

＊〜深い 〜가 깊은

상당히 중요한 문제를 지적해 주셨습니다.

非常に大事な問題を指摘してくださいました。

죄송하지만 좀 더 천천히 말씀해 주시겠어요?

すみませんが、もう少しゆっくり話していただけないでしょうか。

다르게 표현해 주시면 답변할 수 있을 것 같은데요.

別な言い方で話していただければ、お答えできると思うんですが。

뭐라고 하셨는지 잘 안 들렸어요.

何とおっしゃったかよく聞こえませんでした。

영업 방법에 대한 의견이신가요?

営業のやり方についてのご意見でしょうか。

다른 분들을 위해서 질문을 다시 말씀드릴게요.

他の方のためにご質問を繰り返させていただきます。

＊繰り返す 되풀이하다

제가 질문을 맞게 이해했나요?

私がご質問を正しく理解できているでしょうか。

그 점을 언급해 주셔서 감사합니다.

その点を取り上げていただいて恐縮です。　＊取り上げる 거론하다

지당하신 의견이라고 생각해요.

もっともなご意見だと思います。　＊もっとも 지당함

저도 처음엔 그렇게 생각했어요.

私も最初はそう思いました。

지적하신 대로 그와 같은 문제도 있었어요.

ご指摘のとおり、そのような問題もありました。

확실히 그럴 가능성도 있어요.

確かに、そういう可能性もあります。

많이 질문해 주셔서 제 자신에게도 유익한 시간이었어요.

たくさんのご質問をいただき、自分にとってもためになる時間
でした。　＊ためになる 이익이 되다

질문의 의미를 잘 모르겠는데요.

質問の意味がよく分からないのですが。

그것에 대해서는 확인하고 나서 나중에 답변드릴게요.

それについては確認して後ほどお答えいたします。

Biz tip 질문 중에는 섣불리 대답해서는 안 되는 문제도 섞여 있죠. 신중을 기하는 의미에서 답변을 미루고 시간을 버는 테크닉도 필요합니다.

개발부 직원도 와 있으니까요, 대신 대답해 줄 겁니다.

開発部の者も来ておりますので、代わりに答えてもらいましょう。

전문가 의견을 들어 보고 나서 할까요?

スペシャリストの意見を聞いてからにしましょうか。

죄송하지만, 프레젠테이션 주제와는 별로 관계가 없어 보이는데요.

申し訳ありませんが、プレゼンのテーマとはあまり関係のないようですが。

그 질문에는 노코멘트로 하겠습니다.

そのご質問にはノーコメントとさせていただきます。

그에 대해서는 관점이 다양하기 때문에 일률적으로는 답변하기 힘듭니다.

それに関しては見方がいろいろですので、一概にはお答えできかねます。

＊〜かねる 〜하기 어렵다

죄송하지만 시간이 다 된 것 같네요.

すみませんが、もう時間のようです。

그 문제는 다음 번 프레젠테이션 때에 대답하겠습니다.

その問題は次回のプレゼンの時に、お答えします。

그에 관해서는 추후에 메일로 답변드릴게요.

それに関しては、追ってメールでお答えします。

이것으로 답변이 되었나요?

これで答えになったでしょうか。

이해가 되셨나요?

ご理解いただけたでしょうか。

480

충분한 설명이 되었나요?

十分な説明になったでしょうか。

의문은 풀리셨나요?

疑問は晴れたでしょうか。 　　　　　　　　　　　　　 ＊晴れる (의심. 혐의가) 풀리다

다음 질문으로 넘어가도 될까요?

次の質問に移ってもよろしいでしょうか。

**질의응답
종료**

오늘은 여기까지 하죠.

今日はここまでにしましょう。

질문이나 의견이 없으시면 이제 이쯤에서….

ご質問、ご意見がないようでしたら、そろそろこのへんで。

＊へん 부근

다른 질문이 없으면 이것으로 끝내고 싶습니다.

ほかの質問がなければこれで終わりたいと思います。

계약 및
협상

비즈니스의 최종 목표는 결국 협상을 통해 계약을 따내는 일입니다. 수익을 창출하느냐 마느냐는 협상의 성공 여하에 달려 있죠. 이와 같이 가격, 납기, 사양 등에서 타협을 이끌어내려면 협상 능력이 필요한데요. 더욱이 일본어로 협상에 임해야 하는 상황에서는 보다 철저한 준비를 하지 않으면 상대방에게 밀리고 맙니다. 이번 파트에서는 협상 초기부터 주도권을 잡아 유리한 분위기를 이끄는 표현부터 가격을 제안하고 여러 가지 조건을 조율한 후 설득을 통해 계약에 이르는 필수 표현들을 공부합니다. 지레 겁먹는 건 금물!

협상 시작

대면하기

어서 오세요, 잘 오셨습니다.
ようこそ、いらっしゃいました。

먼 곳까지 와 주셔서 감사합니다.
遠いところお越しいただき、ありがとうございます。
遠いところお運びいただきまして、ありがとうございます。
遠方よりお越しくださいまして、ありがとうございました。

*遠方 먼 곳

遠方よりご足労いただき、ありがとうございました。 *足労 걷는 수고
遠路はるばるお越しいただき、恐縮です。

*遠路 먼 길 はるばる 멀리서 오는 모양

과장님, 안녕하셨어요?
課長、お元気でしたか。

사장님은 잘 계시나요?
社長はお元気でしょうか。

신세 지겠습니다.
お世話になります。

Biz tip 일본어에서는 앞으로 어떤 일을 함께하게 될 경우에 이 표현을 자주 써요.

저희가 찾아뵈어야 하는데 일부러 와 주셔서 죄송합니다.
私どもが伺うべきだったのに、わざわざすみません。

우선 앉으시죠.
とにかく座りましょう。

예정보다 빨리 도착해 버렸네요. 죄송합니다.
予定より早く着いてしまいました。失礼しました。

Biz tip 5분~10분 전에 회사 로비에 도착하는 것이 가장 바람직해요.

우수한 회사와 일을 할 수 있게 되어 영광입니다.
優秀なカンパニーとお仕事ができて光栄です。

계약 및 협상

▼ 1 협상 시작

485

이쪽은 해외사업부 과장인 강○○이고, 저는 이○○라고 합니다.

こちらは海外事業部課長のカンで、私はイと申します。

실전회화

A こちらは海外事業部課長のカンで、私はイと申します。
이쪽은 해외사업부 과장인 강○○이고, 저는 이○○라고 합니다.

B 社長のキムです。本日は遠いところまで、ありがとうございました。
よろしくお願いいたします。
사장인 김○○입니다. 오늘은 먼 걸음 하셨네요. 감사합니다. 잘 부탁드려요.

팀을 대표해서 팀원을 소개해 드리죠.

チームを代表して、メンバーをご紹介します。

이쪽은 동료인 다카하시입니다. 구매를 담당하고 있죠.

こちらは同僚の高橋でございます。仕入れを担当しています。

만나 뵙게 되어 기쁘기 그지없네요.

お会いできてうれしいかぎりです。　　　　　* 〜かぎり 〜하기 그지없다

회사가 크네요. 깜짝 놀랐어요.

会社が大きいですね。びっくりしました。

외관도 근사한데요.

外観もおしゃれですね。

저희 회사 부장님과 면식이 있다고 들었는데요.

当社の部長と面識があると聞きましたが。

실전회화

A 当社の部長と面識があると聞きましたが。
저희 회사 부장님과 면식이 있다고 들었는데요.

B 東京で研修を受けていた時にずいぶんお世話になりました。
도쿄에서 연수를 받았을 때 너무나 신세를 졌어요.

미국 출장에서 돌아오는 길이라고 들었어요.

アメリカ出張の帰りだそうですね。

Biz tip '보통체+そうだ'는 남한테 들은 이야기를 전할 때 쓰는 문형이에요.

요전에 사장님이 연하장을 보내 주셨어요.

この前、社長から年賀状をいただきました。

전화로는 몇 번인가 말씀 나누었죠?

お電話では何度かお話しましたよね。

늘 메일로 연락을 주고받던 다나카 씨가 당신이었나요?

いつもメールで連絡を取り合っていた田中さんがあなたでしたか。

*連絡を取り合う 연락을 주고받다

A いつもメールで連絡を取り合っていた田中さんがあなたでしたか。
늘 메일로 연락을 주고받던 다나카 씨가 당신이었나요?

B はい、私です。お目にかかれてうれしいです。 네, 저예요. 만나 뵙게 되어 반갑습니다.

팀 멤버가 전보다 늘어난 것 같은데요.

チームメンバーが前より増えたような気がします。

*気がする 느낌이 들다

모리타 씨는 오늘 안 오세요?

森田さんは今日いらっしゃらないんですか。

A 森田さんは今日いらっしゃらないんですか。 모리타 씨는 오늘 안 오세요?

B 森田はあいにく他の商談で来られませんでした。
모리타는 마침 다른 비즈니스 상담이 있어서 못 왔어요.

A お会いできればと思ったんですが、残念ですね。 만나 뵈었으면 했는데, 아쉽네요.

원래 둘이서 올 예정이었는데 갑자기 일이 생겨서 한 명 못 오게 되었어요.

もともと二人で来る予定でしたが、急な用事で一人が来られなくなりました。

저희 사장님도 이번 건에 대해서 매우 큰 기대를 갖고 계세요.

私どもの社長もこの件に関して大変期待しております。

전무님이 부디 안부 전해 달라고 하셨어요.

専務がくれぐれもよろしくと申しておりました。 *申す 말씀올리다

긴장 풀기

Biz tip '아이스브레이크(아이스브레이크)'란 말이 있는데요. 사람들이 처음 만났을 때 어색함을 누그러뜨리기 위해서 하는 말이나 행동을 말합니다. 협상이라는 중요한 과제를 앞두고 최대한 긴장을 풀어 부드러운 분위기를 만들어 가려면 역시 가벼운 대화가 최고겠죠?

오늘은 특히 날씨가 좋네요.

今日は特に天気がいいですね。

한여름 같은 느낌이 드네요.

夏本番って感じですね。 *本番 본격

어제까지는 비가 내렸는데 오늘은 마침 활짝 개어요.

昨日までは雨でしたが、今日はちょうど晴れまして。

Biz tip 会話では「て(で)」で文章を終わる場合も多いよ。'~해서요' 정도의 어감입니다.

밖에 더우셨죠?

外、暑かったでしょう。

한국의 겨울은 꽤 추워요.

韓国の冬はけっこう応えますね。　　　　　　　　　　*応える 사무치다

계속 출장이라서 피곤하지 않으세요?

出張続きで疲れていませんか。

일도 중요하지만 짬을 내서 한국의 여러 곳을 보셨으면 합니다.

お仕事も大事ですが、暇を見つけて韓国のいろんなところを見てほしいです。

길은 막히지 않았나요?

道は込んでいませんでしたか。

A 道は込んでいませんでしたか。 길은 막히지 않았나요?
B いえ、わりとすいていました。 아뇨, 비교적 한산했어요.　　*すく 비다

요전에는 창립 기념 파티에도 참석해 주셔서 감사합니다.

先日、創立記念パーティーにもご出席いただき、ありがとうございました。

A 先日、創立記念パーティーにもご出席いただき、ありがとうございました。 요전에는 창립 기념 파티에도 참석해 주셔서 감사합니다.
B ずいぶんと盛り上がりましたね。 상당히 분위기가 무르익었죠?

여전히 바쁘신가요?

相変わらず、お忙しいですか。

이곳은 한국의 중심지가 되는 셈인가요?

ここは韓国の中心地になるわけですか。

A ここは韓国の中心地になるわけですか。 이곳은 한국의 중심지가 되는 셈인가요?
B ソウルの真っ只中にあります。 서울의 한가운데에 있어요.

도쿄에 있는 것과 별로 다를 게 없네요.

東京にいるのとあまり変わりませんね。

교통편이 좋은 곳에 회사가 있네요.

交通の便がいいところに会社がありますね。

전망이 매우 좋네요.

眺めがとてもいいですね。

사장님이 커피 맛에는 까다로우셔서 꽤 맛있을 겁니다.

社長がコーヒーにはうるさいものですから、けっこうおいしい
と思います。

가족 분들은 다 잘 계시고요?

ご家族はお元気でいらっしゃいますか。

작년에 비즈니스로 왔을 때 김까지 받아서요.

去年、商談に来た時にノリまでいただいて。

과장님, 약간 인상이 바뀐 것 같은데 기분 탓일까요?

課長、ちょっと印象が変わったような気がするんですが、気の
せいでしょうか。

A 課長、ちょっと印象が変わったような気がするんですが、気のせいでし
　ょうか。 과장님, 약간 인상이 바뀐 것 같은데 기분 탓일까요?
B 私ですか。痩せたからでしょうか。 저 말인가요? 살이 빠져서일까요?

Biz tip 예전의 모습을 기억했다가 다시 만났을 때 언급하는 것은 좋은 인상을 줄 수 있습니다. 뿐만 아니라
예전에 있었던 일과 상대방에 대한 정보를 잊지 않고 기억해 줄 때 호감을 줄 수 있어요.

어디 비행기를 이용하셨어요?

どちらさんの飛行機をご利用になりましたか。

A どちらさんの飛行機をご利用になりましたか。 어디 비행기를 이용하셨어요?
B 格安航空です。安いのはいいんですが、キャンセルができないのがちょっ
　とね。 저가 항공이요. 싼 건 좋은데, 취소가 안 되는 게 좀….

기내식을 먹었기 때문에 차 한 잔만 주시면 됩니다.

機内食を食べましたので、お茶だけでけっこうです。

서울을 보신 느낌이 어떠세요?

ソウルの印象はいかがですか。

계약 및 협상

▼ 1 형상 시작

세월호 침몰 사고는 정말 재난이었어요.

セウォル号沈没事故は本当に災難でしたね。

Biz tip 상대방 나라에 있었던 주요 사건이나 이슈를 언급해 주면 친근감이 커져요.

한국도 마찬가지예요. 겉으로 드러나지 않을 뿐이죠.

韓国も同じです。表沙汰にならないだけで。　　　＊表沙汰 표면화됨

Biz tip 동질감은 설득력을 배가시킨다는 말이 있죠? 공감하는 분위기 형성이 중요해요.

화장실은 2층에 있습니다.

お手洗いは２階にあります。

협상 분위기 조성

갑작스런 부탁에도 예정을 조정해 주셔서 감사합니다.

急なお願いにも予定を調整してくださいましてありがとうございます。

이렇게나 빨리 만날 수 있으리라고는 생각지 못했어요.

こんなに早くお会いできるとは思っていませんでした。

시간을 내주셔서 감사합니다.

お時間を作っていただき、ありがとうございました。

A お時間を作っていただき、ありがとうございました。 시간을 내주셔서 감사합니다.
B 当然のことです。 당연하죠.

오늘 시간적 여유는 있으신가요?

今日お時間の余裕はあるでしょうか。

A 今日お時間の余裕はあるでしょうか。 시간적 여유는 있으신가요?
B たっぷりとってあります。 충분히 잡아 두었어요.

여기에 카탈로그가 있어요.

こちらにカタログがございます。

시간이 별로 없으니 이제 시작합시다.

時間があまりないので、そろそろ始めましょう。

잡담은 이 정도로 하고 이야기를 시작할까요?

雑談はこれぐらいにしてお話を始めましょう。

그럼 업무 이야기로 들어갈까요?

それでは、仕事の話に入りましょうか。

それでは、話し合いを始めましょうか。　*話し合い 교섭

A それでは、仕事の話に入りましょうか。 그럼 업무 이야기로 들어갈까요?

B それがいいですね。 始めましょう。 그게 좋겠네요. 시작하죠.

오늘은 차분히 이야기를 나눕시다.

今日はじっくり話し合いましょう。

개발은 잘되어 가나요?

開発のほうはうまくいっていますか。

귀사의 기술력은 정말 대단해요.

御社の技術力はすごいものがありますね。

귀사의 카탈로그를 보고 왔는데요.

御社のカタログを見てきたんですが。

귀사의 제품은 대체로 체크하고 있어요.

御社の製品は大体チェックしています。

그럼, 지난달에 보내 주신 제안서를 보면서 협의를 진행할까요?

じゃ、先月送ってくださった提案書を見ながら話を進めましょうか。

계약까지는 많은 문제가 남겨져 있어요.

契約までは多くの問題が残されていますね。

결실 있는 교섭이 되면 좋겠네요.

実りのある交渉になればいいですね。

어떻게든 서로에게 좋은 방향성을 찾아낼 수 있도록 노력합시다.

何とかお互いにとっていい方向性が見い出せるようがんばりましょう。　　*見い出す 찾아내다

서로의 목표를 확실히 할 필요가 있어요.

お互いの目標をはっきりする必要がありますね。

지금까지는 핵심을 건드리는 것을 피해 온 것 같아요.

これまでは核心に触れるのを避けてきたような気がします。

*〜に触れる ～을 건드리다

가능하면 좋은 형태로 계약까지 결실을 맺을 수 있다면 좋겠네요.

できるだけいい形で契約まで結び付けたいと思っております。

*結び付ける 연결시키다

제 비서도 협상에 참가해도 될까요?

私の秘書も交渉に加わってよろしいでしょうか。　*加わる 참가하다

죄송하지만, 저녁때까지는 돌아가야 해서요.

すみませんが、夕方までには戻らないといけないので。

Biz tip 막상 협상 테이블에 앉게 되면 쉽사리 끝낼 수 없으므로 미리 협상에 할애할 수 있는 시간에 대해 공지하는 것이 좋습니다.

가능하면 오늘 중에 이야기가 끝나면 좋겠는데요.

できれば今日中に話が終わるといいのですが。

실전회화
A　できれば今日中に話が終わるといいのですが。
　　가능하면 오늘 중에 이야기가 끝나면 좋겠는데요.
B　長い交渉になるかもしれません。 긴 교섭이 될지도 몰라요.

이야기가 통하는 여러분과라면 협상도 잘될 것 같아요.

話が通じるみなさんとなら交渉もうまくいきそうです。

주저하시 마시고 의견을 말씀해 주세요.

遠慮なさらず、ご意見をおっしゃってください。　*なさる 하시다

Biz tip 협상에서 활발하게 의견 교환이 이루어질 수 있도록 분위기를 조성하는 것이 중요해요.

간단한
의견 교환

우선은 그쪽 의향을 듣고 싶군요.

まずはそちら様のご意向を聞いてみたいです。

부장님 입장은 어떠세요?

部長のお立場はどうですか。

Biz tip 구체적인 협상에 들어가기에 앞서 상대방의 입장이나 생각, 자세를 들어 보면 협상을 유리하게 이끌 수 있어요.

본론에서 벗어나는 이야기는 가능하면 피합시다.

本筋から外れるような話はできるだけ避けましょう。

넘어야 하는 장애물이 몇 가지 있어요.

越えなければならないハードルがいくつかあります。

결제 문제가 가장 큰 고비네요.

決済の問題が一番の山ですね。 *山 고비

> Biz tip 협상에서 어디에 중점을 두어야 할지를 내비치면서 긴장감을 공유할 수 있어요.

이야기를 나눠야 할 사안이 산적해 있어요.

話し合わなければならないことが山ほどあります。

*山ほどある＝山積している

귀사의 제조 라인에도 한 번 가 보고 싶네요.

御社の製造ラインにも一度足を運んでみたいです。 *足を運ぶ 가 보다

예산은 그다지 문제가 안 될 거예요.

予算はそれほど問題にならないと思います。

성의를 보여 주시면 그것으로 충분해요.

誠意を見せていただくだけで十分です。

> Biz tip 가격 조정에 대해 운을 띄우는 말로서 가격을 내려 달라는 의미가 숨어 있어요.

불경기가 계속되고 있어서 큰일이에요.

不景気が続いておりまして、困ったものです。 *困ったもの 골칫거리

실전회화

A 不景気が続いておりまして、困ったものです。 불경기가 계속되고 있어서 큰일이에요.

B 不況なのはこちらも同じです。 불황인 것은 저희도 마찬가지예요.

작년까지의 계약을 재고할 수도 있나요?

去年までの契約を見直すこともできますか。

> Biz tip 계약 갱신 시 제반 조건을 재고하는 문제에 대해 운을 띄우는 표현입니다.

쌍방 모두 베트남 투자에 관심을 갖고 있는 건 확실해요.

双方ともベトナムへの投資に興味を持っているのは確かです。

합병 이야기도 포함되어 있는 건가요?

合併の話も含まれているんでしょうか。 *含む 포함하다

크리스마스 세일 1개월 전까지는 협상을 끝내야 합니다.

クリスマスセールの1ヶ月前までには交渉を終わらせないといけません。

> Biz tip 협상의 데드라인을 제시함으로써 협상에 긴장감을 줍니다.

구입처와의 교섭은 상당히 힘들어요.

仕入先との交渉は本当に難しいものです。

교섭은 서로를 만족시키는 것이 중요해요.

交渉はお互いを満足させることが大切です。

조건에만 연연하지 않는 교섭이 가장 좋습니다.

条件ばかりにとらわれない交渉がベストです。

어느 한 쪽이 손해를 보는 협상은 안 되죠.

どちらかが損をする交渉はだめです。　　　　　＊損をする 손해를 보다

귀사에서는 저희 제품을 어떻게 생각하시는지 궁금해요.

御社ではうちの製品をどう思っていらっしゃるのか気になります。

＊気になる 궁금하다

사내 회의에서 귀사의 샘플을 두고 활발한 논의가 벌어졌어요.

社内会議で、御社のサンプルをめぐって、活発な議論が交されました。

＊～をめぐって ～를 둘러싸고　交す 주고받다

A　社内会議で、御社のサンプルをめぐって、活発な議論が交されました。
　　사내 회의에서 귀사의 샘플을 두고 활발한 논의가 벌어졌어요.
B　うちの商品の評判はいかがでしょうか。저희 상품의 평판은 어떤가요?
A　非常に好評です。 상당한 호평을 얻었어요.

귀사의 상품은 어쩌면 히트할지도 모르겠어요.

御社の商品はひょっとしたら大ヒットするかもしれません。

A　御社の商品はひょっとしたら大ヒットするかもしれません。
　　귀사의 상품은 어쩌면 히트할지도 모르겠어요.
B　そう言っていただくと心強いです。그렇게 말씀해 주시니 든든하네요.

회사의 관철 노력

저희 회사는 이러한 비전을 가지고 있어요.

弊社はこういうビジョンを持っています。

저희로서는 모든 계약에서 이 가격을 부탁드리고 있어요.

当社としましては、すべての契約におきまして、この価格を押しています。

＊押す 밀다

Biz tip 자기 회사의 규정이나 방침을 미리 밝혀 두면 나중에 협상에서 유리할 수 있어요.

저희 회사는 하나하나 정성 들여 물건을 만들어요.

当社は一つ一つ丁寧にものを作っています。

저희 회사에는 장인 기질의 엔지니어가 많이 있어요.

弊社には職人気質のエンジニアがたくさんおります。

A 弊社には職人気質のエンジニアがたくさんおります。
저희 회사에는 장인 기질의 엔지니어가 많이 있어요.

B 品質に関しては期待できそうですね。 품질에 대해서는 기대해도 될 것 같네요.

종업원이 빛날 수 있는 회사를 만들자는 것이 사장님의 좌우명이라서요.

従業員が輝ける会社にしようというのが社長のモットーでして。

Biz tip 경영자의 좌우명이나 방침은 사내 풍토, 제조에 임하는 자세를 결정짓죠.

거래처가 만족할 때까지 사양은 바꿀 수 있어요.

取引先にご満足いただけるまでスペックは変えられます。

A 取引先にご満足いただけるまでスペックは変えられます。
거래처가 만족할 때까지 사양은 바꿀 수 있어요.

B そういうことでしたら、心配ないですね。 그러시다면 걱정 없겠네요.

조건을 말씀해 주시면 가능한 한 맞춰 드리도록 노력할게요.

条件をおっしゃっていただければできるかぎり合わせるようが
んばります。   *~よう(に) ~하도록

그런 조건이라면 협상 가능합니다.

そういう条件でしたら、交渉可能です。

저희 사원은 일에 대한 책임감이 남보다 갑절로 강해요.

うちの社員は仕事への責任感が人一倍強いです。

그런 일이라면 온 힘으로 협력하겠습니다.

そういうことでしたら、全力で協力させていただきます。

Biz tip 아직 구체적인 세부 협상에 들어가지 않은 상태이므로 오픈 마인드로 협상에 대한 적극적인 의지를 어필하세요.

하여튼 품질에는 놀라실 겁니다.

いずれにしても、品質には驚かれると思います。
                                    *いずれにしても 어쨌든

이 기획에 목숨을 걸고 착수하자는 사내 합의가 이루어진 상태입니다.

この企画に命をかけて取り組もうという社内のコンセンサスが
できています。   *コンセンサス 의견 일치

협상 전개

🎧 09-2.mp3

**협상 내용
제시 및
확인**

이번 협의의 목적은 M&A입니다.

今回の話し合いの目的はM&Aです。

Biz tip 교섭 목적을 명확히 하는 것이 중요해요.

오늘 우리는 합작회사를 설립하는 일을 논의하기 위해 모였어요.

今日、私たちは合併会社を設立することを協議するために集まりました。

오늘 모인 것은 부품 공급에 관한 계약을 체결하기 위해서예요.

今日、集まったのは部品の供給に関する契約を締結するためです。

하청 회사를 찾고 있어요.

請け負い会社を探しております。

이 프로젝트를 함께해 갈 회사를 찾아왔어요.

このプロジェクトをいっしょにやっていく会社を探してきました。

협력 형태로 사업을 확장할 파트너로서 귀사를 주목해 왔어요.

コラボの形で事業を広げるパートナーとして御社を注目してきました。

* コラボ=collaboration

아시다시피 저희는 오늘 협상을 위해서 귀사의 제안을 검토해 왔어요.

ご存じのように、私どもは今日の交渉に向けて御社のご提案を検討してきました。

* 〜に向けて 〜을 향해서

구입처를 서둘러 개척해야 했어요.

仕入先を急いで開拓しなければなりませんでした。

구입처가 엔저 등을 이유로 가격을 올려서요.

仕入先が円安などを理由に価格を上げましてね。

* 〜を理由に 〜을 이유로

구입 재료를 바꿔야 하게 되었어요.

仕入れ材料を変えないといけなくなりました。

실적과 믿음이 있는 서울상사와의 두터운 파이프가 필요해요.

実績と信頼のあるソウル商事との太いパイプが必要です。

A 実績と信頼のあるソウル商事との太いパイプが必要です。
　　실적과 믿음이 있는 서울상사와의 두터운 파이프가 필요해요.

B ありがたいお言葉です。 감사한 말씀이네요.

바로 업무 제휴에 대해 논의하고 싶은데요.

さっそく業務提携について話し合いたいです。

귀사에서는 어떤 상품을 찾고 계시나요?

御社ではどのような商品をお探しですか。

Biz tip 바이어들의 구매 취향을 파악하는 것에서 협상은 시작됩니다.

덤핑 문제부터 이야기해 봅시다.

ダンピングの問題から話を進めましょう。

상품 가격 문제부터 시작합시다.

商品価格の問題から始めましょう。

계약 기간과 해약 시의 수수료를 중심으로 교섭을 진행하겠습니다.

契約期間と解約時の手数料を中心に交渉を進めます。

＊ ～を中心に ～를 중심으로

A 契約期間と解約時の手数料を中心に交渉を進めます。
　　계약 기간과 해약 시의 수수료를 중심으로 교섭을 진행하겠습니다.

B 更新のことは含まれないんでしょうか。 갱신에 관한 것은 포함되지 않나요?

같은 조건으로 계약을 갱신해 주셨으면 해요.

同じ条件で契約を更新していただきたいんです。

일단 서류를 훑어보았는데요, 문제점을 명확히 할 필요가 있을 것 같아요.

一応書類に目を通しましたが、問題点を明確にする必要があり
そうです。

Biz tip 본격적인 협상에 들어가기 전에 협상에 부정적 영향을 줄 수 있는 문제점을 짚고 넘어가는 것이 좋겠죠?

직면한 문제를 먼저 생각합시다.

直面した問題を先に考えましょう。

저희 회사에 국내 판매권을 양도해 주셨으면 해요.

わが社に国内の販売権を譲っていただきたいです。　＊譲る 양도하다

귀사에 웹 사이트 디자인을 부탁드릴 수 없을까 해서요.

御社にウェブサイトのデザインをお願いできないかと思いまして。

이 디자인의 물건을 주문하고 싶어요.

このデザインのものを注文したいです。

A このデザインのものを注文したいです。 이 디자인의 물건을 주문하고 싶어요.
B その品目でしたら、もう生産が止まっています。
ほぼ同じ条件で新商品が出ておりますが、いかがでしょうか。
그 품목이라면 이미 생산이 중지된 상태입니다. 거의 같은 조건으로 신상품이 나와 있는데, 어때세요?

2월에 납품해 주신 맥주도 매진 직전이어서 추가하고 싶어요.

２月に納品していただいたビールも完売間近でして、追加した
いです。
*間近 바로 눈앞

저희는 대안도 몇 가지 준비했어요.

私どもは代案もいくつか用意しております。

저희가 요구하는 조건을 간단하게 말씀드리죠.

弊社が求める条件を簡単にお話しします。

저희 회사의 입장을 확실히 말씀드리죠.

弊社の立場をはっきり申し上げしょう。

Biz tip 申す는 단순히 言う라는 동작을 낮춰서 상대나 제삼자에게 말하는 일반적인 겸양 표현인데 반해서 申し上げる는 현재 대화하고 있는 상대에게 '말씀드린다'는 어감이 강해요.

계약이 성공하면 3년마다의 갱신이 됩니다.

契約が成功すれば、３年ごとの更新になります。

Biz tip 계약이 성공했을 경우 어떤 지점에 도달하는지를 밝히면서 협상을 시작하기도 합니다.

재고를 저희 회사 우선으로 돌려주실 수 없나요?

在庫を当社優先で回していただけないでしょうか。

작년에도 납기를 앞당겨 주신 적이 있어요.

去年も納期を前倒ししていただいたことがあります。

디자인 콘셉트를 바꾸는 것은 무리인가요?

デザインコンセプトを変えるのは無理でしょうか。

사양 변경이 많아지는 것은 곤란합니다.

仕様の変更が多くなるのは困ります。

Biz tip 시스템이 날로 복잡해지는 상황에서 사양 변경은 납기 지연과 경비 초과 등의 손실로 이어질 수 있기 때문에 본격 협상에 들어가기 전에 미리 언급할 수도 있어요.

저희의 기술력과 귀사의 생산성은 멋진 조합이에요.

弊社の技術力と御社の生産性はすばらしい組み合わせです。

A 弊社の技術力と御社の生産性はすばらしい組み合わせです。
저희의 기술력과 귀사의 생산성은 멋진 조합이에요.

B ですからこのように私たちが交渉のテーブルについたわけです。
그러니까 이렇게 우리가 협상 테이블에 앉은 거죠.

협상 절차 및 협상 자세

바로 본론으로 들어갑시다.

さっそく本題に入りましょう。

귀사의 제안서를 한 번 더 보는 것에서부터 시작할까요?

御社の提案書をもう一度見てみることから始めましょうか。

협상을 시작하기 전에 이야기할 항목을 확인해도 될까요?

交渉を始める前に話し合う項目を確認してもよろしいでしょうか。

오늘 논의해야 할 것을 다시 한 번 정리해 주실래요?

今日話し合うべきことをもう一度まとめていただけますか。

* べき ~해야 함

프로젝트를 시작하기 전에 세부 사항에 대해 이야기를 나눠야겠네요.

プロジェクトを始める前に細かいところについて話を交わさないといけませんね。

* ~ないといけない ~해야 한다

계약을 맺기 전에 확실히 계획을 짜는 것이 좋아요.

契約を結ぶ前にしっかりプランを練ったほうがいいですね。

* 練る 다듬다

계약까지의 절차 같은 것도 함께 체크합시다.

契約までの段取りなども併せてチェックしましょう。

* ~も併せて ~도 병행해서

협의할 안건을 한눈에 알 수 있네요.

協議する案件が一目で分かりますね。

A こちらが今回の段取りになります。 이것이 이번 (교섭의) 절차입니다.

B 協議する案件が一目で分かりますね。 협의할 안건을 한눈에 알 수 있네요.

첫 단계에 1개월 정도는 시간을 들여야 합니다.

最初の段階に一ヶ月ぐらいはかけないといけません。

두 번째 단계에서는 세 가지 작업을 합니다.
二つ目の段階では三つの作業を行います。

A 二つ目の段階では三つの作業を行います。 두 번째 단계에서는 세 가지 작업을 합니다.
B 資本の確保と敷地の購入、あとは何でしょうか。
자본의 확보와 부지 매입, 나머지는 뭐죠?

교섭에 들어가기 전에 프레젠테이션을 하겠습니다.
交渉に入る前にプレゼンをやらせていただきます。

Biz tip 간단한 프레젠테이션 후에 비즈니스 협상으로 넘어가는 경우도 많아요.

귀사의 제안서에 근거한 프레젠테이션부터 보는 건가요?
御社の提案書に基づいたプレゼンから見るわけですか。

* ～に基づく ～에 근거하다

프레젠테이션이 끝난 후에 저희들이 제안드리고 싶은데 괜찮으세요?
プレゼンの後、私どもからご提案させていただきたいですが、
よろしいでしょうか。

프레젠테이션은 협상 창구를 맡고 있는 박○○이 하겠습니다.
プレゼンは交渉窓口になっているパクがやります。

만일을 대비해서 대안도 대충 훑어봐 주세요.
もしものことを考えて、代案にも目を通してください。

* もしものこと 만일의 사태

수익을 낼 수 있는 것은 언제쯤일까요?
収益が得られるのはいつごろでしょうか。

우선은 신뢰 관계를 쌓는 일입니다.
まずは信頼関係を築くことです。

* 築く 쌓다

윈윈이 되는 합의를 이뤄 낼 수 있는가가 문제입니다.
WIN-WINになる合意を果たせるかが問題です。

계약에 이르기까지 쌍방이 얼마나 공감할 수 있느냐가 중요하죠.
契約に至るまで双方がどれほど共感できるかが大事です。

관심 끌기

올봄에 신상품을 막 팔기 시작했어요.
今春、新商品を売り出したばかりです。

전보다 품질을 향상시킨 것입니다.

前より品質を向上させたものです。

추천드릴 상품은 이쪽입니다.

おすすめの商品はこちらとなっております。

저쪽에 있는 것이 저희 회사에서 잘 팔리는 상품입니다.

あちらにあるのが当社の売れ筋商品でございます。

* 売れ筋 잘 팔리는 상품

이번 주라면 아주 싼 가격으로 제공해 드릴 수 있어요.

今週ですと、格安な値段でご提供できます。

기간 중에 계약하시면 실질적으로 5만 엔이 현금으로 돌아옵니다.

期間中にご契約いただくと実質5万円がキャッシュバックされます。

최신 버전의 앱을 발표했어요.

最新バージョンのアプリをリリースしました。

주력 상품을 소개하죠.

主力商品をご紹介します。

이것이 한국에서 대박이 난 그 스마트폰이에요.

これが韓国で大ヒットしたあのスマートフォンです。

* あの 그(유명한)

실전회화

A これが韓国で大ヒットしたあのスマートフォンです。
이것이 한국에서 대박이 난 그 스마트폰이에요

B 御社の製品を前向きに検討したいです。 귀사의 제품을 긍정적으로 검토하고 싶군요

라인업이 3기종으로 늘어났어요.

ラインアップが3機種に広がりました。

* 広がる 확장되다

최고 수준의 카메라입니다.

最高レベルのカメラです。

이것은 매우 재밌는 아이템입니다.

これは大変おもしろいアイテムです。

저희가 독자적으로 개발한 상품을 보여 드리죠.

私どもが独自で開発したグッズをご覧に入れましょう。

*ご覧に入れる＝見せる

한국 온라인 쇼핑 사이트에서 랭킹 1위를 한 상품이에요.

韓国のオンラインショッピングサイトでランキング一位になった商品です。

부가가치가 큰 신제품이 나왔어요.

付加価値の高い新製品が出ました。

저희 회사 상품은 사용법의 상식을 바꾼 것이 많아요.

当社の商品は使い方の常識を変えたものが多いです。

다양한 상품을 저렴한 가격으로 고르실 수 있어요.

さまざまな商品を手頃な値段でお選びいただけます。

*お＋ます形＋いただける ～하실 수 있다

한국에서의 대히트를 약속드려요.

韓国での大ヒットをお約束します。

업무 제휴가 실현되면 이점이 큽니다.

業務提携が実現すればメリットが大きいです。

지금 투자해 두면 3년 후에 5배의 이익은 틀림없어요.

今、投資しておけば3年後に5倍の利益は間違いないです。

제품 설명

이 제품은 내구성이 뛰어나요.

この製品は耐久性に優れています。

*～に優れている ～가 뛰어나다

이전 모델을 개량한 것이에요.

前のモデルに改良を加えたものです。

*加える 추가하다

이전보다 효율이 좋아졌어요.

以前より効率がよくなりました。

PC와의 데이터 통신도 가능해요.

パソコンとのデータ通信もできます。

크기는 반이 되었지만 용량은 2배예요.

大きさは半分になりましたが、容量は2倍です。

30분 정도면 다다미 6장을 덥힐 수 있어요.

30分ほどで６畳を暖めることができます。

악천후에서도 촬영이 가능한 비디오카메라예요.

悪天候でも撮影できるビデオカメラです。

소형이지만 5시간 연속해서 사용할 수 있어요.

小型なんですけれども、5時間連続で使えます。

시판되는 모바일 배터리를 사용해서 간단히 충전할 수 있어요.

市販のモバイルバッテリーを使って簡単に充電ができます。

건강 의식의 고조 덕분에 잘 팔리는 상품이죠.

健康志向の高まりを追い風に売れ行きがいい商品です。

＊〜を追い風に 〜라는 순풍을 타고

보통의 포스트잇이라면 한 장씩 뜯어내어 사용하지만, 중간에 있는 포스트잇을 사용해도 흐트러지지 않아요.

普通の付箋なら一つずつ剥して使うんですが、途中にある付箋を使ってもばらばらにならないんです。

＊剥す 벗기다 ばらばらになる 뿔뿔이 흩어지다

Biz tip 기존의 제품과 무엇이 다른지를 비교하면 강한 인상을 줄 수 있어요.

게임 감각을 높여 설레는 기분을 주고 있어요.

ゲーム感覚を高めてわくわく感を与えています。   ＊与える 부여하다

일본인 취향으로 준비했어요.

日本人好みにアレンジしました。

＊〜好み 〜취향으로

콤팩트해서 갖고 다니기에도 편리하죠.

コンパクトで持ち運びにも便利です。

온도로 색깔이 변해서 삶은 계란의 굳기를 조절할 수 있는 물건입니다.

温度で色が変わってゆで卵の固さが調節できるものです。

유사 상품이 900엔에 팔리고 있는데 저희는 1/9의 가격으로 낮췄어요.

類似商品が900円で売られていますが、当社は９分の１の値段に抑えました。

＊抑える 억제하다

Biz tip 품질이 동일하다면 가격 경쟁력으로 승부해야겠죠?

가격 협상

09-3.mp3

**가격 조건
제시**

가격은 이렇게 됩니다.
値段はこうなります。

가격을 제시해 주시죠.
価格をご提示ください。

이거면 단가는 어느 정도가 되나요?
これだと単価はどのぐらいになりますか。

취소 요금은 어느 정도인가요?
キャンセル料金はどれぐらいでしょうか。

유지 관리 비용도 드는 건가요?
メンテナンス費用もかかるんでしょうか。

이 옷걸이는 얼마에 팔리는 물건이죠?
このハンガーはいくらで売られているものなんですか。

실전회화
A このハンガーはいくらで売られているものなんですか。
이 옷걸이는 얼마에 팔리는 물건이죠?
B 小売価格のことでしょうか。 소매가격 말씀인가요?
A 小売価格と卸値、両方を教えてください。 소매가와 도매가, 둘 다 가르쳐 주세요.

보증기간 중이라면 수리는 무료입니다.
保証期間中でしたら、修理は無料です。

할인율은 5%면 어떨까요?
割引率は5％でいかがでしょうか。

실전회화
A 割引はどれぐらいありますか。 할인은 어느 정도 되나요?
B 割引率は5％でいかがでしょうか。 할인율은 5%면 어떨까요?

가격은 공장 측과 협상이 가능하니까요, 품질을 확인해 주세요.
価格は工場側と交渉ができますので、品質を確かめてください。
*確かめる＝確認する

배송 비용을 주신다면 가격을 내릴 수는 있어요.

配送料金をいただければ、価格を下げることはできます。

실전회화

A　予算オーバーですが、値段を少し下げていただけませんか。
　　예산 초과인데요, 가격을 좀 내려 주실 수 없나요?

B　配送料金をいただければ、価格を下げることはできます。
　　배송 비용을 주신다면 가격을 내릴 수는 있어요.

계약을 3년으로 해 주시면 이 가격을 받아들일 수도 있어요.

契約を3年にしていただければ、この値段に応じることもできます。

* ～に応じる ～에 응하다

설치 비용을 저희가 부담하면 10%의 가격 인하가 가능하다는 말인가요?

設置費用をこちらが負担すれば、10%の値引きができるということですか。

Biz tip '～ということですか(～라는 말인가요?)'는 상대의 말을 정리하여 확인할 때 많이 쓰는 패턴이에요.

저희가 5%의 가격 인하에 동의하면 발송에 드는 전액을 부담해 주시는 건가요?

私どもが５％の値引きに同意すれば、発送にかかる全額を負担していただけるんでしょうか。

10%까지는 무리지만 7% 정도라면 어떻게 해 보죠.

10%までは無理ですが、7％ぐらいなら何とか。

실전회화

A　10%までは無理ですが、7％ぐらいなら何とか。
　　10%까지는 무리지만 7% 정도라면 어떻게 해 보죠.

B　分かりました。でしたら、７％ということで。 알겠어요. 그럼 7%로 하죠.

2주일 이내의 납기라면 다소 비싸집니다.

2週間以内の納期ですと、少々高くなります。

지난번과 같은 조건으로 견적을 내 주실래요?

前回と同じ条件で見積りを出してもらえますか。

지금 특별 할인 캠페인을 하고 있어요.

今、特別割引キャンペーンを行っております。

옵션 A는 비싼 느낌이 있고, 옵션 B는 위험성이 커요.

オプションAは高い感がありますし、オプションBはリスクが大きいです。

계약 및 협상

▼ 3 가격 협상

가격 조정은 저희로서도 골치 아픈 부분이라서요.

価格の調整は私どもとしても頭の痛いところでして。

A 価格のことでお悩みでしょうか。 가격 문제로 고민이신가요?

B 価格の調整は私どもとしても頭の痛いところでして。
가격 조정은 저희로서도 골치 아픈 부분이라서요.

지난번과 같은 가격으로 거래해 주신다고만 생각했어요.

前回と同じ価格で取引していただけるとばかり思っていました。

Biz tip '~とばかり思っていた'는 '~라고만 생각했는데 실상은 그렇지 않았다'는 의미로 실망감을 드러내는 표현이에요.

5,000케이스 추가로 주문해 주시면 할인해 드리죠.

5,000ケース、追加で注文していただければ割引します。

옵션 A로 하고 가격을 조금 내려 줄 수 없나요?

オプションAにして、値段のほうを少し下げてもらえませんか。

현금으로 지불한다는 조건으로 가격을 내려 드리죠.

現金払いという条件で値引きしましょう。

직접 와 주셨으니 포인트를 10배로 해 드리죠.

直接来ていただいたわけですから、ポイントを10倍にしましょう。

가격 면에서 조건을 보다 좋게 해 주시면 지금 당장이라도 발주할게요.

価格の面で条件をよりよくしていただければ、今すぐにでも発注します。

일시불이라면 싸게 해 드릴 수 있어요.

一括払いならお安くできます。

Biz tip 일시불은 一括払い, 할부는 分割払い예요.

일괄 구매할 테니 단가를 내려 주세요.

一括購入しますので、単価を下げてください。

색이나 디자인을 샘플 그대로 해 주신다면 그 단가로 괜찮아요.

色やデザインをサンプルどおりにしていただけるんだったら、
その単価でOKです。

Biz tip 샘플과 주문품이 동일해야 한다는 점에 대해서 확답을 받는 문장이에요.

프레젠테이션에서 말씀하신 가격과 다른 것 같은데요.

プレゼンでおっしゃっていた価格と違うようですが。

실전회화

A　プレゼンでおっしゃっていた価格と違うようですが。
　　프레젠테이션에서 말씀하신 가격과 다른 것 같은데요.

B　プレゼンではオプションがついていない場合の値段でした。
　　프레젠테이션에서는 옵션이 붙지 않은 경우의 가격이었어요.

2년간 횟수에 상관없이 수리비는 무료입니다.

2年間回数に関係なく、修理代は無料になります。

* ～に関係なく ～에 상관없이

수리하는 동안 기계를 무료로 대여해 드리는 것이면 어떠세요?

修理の間、機械の貸出は無料ということでいかがでしょうか。

운송비는 저희가 낼게요.

運送料はこちらが持ちます。　　　　　　　　　　＊持つ 부담하다

발주량에 따라 선적 비용은 저희 쪽에서 부담할게요.

発注量によって船積み費用はこちらで持ちます。

몇 가지 조건을 받아들여 주시면 이 가격으로도 상관없어요.

いくつかの条件を飲んでいただければ、この値段でもかまいません。

대폭적인 가격 인하를 단행하고 있어요.

大幅な値下げを行っております。

정액제로 하시면 월 1,000엔의 할인이 있어요.

定額制になさいますと、月1,000円の割引があります。

트라이얼(시범) 기간을 1개월로 해 드리죠.

お試し期間を1ヶ月とさせていただきます。

5개월째부터 5%의 할인을 적용하는 것은 어떠신가요?

5ヶ月目から5％の割引を適用するのは、いかがでしょうか。

가격 제안

예산은 얼마 정도 생각하시나요?

ご予算はおいくらほどお考えでしょうか。

단가는 200엔이라는 말이군요.
単価は200円ということですね。

2,000개일 경우에 1개당 5달러입니다.
2,000個で一個あたり5ドルです。 *〜あたり 〜당

시세로 말하면 약 500달러입니다.
相場で言いますと、約500ドルです。

1개당 300엔을 추가해 주셨으면 합니다.
一個当たり300円を追加していただきたいです。

추가 요금으로 50만 엔을 받고 싶네요.
追加料金として50万円をいただきたいです。

Biz tip 계약 갱신 시 서비스의 랭크를 올리면서 추가 요금이 발생할 수 있어요.

이 서비스라면 10만 엔이 추가됩니다.
このサービスですと10万円が追加されます。

저희 회사로서는 70만 엔으로 해 주셨으면 해요.
当社としましては、70万円にしていただきたいですが。

좋은 물건이라면 가격은 별로 큰 문제가 되지 않아요.
いいものでしたら、価格は別にたいした問題になりません。
*たいした 대단한

이 제품은 다른 회사 제품 같으면 30만 엔 이상 갑니다.
この製品は他の会社のものですと、30万円以上します。
*する (가격이) 〜하다

이 가격에 이 품질은 좀처럼 없어요.
この値段でこの品質はなかなかありません。

A 御社の製品は少し高めですよね。 귀사 제품은 다소 가격이 높은 편이네요.
B 品質を見てください。この値段でこの品質はなかなかありません。
품질을 봐 주세요. 이 가격에 이런 품질은 좀처럼 없어요.

1시간당 50달러의 서비스 요금을 받고 있어요.
１時間当たり50ドルのサービス料金をいただいております。

Biz tip 기존의 가격대를 말할 때 쓰는 표현이 '〜をいただいております'예요.

508

월 5만 엔으로 서비스를 제공하고 있어요.

月5万円でサービスを提供しております。

커미션 3%는 싼 편이에요.

コミッション3％は安いほうです。

MOQ가 3,000개이고, 단가 500엔을 생각하고 있어요.

MOQが3,000個で、単価500円を考えております。

> **Biz tip** MOQ는 最少発注数量(최소 발주 수량)을 말합니다.

5% 할인하면 400만 엔 조금 넘네요.

5％割引しますと、400万円ちょっとになりますね。

이 견적 가격으로 부탁합니다.

この見積りの価格でお願いします。

이 견적은 기본 서비스를 이용하실 경우입니다.

この見積りは基本サービスの場合です。

청취 조사 비용도 넣으면 금액은 이 정도가 됩니다.

ヒアリング調査の費用も入れますと、金額はこれぐらいになります。

> **Biz tip** 직접 만나거나 전화, 메일 등으로 질문을 던져서 회답을 얻는 탐문식 조사 방법이 'ヒアリング調査(청취 조사)'인데요. 설문 조사가 갖는 한계를 보완하여 보다 탐색적으로 정보를 얻어가는 방법입니다.

가격 흥정

가격 교섭으로 들어가 볼까요?

価格交渉に入りましょうか。

이미 견적서를 보셨을 거라 생각해요.

すでに見積書をご覧になったかと思います。

> **Biz tip** 단정적 내용일 때는 '~と思う', 자신의 추측이나 추량일 경우에는 '~かと思う'를 쓰는 것이 일반적이지만, 대개는 100% 가까이 확신을 하더라도 '~かと思う'를 써서 단정적 어감을 피하는 경향이 있어요.

견적서 내용에서 마음에 걸리는 것이 있어요.

見積書の内容で気になることがあります。　　　＊気になる 마음에 걸리다

이 가격을 받아들이게 되면 그 다음은 지불 방법이 문제네요.

この値段を受け入れるとなると、次は支払い方法が問題ですね。

> **Biz tip** '~となると'는 여기서 '어떤 상황이 되면'이라는 의미입니다.

조금 더 싸게 안 될까요?

もう少し安くできませんか。

A もう少し安くできませんか。 조금 더 싸게 안 될까요?
B これ以上は無理があります。どうか勘弁してください。
　이 이상은 무리예요. 제발 좀 봐 주세요.　　　　　　　　　　　　*勘弁 용서함

어떻게 좀 안 될까요?

何とかなりませんか。

Biz tip 물고 늘어지는 표현인데요. 다양한 상황에서 부탁할 때 많이 쓰이죠.

10%는 너무 장벽이 높아요.

10%はハードルが高いです。

이것보다 약간 가격을 깎아 드리는 것도 불가능한 건 아니니까요.

これより若干値引きすることもできないわけじゃありませんので。

Biz tip '～できないわけじゃない'라는 표현은 꼬고 또 꼰 표현인데요. 한마디로 '할 수 있다'는 의미예요. 협상의 여지를 슬며시 드러내는 표현입니다.

시장에서의 반응을 생각하면 가격이 높은 편인 것 같은데요.

マーケットでの反応を考えると、値段が高めのようですが。

잘만 되면 5,000달러까지 주문을 늘릴 생각으로 있어요.

うまくいけば5,000ドルまで注文を増やすつもりでおります。

Biz tip 앞으로의 계획을 넌지시 제시함으로써 가격 흥정을 유리한 방향으로 유도할 수 있어요.

6,000개 이상이면 협상의 여지는 있어요.

6,000個以上だと交渉の余地はあると思います。

저희에게는 넘보기 힘든 가격이에요.

私どもには手の届かない価格です。　　　　　　　　　*手が届く 손이 미치다

다른 업체라면 좀 더 싸게 해 줄 것 같은데요.

他の業者さんだともう少し負けてもらえると思いますが。

*負ける (값을) 깎다

A 他の業者さんだともう少し負けてもらえると思いますが。
　다른 업체라면 좀 더 싸게 해 줄 것 같은데요.
B そうおっしゃらず、他の条件も見てくださらないと。
　그렇게 말씀하시지 말고, 다른 조건도 봐 주셔야지요.

작년보다 가격에서 조건이 까다로워진 것 같아요.

去年より価格において条件がきびしくなったような気がします。

*〜において=〜で

엔고 현상이 계속되어서 더 이상은 낮출 수 없어요.

円高が続いているので、これ以上は下げられません。

2년에 한 번의 갱신으로는 다소 불안하네요.

2年に一度の更新では多少不安がありますね。

제조사 측과의 교섭에 달려 있어요.

メーカー側との交渉次第です。

*〜次第 〜에 달려 있음

두 상품에 가격 차이가 있는 것은 왜죠?

両商品に値段の開きがあるのはなぜですか。

*開き 격차

품질은 같은데 가격만 올랐군요.

品質は同じなのに、値段だけ上がりましたね。

저희도 시장조사를 마쳤는데 이건 좀 비싸요.

私たちも市場調査を済ませましたが、これはちょっと高いです。

*済ませる 끝내다

가격에 대해서 좀 더 융통성을 발휘해 주셨으면 해요.

価格について、もう少し融通を利かせていただきたいです。

*融通を利かせる 융통성을 발휘하다

트라이얼 기간을 늘려 주신다면 생각해 보죠.

トライアル期間を延ばしていただけたら、考えてみます。

이 조건이라면 계약 기간은 어떻게 되죠?

この条件だと契約期間はどうなりますか。

캠페인 기간에 계약하면 뭔가 혜택은 있나요?

キャンペーン期間に契約すると、何か特典はありますか。

이 서비스는 고정 보수인가요, 아니면 성공 보수인가요?

このサービスは固定報酬ですか、それとも成功報酬ですか。

Biz tip 'A か、それとも B か'는 A나 B 중에 하나를 선택하라는 선택의문문입니다.

다른 제품도 구입해 주신다면 좀 더 싸게 드리죠.

他の製品もお求めいただけるのでしたら、もう少し安くしましょう。

여기에는 관세가 포함되어 있나요?

ここには関税が含まれているんでしょうか。

옵션 B 쪽이 저희 회사에는 맞는 것 같아서 고민되네요.

オプションBのほうが当社には合うようですし、悩むところです。

실전회화

A　オプションAですと、月40万円ですべてのサービスをご利用になれます。
옵션 A면, 월 40만 엔으로 모든 서비스를 이용하실 수 있어요.

B　オプションBのほうが当社には合うようですし、悩むところです。
옵션 B 쪽이 저희 회사에는 맞는 것 같아서 고민되네요.

A　長期プロジェクトが多いんでしたら、オプションAも悪くないと思いますよ。장기 프로젝트가 많다면 옵션 A도 나쁘지 않아요.

잠시 생각하게 해 주세요.

しばらく考えさせてください。

Biz tip　잠시 템포를 늦추면서 협상의 흐름을 바꾸고 싶을 때 사용하면 좋은 표현이에요.

이 이상의 가격 인하라면 상사와 상의해야 해요.

これ以上の値引きですと、上の者と相談しなければなりません。

서비스의 질을 보더라도 이 가격은 합리적이에요.

サービスのクオリティーから見てもこの値段はリーズナブルです。

가격보다는 보증기간을 봐 주세요.

価格よりは保証期間を見てください。

저희 예산과 프로젝트 규모로 볼 때 여전히 비싼 것 같아요.

私どもの予算とプロジェクト規模からして依然として高いような気がします。

Biz tip　'～からして(～로 보아, ～로 판단컨대)'를 써서 비싸다고 판단되는 이유를 나타낼 수 있어요. 무조건 비싸다고 감정적으로 우길 것이 아니라 예산을 초과한다는 이유를 내세우는 것이 협상에 유리할 수 있습니다.

소비자에게 충분히 환영받는 가격입니다.

消費者に十分喜ばれる価格になっています。　　　＊喜ぶ 기뻐하다

가격 합의

이 가격에 동의해 주실래요?

この価格に同意していただけますか。

그렇게까지 말씀하신다면 그 가격으로 합시다.

そこまでおっしゃるんでしたら、その値段にしましょう。

거의 원가로 파는 거나 마찬가지예요.

ほとんど原価同然です。

ほとんど原価で売ったも同然です。

ほとんど原価で売るようなものです。　　　　　　　* ～ようなもの ～와 같은 것

> **Biz tip** '명사+同然'이나 '과거형+も同然'의 꼴로 '～(이)나 마찬가지'란 의미가 됩니다.

불경기라는 것도 있으니까 여기는 한 발 양보하죠.

不景気というのもありますから、ここは一歩引きましょう。

　　　　　　　　　　　　　　　　　　　　　　* 引く 물러나다

품질을 생각하면 받아들일 수밖에 없네요.

品質を考えると、受け入れるしかないですね。

여태까지의 친분도 있으니, 5% 할인하는 것으로 합시다.

今までの付き合いもありますから、５％割引ということで。

> **Biz tip** '～ということで'는 여러 가지 이야기가 오간 후에 합의된 사항을 정리, 요약하면서 확인하는 뉘앙스가 강해요.

귀사의 상품은 시장 반응이 좋으니 이 선에서 가격을 정합시다.

御社の商品はマーケットでの受けがいいので、この線で価格を決めましょう。

　　　　　　　　　　　　　　　　　　　　　　* 受けがいい 호감을 주다

만 개 이상의 주문, 가격은 5% 할인, 이것으로 된 거죠?

1万個以上の注文で、価格は５％の割引、これでよろしいんですね？

> **Biz tip** 주문량, 가격 할인율을 정리하고 이를 한 번에 상대에게 확인하는 문장이에요.

매달 3,000세트의 발주, 10% 할인하는 것으로 계약합시다.

毎月3,000セットの発注で、10％の割引ということで契約しましょう。

원래는 3% 이상은 안 된다고 정했는데, 다나카 씨에게는 졌네요.

もともとは３％以上は無理と決めていましたが、田中さんには負けました。

계약 및 협상　▼ 3 가격 협상

고성능 제품을 싼 가격에 살 수 있어서 기쁘네요.

ハイスペックの製品を安い値段で買えてよかったです。

예산은 초과했지만 괜찮은 거래였다고 생각해요.

予算はオーバーしましたが、いい取引だったと思います。

기술 컨설팅을 받는 것은 저희뿐이라는 조건이라면 한 달에 30만 엔도 납득할 수 있어요.

技術コンサルティングを受けるのは当社だけという条件でしたら、1ヶ月30万円も納得できます。

독자적인 기술로 만들어진 물건이라 이 단가라도 싸다 싶을 정도예요.

独自の技術で作られたものなので、この単価でも安いぐらいです。

이것이 최종적인 금액이라고 생각해도 될까요?

これが最終的な金額だと思っていいでしょうか。

제동 걸기

Biz tip 물건이나 서비스를 파는 쪽과 사는 쪽에서는 마지막 합의를 이룰 때까지 협상에 제동을 걸어 좀 더 유리한 입장에 서려고 하는데요. 그럴 때 쓰는 표현들을 알아봅시다. 다소 감정적인 표현도 섞여 있으니 상황 판단에 유의하세요.

첫 거래인데 조건이 너무 까다로워요.

はじめての取引なのに、条件がきびしすぎます。

작년에 비하면 주문을 늘렸잖아요.

去年に比べたら、注文を増やしたじゃありませんか。

이렇게나 대량으로 주문하는 거니까 싸게 해 줘도 되잖아요.

これだけ大量に注文しているわけだから、負けてくれたっていいじゃありませんか。

성공 보수를 주신다는 곳도 있거든요.

成功報酬をくださるというところもあるんです。

좀 얘기가 안 통하네요.

ちょっと話になりませんね。　　　　　　　　＊話にならない 대화가 안 된다

왜 대량 주문 할인이 없는 거죠?

どうして大量注文の割引がないんでしょうか。

아무리 생각해도 비싼 것 같아요.

どう考えても高い気がします。

분명히 말하겠는데 귀사의 컨설팅 요금은 비싸다니까요.

はっきり言って、御社のコンサルティング料金は高いんです。

창고가 가득 차서 단가가 싸도 살 수 없어요.

倉庫がいっぱいで、単価が安くても買えないんです。

가격표에서 2% 깎아 주시지 않으면 거래는 못해요.

価格表から2%値下げしていただかないと、取引はできません。

다른 거래처와의 관계도 있으니 이 이상의 할인은 무리예요.

他の取引先との関係もありますので、これ以上の割引は無理です。

Biz tip 다른 거래처와의 형평성을 이유로 협상 조건을 거절하는 표현이에요.

주문이 쇄도하고 있어서 그 가격에 응할 수 없어요.

注文が殺到しているので、その価格には応じかねます。

이래서는 원가 이하거든요.

これじゃ原価割れなんです。　　　　　　　　＊〜割れ 〜이하로 떨어짐

거듭 검토했지만 그 금액으로는 어려워요.

検討を重ねましたが、その金額では難しいです。

원재료 가격 인상으로 그 가격으로는 도저히 무리예요.

原材料の値上げでその値段では到底無理です。

충분히 유리한 조건으로 가격 협상을 진행하고 있다고 생각하는데요.

十分有利な条件で価格交渉を進めているつもりです。 ＊つもり 생각

이 가격으로는 윗사람에게 얼굴을 들 수 없어요.

この値段では上の者に顔向けできません。

＊顔向けができない 대할 낯이 없다

Biz tip 바이어들과 자신을 같은 입장에 둠으로써 공감을 얻고 동정표를 얻어 협상 분위기를 바꾸게 하려는 의도가 있어요.

이 단가로는 채산이 안 맞아요.

この単価では採算がとれません。 ＊採算がとれない 채산이 안 맞다

그래서는 이익이 안 나요. 조금만 더 주실 수 없으세요?

それでは利益が出ません。もう少しいただけませんか。

이 이상 내리라고 하시는 것은 개발자에 대해 실례예요.

これ以上下げろとおっしゃるのは開発者に対して失礼です。

인건비 급등으로 저희 같은 중소기업은 힘들거든요.

人件費の高騰でうちのような中小企業は大変なんです。

지난번 지불도 밀려 있는 상황에서 가격 인하는 힘들어요.

前のお支払いも滞っている状態で、値下げはできかねます。

* 滞る 정체하다

이 가격은 업계에서 제일 싼 수준이에요.

この価格は業界最安のレベルです。

**가격 협상
마무리**

긴 협상이었네요.

長い交渉でした。

가격 교섭은 진이 빠지는 법이네요.

価格交渉は疲れるものですね。

간신히 협상에 성공했네요.

やっと交渉に成功しました。

독점 계약이라는 점을 잊지 마세요.

独占契約というのを忘れないでください。

이 가격은 배타적 계약의 경우에만 해당하는 거 맞죠?

この値段は排他的契約の場合のみでいいですよね。   * のみ ～만

계약서 만들기 전에 한 번 더 금액을 확인해 볼까요?

契約書を作る前にもう一度金額のほうを確認しましょうか。

계약을 맺고 있는 동안에 가격 인상은 없는 거죠?

契約を交している間、値上げはありませんよね。   * 交す 주고받다

가격에 합의한 셈이니까 조건 변경은 안 됩니다.

価格に合意したわけですから、条件の変更はできません。

Biz tip   わけ는 용법이 상당히 많은데요. 여기서는 단정을 어느 정도 부드럽게 해 주는 기능을 해요. 과거형
이 앞에 왔기 때문에 '~한 셈' 정도로 번역하면 좋겠네요.

계약서에 서명하면 가격 협상은 할 수 없어요.

契約書に署名すると、価格の交渉はできません。

계약서에는 마지막에 조정한 가격이 적히는 거죠?

契約書には、最後に調整した価格が書かれるわけですよね。

A 契約書には、最後に調整した価格が書かれるわけですよね。
계약서에는 마지막에 조정한 가격이 적히는 거죠?

B もちろんです。心配ありません。 물론이에요. 걱정 없어요.

견적서에 적힌 금액을 바꿔야겠네요.

見積書に書かれた金額を変えないといけませんね。

A 見積書に書かれた金額を変えないといけませんね。
견적서에 적힌 금액을 바꿔야겠네요.

B そうですね。合意した金額に直しておきます。 맞네요. 합의한 금액으로 고쳐 둘게요.

합리적인 가격으로 계약에 성공한 것 같아요.

リーズナブルな値段で契約に結びついたと思います。

＊結びつく 이어지다

마지막으로, 요청할 사항이 있으시면 여기서 말씀하세요.

最後になりますが、ご要望がありましたら、ここでおっしゃってください。

＊要望 요망

제안 및 요구

의견 제안

귀사가 추진해 주셨으면 하는 일이 있어요.
御社に進めてもらいたいことがあります。

공유하고 싶은 정보가 있어요.
共有したい情報があります。

고객 리스트를 공유하면 비즈니스 기회로 이어질 겁니다.
顧客のリストを共有すれば、ビジネスチャンスにつながると思います。　　　　　　　　　　　　　　　　　*〜につながる 〜로 이어지다

성공이 틀림없는 비즈니스 모델이 있어요.
成功間違いなしのビジネスモデルがあります。

기업 가치를 최대화할 수 있는 방법이 있어요.
企業価値を最大化できる方法があります。

귀사도 이제 위기 관리를 생각할 시기에 와 있다고 생각해요.
御社もそろそろリスク・マネジメントを考える時期に来ていると思います。

유연한 체제가 시급해요.
柔軟な体制が急がれます。

Biz tip '〜が急がれる'는 뉴스에서도 자주 들을 수 있는 표현이에요. 긴박감을 조성하면서 상대로 하여금 위기의식을 느끼게 하는 패턴으로 기억해 주세요.

대안은 지금 논의하지 않으면 나중에 힘들어요.
代案は今議論しないと、後になって大変です。

그 제안을 받아들이면 저희 추가 조건도 재고해 주실래요?
その提案を受け入れたら、こちらの追加条件も見直してもらえるんでしょうか。

A　その提案を受け入れたら、こちらの追加条件も見直してもらえるんでしょうか。그 제안을 받아들이면 저희 추가 조건도 재고해 주실래요?

B　どのような条件でしょうか。어떤 조건이죠?

518

동업자들의 네트워크를 활용하는 것을 생각해 보는 것도 좋을 듯싶네요.

同業者たちのネットワークを活用することを考えてみるのもよさそうです。

Biz tip '~のもよさそうです'는 단정을 피하면서 부드럽게 제안할 때 자주 써요.

작년에 귀사의 서비스를 이용하고 매우 만족했어요. 그래서 함께 일할 수 있으면 좋겠다고 생각한 겁니다.

去年、御社のサービスを利用して大変満足しました。そこで、ごいっしょに仕事ができたらと思った次第です。

Biz tip 문장 뒤에 붙인 次第는 일이 그렇게 된 경위를 설명할 때 씁니다. '~次第だ'의 해석은 '~하게 된 것이다' 정도가 되겠네요.

A 去年、御社のサービスを利用して大変満足しました。そこで、ごいっしょに仕事ができたらと思った次第です。
작년에 귀사의 서비스를 이용하고 매우 만족했어요. 그래서 함께 일할 수 있으면 좋겠다고 생각한 겁니다.

B こちらとしては願ってもないことです。ごいっしょさせてください。
저희로서는 바랄 나위 없는 일이죠. 함께 일하게 해 주세요.　＊願ってもない 바라마지 않다

재계약은 끝나셨나요?

再契約はお済みでしょうか。

Biz tip '~はお済みでしょうか(~는 끝났나요?)'라는 표현을 이용해서도 제안할 수 있어요. 적극적인 권유도 필요하지만 상대방으로 하여금 무엇이 필요한지 스스로 깨닫게 하는 방법도 유용하죠.

지난달 거래도 성공시켰으니 더욱 긴밀한 관계로 발전하기 위해서는 공식적인 합의를 맺는 편이 좋지 않을까요?

先月の取引も成功させたわけですし、もっと緊密な関係に発展するには公式的な合意を結んだほうがいいんじゃないでしょうか。
　　　　　　　　　　　　　　　　　　　＊～には ~하려면

A 先月の取引も成功させたわけですし、もっと緊密な関係に発展するには公式的な合意を結んだほうがいいんじゃないでしょうか。 지난달 거래도 성공시켰으니 더욱 긴밀한 관계로 발전하기 위해서는 공식적인 합의를 맺는 편이 좋지 않을까요?

B おっしゃる意味は分かりました。価値のある提案だと思います。
말씀하신 의미는 알겠습니다. 가치 있는 제안인 것 같군요.

제가 생각하기에는 심플한 디자인이 좋을 듯해요.

私が思うには、シンプルなデザインのほうがよろしいかと。

Biz tip 자신의 개인적인 생각이나 견해를 나타내는 표현으로는 私が思うには, 私の考えでは, 個人的な見解では 등이 있어요.

개인적인 견해로는 내수에 관심을 돌리는 일입니다.

個人的な見解では、内需に目を向けることです。

* 目を向ける 눈을 돌리다

시장 가능성으로 판단컨대 투자가 필요해요.

マーケットの可能性からすると、投資が必要です。

Biz tip 제안, 판단의 근거를 제시하는 표현이 '〜からすると(〜에서 보면)'예요.

요즘 트렌드를 생각하면 핑크가 잘 팔릴 거예요.

最近のトレンドを考えますと、ピンクのほうが売れると思います。

문제점 지적

여기서의 문제는 한두 가지가 아니에요.

ここでの問題は一つや二つじゃありません。

커뮤니케이션 문제가 큰 것 같아요.

コミュニケーションの問題が大きいようです。

실패할 가능성은 없는 건가요?

失敗する可能性はないんでしょうか。

Biz tip '〜ですか'보다 '〜でしょうか'가 훨씬 정중하게 들려요.

어디를 지향하는지 비전이 안 보여요.

どこを目指していくのかビジョンが見えません。

인지도가 낮은 상품이 과연 잘 팔릴까 불안해요.

なじみの薄い商品が果たして売れるか不安です。

* なじみが薄い 낯설다

A　なじみの薄い商品が果たして売れるか不安です。
　　인지도가 낮은 상품이 과연 잘 팔릴까 불안해요.

B　おっしゃるとおりリスクがないわけではありませんが、きっと日本市場
　　でも受けると思います。
　　말씀하신대로 리스크가 없는 건 아니지만 분명 일본 시장에서도 반응이 좋으리라 생각해요.

남아 있는 문제는 투자가들을 어떻게 설득하느냐입니다.

残っている問題は投資家たちをどう説得するかです。

그것은 계절에 안 맞는 게 아닐까요?

それは季節はずれじゃないでしょうか。

* 〜はずれ 〜에 맞지 않음

여기서의 근본적 문제점은 무엇일까요?

ここでの根本的(こんぽんてき)な問題点は何でしょうか。

문제의 핵심은 거기가 아니라고 생각하는데요.

問題の核心(かくしん)はそこじゃないと思いますが。

핵심 부분에서 구체적인 설명이 부족한 것 같은 인상이었어요.

核心の部分(ぶぶん)で具体的(ぐたいてき)な説明(せつめい)が足りないような印象(いんしょう)でした。

구체적인 예시가 제시되지 않았어요.

具体的(ぐたいてき)な例(れい)が示(しめ)されていません。

Biz tip '~ていない'의 형태지만 해석은 과거형으로 해요. '~ていない'는 현시점까지는 안 했지만 앞으로는 상황이 바뀔 수 있다는 뉘앙스를 갖고 있어요.

분명히 작년에도 이 문제로 옥신각신했던 것 같아요.

確(たし)か、去年(きょねん)もこの問題でもめたような気がします。

* もめる 분쟁이 일다

불량 재고를 떠안고 있다는 소문을 들었는데요.

不良在庫(ふりょうざいこ)を抱(かか)えているといううわさを聞きましたが。

Biz tip 협상 상대에 대한 안 좋은 소문을 들었다면 기회를 봐서 당사자의 입을 통해 확인해 두는 것이 좋아요.

불량품이 발견되었을 경우에는 어떻게 되나요?

不良品(ふりょうひん)が見つかった場合(ばあい)はどうなりますか。

납기가 다소 빠듯해요.

納期(のうき)が少しきびしいです。

오추겐 시즌에 맞추지 못하면 의미가 없어요.

お中元(ちゅうげん)のシーズンに間に合わなければ意味がありません。

* お中元 음력 7월 15일 전후하여 보내는 선물

다른 곳에서 먼저 개발해 버리면 아무 소용이 없죠.

他のところで先に開発してしまったら、元(もと)も子(こ)もないです。

* 元も子もない 본전도 못 찾다

신상품 발매에 맞추지 않으면 노력도 헛수고가 됩니다.

新商品(しんしょうひん)の発売(はつばい)に間に合わなければ努力(どりょく)も水(みず)の泡(あわ)です。

* 水の泡 물거품

저희 회사 이미지와는 약간 안 맞는 것 같아요.

当社のイメージとは少し合わないような気がします。

도중에 사양이 바뀔 수도 있다는 말이군요.

途中でスペックが変わることもあるということですね。

'동사 원형+こともある'는 '~하는 경우도 있다, ~할 수도 있다'이고, '동사 과거형+こともある'는 '~했던 적도 있다'예요.

안타깝지만 제안서 제출 기간이 지났어요.

残念ですが、提案書の提出期間が過ぎました。

제안의 취지는 알겠지만, 실현 가능할지가 문제네요.

ご提案の趣旨は分かりますが、実現できるかが問題です。

저희 회사의 방침을 오해하신 것 같군요.

弊社の方針を誤解なさったようですね。　　　　　　　　　* なさる 하시다

**신빙성
높이기**

잘 팔리는 상품으로는 업계에서 넘버원입니다.

売れ筋では業界ナンバーワンです。

가장 자신 있다고 생각하는 것, 상대에게 확신을 줄 수 있는 내용을 적극적으로 어필합니다.

이것에는 '고장 보증 서비스'가 붙어 있어요.

これには「故障保証サービス」がついています。

언제라도 발송 준비가 되어 있으니 안심하세요.

いつでも発送の準備ができているので、ご心配なく。

지금까지 그런 일은 한 번도 없었어요.

これまでそのようなことは一度もありませんでした。

> **실전회화**
> A この前中国でも期限切れの鶏肉を使ったことでさわぎになりましたね。
> 　요전에 중국에서도 유효기간이 지난 닭고기를 사용했던 일로 한바탕 소동이 났었죠
> B 弊社の工場ではこれまでそのようなことは一度もありませんでした。
> 　저희 회사 공장에서는 지금까지 그런 일은 한 번도 없었어요.

불안할 수도 있겠지만 납기는 걱정할 필요 없습니다.

不安もあるでしょうが、納期は心配要りません。

不安もあるでしょうが、納期は心配ご無用です。

不安もあるでしょうが、納期を心配することはありません。

不安もあるでしょうが、納期の心配には及びません。

* ~には及ばない ~할 필요는 없다

바이어들로부터의 문의가 쇄도하고 있어요.

バイヤーからの問い合わせが殺到^{さっとう}しています。

天然고무를 사용하고 있어서 안전해요.

天然^{てんねん}ゴムを使っているので、安全^{あんぜん}です。

언어는 극히 중요해서 전 사원이 일본어를 배우고 있어요.

言葉^{ことば}は極^{きわ}めて重要なので、全社員が日本語を習^{なら}っています。

> **Biz tip** 일본 무역에 대한 강한 의지와 일회성 사업이 아니라는 믿음을 줄 수 있는 표현이에요.

중국에도 수출하고 있는데 인기가 아주 좋아요.

中国にも輸出^{ゆしゅつ}していますが、とても人気があります。

> **Biz tip** 구매 의지를 굳히게 하는 것은 역시 실적이죠. 이미 거래를 하고 있는 내용을 알림으로써 신빙성을 높일 수 있어요.

지금은 궤도에 올랐어요.

今は軌道^{きどう}に乗りました。

만족했다는 고객으로부터의 의견이 많이 접수되고 있어요.

満足^{まんぞく}したというお客様からのご意見がたくさん寄^よせられています。

                                                    * 寄せる 보내다

혁신적인 기술이므로 요즘 미디어 등에서 주목받고 있어요.

革新的^{かくしんてき}な技術^{ぎじゅつ}なので、最近メディアなどで注目されています。

경쟁력 있는 기술을 보유하고 있어서 불경기에도 강해요.

競争力^{きょうそうりょく}のある技術を持っているので、不景気^{ふけいき}にも強いです。

2년 후 눈부신 성장 모습에 놀라실 거예요.

２年後めざましい成長^{せいちょう}ぶりに驚^{おどろ}くでしょう。   * ～ぶり 모양

> **Biz tip** 성장 가능성에 대해 언급하고 그 근거를 제시하면 믿음을 줄 수 있어요.

추가 제안 및 요구	한 가지 더 제안드리죠. もう一つ、ご提案^{ていあん}しましょう。 하나의 선택지로서 생각해 주셨으면 하는 것이 있어요. 一つの選択肢^{せんたくし}として考えてもらいたいことがあります。

만약에 저희가 납기를 2개월 앞당긴다면 어떻게 하시겠어요?

もし私どもが納期を2ヶ月早めるとしたらどうなさいますか。

Biz tip 早める 대신에 繰り上げる를 쓸 수 있어요.

다음의 대체안에 대해서 검토해 주시지 않겠어요?

次の代替案について検討していただけませんか。

시간을 주시면 이 문제를 차분히 검토해 보고 싶네요.

お時間をいただければ、この問題をじっくり検討したいと思います。

저희 제품의 훌륭함을 실감하셨다면 계약 갱신도 염두에 두어 주세요.

うちの製品のよさを実感できましたら、契約更新も念頭に入れてください。

*念頭に入れる 염두에 두다

무료로 설치해 드리죠.

無料で設置させていただきます。

그 대신에 나무 상자로 포장해 드리죠.

その代わり、木箱で梱包いたしましょう。

*梱包 짐을 꾸림

덧붙여서 계약 기간을 연장해 주실 수는 없나요?

加えて、契約期間を延長していただけないでしょうか。

Biz tip '～ていただけますか'보다는 '～ていただけませんか'가 정중하고, '～ていただけませんか'보다는 '～ていただけないでしょうか'가 더 정중해요.

앞으로는 틀림없이 동영상 승부가 될 테니 그에 대응해 주실 수 있나요?

これからは間違いなく動画勝負になりますので、それに対応していただけますか。

A これからは間違いなく動画勝負になりますので、それに対応していただけますか。 앞으로는 틀림없이 동영상 승부가 될 테니 그에 대응해 주실 수 있나요?

B なまはんかな口約束はできませんが、全力を尽しましょう。
어설픈 구두 약속은 할 수 없지만 최선을 다하죠.　　*なまはんか 어중간함

관리 및 유지에 드는 비용은 1년간 저희가 부담하죠.

メンテナンスにかかる費用は1年間こちらが持ちましょう。

거기에다 계약 기간을 1년에서 6개월로 해 줄 수 없나요?

その上に、契約期間を一年から半年にしてもらえませんか。

2%의 기본급 인상과 유급 휴가를 검토해 볼게요.

2%のベースアップと有給休暇を検討してみます。

Biz tip ベースアップは縮めてベアと言うんですが、連봉 협상에서 자주 나오는 표현이에요.

11월 말까지 선적을 마쳐 주실래요?

11月末までに船積みを終えていただけますか。

Biz tip 정해진 기한까지 일을 완료시키는 경우에는 まで가 아니라 までに를 써요.

사소한 일이라도 저희 회사와 미리 연락을 취해 주세요.

些細なことでも弊社とあらかじめ連絡をとってください。

Biz tip 원만한 관계 유지와 지속적인 관계 발전을 위해서는 정보 공개와 정보 공유가 가장 중요해요.

손실을 최소한으로 막기 위한 노력을 아끼지 말아 주셨으면 해요.

リスクを最小限に留めるための努力を惜しまないでいただきたいです。

Biz tip '~해 줬으면 좋겠다'고 할 때는 '~ていただきたい'를, '~하지 말았으면 좋겠다'고 할 때는 '~ないでいただきたい'를 써요.

저희 회사가 현재 어려운 입장에 처해 있음을 이해해 주세요.

当社が今苦しい立場にあることをご理解ください。

서류는 전부 스캔해서 보내 주세요.

書類は全部スキャンして送ってください。

VIP 고객을 위한 특별할인은 없나요?

VIP顧客のための特別割引はありませんか。

저희 회사가 요청하는 정보를 모두 공개해 주셨으면 해요.

当社が要請する情報をすべて公開していただきたいです。

임원의 몇 퍼센트 정도가 이 거래에 긍정적이었는지 알려 주세요.

役員の何%ぐらいがこの取引に前向きだったのか教えてください。

그 밖에 수수료를 절약할 수 있는 방법이 있으면 알려 주세요.

その他に手数料をセーブできる方法がありましたら、教えてください。

외환 리스크를 관리하기 위한 대책을 세워 주세요.

為替リスクをコントロールするための対策を立ててください。

＊対策を立てる 대책을 세우다

계좌 자동이체 날짜를 25일로 변경해 주실 수 없나요?

口座からの引落日を25日に変更していただけますか。

대금 상환으로 결제할 수 있게 해 주세요.

代金引換で決済できるようにしてください。

Biz tip '~できるようにしてください(~할 수 있도록 해 주세요)'는 요구할 때 많이 쓰는 패턴이에요.

제반 조건 확인

그것은 확실한가요?

それは確かですか。

Biz tip 중요한 사항을 다시 한 번 확인하며 물을 때 자주 쓰는 표현이에요.

예정대로 납품해 줄 수 있는 거죠?

予定どおり納品してもらえるんでしょうか。

세일 전 납품이 대전제일 텐데요.

セール前の納品が大前提のはずです。　　　　*はず (당연히) ~할 터

덧붙여 말씀드리면 MOQ는 몇 개부터였죠?

ちなみに、MOQは何個からでしたか。

죄송해요. 말씀하신 의미를 잘 모르겠어요.

ごめんなさい。おっしゃった意味がよく分かりません。

Biz tip 손익이 걸려 있는 만큼 이해가 되지 않은 부분은 정확하게 그 의미를 물어보세요.

한 가지 확인해도 될까요?

一つ確認させていただいてもいいですか。

거래 조건에 대해서는 부서 내에서 다시 한 번 검토해도 될까요?

取引条件については部内でもう一度検討してもいいでしょうか。

제가 이해한 내용을 확인해도 될까요?

私の理解を確認してもいいですか。

자세한 것은 담당에게 확인하게 해 주세요.

詳細は担当に確認させてください。

익일 배송도 가능한 건가요?

翌日配送もできるんですか。

프리미엄 서비스는 어떤 조건에서 받을 수 있는 거죠?

プレミアムサービスはどういった条件で受けられるものですか。

선택의 폭이 넓어지도록 숨김없이 가르쳐 주시는 거죠?

選択の幅が広がるように包み隠さず教えてもらえますよね。

＊包み隠す 숨기다

송장 청구서에 입금 기일이 쓰여 있지 않았어요.

インボイスに振り込み期日が書いていなかったんです。

주문량의 10% 이하에 한해서 반품이 가능해요.

注文量の10%以下にかぎり、返品できます。 ＊～にかぎり ～에 한해서

전에 배송 문제로 문제가 된 적이 있어요.

前、配送問題でトラブルになったことがあります。

Biz tip 과거에 타사와 마찰을 빚었던 문제를 거론함으로써 경각심을 일깨우는 효과가 있어요.

발주서를 내고 나서 5주 이내에 선적할 수 있다는 것으로 괜찮은 거죠?

発注書を出してから５週間以内に船積みできるということで大丈夫ですよね。

실제로는 어떤 식으로 실행되는 거죠?

実際にはどういうふうに実行されるんでしょうか。

계약서는 다시 만들까요?

契約書は作り直しましょうか。

다른 곳과도 협상이 진행 중인가요?

他のところとも交渉が進んでいるのでしょうか。

서비스 개시는 다음 달부터로 괜찮을까요?

サービス開始は来月からでいいでしょうか。

손익 계산서를 봐서는 문제없을 것 같네요.

損益計算書を見るかぎりでは問題なさそうですね。

＊～かぎりでは ～의 범위 내에서는

이 문제는 지금 여기서 확실히 합시다.

この問題は今ここではっきりさせましょう。

Biz tip 확실히 짚고 넘어가야 할 일이 있을 때 자주 쓰는 표현이 '～をはっきりさせましょう(～을 확실히 합시다)'예요.

우리는 상호 이용 서비스를 실시하는 데 합의했어요.

私たちは相互利用サービスを実施することに合意しました。

사업 계획에서 실수가 없도록 합시다.

事業計画において落ち度がないようにしましょう。　　　*落ち度 과실

에둘러 말하지 마시고 확실히 말씀해 주세요.

回りくどいことおっしゃらずに、はっきりおっしゃってください。

*回りくどい 빙빙 돌리는

저희 회사 엔지니어가 많이 참가해도 되나요?

当社のエンジニアが多く加わってもいいでしょうか。

프로젝트 리더는 어느 쪽 회사 사람이 하는 거죠?

プロジェクトのリーダーはどちらの人がやるんですか。

지불 기한이 지나면 어떤 불이익이 있죠?

支払い期限を過ぎたら、どういうペナルティがありますか。

A　支払い期限を過ぎたら、どういうペナルティがありますか。
　　지불 기한이 지나면 어떤 불이익이 있죠?

B　ペナルティまではありませんが、そういうことがくれぐれもないように
　　お願いいたします。 불이익까지는 없지만, 그런 일이 부디 없도록 부탁드려요

자금 융통이 어려운 때도 있으니까요, 지불일은 반드시 지켜 주셨으면 해요.

資金繰りがきびしい時もありますので、お支払日は必ず守って
いただきたいです。

지불 기일은 신용과 관련된 문제니까요, 특히 신경을 써 주셨으면 해요.

支払い期日は信用に関わる問題ですので、特に気をつけていた
だきたいです。　　　　　　　　　　　　　　　*～に関わる ～와 관련되다

서로의 연계가 중요하니 연락은 꼼꼼히 부탁드려요.

お互いの連携が大事ですので、連絡はまめにお願いします。

*まめ 부지런함

저번에도 말씀드렸지만 점두판매는 적극적으로 해 주셨으면 해요.

前にもお話ししましたが、店頭販売は積極的に行っていただき
たいです。

전혀 다른 모델의 상품이 도착한 적이 있어요. 그런 일이 없도록 세심한 주의를 기울여 주세요.

全然違(ちが)うモデルの商品が届(とど)いたことがあります。そのようなことがないように細心(さいしん)の注意を払(はら)ってください。

* 注意を払う 주의를 기울이다

청구서에 사업자등록번호가 빠져 있었는데 뭔가 사정이라도 있나요?

請求書(せいきゅうしょ)に事業者登録番号(じぎょうしゃとうろくばんごう)が抜(ぬ)けていたんですが、何(なに)かご事情(じじょう)でもあるんでしょうか。

Biz tip 何かご事情(じじょう)でもあるんでしょうかと 어떤 문제를 확인할 때 사정, 형편, 경위를 물어보는 표현으로, 배려심이 느껴지기 때문에 효과적이에요.

송금은 업무 시간 내에 부탁드려요.

送金(そうきん)は業務時間内(ぎょうむじかん)にお願いします。

일본어로 업무가 가능한 사원은 얼마나 계시죠?

日本語で仕事のできる社員はどれぐらいいらっしゃいますか。

협상에서는 다루지 못했던 조건이 있다면 추후에 협의할 수 있나요?

交渉(こうしょう)では扱(あつか)えなかった条件があったら、追(お)って協議(きょうぎ)できますか。

결과는 어찌 되든 운명을 함께한 관계가 되었어요.

結果(けっか)はどうなろうと、運命(うんめい)を供(とも)にする関係になりました。

* ～を供にする ～을 함께 하다

Biz tip 제반 조건을 확인하는 과정에서는 공동운명체가 되었음을 강조하면서 仲間意識(なかまいしき)(동료의식)를 공고히 다지는 작업도 중요해요.

힘을 합쳐 마지막까지 열심히 합시다.

力(ちから)を合わせて最後(さいご)までがんばりましょう。

양보와 설득

🎧 09-5.mp3

**답보 상태
설명**

지금 이대로는 타협점을 찾을 수 없을 것 같아요.
今のままでは妥協点を見出せそうもありませんね。

> **Biz tip** '~そうに(も)ない(~할 수 없을 것 같다)'는 그럴 가능성이 거의 없다는 뜻입니다. 앞에 가능형 동사의 ます형이 오는 경우가 많아요.

막다른 곳에 부딪쳤네요.
行き詰まりですね。　　　　　　　　　　　　　*行き詰まり 막다름

도무지 대화의 출구가 보이지 않네요.
まったく話の出口が見えません。

같은 자리를 맴돌고 있네요.
堂々巡りですね。

> **Biz tip** 堂々巡り는 원래 소원을 이루기 위해 신사나 불당의 주위를 도는 것을 말하는데요. 다람쥐가 쳇바퀴를 돌 듯 논의가 헛돌면서 진전이 없는 상황을 의미합니다. 같은 표현으로는 いたちごっこ가 있어요. ex) これじゃまるでいたちごっこです.(이래서는 딱 다람쥐 쳇바퀴 도는 거나 마찬가지예요.)

또 이야기가 원점으로 돌아왔네요.
また、話が振出に戻りました。

계속 제자리걸음 상태예요.
ずっと足踏み状態ですね。　　　　　　　　　*足踏み 답보 상태

더 이상 협의를 계속할 의미가 있을까요?
これ以上話し合いを続ける意味があるんでしょうか。

이대로 계속해도 의미가 없는 것은 확실해요.
このまま続けても意味がないのは明らかです。

이야기가 복잡해졌네요.
話がややこしくなりました。

서로 다른 방향을 보고 있는 것 같아요.
お互いに別の方向を見ているような気がします。

이와 같은 교착 상태는 서로에게 바람직하지 않아요.

このような膠着状態はお互いにとって望ましくありません。

＊〜にとって 〜에게 있어서

Biz tip 양측에 아무런 이익이 없다는 사실을 강조하는 것이 답보 상태에서 빠져나올 수 있는 가장 효과적인 방법이에요.

제안의 의도를 잘 모르겠네요.

ご提案の意図がよく分かりません。

서로에게 좋지 않은 사태인 것은 분명해요.

両方にとってよくない事態なのは確かです。

머리를 식히는 것이 좋겠네요.

頭を冷やしたほうがいいですね。 ＊頭を冷やす 머리를 식히다

감정을 가라앉히는 편이 좋을 것 같군요.

気持ちを落ち着かせたほうがよさそうです。 ＊落ち着かせる 진정시키다

그것은 저희가 바라는 바가 아닙니다.

それは私どもの望むところではございません。 ＊望む 소망하다

실전회화

A このままだと合意にたどり着けません。 이렇게 가다가는 합의를 이뤄 낼 수 없어요.

B それは私どもの望むところではございません。 그것은 저희가 바라는 바가 아닙니다.

＊たどり着く 겨우 다다르다

이대로 합의에 이르지 못하면 여태껏 노력해 온 보람이 없어요.

このまま合意に至らなければ、これまでがんばってきた甲斐があ
りません。 ＊〜に至る 〜에 이르다

이익이 걸려 있는 만큼 양보는 어려운 것일까요?

利益がかかっているだけに歩み寄りは難しいでしょうかね。

가격 인하만 말씀하시니까 이야기에 끼어들 수조차 없네요.

値下げばかりおっしゃるものですから、話に入り込むことすら
できません。 ＊入り込む (억지로) 들어가다

Biz tip '〜ものだから'는 원인이나 이유를 나타냅니다. 간단하게는 ので를 쓸 수 있어요.

연간 계약에 연연하면 이야기의 진전이 없어요.

年間契約にこだわると話は進みませんよ。 ＊〜にこだわる 〜에 집착하다

이번엔 귀사에서 양보해 주실 차례예요.

今回は御社のほうから譲ってくださる番です。 *譲る 양보하다

이 건에 관해서 더 이상 타협할 수는 없어요.

この件に関して、これ以上妥協するわけにはいきません。

Biz tip '〜わけにはいかない'는 여러 가지 사정을 고려했을 때 '(그렇게 간단히) 〜할 수는 없다', 즉 불가능을 나타내요.

한정된 예산 안에서 정하는 거니까 신중해질 수밖에 없어요.

限られた予算の中で決めるわけですから、慎重になるしかありません。 *限る 한정하다

타협하기

솔직한 심정을 들려주실 수 없나요?

率直なところを聞かせていただけませんか。

최종적인 생각을 들려주세요.

最終的なお考えをお聞かせください。

귀사로서는 지금 어느 부분까지라면 괜찮으세요?

御社としては今どういったところまでなら大丈夫でしょうか。

Biz tip 상대방이 과연 어느 선까지 양보할 수 있는지를 가늠하기 위해 필요한 질문이에요.

서로 조금씩 양보하지 않을래요?

お互い、少しずつ歩み寄りませんか。

반드시 협상은 성공할 거예요.

きっと交渉は成功しますよ。

A　きっと交渉は成功しますよ。 반드시 협상은 성공할 거예요.

B　そうおっしゃっていただくと、このプロジェクトを成功させたいというファイトが湧いてきました。
　　그렇게 말씀해 주시니, 이 프로젝트를 성공시키고 싶다는 투지가 샘솟네요.

저희들을 믿어 주세요.

私どもを信じてください。

타협점을 찾읍시다.

妥協点を探りましょう。

532

타협할 여지는 아직 있어요.

妥協する余地はまだあります。

어서 매듭을 짓죠.

早く折り合いをつけましょう。 * 折り合いをつける 매듭을 짓다

상황이 상황인 만큼 조금 더 생각을 정리합시다.

状況が状況であるだけにもう少し考えをまとめましょう。

* ～である ～이다

좀 더 문제의 본질을 밝혀냅시다.

もっと問題の本質を突き止めましょう。

나중 문제까지 생각해 버리면 합의는 더욱더 어려워지니까 지금은 덮어 둡시다.

後々の問題まで考えてしまうと、合意はますます難しくなるので、今は置いておきましょう。 * 置いておく 놔두다

이 제품에 있어서는 귀사가 독점할 수 있다는 사실을 우선 생각해 주세요.

この製品においては御社が独占できることをまずお考えください。

Biz tip 상대방 회사가 계약을 통해 얻게 되는 가장 큰 이점을 재확인시킴으로써 타협을 이끌어내는 것이 효과적이죠.

이 고비를 넘기면 윗선에 추가 할인에 대해서도 말해 볼 테니까요.

この山を越えたら、上に追加割引のことも話してみますので。

여차하면 어떤 요구에도 응할 용의가 있어요.

いざとなったら、どんな要求にも応じる用意があります。

Biz tip '～用意がある'는 적극적인 의지를 나타내지만 いざとなったら라는 전제를 두고 있기 때문에 전체적으로는 비굴해 보이지 않고 적당한 무게감을 지닌 표현이 됩니다.

협상을 성립시킬 때까지는 돌아가지 않겠어요.

交渉を成立させるまでは帰りません。

정 걱정되신다면 (저희가) 판촉 이벤트도 할 테니까요.

ご心配でしたら、販促イベントも行いますので。

일리 있는 말씀이네요.

一理ある話ですね。

Biz tip 상대방에게 부분 동의하는 것처럼 반응함으로써 타협의 틈을 보이는 표현이에요.

불경기가 계속되는 가운데, 예산이 충분치 않다는 것은 너무나 잘 압니다.

不景気が続く中で、予算が十分じゃないのは痛いほど分かります。

더 이상 매입처를 찾아 헤매는 것도 지쳤습니다.

これ以上仕入先を探しまわるのも疲れました。

저희도 인건비가 늘어서 정리 해고까지 하고 있는 걸요.

こちらも人件費が膨らんでリストラまでやっているんです。

*膨らむ 부풀다

**예산 및
경비 조율**

예산을 재검토합시다.

予算を見直しましょう。

추가 예산이 필요해질지도 몰라요.

追加予算が必要になるかもしれません。

예산에 시대의 트렌드가 반영되어 있지 않아요.

予算に時代のトレンドが反映されていません。

예산을 아끼면 오히려 손해를 입어요.

予算をけちると逆に損をします。　　　　　　*けちる 지나치게 아끼다

예산을 늘려 주지 않으면 좋은 물건은 만들 수 없어요.

予算を増やしてもらわないと、いいものは作れません。

장기적으로 본 예산 편성이 필요해요.

長い目で見た予算編成が必要です。

새로운 서비스 예산에 대해 납득이 안 가는 부분이 있어요.

新しいサービスへの予算について腑に落ちないところがあります。　　　　　　　　　　　　　　　　　　*腑に落ちる 납득이 가다

예산 단계에서 너무 뜸을 들이면 성공할 가능성은 낮아져요.

予算の段階であまり時間をかけると、成功する見込みは低くなります。　　　　　　　　　　　　　　　　　　*見込み 가망, 예상

현재의 예산은 융통성이 없어요.
今の予算は融通性に欠けます。　　　　　　　　＊〜に欠ける 〜이 모자라다

한 달 써 보고 그리고 나서 예산액을 결정합시다.
１ヶ月使ってみて、それから予算額を決めましょう。

15만 달러라면 그런대로 충분한가요?
15万ドルでしたら、間に合いますか。

Biz tip　間に合うは '시간에 대다'라는 뜻 외에도 '아쉬운 대로 쓸 수 있다', '충분하다' 등의 의미가 있어요. 十分, 役立つ, 足りる, 'やりくりできる(꾸려 나갈 수 있다)' 등의 표현과 바꿔 쓸 수 있어요.

아이디어를 짜서 경비를 줄여 줬으면 해요.
アイデアを絞って経費を浮かせてもらいたいです。

＊浮かせる 여분을 남기다

미리 경비에 관한 보고서를 써 주세요.
あらかじめ経費に関する報告書をお書きください。

경비는 좀 더 줄일 수 있어요.
経費は、もう少し詰めることができると思います。　　＊詰める 좁히다

경비를 다른 예산에서 당겨오는 방법도 있기는 한데요.
経費をほかの予算から回してもらう方法もあるのはありますが。

경비는 비용이 아니라 투자라고 생각하세요.
経費はコストじゃなくて投資と考えてください。

책정된 예산안과 경비 삭감안을 확인시켜 주세요.
まとめられた予算案と経費削減案を確認させてください。

경영진이 경비 삭감에 열을 올리고 있어서 예산이 줄었어요.
経営陣が経費削減に精を出しているので、予算が減りました。

＊精を出す 열을 올리다

적절한 서비스를 제공하려면 경비가 드는 법이죠.
適切なサービスを提供するには経費がかかるものです。

Biz tip　문장 뒤에 ものだ를 붙이면 '〜하는 것이 당연하고 일반적이다'라는 뉘앙스가 되면서 '〜하는 법이다'라고 해석하면 무난해요.

중요한 일에는 그 나름의 비용을 쓰는 것이 당연합니다.
重要なことにはそれなりの費用を使うのが当然です。

제품 설명서는 경비가 들더라도 실적 있는 회사에 번역을 부탁해야 해요.

製品の説明書は経費がかかっても実績ある会社に翻訳をお願い
すべきです。

보증을 산다는 사고로 경비를 인식해야 해요.

保障を買うという考え方で経費をとらえるべきです。

투자는 타이밍이 중요해요. 그렇지 않나요?

投資はタイミングが重要です。そう思いませんか。

투자하기 전에 이 돈이 어디로 투입될지 명확히 하고 싶어요.

投資する前にこのお金がどこに注ぎ込まれるかはっきりしたい
です。　　　　　　　　　　　　　　　　　　　＊注ぎ込む 쏟아 넣다

예산과 경비는 타협 가능한 선까지 줄였어요.

予算と経費は妥協できる線まで抑えました。　　＊抑える 억누르다

그런 각오라면 변통해 드리죠.

そういう覚悟でしたら、融通しましょう。　　　＊融通 융통

3개월 후에 한 번 더 사정의 장을 마련합시다.

3ヶ月後にもう一度査定の場を設けましょう。

설득 노력

무조건 A가 좋다고 설득하기보다는 B와 C를 선택했을 때의 손해나 위험 소지 등을 열거함으로써 상대방이 되도록 객관적으로 파악할 수 있게 하는 것이 효과적입니다.

한 번 더 생각해 봐 주세요.

もう一度考えてみてください。

좀 더 논의를 좁혀 봅시다.

もう少し話を詰めてみましょう。

상황에 따라 달라요.

状況によって違います。

비용을 큰 폭으로 줄일 수 있다는 결과를 얻었어요.

コストを大幅に減らせるという結果を得ました。

검증 데이터나 실례를 들면 더욱 효과적으로 설득이 가능해요.

이직률을 억제하는 대책이 필요할지도 모르겠어요.

離職率を抑える対策が必要かもしれません。

사원 교육 비용이 이익을 압박하고 있어요.

社員教育のコストが利益を圧迫しています。

계약을 취소함으로써 생기는 손해는 클 거예요.

契約をキャンセルすることによって生じる損害は大きいです。

*~ことによって ~함으로써

마지막 단계에서 프로젝트를 중단하는 것은 말도 안 되는 일이에요.

最後のステップでプロジェクトを取りやめるのはばかばかしいことです。

거래 중지가 되면 남는 것은 막대한 위약금뿐이에요.

取引中止になると、残るのは莫大な違約金だけです。

이 계약을 성공시켰을 때의 이점이 불이익보다 훨씬 커요.

この契約を成功させた時のメリットがデメリットよりはるかに大きいです。

좀 더 시간이 흐르면 거래하기를 잘했다고 생각할 것임에 틀림없어요.

もう少し時間が経てば取引してよかったと思うはずです。

*はず ~(할) 터

혹시라도 불안하시면 여러분 앞에서 한 번 더 프레젠테이션을 하게 해 주세요.

もしも不安でしたら、みなさんの前でもう一度プレゼンをさせてください。

이것은 쌍방의 주장을 모두 채택한 안이에요.

これは双方の主張を取り入れた案です。

*取り入れる 받아들이다

Chapter 6 반대·동의·거절

 09-6.mp3

반대

동의할 수 없어요.
同意できません。

상당히 무리가 있는 논의라고 봅니다.
相当きびしい話だと思います。

> **Biz tip** 無理라고 단정 짓지 않고 きびしい라고 함으로써 여러 가지 상황에 비추어 볼 때 실현이 쉽지 않다는 어감을 주어 안타까움이 묻어납니다.

계약서에 추가 비용에 관한 사항이 없는 것은 이상해요.
契約書に追加費用のことがないのはおかしいです。

> **Biz tip** 이상하거나 납득이 안 가는 점을 들어 반대할 수 있어요.

안전성이 확보되지 않는 이상, 논의를 계속할 수는 없어요.
安全性が確保されない以上、話を進めるわけにはいきません。

> **Biz tip** 근거를 제시하며 반대하면 효과적이에요.

법적인 문제가 관련된다면 쉽사리 OK할 수는 없어요.
法的な問題がかかわるとなると、おいそれとオーケーはできません。

* ~となると ~상황(결과)이 되면   おいそれと 쉽사리

합병이 되면 이사진 전원의 승인이 없으면 안 돼요.
合併となると取締役全員の承認がなければなりません。

시장 전체의 동향을 보더라도 실현할 수 있을 것 같지 않아요.
マーケット全体の動向を見ても、実現できそうにありません。

정말로 이로써 됐다고 생각하시는 건가요?
本当にこれでいいと思われるんですか。

* 思われる 생각하시다

> **Biz tip** 의견 되묻기를 통해 반대의 뜻을 나타냅니다.

저는 굳이 말하면 조금 다른 견해를 갖고 있어요.
私はどちらかといえば少し違う見方をしています。

* 見方 관점

> **Biz tip** 'どちらかといえば(굳이 말하자면)'는 고민의 흔적을 보여 주는데요, 반대할 때의 경직된 분위기를 다소 누그러뜨릴 수 있는 표현입니다.

538

그쪽의 착각으로 일어난 일의 책임을 왜 저희가 지는 거죠?

そちら様の勘違いで起ったことの責任をどうして当社が負うんでしょうか。

그건 그렇지만 예산을 훨씬 초과하는 걸요.

それはそうですが、予算をはるかに越えてしまうんです。

それはそうですがは 상대방의 말을 수용하는 척하면서 반대 의견을 제시할 때 써요.

A それはそうですが、予算をはるかに越えてしまうんです。
   그건 그렇지만 예산을 훨씬 초과하는 걸요.

B 事情は分かりますが、絶対にいい方法があるはずです。
   사정은 알겠습니다만, 반드시 좋은 방법이 있을 거예요.

저희가 요구한 내용이 아니에요.

私どもが要求した内容ではありません。

계약을 갱신하지 않겠다고 한 것은 아니에요.

契約を更新しないと言ったわけではありません。

그렇게 되면 프로젝트는 엉망이 돼요.

そうなると、プロジェクトはめちゃくちゃになります。

최악의 사태를 암시하면서 합의의 중요성을 인식시키세요.

지금의 예산 범위 내에서는 무리입니다.

今の予算の枠内では無理です。

현재 자금 여유가 없어요.

今のところ、資金の余裕がございません。

마케팅 면에서 봐도 제안은 리스크가 커요.

マーケティングの面から見ても、ご提案はリスクが高いです。

저희 회사의 재정 상황으로는 가능한 이야기가 아닙니다.

弊社の財政状況ではできかねます。　　　　＊〜かねる 〜하기 힘들다

시장 가격과도 격차가 커요.

市場価格ともかけ離れています。　　　　＊かけ離れる 동떨어지다

동의

말씀하신 그대로예요.

おっしゃるとおりです。

말씀하시는 의미는 잘 알겠어요.

おっしゃっていることはよく分かります。

Biz tip 부분적인 동의 표현입니다.

그렇다면 받아들일 수 있을 것 같네요.

それならお受けできるかと思います。

그것에 대해서는 양보할 수 있어요.

それについては譲歩できます。

그와 같은 내용이라면 합의에 이르는 것도 시간문제네요.

そのような内容でしたら、合意に至るのも時間の問題ですね。

제안서 내용에 전적으로 동감해요.

ご提案書の内容にまったく同感です。

고려할 만한 제안이었어요.

考慮に値するご提案でした。 ＊〜に値する ～할 만하다

서로 어려운 상황에 처해 있어서 그런지 공감이 되네요.

お互いにきびしい状況に置かれているせいか、共感を覚えます。

＊〜せいか ～탓인지 覚える 느끼다

귀사의 프로젝트에 꼭 참가하게 해 주세요.

御社のプロジェクトにぜひ参加させてください。

계약에 사인할 용의가 있어요.

契約にサインする用意があります。

그 점에 대해서 차분히 논의하고 싶었어요.

その点についてゆっくり話し合いたいと思いました。

Biz tip 협상 가능성을 농후하게 보여 주는 긍정적인 코멘트예요.

그 건에 관해서는 이번에 체류하면서 심도 있게 검토하고 싶어요.

その件に関しましては今回の滞在でじっくり検討させていただきたいと思っております。

거절

그 이야기는 없었던 일로 해 주세요.

その話はなかったことにしてください。

안타깝지만 그것은 받아들이기 힘들군요.

残念ながら、それは受け入れがたいです。

あいにく、それを受け入れるのは難しいです。

제 생각만으로는 결정하기 어려워요.

私の一存では決めかねます。 　　　　　　　　＊一存 (자기만의) 생각

> **Biz tip** 협상 주체를 다른 사람으로 돌리거나 협상을 일단 종료시키려고 하는 말은 거절의 의미일 경우가 많아요. 이 밖에도 'その件については、改めてご連絡いたします(그 건에 대해서는 다시 연락드리죠)'나 'この件についてはもう少し考えさせてください(이 건에 대해서는 좀 더 생각할 시간을 주세요)'라는 표현은 거절의 뜻일 때가 많습니다.

누가 봐도 확실히 불공평해요.

だれが見ても明らかにフェアじゃないです。

논의를 계속해도 소용없을 것 같아요.

議論を続けても無駄なようです。

그 건은 이 정도로 하고 그만두죠.

その件はこれぐらいにして止めましょう。

공통의 비전을 가질 수 없을 것 같아요.

共通のビジョンが持てそうにありません。

귀사의 제안을 거절해야겠어요.

御社のオファーをお断わりしなければなりません。

부장님이 아직 허락하시지 않네요.

部長がまだゴーサインを出していません。 　　　　　　＊ゴーサイン go-sign

더 이상의 거래는 불가능해요.

これ以上の取引はできません。

A これ以上の取引はできません。業務に支障を来たす恐れがあるという判断でした。 더 이상의 거래는 불가능해요. 업무에 지장을 가져올 우려가 있다는 판단이었어요.

B 考え直していただけませんか。 다시 한 번 생각해 주실 수 없나요?

이 조건을 해결하지 않으면 앞으로 나아갈 수 없어요.

この条件をクリアしないと、前に進めません。 　　　　　　＊クリア 잘 넘기다

저희가 새로 낸 조건을 들어주시지 않는다면 그것에 동의할 수가 없어요.

当社が新たに出した条件を聞いてくださらないのなら、それに
同意しかねます。

아직 의견 일치를 얻을 수 없어서요.

まだコンセンサスが得られていませんので。

10% 이상의 가격 인하는 다른 거래처로부터 불평이 쏟아지거든요.

10%以上の値下げだと他の取引先からクレームが来ますので。

저희가 일방적으로 손해를 보는 비즈니스 상담에는 응할 수 없어요.

こちらが一方的に損をする商談には応じられません。

처음부터 다시 하든지 그만두든지 둘 중 하나예요.

最初からやり直すか取りやめるか二つに一つです。

*二つに一つ 둘 중 하나

현실적으로 무리가 있는 내용이었어요.

現実的に無理のある内容でした。

결정에 이르려면 좀 더 조사가 필요해요.

決定に至るためには、もう少し調査が必要です。

합의에 이르지 못한 책임은 양쪽에 있어요.

合意に至らなかった責任は両方にあります。

장기적으로 생각하면 가능성이 있을지 모르지만 지금으로서는….

長いスパンで考えれば脈があるかもしれませんが、今としては。

*スパン 기간 脈 맥

이만큼의 리스크를 지면서까지 투자는 불가능해요.

これほどのリスクを負ってまで投資はできません。

정보가 부족해서 결정하지 못하겠어요.

情報が足りないので、決めかねます。

Biz tip '~かねる'가 들리면 무조건 가능성 제로라고 생각하세요.

답변을 하기에는 아직 준비가 덜 되었어요.

お返事をするにはまだ準備が整っていません。 *整う 정돈되다

542

불만 사항 전달

무엇이 문제인가요?

何が問題なんですか。

무엇 때문에 이렇게 된 거죠?

何のためにこうなるんですか。　　　　　＊〜ために 〜때문에

불만이 쇄도하고 있어요.

クレームが殺到しています。

불만의 이유는 뭐죠?

クレームの理由は何ですか。

전 사원이 (고객) 불만 처리에 쫓기고 있어요.

全社員がクレーム処理に追われています。　　＊〜に追われる 〜에 쫓기다

불만 내용을 어서 조사하세요.

クレームの内容を早く調べてください。

가격 인상을 위한 계약 갱신에는 응하지 않겠답니다.

値上げするための契約更新には応じないそうです。

사원들도 불만을 토로하고 있어요.

社員たちも不満を言っています。

관리직의 성의가 전해지지 않는다고 하더군요.

管理職の誠意が伝わらないとのことです。

노동조합과의 대화가 잘 안 풀렸나 봐요.

労働組合との話がうまくいかなかったようです。

＊うまくいく 원만히 해결되다

정보가 공지되지 않았다고 해요.

情報が公示されなかったと言っています。

투자처에 대한 불안이 드러난 결과가 아닐까 생각됩니다.

投資先への不安が現われた結果じゃないかと思われます。

고객 전체의 의견이라면 큰일이에요.

顧客全体の意見だったら大変なことです。

Biz tip　전체 의견인지 일부 의견인지에 따라 대처 방법이 전혀 다르기 때문에 꼭 확인하고 지나가야해요.

할인율이 다르다는 점 때문에 화가 난 모양이에요.

割引率が違うことで怒っているようです。

거래처 사이에서 불공평하다는 의견이 많아요.

取引先の間で不公平だという声が高いです。　　　　　*声 의견

도쿄상사와의 계약 내용에 납득이 안 간다고 하더군요.

東京商事との契約内容に納得がいかないと言っています。

중간 휴식

잠깐 쉬죠.

少し休みましょう。
一服しましょう。

> **Biz tip** 一服는 원래 담배 한 대를 피운다는 의미였지만 '잠깐 쉰다'는 의미로도 써요.

5분 정도 휴식을 취하고 다시 이야기를 계속합시다.

５分ほど休憩を入れまして、また話しを続けましょう。

적당한 곳에서 휴식을 취합시다.

切りのいいところで休みを取りましょう。　　*切りがいい 끝맺기에 알맞다

밖도 좋지만 저희 직원식당의 카레우동도 맛있어요.

外もいいですが、うちの社員食堂のカレーうどんもおいしいです。

> **Biz tip** 부득이하게 협상 중에 식사를 해야 할 경우에는 아직 협상 도중이므로 간편한 것이 좋은데요. 일본의 경우 도시락을 주문하거나 사원식당에서 간단히 끝내는 경우가 많아요. 협상이 끝난 뒤라면 물론 그에 합당한 자리를 마련(一席を設ける)해야겠지만요.

논의가 깊어지기 전에 쉬죠.

議論が深まる前に、休みましょう。

교섭도 드디어 절정을 향하고 있으니 지금 쉬지 않으면 한동안 못 쉬어요.

交渉もいよいよ山場を迎えているので、今休まないとしばらく休めません。　　*山場 고비

교섭도 반환 지점에 와 있으니 잠시 쉬었다가 하죠. 이제 조금만 더 하면 돼요.

交渉も折り返し地点に来ているので、ちょっと休みましょう。
もう一頑張りです。

바깥 공기를 맡고 머리를 식히죠.

外の空気を吸って頭を冷やしましょう。

544

Chapter 7

서류 및 계약서

계약 재확인

계약 성립이네요.
取引、成立ですね。

논의가 잘 매듭지어졌네요.
うまく話しがまとまりましたね。　　　　　　　* まとまる 결정나다

계약 조건은 이렇게 되어 있어요.
契約条件はこのようになっております。

나무랄 데 없는 계약이었어요.
申し分のない契約でした。　　　　　　　* 申し分ない 나무랄 데 없다

협상은 난항을 겪었네요.
交渉は難航しましたね。

협상도 대단원을 맞이했군요.
交渉も大詰めを迎えましたね。　　　　　　　* 大詰め 대단원

그 밖에 이야기를 나누어야 할 게 있나요?
他に話し合うこと、ありますか。

A　他に話し合うこと、ありますか。 그 밖에 이야기를 나누어야 할 게 있나요?
B　残念ながら、まだ合意に至っていないところがないわけじゃありません。
안타깝지만 아직 합의에 이르지 못한 부분이 없는 건 아니에요.

그럼, 세부 사항을 확인해 가죠.
では、詳細を確認していきましょう。

논의한 내용을 검토하게 해 주세요.
話し合った内容を検討させてください。

A　話し合った内容を検討させてください。 논의한 내용을 검토하게 해 주세요.
B　確認作業が一番大事ですからね。 확인 작업이 가장 중요하니까요.

545

합의 사항을 대충 확인하게 해 주세요.

合意事項を一通り確認させてください。　　　　　*一通り 대강

A　合意事項を一通り確認させてください。 합의 사항을 대충 확인하게 해 주세요.
B　はい、もちろんです。合意した内容はご覧のとおりです。
　　네, 물론입니다. 합의한 내용은 보시는 바와 같습니다.

합의한 내용을 돌이켜보죠.

合意した内容を振り返ってみましょう。

초안 작성을 시작할게요.

草案作りに取りかかります。　　　　　*〜に取りかかる 〜에 착수하다

한 번 더 훑어보죠.

もう一度目を通しましょう。　　　　　*目を通す 훑어보다

내년에는 주력 상품에 3%의 할인을 약속해 주셨어요.

来年は主力商品に3%の割引を約束してくださいました。

동의에 따라 계약 기간은 1년이 되었습니다.

ご同意により、契約期間は1年となりました。

저희들은 1년 계약으로 합의를 보았어요.

私たちは1年契約で合意しました。

5년간 연구원을 파견하는 일에 합의를 얻었어요.

5年間研究員を派遣することに合意を得ました。

계약대로 지불 방법은 전과 동일합니다.

契約どおり、お支払い方法は前と同じです。

계약이 만료되면 어떻게 되는 거죠?

契約が切れるとどうなるんでしょうか。　　　　　*切れる (기한이) 끝나다

계약 기간이 만료되면 갱신 수속이 필요하다는 것은 아시죠?

契約期間が満了となれば、更新手続きが必要なのはご存じですよね。

손해 배상은 이것으로 문제없겠네요.

損害賠償はこれで問題ありませんね。

납기는 3개월 후인 4월 2일로 틀림없나요?

納期は3ヶ月後の4月 2 日で間違いないでしょうか。

실전회화

A 納期は3ヶ月後の4月 2 日で間違いないでしょうか。
   납기는 3개월 후인 4월 2일로 틀림없나요?

B はい、そのとおりです。 네, 말씀하신 그대로예요.

단가와 지불 방법은 이것으로 됐나요?

単価とお支払い方法はこれでよろしいでしょうか。

거래 보증금을 얼마로 할지는 언제 정하죠?

取引保証金をいくらにするかはいつ決めますか。

제품 자체에는 결함이 없고, 포장에만 손상이 있는 경우에는 어떻게 되는 거죠?

製品自体には不具合がなく、パッケージにのみ傷がある場合な
どはどうなるんですか。　　　　　　　　　　　　　* ～のみ ～만

이로써 다른 계약도 순조롭게 진행되겠네요.

これでほかの契約もとんとん拍子に進むでしょうね。

　　　　　　　　　　　　　　　　　　　　* とんとん拍子 일이 빨리 진척됨

그것은 구두 협상이었기 때문에 불안이 남아요.

それは口頭での交渉だったので不安が残ります。

특별히 이견이 없으면 이대로 계약 수속으로 들어갈게요.

特に異存がなければこのまま契約の手続きに入ります。

서류 및 계약서 정리

계약에 필요한 서류가 준비되어 있어요.

契約に必要な書類ができています。　　　　　　* できる 완성되다

계약서 초안이 완성되었어요.

契約書の草案ができました。

초안을 확인해 주세요.

草案をお確かめください。　　　　　　　　　　* 確かめる 확인하다

저희 회사 변호사에게 계약서 초안을 체크시키고 있어요.

弊社の弁護士に契約書の草案をチェックさせています。

계약서는 서면으로 보낼까요?

契約書は書面で送りましょうか。

내용에 동의해 주신다면 서명을 부탁해요.

内容にご同意いただけるのならご署名をお願いします。

내일 한 번 더 만나 뵙고 서명을 받고 싶네요.

明日もう一度お会いしてご署名をいただきたいです。

계약서를 교환합시다.

契約書を交換しましょう。

계약서에 대해서 변경하시고 싶은 점은 없나요?

契約書について変更されたい点はありませんか。　　　＊される 하시다

두 군데 정도 수정하고 싶은 부분이 있어요.

２点ほど修正を入れたいところがございます。

계약서 사본은 갖고 계신가요?

契約書の写しはお持ちですか。

1페이지부터 볼까요?

１ページから見てみましょうか。

이상한 곳이 있으면 그때마다 말씀해 주세요.

気になるところがありましたら、その都度おっしゃってください。　　　＊都度 그때마다

귀사가 '갑', 저희 회사가 '을'이 됩니다.

御社が「甲」、弊社が「乙」となります。

'갑'이 판매자이고 '을'이 매입자가 됩니다.

「甲」が売り手で、「乙」は買い手となります。

여기에 연락 사항에 관한 내용이 있는데요, 이것은 뭐였죠?

ここに連絡事項に関する内容がありますが、これは何でしたっけ。

선적에 관한 조항입니다.

船積みに関する条項です。

그것은 이미 합의가 끝났습니다.

それはすでに合意済みです。　　　　　　　　　　　　*〜済み 〜가 완료됨

제품의 모델 번호가 누락되어 있네요.

製品のモデルナンバーが抜けていますね。

Biz tip 누락된 사항에 대해서는 '〜が抜けています(〜가 빠져 있어요)'라는 말로 확인을 요청합니다.

제6조에는 예외 조항을 써 두는 편이 좋겠네요.

第6条には例外条項を書いておいたほうがいいですね。

'개별 계약이 본 계약에 우선한다'란 어떤 의미죠?

「個別契約が本契約に優先する」とはどういう意味でしょうか。

이 부분에 '부품 대금은 별도 지급'이라고 써 주시겠어요?

ここのところに「部品代は別途支給」と書いていただけませんか。

마지막 부분에는 '본 기본 계약에 정하지 않은 사항은 갑을 협의 후에 결정한다'라고
덧붙이는 편이 좋지 않을까요?

最後には「本基本契約に定めなき事項は甲乙協議の上、定める」
とつけくわえたほうがいいんじゃないでしょうか。　*〜の上 〜한 후에

그것은 제2조 부분에 자세히 나와 있어요.

それは第2条のところに詳しく出ています。

제3조로 넘어갑니다.

第3条に移ります。

여기까지 괜찮으세요?

ここまで大丈夫でしょうか。

Biz tip 이 표현을 통해 중간중간 이상이 없는지 상대방에게 확인하세요.

귀사에 대한 요구 사항은 제4조에 적혀 있는 바와 같습니다.

御社への要求事項は第4条のとおりです。　　　　*〜とおり 〜대로

품질상의 문제가 발생했을 때의 을의 책임에 대해서는 보다 구체적으로 적어 주셨으
면 해요.

品質上の問題が発生した時の乙の責任についてはより具体的に
書いていただきたいです。

그렇게 말씀하신다면 상품이 인도되고 몇 개월까지라는 내용도 추가해야 하지 않을까요?

それをおっしゃるんでしたら、商品が引き渡されて何ヵ月までという文面も加えるべきではないでしょうか。　＊引き渡す 넘겨주다

이달 말까지 자세한 배송 스케줄을 제공한다는 조항을 덧붙여 주세요.

今月末まで詳しい配送スケジュールを提供するという条項を加えてください。

판매 지원에 관한 비용 부담 부분을 좀 더 강조하고 싶은데요.

販売支援に関する費用負担のところをもう少し強調したいんですが。

제20조는 제17조의 내용과 중복되는 부분이 있어요.

第20条は第17条の内容と重なる部分があります。　＊重なる 겹치다

비밀 유지 의무에 대해서도 제대로 적혀 있어요.

秘密保持の義務についてもちゃんと書かれています。　＊保持 계속 유지함

여기는 '3통'으로 해 주세요.

ここは「3通」にしてください。

여기를 보시면 알 수 있을 텐데요, 용어가 통일되어 있지 않아요.

こちらを見ていただければお分かりだと思いますが、用語が統一されていません。

'등'은 나중에 문제가 될지도 몰라요.

「等」は後に問題となりかねません。　＊〜かねない 〜일지도 모른다

Biz tip 等의 유무에 따라 가리키는 범위가 달라지므로 나중에 분쟁의 소지가 될 수도 있어요. 따라서 等을 꼭 써야 하는지, 쓰면 어디까지 포함하는지를 미리 논의해 두어야 합니다.

모든 문제를 상정해서 쓰려면 한계가 있어요.

すべてのトラブルを想定して書くには限界があります。

'즉시'라고 쓰여 있는 부분은 '신속하게'로 바꿔 줄 수 없나요?

「直ちに」と書いてあるところは「速やかに」に変えてもらえませんか。

Biz tip 긴급성이 높은 순으로 열거하면 直ちに〉速やかに〉遅延なく (지연 없이)가 돼요.

이것을 최종 계약서로 간주해도 될까요?

これを最終契約書と見なしていいでしょうか。　　　*見なす 간주하다

이 계약서는 2018년 5월 30일까지 유효합니다.

この契約書は2018年5月30日まで有効となります。

계약 내용 최종 확인 및 서명

최종 체크를 부탁합니다.

最終チェックをお願いします。

마지막으로 여쭙겠는데요, 이 계약서에 이해가 안 가는 점은 없는 거죠?

最後にお聞きしますが、この契約書にご不明な点はございませ
んね。　　　　　　　　　　　　　　　　　　*不明 불명료함

`Biz tip` 최종 확인이니만큼 반드시 구두(口頭)로 확인하세요.

이것이라면 저희 회사로서도 문제는 없을 것 같군요.

これなら当社としても問題はなさそうです。

남은 것은 서명뿐이네요.

後は署名だけですね。

서명과 날인을 부탁드립니다.

ご署名と捺印をお願いします。

인감은 갖고 계신가요?

印鑑はお持ちでしょうか。

그럼, 여기에 사인이나 서명을 부탁드릴까요?

では、ここにサインか署名をお願いできますか。

`Biz tip` 일반적으로 사인은 기호화하거나 추상화한 것이고, 서명은 이름을 쓰는 것을 가리키는 경우가 많아요.

A　どこにサインをすればよろしいでしょうか。 어디에 사인을 하면 될까요?

B　では、ここにサインか署名をお願いできますか。
그럼, 여기에 사인이나 서명을 부탁드릴까요?

날인하시고 날짜도 적어 주세요.

ご捺印の上、日付もお書きください。

날인하고 우편으로 보내면 계약 완료네요.

捺印して郵便で送れば契約完了ですね。

서명하시기 전에 한 번 더 확인을.

署名なさる前にもう一度ご確認を。

사본을 만들어 두세요.

写しをとっておいてください。

다른 한 장은 보관용입니다.

もう一枚は保管用です。

문제가 없으면 도장을 찍죠.

問題がなかったら、ハンコを押しましょう。 ＊ハンコを押す 도장을 찍다

20분 정도 기다려 주시면 계약서를 수정해 올게요.

20分ほど待っていただければ、契約書を修正してきます。

서명으로 계약 절차는 끝납니다.

署名をもって契約の手続きは終わります。 ＊〜をもって 〜으로

승인이 떨어지면 계약서를 메일로 보내 드릴게요.

承認が下りたら、契約書をメールでお送りいたします。

＊承認が下りる 승인이 떨어지다

페이지를 넘겨 보시면 갱신 및 만료에 대해 쓰여 있어요.

ページをめくっていただければ、更新および満了について書かれています。 ＊めくる 넘기다

여기에는 할인율을 기입해 주세요.

ここには割引率を書き込んでください。

Biz tip 할인율 등은 인쇄 서류에 빈칸으로 남겨 두었다가 계약서 교환 시 직접 써넣는 경우도 많아요.

계약이 실행되는 것은 7월 1일입니다.

契約が実行されるのは7月1日です。

이 계약은 2년간 법적인 구속력을 갖습니다.

この契約は2年間法的な拘束力があります。

어느 쪽인지 한쪽이 계약을 종료하고 싶을 경우에는 45일 이내에 상대편에 알려야 해요.

どちらか一方が契約を終了させたい場合は、45日以内に相手側に知らせなければなりません。

계약의 지속은 쌍방 합의에 의해 가능합니다.

契約の継続は双方の合意によって可能となります。

*～となる＝～になる

원활하게 계약 갱신이 이루어지도록 협조해 주세요.

スムーズに契約更新ができるよう、ご協力ください。

거래 보증금을 내일 오전 중에 입금해 주셨으면 좋겠는데, 괜찮으세요?

取引保証金を明日の午前中に振り込んでいただきたいですが、よろしいでしょうか。

협상 종결

협상 마무리

합의에 이르러 기쁘게 생각해요.

合意に至り、うれしく思います。

話がまとまってうれしく思います。

이 날을 맞이할 수 있었네요.

この日を迎えることができましたね。

귀사와 비즈니스 파트너가 될 수 있어서 매우 기뻐요.

御社とビジネスパートナーになれてとてもうれしいです。

좋은 조건으로 계약을 성사시켜서 개인적으로도 매우 기뻐요.

いい条件で契約を取りつけて、個人的にもうれしいかぎりです。

＊～かぎり 매우 ～하다

비즈니스맨으로서 매우 보람을 느꼈어요.

ビジネスマンとしてとてもやりがいを感じました。

업계 1위인 도쿄상사와 거래를 할 수 있어서 영광입니다.

業界トップの東京商事とお取り引きができて光栄です。

귀사와 함께라면 괜찮은 비즈니스를 할 수 있을 것 같아요.

御社とならいいビジネスができそうです。

협상의 행방에 이목이 집중되었어요.

交渉の行方に注目が集まりました。

서로에게 유익한 협상이 되어 다행이에요.

お互いにとって有益な交渉になってよかったです。

3일간에 걸친 협상이 결실을 맺었네요.

三日間にわたる交渉が実を結びましたね。

＊実を結ぶ 열매를 맺다

귀사가 이해해 주신 덕분이라 생각해요.

御社のご理解があったおかげだと思っております。

이 거래에서 좋은 성과를 올릴 수 있을 거라 확신합니다.

この取引でいい成果があげられると信じています。

* 成果をあげる 성과를 올리다

앞으로의 일이 기대되네요.

今後のことが楽しみです。

교섭 내용이 매스컴에 새어 나가지 않도록 주의합시다.

交渉内容がマスコミにリークされないように注意しましょう。

* リーク 누설함

교섭을 시작해서 단 4시간 만에 계약을 맺을 수 있었다니 잘 맞나 보네요.

交渉を始めて、たったの4時間で契約を結べたとは相性が合いますね。

* 相性が合う 궁합이 맞다

친목을 보다 깊이 다질 수 있으면 좋겠네요.

より親睦を深められたらいいですね。

한때는 어떻게 되나 싶었는데 말이죠.

一時はどうなることかと思いましたけどね。

결렬되는 것 아닌가 싶어 내심 식은땀을 흘렸어요.

頓挫するのではないかと内心冷や汗をかきました。　　* 頓挫 좌절

이번에는 무리한 말씀을 드려서 죄송했습니다.

今回はご無理を申し上げて申し訳ございませんでした。

세세한 부분은 추후에 이야기를 좁혀 가도록 하죠.

詳しい部分は追々詰めていくことにしましょう。

이번 일은 차치하고 또 기회가 있으면 꼭 좋은 결과를 냅시다.

今回のことはともかく、またの機会にはぜひともいい結果を出しましょう。

Biz tip 협상이 결렬되었더라도 다음을 기약하며 부드럽게 협상을 마무리하세요.

안타까운 결과로 끝났지만 제 입장도 이해해 주세요.

残念な結果になりましたが、私の立場もご理解ください。

야마다 과장님은 협상의 타이밍을 알고 계신 것 같아요.

山田課長は交渉のタイミングを心得ていらっしゃいますね。

* 心得る 이해하다

또 계기가 되면 잘 부탁드려요.

またご縁がありましたら、よろしくお願いいたします。

*縁 인연, 기회

A またご縁がありましたら、よろしくお願いいたします。
또 계기가 되면 잘 부탁드려요.

B こちらこそ、今後ともよろしくお願いいたします。
저희야말로 앞으로도 잘 부탁드립니다.

허기가 지네요. 식사하러 가지 않으실래요?

お腹、空いてきましたね。お食事に行きませんか。

협상 조건의
변경 요구

두세 가지 마음에 걸리는 데가 있어요.

二、三、気にかかるところがございます。

A 二、三、気にかかるところがございます。 두세 가지 마음에 걸리는 데가 있어요.

B どの点でしょうか。 어떤 점 말인가요?

이 문제는 변호사 의견을 들어 보는 편이 좋을 것 같군요.

この問題は弁護士の意見を聞いたほうがよさそうですね。

메일로 연락을 받았는데 추가 비용 문제가 계약에서 빠졌다고요?

メールで連絡をいただきましたが、追加費用の問題が契約で抜けているとか。

*とか 라든가

재협상은 할 수 없나요?

再交渉はできないでしょうか。

재협상은 서로가 발전하기 위한 것이에요.

再交渉はお互いが発展するためのものです。

법에 저촉되는 일은 없는지 다시 한 번 체크해 보죠.

法に触れることはないか再度チェックしてみます。 *触れる 저촉되다

저희 수정안을 가져왔어요.

私どもの修正案を持ってきました。

A 私どもの修正案を持ってきました。ご満足いただけると思います。
저희 수정안을 가져왔어요. 만족하실 거예요.

B では、拝見させていただきます。 그럼, 읽어 보겠습니다.

몇 가지 조건을 추가하고 싶어요.

いくつかの条件を追加させていただきたいんです。

즉시 이 문제를 해결해야 해요.

即刻、この問題を解決しないといけません。

협의하기 위한 장을 다시 한 번 마련합시다.

話し合うための場をもう一度設けましょう。

결제 방법을 재고해 주실 수 없나요?

決済の方法を見直していただけないでしょうか。 * 見直す 재검토하다

조건을 전체적으로 재검토합시다.

条件を全体的に見直しましょう。

현재 대부금의 상환 기한 연장을 검토 중이라서 협상을 다시 하고 싶네요.

今、リスケジュールを検討しているところでして、交渉を見直
したいんです。 * リスケジュール (대부금 등의) 상환기한을 연장하다

Biz tip 상대방이 재협상 의사를 피력하거나 조건 변경을 요구할 경우 일단은 상대방 입장에서 상황을 바라보는 자세를 어필하는 것이 좋아요.

이를 계기로 계약 조건 재고를 요구합니다.

これを機に、契約条件の再考を求めます。 * ~を機に ~을 계기로

위약금 비율을 낮춰 주셨으면 해요.

違約金の比率を下げていただきたいです。

납품을 3개월 앞당겼으면 하는데, 대응이 가능한가요?

納品を3ヶ月早めてほしいんですが、対応してもらえますか。

실전회화

A 納品を3ヶ月早めてほしいんですが、対応してもらえますか。
   납품을 3개월 앞당겼으면 하는데, 대응이 가능한가요?

B これ以上納期を早めることはどうしても無理です。
   더 이상 납기를 앞당기는 것은 아무래도 무리예요.

다른 업자가 파격적인 가격으로 최고 사양의 기종을 팔려고 내놓고 있어서 상층부에서도 거래를 바꾸라고 난리거든요.

他の業者さんが破格の安さで最高スペックの機種を売り込んで
いるので、上層部でも乗り換えろとうるさいんです。

* 乗り換える 갈아타다

중역들로부터 사양을 올려 달라는 요청이 있어서요.

重役たちからスペックをあげてほしいという要望がありまして。

인지도가 낮은 저희 회사에 비즈니스 기회를 주셨으니 요청에 답해 드리죠.

認知度の低かった当社にビジネスチャンスをくださいましたか
ら、ご要望にお応えしましょう。

현실적 문제로서 사양을 올릴 수가 있나요?

現実問題としてスペックをあげることができますか。

A 現実問題としてスペックをあげることができますか。
현실적 문제로서 사양을 올릴 수가 있나요?

B 時間の余裕さえあれば、提示していたスペックよりさらに上の性能を実
現させて見せます。
시간적 여유만 있다면 제시했던 사양보다 훨씬 높은 성능을 실현시켜 보이겠습니다.

똑같은 사양의 제품이 발매되고 있는 문제에 대해서 급히 논의해야 해요.

同じスペックの製品が発売されている問題について至急話し合
わなければなりません。

수주량에 변동이 있어요.

受注量に変更がございます。

업무 제휴를 백지로 되돌릴 수도 있어요.

業務提携を白紙に戻すこともあり得ます。　　　　＊あり得る 있을 수 있다

영업력 부족으로 주문한 분량을 다 팔지 못하게 되었어요.

営業力不足で注文した分を売りさばくことが難しくなりました。

제멋대로라고 할지 모르지만 저희 회사에는 저희 나름대로의 사정이 있어서요.

身勝手だと思われるかもしれませんが、弊社には弊社の都合と
いうものがありまして。

Biz tip 협상 조건 변경에 대해 이해를 구하는 표현이에요.

계약서에 쓰여 있지 않은 서비스를 요구하시면 곤란해요.

契約書に書かれていないサービスを要求されるのは困ります。

이메일과
기타 문서

일상 업무에서 이메일은 이미 보편화되었습니다. 기록을 남길 수 있다는 점에서도 비즈니스 메일을 써야 할 기회가 많아졌는데요. 메일은 편리한 매체이기는 하지만 경우에 따라서는 본의 아니게 실례를 범할 때도 있습니다. 친한 사이일수록 예의를 지켜야 믿음을 줄 수 있겠죠? 이번 파트에서는 지인들에게 보내는 메일보다는 정중하면서 비즈니스 문서보다는 알기 쉽고 부드러운 표현들을 배워 보겠습니다. 마지막 챕터에서는 보고서나 기획서 같은 비즈니스 문서를 작성할 때 필요한 표현들도 배워볼 텐데요. 다소 어려운 어휘나 경어표현이 나와서 힘들 수 있지만 마지막 파트인 만큼 정상을 향해 힘을 내 봅시다!

인사와 용건

🎧 10-1.mp3

인사하기

처음으로 메일드립니다.
はじめてメールいたします。
はじめてメールをさしあげます。

＊ さしあげる 드리다

갑작스레 메일을 보내서 실례가 많습니다.
突然のメールで失礼いたします。

오랜만입니다.
お久しぶりです。

잘 지내셨나요?
お元気でしたか。

별고 없으세요?
お変わりありませんか。
お変わりなくお過ごしでしょうか。

＊ 過ごし 지냄

Biz tip 'お+ます형+です(～하시다)'의 꼴로 존경어를 만들 수 있어요.

오래 연락을 못 드렸는데 어떻게 지내시나요?
ご無沙汰しておりますが、いかがお過ごしでしょうか。

＊ 無沙汰 격조

한동안 만나 뵙지 못했지만 건강하게 지내시리라 생각해요.
しばらくお会いしていませんが、お元気でお過ごしのことと存じます。

Biz tip 비즈니스 메일 중에서도 격식을 갖추어야 할 경우에는 '～と思う' 대신에 '～と存じる'를 쓰면 좋아요.

올해도 반이 지나갔는데 어떻게 지내십니까?
今年も後半になりましたが、いかがお過ごしでしょうか。

＊ 後半 후반

점점 기온이 올라 신록의 계절이네요.
だんだん気温が上がって新緑の季節ですね。

561

이번엔 큰일 치르셨네요.
この度は、大変でしたね。

요전 날에는 실례가 많았어요.
先日は失礼いたしました。

늘 신세가 많습니다.
いつもお世話になっております。

Biz tip 인사말 중에 가장 많이 쓰는 표현으로 업무적 관계가 발생한 이후에 씁니다.

고객 여러분께는 평소에 신세가 많습니다.
クライアントのみな様には平素お世話になっております。

Biz tip 다수를 대상으로 메일을 보낼 때 좋은 인사말이에요.

일도 순조로울 것이라 짐작합니다.
お仕事も順調なことと存じます。

일은 잘되나요?
お仕事はうまくいっていますか。

Biz tip 격식을 차릴 필요가 없는 메일에서는 일반 회화체를 써도 무방해요.

도와 드릴 수 있어서 기뻤어요.
お手伝いができてうれしかったです。

함께 일을 할 수 있어서 영광이에요.
ごいっしょにお仕事ができて光栄です。

감사하기

바쁘신데 메일 감사합니다.
お忙しい中、メール、ありがとうございます。

빠른 답장 감사합니다.
さっそくのご返信、ありがとうございます。
さっそくお返事をいただき、うれしく思います。

연락 주셔서 감사합니다.
ご連絡いただき、ありがとうございます。

문의 감사합니다.
お問い合わせ、ありがとうございます。

덕분에 매진되었습니다.
おかげさまで、完売いたしました。 　　　　　　　　　　*完売 완판

계속적인 관심 감사합니다.
引き続きのご関心、ありがとうございます。

주문해 주셔서 감사합니다.
ご注文いただき、ありがとうございました。

Biz tip 과거에 완료된 일에 대해서는 ありがとうございました를 쓰는 것이 일반적이지만, 현재까지 감사하는 마음이 지속된다는 의미에서 과거 일에도 ありがとうございます를 쓸 수 있어요.

거래해 주셔서 매우 기쁘게 생각해요.
お取引させていただき、大変うれしく思います。

이번에는 첫 거래 감사합니다.
この度は、はじめてのお取引、ありがとうございます。

이번에는 구입 감사합니다.
この度は、お買い上げ、ありがとうございました。

이번에는 자료를 보내 주셔서 감사합니다.
この度は、資料を送っていただき、ありがとうございました。

설문 조사에 협조해 주셔서 감사합니다.
アンケートにご協力いただきまして、ありがとうございました。
　　　　　　　　　　　　　　　　　　　　　　　*協力 협력

신속하게 대응해 주셔서 감사해요.
さっそく、ご対応していただき、感謝しています。

늘 신경 써 주셔서 감사합니다.
いつもお心遣いいただきまして、ありがとうございました。

지적 감사합니다.
ご指摘、ありがとうございました。

평소부터 여러 가지로 마음 써 주셔서 대단히 고맙게 생각해요.
平素より何かとお気づかいいただき、まことにありがたく存じます。
　　　　　　　　　　　　　　　　　　　　　　*気づかい 염려

평소 특별히 돌봐 주셔서 감사합니다.

平素はお引き立ていただき、ありがとうございます。

＊引き立て 후원

따뜻하게 도와주신 덕분이라고 진심으로 감사 말씀드립니다.

暖かいご支援のおかげと、心よりお礼申し上げます。 ＊支援 지원

여러모로 힘써 주셔서 감사합니다.

いろいろとお骨折りいただきまして、ありがとうございます。

＊骨折り 수고

대단히 유익한 의견 감사합니다.

非常に有益なご意見、ありがとうございます。

소개하기

박○○입니다.

パクです。

Biz tip 자주 메일을 주고받는 사이라면 자기소개는 간단하게 해도 돼요.

주식회사 도트콤의 윤○○입니다.

株式会社ドットコムのユンです。

한국상사 영업부의 김○○입니다.

韓国商事営業部のキムでございます。

저는 도쿄상사라는 회사에서 영업을 담당하고 있는 과장 다나카 히로시라고 합니다.

私、東京商事という会社で営業を担当している課長の田中寛と
申します。

Biz tip 처음 보내는 메일에서 격식을 갖춰 자신과 소속을 소개하는 표현이에요.

마케팅을 담당하는 신난다입니다.

マーケティングを担当しているシン・ナンダです。

Biz tip 풀 네임으로 자신을 소개할 때 성과 이름 사이에 '·'를 찍어 구분합니다.

주식회사 쓰타야 채용 담당 아베입니다.

株式会社ツタヤ、採用担当の阿部です。

이번에 귀사를 담당하게 된 최지원이라고 합니다.

この度、御社を担当することになりました、チェ・ジウォンと
申します。

한국에서 무역업을 하고 있어요.

韓国で貿易業を営んでおります。　　　　　　　　　　　　＊営む 경영하다

서울상사 총무부 1과에 근무하는 다카하시 쓰토무라고 합니다.

ソウル商事総務１課の高橋努と言います。

며칠 전 '기업 세미나'에서 뵌 한국상사의 강○○입니다.

先日、「企業セミナー」でお会いした韓国商事のカンです。

Biz tip　알게 된 계기를 덧붙이면 친근감과 신뢰감을 줄 수 있어요.

지난달에 도쿄 전시회에서 뵙고 명함을 받은 이태호라고 합니다.

先月東京の展示会でお目にかかり、お名刺をいただいたイ・テ
ホでございます。

A　先月東京の展示会でお目にかかり、お名刺をいただいたイ・テホでござ
　　います。覚えていらっしゃいますか。
　　지난달에 도쿄 전시회에서 뵙고 명함을 받은 이태호라고 합니다. 기억하시나요?
B　確か、韓国からいらっしゃった方でしたね。아마 한국에서 오신 분이었죠?

저희 회사는 컴퓨터 회사입니다.

弊社はコンピューター会社です。

저희 회사는 보험 사업을 하고 있어요.

弊社は保険事業を行っております。

당사는 컴퓨터에 장착하는 카메라를 만드는 회사예요.

当社はパソコンに装着するカメラを作る会社です。

주로 해외 사업을 맡고 있는 고○○라고 합니다.

主に海外事業を任されているゴと申します。　　　　　　　＊任す 맡기다

동료인 고바야시에 대해 소개하게 해 주세요.

同僚の小林についてご紹介させてください。

Biz tip　'ご紹介します(소개할게요)'라고 말할 수도 있지만 상대방에게 허락을 구하는 'ご+한자+させて
ください' 문형도 많이 써요.

연락 계기
설명하기

일본상사의 다나카 씨 소개로 메일을 드립니다.

日本商事の田中様のご紹介でメールをさしあげます。

Biz tip　일본은 비즈니스에서 누군가의 소개를 상당히 중요하게 여깁니다.

스카이무역의 박○○ 씨한테 소개를 받고 연락드렸어요.

スカイ貿易のパクさんに紹介されて、ご連絡しました。

김○○ 씨로부터 소개받은 서울상사의 오○○라고 합니다.

キムさんからご紹介されました、ソウル商事のオと申します。

이번에 저희 회사와 거래가 있는 오사카 에이전시의 소개로 메일드렸습니다.

この度は、弊社と取引のある大阪エージェンシーさんのご紹介
でメールいたしました。

어제 전화로 말씀드린 건으로 메일드렸어요.

昨日お電話でお話しした件でメールしました。

트위터에서 메일 주소를 알고 메일드렸어요.

ツイッターでメールアドレスを知り、メールいたしました。

마침 저희 회사가 구하고 있던 상품입니다.

ちょうど弊社が求めていた商品です。

귀사의 홈페이지를 보고 연락드렸습니다.

貴社のホームページを拝見してご連絡させていただきました。

며칠 전 귀사의 제품 카탈로그를 보았습니다.

先日、御社の製品カタログを拝見いたしました。

귀사의 구인광고를 신문에서 봤어요.

御社の求人広告を新聞で見ました。

귀사는 강력 테이프를 찾고 계시다고 들었어요.

御社は強力テープを探していらっしゃると伺いました。

* 伺う 듣다(겸양어)

Biz tip '〜と伺う(〜라고 듣다)'라는 문형은 연락한 계기를 설명할 때 많이 써요.

지난달 새로운 스마트폰을 출시하셨다고 들었어요.

先月新しいスマホを発売されたとお聞きしました。 * 発売 발매

그쪽 회장에서 다음 달 초부터 중소기업 박람회가 열린다고 들었어요.

そちらの会場で来月初めから中小企業博覧会が開かれると聞き
ました。　　　　　　　　　　　　　　　　　　＊開く 개최하다

도쿄 빅사이트에서 열린 전시회에서 귀사의 제품을 알게 되었어요.

東京ビッグサイトで開かれた展示会で御社の製品を知りました。

용건 밝히기

제품에 관한 일로 질문이 있어요.

製品のことで質問がございます。

제가 할 수 있는 일은 없을까 싶어 메일드렸어요.

私にできることはないかと思い、メールしました。

> **Biz tip** '내가 할 수 있는 일'은 일본어로 '私にできること'입니다. 조사에 유의하세요.

의뢰하신 건으로 메일드렸어요.

ご依頼の件でメールいたしました。

신청하신 건으로 연락드렸어요.

お申し込みの件でご連絡させていただきました。

이번에 신상품이 입하되었기에 소개드립니다.

この度は新商品が入荷しましたのでご紹介いたします。

상품 문의에 대해서 답변드립니다.

商品のお問い合わせについてご回答します。

실은 송년회 총무 일로 메일드렸어요.

実は忘年会の幹事のことで、メールしました。

귀사 제품에 매우 관심이 있어요.

貴社の製品に大変興味があります。

귀사의 사원 교육 매뉴얼에 큰 관심이 있어요.

貴社の社員教育マニュアルに大きな関心があります。

상품 번호 0020에 대해 보다 자세히 알고 싶었어요.

商品番号0020についてより詳しく知りたいと思いました。

카탈로그에 실려 있지 않은 모델을 찾고 있어요.

カタログに載っていないモデルを探しています。　　　　*載る 실리다

업무 창구의 변경 안내문을 받고 메일드렸어요.

業務窓口変更のお知らせを受けてメールいたしました。

재고 확인을 위한 메일입니다.

在庫確認のためのメールです。

구입해 주신 고객님께 설문 조사를 하고 있어요.

お買い上げいただいたお客様にアンケートを行っております。

Biz tip　고객이 구입하는 행위를 높여서 'お買い上げ(구입)'라고 해요.

방금 전 메일은 실수였어요. 삭제해 주세요.

先ほどのメールは間違いでした。削除してください。

어제 평면 TV 견적을 받았어요.

昨日、薄型テレビのお見積りをいただきました。　　　　*薄型 슬림형

아래 글은 의뢰하신 내용입니다.

以下はご依頼のあった内容です。　　　　*以下 이하

만나 뵐 수 있으면 좋겠다고 생각해서 연락드렸어요.

お会いできればと思い、ご連絡させていただきました。

Biz tip　격식을 차려서 메일을 쓸 때는 중지법이라고 해서 'ます형'의 형태로 문장을 잇는 경우가 많아요. 그래서 思って가 아니라 思い가 된 거예요.

| 수취 확인 |

메일 잘 보았습니다.

メール、拝見しました。

Biz tip　일본에서는 비즈니스 메일의 경우 반드시 수취 확인 메일을 보냅니다. 사안의 성격상 시간이 걸린다면 언제까지 답변을 하겠다는 메일을 먼저 보내는 것이 기본 예의예요.

메일 분명히 받았습니다.

メール、確かに受け取りました。

メール、確かに拝受しました。　　　　*拝受する 받다(겸양어)

근황을 들려주셔서 우선 안심이 되네요.

ご近況をお聞かせいただき、一安心です。

568

5월 1일자로 받은 메일에 대해 답변드립니다.

5月１日づけでいただいたメールについてお返事させていただ
きます。

* ～づけ ～일자

며칠 전 4월 2일자로 주신 메일에 관해 알려 드릴 것이 있어요.

先日4月2日づけでいただいたメールに関しまして、お知らせが
あります。

보내 주신 샘플이 오늘 자로 도착했습니다.

お送りくださったサンプルが本日づけで届きました。

좀처럼 연락을 못 드려 죄송합니다.

なかなかご連絡できなくてすみません。

なかなかご連絡ができず、申し訳ありません。

Biz tip 메일 확인이 늦거나 답장이 늦는 것은 상당한 실례예요.

바로 연락을 못 드려 죄송합니다.

すぐにお返事ができなくてすみませんでした。

답장이 매우 늦어져서 실례가 많았습니다.

お返事が大変遅くなり、失礼いたしました。

갑작스런 출장으로 답장이 늦어져 버렸네요.

急な出張で、お返事が遅れてしまいました。

Biz tip 메일이 늦은 이유를 간단하게 덧붙이면 좋아요.

실은 컴퓨터 시스템 문제로 며칠간 메일 체크를 못했습니다.

実はパソコンのシステムトラブルにより、数日間メールのチェッ
クができませんでした。

앞으로 연락이 늦어지는 일은 아마 없을 겁니다.

今後ご連絡が遅れるようなことはまずありません。   * まず 아마도

그 건에 관해서는 지금 바로는 답변을 드리기 힘듭니다.

その件に関しましては、今すぐにはお返事できません。

이틀 전에 보내 드린 메일은 보셨나요?

二日前にお送りしたメールはご覧になりましたか。

Biz tip 상대가 수취 확인 메일을 보내 주지 않으면 어쩔 수 없이 이렇게 확인을 해야 합니다. 이런 일이 생기
지 않도록 일본 회사와 메일을 주고받을 때는 특히 신경 쓰세요.

Chapter 2

일정 조율

🎧 10-2.mp3

**만남
제안하기**

프레젠테이션 전에 한 번 뵙고 싶네요.

プレゼンの前に一度お会いしたいです。

이 프로젝트가 끝나면 한잔하러 가지 않으실래요?

このプロジェクトが終わりましたら、飲みに行きませんか。

한 번 뵙고 직접 말씀을 듣고 싶은데 어떠신가요?

一度お会いして、直接お話を伺いたいのですが、どうでしょうか。

* 伺う 듣다(겸양어)

인사라도 드리려고 생각 중인데 시간은 어떠세요?

ご挨拶でもと思っておりますが、ご都合はどうですか。

* 都合 형편

귀사에 방문하고 싶은데, 형편은 어떠신가요?

御社へ伺いたいと存じますが、ご都合のほうはいかがでしょうか。

* 伺う 방문하다(겸양어)

의견을 여쭙고 싶은데 시간을 내주실 수 없을까요?

ご意見を伺いたいので、お時間を作っていただけないでしょうか。

회의를 예정하고 있는데 시간이 되는 날을 알려 주세요.

ミーティングを予定しておりますが、ご都合のいい日をお知らせください。

* 知らせる 알리다

바쁘신 줄은 알지만, 아무쪼록 시간을 내주시면 기쁘겠습니다.

お忙しいとは存じますが、どうかお時間を割いていただければ幸いです。

* 幸い 행복함

Biz tip '~ていただければ幸いです'는 비즈니스 문서나 메일에서 자주 쓰는 표현인데요. 간절히 바란다는 마음을 전하는 데 효과적입니다.

다음 주는 출장이 끼어 있어서 이번 주 중에 뵐 수 없을까요?

来週は出張が入っておりますので、今週中にお会いできないでしょうか。

점심 식사라도 함께하고 싶은데, 어떠신가요?

お昼でもごいっしょにと考えておりますが、いかがでしょうか。

가능하시면 한 번 한국에 와 주실 수 없을까요?

できましたら、一度韓国に足を運んでいただけないでしょうか。

*足を運ぶ (실제로) 가 보다

혹시 괜찮으시면 저희 회사에 왕림해 주시면 큰 도움이 되겠습니다.

もしよろしければ、弊社にお越しいただければ助かります。

*助かる 도움이 되다

모리타 씨가 꼭 만나 뵙고 싶다고 하는데 어떻게 할까요?

森田がぜひお会いしたいと申しておりますが、いかがいたしましょうか。

Biz tip 일본어는 경어가 발달된 언어라서 어떤 동사를 썼느냐에 따라 어떤 관계인지를 짐작할 수 있죠. 申す는 자기 쪽 사람을 낮출 때 쓰는 겸양 동사이므로 '모리타 씨'는 화자의 동료나 상사이고 이 메일을 받는 사람은 거래처 사람이 되겠네요.

약속 시간 정하기

8월 3일 오후 2시쯤은 어떠신가요?

8月3日、午後2時ごろはどうでしょうか。

내일 방문해도 될까요?

明日、お訪ねしてもよろしいでしょうか。

언제가 가장 좋으신가요?

いつが一番よろしいですか。

다음 주 월요일에 귀사에 찾아가고 싶은데, 기무라 부장님 스케줄은 어떠신가요?

来週の月曜日に御社に伺いたいと思いますが、木村部長のスケジュールはいかがでしょうか。

예정이 비어 있는 날은 있으신가요?

ご予定に空きがある日はございますでしょうか。　　　*空き 빈자리

Biz tip 원래 '~でしょう' 앞에는 보통체가 오는 것이 일반적이지만, 문서나 메일의 경우에는 정중함을 더하기 위해서 ます체도 허용돼요.

희망하시는 날짜와 시간은 있으신가요?

ご希望の日時はおありでしょうか。　　　*日時 일시

그러니 형편이 좋은 날짜와 시간을 알려 주세요.

つきましては、ご都合のよい日時をお知らせください。

Biz tip つきましては는 비즈니스 메일이나 스피치 등에서 많이 쓰는 표현인데요. 앞에서 언급한 내용에 근거하여 이야기를 다음으로 연결하는 역할을 하죠. '그 일에 관해서', '그런고로'의 뉘앙스입니다. 참고로 つきましては 뒤에는 부탁이나 의뢰 사항이 오는 경우가 많아요.

저로서는 내일이 좋아요.

私といたしましては、明日がいいです。

Biz tip 'としては(로서는) → としましては → といたしましては'의 순서로 정중도가 높아져요.

월요일이라면 괜찮아요.

月曜日なら大丈夫でございます。

언제라도 상관없어요.

いつでもかまいません。

가능하시다면 5월 22일이 좋지 않을까 싶네요.

できましたら、５月22日がいいかと存じます。

이번 주로 부탁드립니다.

今週中にお願いします。

마침 그 주는 일정이 꽉 차 있어요.

あいにくその週は塞がっております。　　　　　　　　* 塞がる 가득 차다

**약속 장소
정하기**

장소는 어디로 할까요?

場所はどちらにいたしましょうか。

어딘가 밖에서 회의를 하고 싶은데 장소를 결정해 주세요.

どこか外で打ち合わせをしたく存じますが、場所をお決めください。

좀 더 차분히 이야기를 할 수 있는 곳을 몇 군데 픽업했으니 골라 주세요.

もう少し落ち着いてお話ができるところを数ヵ所ピックアップ
しましたので、お選びください。　　　　　　　　* 選ぶ 선택하다

간단한 프레젠테이션이 있을 예정이라서 카페에서는 무리가 있어요.

簡単なプレゼンがありますので、カフェでは無理があります。

역 근처가 좋겠네요.
駅の近くがいいですね。

저희 회사 회의실에서 회의를 열고 싶은데요.
弊社の会議室におきまして、会議を開きたいのですが。

*～におきまして=～で

자료가 전부 사무소에 있어서 이쪽이 좋지 않을까 싶어요.
資料がすべて事務所にありますので、こちらのほうがよろしいかと思います。

회의 장소는 저희들에게 맡겨 주세요.
打ち合わせの場所は私どもにお任せください。 *～ども=～たち (겸양어)

저희 회사 회의실이라면 언제라도 상관없어요.
当社の会議室でしたら、いつでもかまいません。

지도는 아래 URL에서 다운로드 할 수 있어요.
地図は下記のURLよりダウンロードできます。

소회의실 예약을 잡을 수 있는지 알아볼게요.
小会議室の予約がとれるか調べてみます。 *予約をとる 예약을 잡다

약속 변경

대단히 죄송하지만 스케줄을 바꿀 수는 없을까요?
大変申し訳ありませんが、スケジュールを変えることはできませんか。

전시회 준비가 있어서 가능하면 다다음 주로 해 주셨으면 해요.
展示会の準備がありますので、できれば再来週にしていただきたいです。

급한 볼일이 생겨서 약속 날을 바꿔야 해요.
急用ができてしまい、お約束の日を変えなければなりません。

이벤트와 미팅 날짜가 겹쳐 버렸어요.
イベントとミーティングの日が重なってしまいました。

*重なる 중복되다

올해 마지막 회의와 연휴가 겹쳤다는 사실을 깨달았어요.
今年最後の打ち合わせと連休が重なることに気付きました。

전화 회의로 바꿔 주셨으면 해요.

電話会議に変えていただきたいです。

내일 간담회 건 말인데요, 장소를 바꿔도 될까요?

明日の懇談会のことですが、場所を変えてもよろしいでしょうか。

시간을 앞당기든지 연기하든지 정해야 해요.

時間を繰り上げるか延ばすか決めないといけません。

시간을 늦춰 줄 수 있나요?

時間を繰り下げてもらえますか。 ＊繰り下げる 늦추다

공장 견학을 한 달 정도 늦출 수 있나요?

工場の見学を１カ月ほどずらしていただくことはできるでしょうか。 ＊ずらす 비껴 놓다

약속을 일단 취소했으면 해요.

お約束を一旦キャンセルさせていただきたいです。

약속해 두고서 대단히 실례지만 면담을 취소하게 해 주세요.

お約束しておいて大変失礼ですが、面談をキャンセルさせてください。

부장님 예정이 이번 주 말에는 결정되니까 확정되는 대로 알려 드리겠습니다.

部長の予定が今週末には決まりますので、確定次第お知らせいたします。 ＊〜次第 〜하는 대로

그날은 사정이 나빠서 만나 뵐 수 없을 것 같군요.

その日は都合が悪く、お会いできそうにありません。 ＊〜そうにない 〜할 것 같지 않다

그래서 다음 주는 도저히 시간을 낼 수가 없어요.

そのため、来週はどうしても時間がとれません。

안타깝게도 그날에는 선약이 있어요.

残念ながら、その日には先約がございます。

내일은 무리입니다.

明日は無理です。

조금 늦을지도 모르겠으니 이해해 주세요.

少し違<ruby>遅<rt>おく</rt></ruby>れるかもしれないのでご<ruby>理解<rt>りかい</rt></ruby>ください。

사정이 안 좋을 것 같으시면 회의를 연기해도 상관없어요.

ご都合が悪いようでしたら、打ち合わせを<ruby>延期<rt>えんき</rt></ruby>してもかまいません。

모처럼 시간을 잡아 주셨는데 죄송해요.

せっかくお時間を取っていただきましたのに、申し訳ありません。

약속 확인

약속 확인을 하겠습니다.

お<ruby>約束<rt></rt></ruby>の<ruby>確認<rt>かくにん</rt></ruby>をさせていただきます。

확인하겠는데요, 5월 10일로 괜찮으신가요?

ご確認しますが、5月10日でよろしいでしょうか。

이번 주 회의는 다음 주로 연기되었음을 알려 드립니다.

今週の打ち合わせは来週に<ruby>延期<rt>えんき</rt></ruby>されたことをお知らせします。

7월 20일, 장소는 시나가와호텔이 맞아요?

7月20日、<ruby>場所<rt>ばしょ</rt></ruby>は品川ホテル、ということでよろしいでしょうか。

Biz tip '~ということでよろしいでしょうか(~라는 것으로 괜찮은가요?=~가 맞나요?)'는 확인할 때 많이 쓰는 문형이에요. 앞에는 확인하는 구체적 사항이 나와요.

회의 예정이 변경되었다는 연락은 받았나요?

会議の<ruby>予定<rt>よてい</rt></ruby>が変わったとの連絡は入りましたでしょうか。

회의에 사장님도 오신다고 생각해도 될까요?

打ち合わせに社長もいらっしゃると考えてよろしいでしょうか。

견학에 이 부장님은 오시나요?

<ruby>見学<rt>けんがく</rt></ruby>にイ部長はいらっしゃるのでしょうか。

담당자는 몇 분 정도 참석하시나요?

ご<ruby>担当者<rt>たんとうしゃ</rt></ruby>は<ruby>何名様<rt>なんめいさま</rt></ruby>ほどご<ruby>出席<rt>しゅっせき</rt></ruby>なさるでしょうか。

회의실 예약을 잊지 않도록 부탁드려요.

会議室のご予約をお忘れなくお願いいたします。

Chapter 3

정보 공지 및 안내

10-3.mp3

이메일 주소 및 답장안내

메일 주소는 이것입니다.

メールアドレスはこちらです。

새 메일 주소입니다.

新しいメールアドレスでございます。

합병 때문에 메일 주소가 바뀝니다.

合併のため、メールアドレスが変わります。

合併のため、メールアドレスが変更になります。　　　　＊変更 변경

메일이 스팸메일로 처리되지 않는지 확인해 주세요.

メールが迷惑メールにされていないかご確認ください。

당분간 예전 주소도 사용 가능합니다.

当分、旧アドレスもお使いになれます。

> **Biz tip** 使う를 존경 표현으로 바꾸면 お使いになる가 되는데요. 이것을 다시 가능형으로 바꾸려면 なる
> 를 가능동사로 만들어야 하죠. 그래서 나온 것이 'お使いになれる(사용하실 수 있다)'입니다.

예전 주소로 보내 주시면 반송되니 주의해 주세요.

旧アドレスでお送りいただくと、リターンされるのでご注意く
ださい。

6월 1일을 넘어가면 예전 주소는 사용할 수 없게 됩니다.

６月１日を過ぎると、旧アドレスは使用できなくなります。

내용에 그림문자가 포함되어 있으면 수신되지 않는 경우가 있어요.

内容に絵文字が入っていると、受信されない場合があります。

받은 메일함이 가득 차 있어서 수신이 안 되는 것 같아요.

受信トレイがいっぱいで受信できないようです。　　　　＊トレイ 정리함

메일함 용량을 확인해 주세요.

メールボックスの容量をお確かめください。　　　　＊確かめる 확인하다

'CC'로 메일을 받은 분은 답장을 할 필요가 없어요.

「CC」でメールを受信された方は返信する必要がありません。

혹시 모르니까 'CC'로 저에게 보내 주세요.

念のために、「CC」で私にもお送りください。 ＊念のために 만일을 위하서

부재 알리기 및 자동 회신

현재 휴가 중입니다.

ただ今、休暇中でございます。
ただ今、休暇をいただいております。

2월 2일까지는 휴가로 인해 연락이 안 됩니다.

2月2日までは休暇のため、連絡ができません。

지금까지는 매주 일요일을 휴일로 해 왔지만 5월 1일로써 토, 일, 이틀간 쉬게 되었어요.

これまでは毎週日曜日を休日としてきましたが、5月1日をもちまして土日、二日間休むことになりました。

＊～をもちまして ～로써

24일부터 29일까지 출장 때문에 회사를 비웁니다.

24日から29日まで出張のため、会社を留守にします。 ＊留守 부재중

바로 답장을 하지 못할 것 같네요.

すぐにはお返事、できかねるかと存じます。 ＊～かねる ～하기 어렵다

실전예문

ただいま海外出張に出かけております。常時メールはチェックしておりますが、メール事情などの関係ですぐにお返事、できかねるかと存じます。12月9日には会社に戻ります。どうぞご了承ください。

현재 해외 출장을 나가 있어요. 항시 메일은 체크하고 있지만 메일 사정 등의 관계로 바로 답장을 하지 못할 것 같네요. 12월 9일에는 회사로 돌아옵니다. 아무쪼록 양해 바랍니다. ＊了承 양해, 납득

대단히 죄송하지만 돌아와서 연락드리죠.

大変申し訳ありませんが、帰ってからご連絡いたします。

주문 등의 메일은 다나카라는 사람이 대리로 접수합니다.

ご注文等のメールは、田中というものが代理で受け付けます。

회의가 끝나면 연락드리겠습니다.

会議の後、ご連絡します。

돌아오는 대로 연락드릴게요.

戻り次第、ご連絡さしあげます。

급하신 경우에는 휴대폰으로 전화 주세요.

お急ぎの場合はケータイのほうにお電話ください。

용건이 있으신 분은 090-8798-9892로 연락 주세요.

ご用件の方は090-8798-9892までご連絡ください。

전직 · 전근 및 후임자 소개

다른 부서로 옮기게 되었어요.

他の部署に移ることになりました。

이번에 부서가 바뀌게 되어 인사차 찾아뵙고 있어요.

この度、部署が変わることになり、ご挨拶に伺っております。

이번 인사이동에서 홍보부로 가는 것이 정해졌어요.

今回の人事異動で広報部に行くことが決まりました。

Biz tip 인사이동이라고 하면 보통은 移動라고 하기 쉬운데 다른 곳으로 간다는 의미에서 異動라는 한자를 쓴다는 점에 유의하세요.

규슈 영업소로 이동하게 되었어요.

九州の営業所へ異動となりました。

오사카로 전근 가게 되었어요.

大阪に転勤することになりました。　　　　＊～ことになる ～하게 되다

이번에 도쿄상사를 퇴사하고 4월 1일부터 서울상사에서 일하게 되었어요.

この度、東京商事を退社し、4月1日よりソウル商事で働くことになりました。

갑작스럽지만 다음 달 도쿄상사를 퇴사하게 되었어요.

突然ですが、来月東京商事を退社することになりました。

3년에 걸친 오랜 동안 대단히 신세를 졌습니다.

３年にわたる長い間、大変お世話になりました。

＊～にわたる ～에 걸친

여러 해에 걸쳐 신세 졌어요.

長年にわたり、お世話になりました。　　　　＊長年 긴 세월

다나카 씨 도움이 없었다면 지금의 저는 없어요.

田中さんのサポートがなかったら、今の私はいません。

지난달까지 귀사를 담당했던 강 말인데요, 중국으로 전근을 가게 되었어요. 귀사와는
오랫동안 업무상의 교제를 가졌으므로 안부 전해 달라고 하더군요.

先月まで御社を担当させていただいたカンですが、中国のほう
へ転勤になりました。御社とは長いお付き合いでしたのでよろ
しくと申しておりました。

Biz tip 전근을 가는 본인이 전근 사실을 알리지 못했을 경우에는 동료나 상사가 대신 안부를 전합니다.

분야는 다르지만 앞으로도 잘 부탁드립니다.

フィールドは違いますが、今後ともよろしくお願いいたします。

연락처가 정해지는 대로 알려 드릴게요.

連絡先が決まり次第、お知らせします。

제 후임으로 와타나베가 귀사를 담당하게 되었어요.

私の後任として渡辺が御社を担当することになりました。

존슨이 제 후임이 됩니다.

ジョンソンが私の後任になります。

제 후임자인 박○○이 업무를 이어받습니다.

私の後任者のパクが業務を引き継ぎます。　　　　　　　＊引き継ぐ 계승하다

제 후임인데요, 모리타라는 사람이 취임할 예정입니다.

私の後任ですが、森田という者が就任する予定でございます。

아직 인수인계가 끝나지 않았어요.

まだ引き継ぎが終わっていません。

후임은 김○○이 맡습니다.

後任はキムが務めさせていただきます。　　　　　　　＊務める (임무를) 맡다

후임인 강○○은 회계사여서 여러 가지로 도움이 되리라 생각해요.

後任のカンは会計士ですので、何かとお役に立つと思います。

＊役に立つ 도움이 되다

그야말로 적임자라고 생각해요.

彼こそ適任者だと思っております。

새로운 곳에서의 도전이 기대돼요.

新しいところでの挑戦が楽しみです。

근처에 들르실 때는 꼭 말씀해 주세요.

ぜひお近くにお立ち寄りの際はお声をかけてください。

* 声をかける 부르다

공지 및
통지

가격 변경 알림. 〈제목〉

価格変更のお知らせ。

Biz tip 이메일의 제목을 일본어로는 件名라고 하는데요. 제목만 읽고도 어떤 내용이 포함되어 있는지 명확하게 이해할 수 있도록 씁니다.

오피스 이전에 대한 알림. 〈제목〉

オフィス移転についてのお知らせ。

저희 회사는 다음 달 아카사카 쪽으로 사무실을 이전합니다.

弊社は来月赤坂のほうにオフィスを移転します。

Windows XP 지원 종료에 대한 안내. 〈제목〉

Windows XPのサポート終了についてのご案内。

신상품을 발매합니다.

新商品を発売いたします。

이달부터 엘리베이터 내부도 금연이 됩니다.

今月からエレベーター内も禁煙となります。

이 메일로써 수주 접수가 완료됩니다.

このメールをもちまして、受注の受付が完了します。

본 서비스는 4월 5일로써 종료됩니다.

当サービスは4月5日をもって、終了となります。

이사 작업 때문에 16시에 업무를 종료합니다.

引っ越し作業のために、16時にて業務を終了いたします。

* ～にて＝～に

다음 번 회의에 대해서는 아래와 같습니다.

次回の打ち合わせにつきましては、下記のとおりです。

* ～につきましては＝～については

이 상품은 이전 가격으로 구입하실 수 있습니다.

この商品は以前の価格でお求めいただけます。 *求める 사다

고객님께 최신 정보를 전해 드리기 위해 홈페이지를 개설했어요.

お客様に最新の情報をお届けするため、ホームページを開設しました。

취급 상품을 비롯하여 여러 가지 정보를 싣고 있어요.

取り扱い商品をはじめ、いろいろな情報を載せています。

*〜をはじめ 〜을 비롯하여

회의 일정을 알려 드립니다.

会議の日程をお知らせします。

10년째가 되어 리뉴얼했어요. 본격적인 리뉴얼 오픈은 1월 15일부터입니다.

10年目にしてリニューアルしました。本格的なリニューアルオープンは1月15日からでございます。

Biz tip '〜にして'에는 '〜이면서', '〜에게', '〜하면서도' 등의 뜻이 있는데요. 이 문장에서는 어떤 시점을 의미하는 '〜이 되어서', '〜에 와서'의 뜻이에요.

직전에 통지해서 죄송한데요, 저희 회사는 4월 8일에 휴업합니다.

直前のお知らせで恐縮ですが、当社は4月8日にお休みをいただきます。

*恐縮 죄송함

당사는 서버 유지 및 보수 때문에 임시 휴업에 들어갑니다.

当社はサーバー・メンテナンスのため、臨時休業に入ります。

8월 17일부터 나고야에서 영업을 개시합니다.

8月17日より名古屋にて営業を開始します。 *にて=で

9시부터 17시 30분까지의 영업시간이 9시에서 19시까지가 됩니다.

9時より17時半までの営業時間が9時より19時までとなります。

이번에 가격을 올리게 되었습니다.

この度、価格を値上げさせていただくことになりました。

모두 200개 아이템 중에서 100개 아이템을 가격 인상합니다.

全200アイテムのうち、100アイテムを値上げさせていただきます。

저희 회사 제품의 가격을 수정하게 되었어요.

弊社の製品の価格を改定させていただくことになりました。

석유 가격 급등으로 가격을 인상하지 않을 수 없어요.

石油価格の高騰で値上げせざるを得ません。

Biz tip '~ざるを得ない(~해야만 한다)' 문형은 원래 ない 형에 접속하는데 する의 경우는 せざる가 돼요.

대대적으로 캠페인을 벌이게 되었어요.

大々的にキャンペーンを行うことになりました。

초대 및
회답

아래와 같이 창립 기념 파티를 거행합니다.

下記のとおり創立記念パーティーを行います。

파티 장소는 서울호텔이에요.

パーティ会場はソウルホテルです。

이번에 도쿄 빅사이트에서 전시회를 엽니다.

この度、東京ビッグサイトにおきまして、展示会を開きます。

＊~におきまして=~で

신상품 발표회를 안내드립니다.

新商品の発表会をご案内します。

또한 신상품 설명회를 실시하오니 혹시 괜찮으시면 참가해 주세요.

なお、新商品の説明会を行いますので、もしよろしければご参加ください。

여러분에게 이번 환영회에 대해 알려 드립니다.

みな様に今度の歓迎会についてお知らせします。

다나카 군의 환영회에 초대합니다.

田中君の歓迎会にご招待します。

여러분 의견을 듣고 나서 스케줄을 정할게요.

みなさんの意見を聞いてからスケジュールを決めます。

올해 테마는 '봄'으로 라인업도 다양하게 갖췄어요.

今年のテーマは「春」で、ラインナップも豊富に取りそろえました。

＊取りそろえる 모두 갖추다

꼭 참석해 주셨으면 합니다.

ぜひご出席いただきたいと存じます。

582

바쁘신 가운데 죄송하지만 꼭 나오시도록 부탁 말씀드립니다.

お忙しい中、恐縮ですが、ぜひお出かけくださいますよう、お
願い申し上げます。

매우 바쁘실 거라 생각하지만 왕림해 주시면 기쁘겠습니다.

ご多忙とは存じますが、ご来場いただければ幸いでございます。

＊多忙 다망

축하 행사로서 식사회에 초대하고 싶은데 그날 시간은 어떠세요?

お祝いとして食事会にご招待させていただきたいと思うのです
が、その日のご都合はいかがでしょうか。

서울에 쇼룸이 있으니 꼭 와 주세요.

ソウルにショールームがありますので、ぜひとも足を運んでく
ださい。

고객님이신 귀사도 왕림해 주셨으면 합니다.

クライアント様である御社にもお越しいただきたいと思います。

＊越し 왕림

주력 상품을 출품할 예정입니다.

主力商品を出品する予定です。

참석 여부를 메일로 알려 주세요.

参加するかどうか、メールでお知らせください。

바쁘시겠지만 이번 주 말까지 회신을 받고 싶어요.

お忙しいとは存じますが、今週末までにお返事をいただきたい
です。

희망하시는 참가 일시를 골라 주세요.

ご希望の参加日時をお選びください。

초대해 주셔서 감사합니다.

ご招待いただき、ありがとうございます。

기꺼이 참석하지요.

喜んで参加させていただきます。

다음 기회에는 꼭 참석하겠습니다.

次の機会にはぜひ参加させていただきます。

모처럼 청해 주셨는데 사정이 있어서 참석할 수 없어요.

せっかくのお誘いですが、都合により参加できません。

* 〜により 〜로 인해

바로 말씀드리면 파티에는 갈 수 없게 되었어요.

さっそくですが、パーティーには行けなくなりました。

저희 회사는 이 시기에 캠페인으로 매우 바빠요.

弊社はこの時期にキャンペーンでとても忙しいです。

584

Chapter 4

상황별 업무 메일

🎧 10-4.mp3

견적 문의

견적을 기다리고 있겠어요.
見積りをお待ちしております。

견적을 내 주시면 좋겠어요.
見積りを出していただければと存じます。　　　*見積りを出す 견적을 내다

100개의 추가 주문 견적을 부탁해요.
100個の追加注文の見積りをお願いいたします。

아래의 내용으로 견적을 송부해 주시면 좋겠습니다.
下記の内容でお見積りをご送付いただきたいです。

Biz tip 下記の形式を借りて商品名, 모델 번호, 수량 등을 따로 기재하는 경우가 많아요.

대략이어도 괜찮으니 비용 견적을 내 주시지 않겠어요?
大まかでいいので、費用を見積ってくださいませんか。

*大まか 대략적

그러니 서둘러 견적을 받을 수 있을까요?
つきましては、至急お見積りをいただけますでしょうか。

최저 가격의 견적을 메일로 보내 주세요.
最低価格の見積りをメールしてください。

최저 가격으로 견적을 내 주는 업자를 찾고 있어요.
最低の価格で見積りを出してくれる業者さんを探しています。

내 주신 견적으로는 저희 예산을 초과해 버립니다.
出していただいた見積りではこちらの予算をオーバーしてしまいます。

다시 견적서를 보내 주세요.
改めて見積書を送ってください。

저희 회사로 와 주시면 상담해 드리죠.
当社にお越しいただければ相談に乗ります。

서비스를 하루 이용하려면 얼마나 들까요?
サービスを一日利用するにはいくらぐらいかかるでしょうか。

신상품의 판매 가격을 알려 주세요.
新商品の販売価格をお教えください。

상품을 한꺼번에 많이 구입했을 경우의 합계 금액을 알려 주세요.
商品をまとめて購入した場合の合計金額をお知らせください。

* まとめる 합치다

샘플 및 자료 요청

상품 카탈로그도 보내 주세요.
商品のカタログもお送りください。

상품을 구입하기 전에 샘플을 사용해 보고 싶어요.
商品を購入する前にサンプルを使ってみたいです。

작년 프로젝트 매뉴얼이 필요해요.
去年のプロジェクトマニュアルが必要です。

일본 시장을 알기 위한 자료가 필요해요.
日本のマーケットを知るための資料がほしいです。

아래의 주소로 자료를 보내 주시면 좋겠어요.
下記の住所まで資料を送っていただければと存じます。

Biz tip いただければ 뒤에는 いいな, うれしいな, ありがたい, 幸いだ 등이 생략되어 있어요.

더불어 언제쯤이면 샘플을 받을 수 있는지 가르쳐 주시면 좋겠어요.
なお、いつごろでしたらサンプルをいただけるか、教えていただきたいです。

절차 등에 대한 정보를 원합니다.
手続きなどについての情報がほしいです。

설명회와 전시회 등의 정보가 있으시면 알려 주세요.
説明会や展示会などの情報がありましたら、お知らせください。

귀사가 개발한 앱에 관한 정보를 받을 수 있으면 좋겠어요.
貴社が開発したアプリに関する情報をいただければと存じます。

상품 번호 111의 샘플을 보내 주실 수 없을까요?

品番111のサンプルをお送りいただけないでしょうか。

사이트에서는 10개 한정이라고 적혀 있었지만 15개를 받을 수는 없나요?

サイトでは、10個限りとありましたが、15個をいただくことは
できないでしょうか。

요청대로 팩스로 자료를 보냈어요.

ご要望どおり、ファックスで資料を送りました。

확인하는 대로 보내 드리죠.

確認次第、お送りいたします。　　　　　　　　　　　* 次第 ~하자마자

속달로 보냈어요.

速達で送りました。

오늘이라도 택배로 보낼게요.

今日にでも宅配で送ります。

| 상황 설명 | 회의 건 잘 알았습니다. |

会議の件、よく分かりました。

통지를 기다리고 있는 상황이에요.

お知らせを待っている状況です。

주력 상품의 매출이 약간 여의치 못한 상황이에요.

主力商品の売上げが少し伸び悩んでいます。　　　* 伸び悩む 오르지 않다

조사에는 상당히 시간이 걸릴 것 같아요.

調査にはけっこう時間がかかりそうです。

Biz tip ます형에 そうだ를 붙이면 직접적인 단서(대체로 시각적)에 의존해서 '~할 것 같다'는 의미를 나타
내요.

신상품 발매일이 늦어질 전망이에요.

新商品の発売日が遅れる見込みです。

프로젝트 진행이 예정보다 늦어지고 있어요.

プロジェクトの進行が予定より遅れています。

상당히 안타깝지만, 발매 날짜를 연기하게 되었어요.

まことに心苦しいですが、発売日を延期する運びとなりました。

Biz tip 運びには '단계'라는 의미가 있는데요. 비즈니스 회화에서 '~運びとなる(~하게 되다)'는 예상이나 계획과 다른 방향으로 일이 진행되거나 하는 의외의 결과에 많이 씁니다.

주신 메일은 담당자에게 전송했어요.

いただいたメールは担当の者に転送いたしました。

판매한 고객님께도 호평을 얻었어요.

販売させていただいたお客様にも好評を博しました。 *博する 얻다

거래처인 서울상사가 주문을 거절해 왔어요.

取引先のソウル商事が注文を断わってきました。 *断わる 거절하다

매출이 부진했던 것은 경쟁사에서 신제품이 나왔기 때문입니다.

売上げが不調だったのはライバル社から新製品が出たためです。 *不調 상태가 좋지 않음

Biz tip ためには 크게 '이익'과 '때문', 두 가지 뜻이 있는데요. 앞에 과거형이 올 때는 '때문'이라고 해석하세요.

자세한 사항에 대해서는 나중에 보고드리죠.

詳しいことについては後日報告いたします。

신상품에 관해서는 현재 카탈로그를 작성 중입니다.

新商品に関しては、ただ今カタログを作成しているところです。

대단히 호평을 얻어서 풀 회전으로 만들고 있는 중이에요.

大変好評をいただき、フル回転で作っているところです。

현재 구체적인 방법을 검토 중입니다.

現在、具体的な方法を検討しています。

바로 공장에 전해서 생산을 조정하고 있어요.

さっそく工場に伝えて生産を調整しています。

확인하기

매출은 어떤가요?

売り上げはいかがでしょうか。

보고서는 보셨나요?

報告書はご覧いただけたでしょうか。

588

확인 실수는 없나요?
確認ミスはないでしょうか。

번거로우시겠지만 확인해 주세요.
お手数をおかけしますが、ご確認ください。

갱신 절차는 끝났나요?
更新の手続きは終わったでしょうか。

입금은 끝나셨나요?
ご入金はお済みでしょうか。

Biz tip 말하기 껄끄러운 문제나 사안은 終わる 대신에 '～はお済みでしょうか'와 같은 문형을 쓰면 훨씬 정중하고 실례가 되지 않아요.

진행 상황은 어떤가요?
進み具合いはいかがでしょうか。　　　　　　　　　　　＊具合い 상태

메일로 보내 주신 통계는 최근 것으로 틀림없나요?
メールで送ってくださった統計は最近のもので間違いないでしょうか。

죄송하지만 수치에 틀림은 없나요?
恐縮ですが、数値に間違いはないでしょうか。

조건에 대해 다시 확인하고 싶은 점이 있어요.
条件について改めて確認したいことがございます。

메일이 잘못 왔네요. 확인해 주실래요?
メールが間違って送られてきました。ご確認願えますか。

취급 설명서에 실수가 없는지 확인해 주세요.
取り扱い説明書に不備はないかご確認ください。　　　＊不備 미비

요전 날 말씀하신 대로 도안 변경은 가능하다고 생각해도 좋은가요?
先日おっしゃったとおり、図案の変更はできると考えてよろしいでしょうか。

며칠 전 전송한 메일 말인데요, 답장은 했나요?
先日転送したメールのことですが、お返事は済んでいますか。

Biz tip 메일을 전송받은 사람이 메일 답신을 했는지 사내 메일을 통해 확인하는 표현이에요.

진척 상황에 대해 여쭙니다.
進捗状況について、お伺いします。

견적서 건 말인데요, 그 후에 어떻게 되었죠?
見積書の件ですが、その後、どうなりましたか。

듣자하니 이번 홍수로 피해를 입었다던데 지금 어떤 상황인가요?
聞くところによりますと、今回の洪水で被害を受けたそうですが、今どのような状況でしょうか。

대단히 실례지만 납품은 괜찮은가요?
大変失礼ですが、納品は大丈夫でしょうか。

이달 말로 되어 있는 납기에는 늦지 않을까요?
今月末となっている納期には間に合うでしょうか。

＊間に合う 시간에 대다

계속해서 서비스를 이용하실 경우에는 갱신이 필요해요.
引き続き、サービスをご利用いただく場合は、更新が必要となります。

Biz tip 절차나 규정 등을 알림으로써 넌지시 진행 상황을 확인할 수 있어요.

오해가 있는 것 같은데요, 한 번 더 내용을 체크해 주셨으면 해요.
誤解があるようですが、もう一度内容をチェックしていただきたいです。

시스템을 도입함으로 인해 문제는 없는지 확인해 줄 수 있나요?
システムを取り入れることにより、問題はないか確認してもらえるでしょうか。

＊～により ～로 인해

재고하기

재검토하게 해 주세요.
再検討させてください。

제안은 신중하게 검토해 볼게요.
ご提案は慎重に検討してみます。

차분히 생각하게 해 주세요.
じっくり考えさせてください。

엔트리시트를 한 번 더 체크해 볼게요.

エントリーシートをもう一度チェックしてみます。

일단 재고해 보죠.

一応、再考してみます。

계획을 다시 검토해 보죠.

計画を洗い直してみます。　　　　　　　　　* 洗い直す 다시 검토하다

보험의 재고가 필요해집니다.

保険の見直しが必要になります。　　　　　　* 見直し 재검토

데이터를 재검증해 볼게요.

データを再検証してみます。

한 번 더 사내 회의에 (안건으로) 걸어볼 생각이에요.

もう一度社内会議にかけてみるつもりです。

제안한 건을 재고해 줄 수 없나요?

ご提案させていただいた件を考え直していただけないでしょう
か。　　　　　　　　　　　　　　　　* 考え直す 재고하다

**비즈니스
제안**

새로운 사업을 함께 어떠신가요?

新しい事業をごいっしょにいかがでしょうか。

지금까지의 경험이 반드시 도움이 될 거라 생각해요.

今までの経験が必ずお役に立てることと存じます。

새로운 앱의 공동 개발을 제안합니다.

新しいアプリの共同開発を提案します。

고객의 생활 장면에 맞는 군더더기 없는 제안을 하고 있어요.

お客様の生活シーンに合わせた無駄のない提案をしております。
　　　　　　　　　　　　　　　　　　　　* 無駄 쓸데없음

고객의 요구를 뛰어넘는 생산 시스템을 제안합니다.

お客様の要求を超える生産システムをご提案します。

사원의 힘을 기업의 힘으로 이어 주는 시스템 만들기를 지원합니다.
社員力を企業力につなげるシステム作りをご支援します。

스팸메일 대책 시스템을 도입하는 것은 어떠신가요?
迷惑メールの対策システムを導入するのはいかがでしょう。

소셜미디어를 이용한 공동 제작 기획을 고려 중입니다.
ソーシャルメディアを利用したコラボレーション企画を考えて
おります。

일반 가격보다도 10% 싸게 살 수 있는 방법이 있어요.
通常よりも10パーセント安く買える方法があります。

귀사에게도 사례금을 지불하겠어요.
御社にもキックバックをお支払いします。

실효성이 있는 솔루션을 제공할게요.
実効性のあるソリューションをご提供します。

귀사에게도 좋은 이야기가 아닐까 싶은데요.
御社にもよいお話かと思います。

귀사와 사업 파트너가 될 수 있으면 좋겠어요.
貴社と事業パートナーになれたらと思っています。

신규 거래를 부탁드립니다.
新規のお取引をお願い申し上げます。

귀사에서 그 상품을 취급하신다면 꼭 거래를 하고 싶네요.
貴社でその商品を扱っているのでしたら、ぜひお取り引きさせ
ていただきたいです。

귀사에게 있어서도 손해는 없을 겁니다.
御社にとっても損はないと思います。

기꺼이 받아들이겠어요.
喜んでお受けします。　　　　　　　　　　　　＊受ける 받다

그쪽 제안에 매력을 느꼈어요.
そちら様のご提案に魅力を感じました。

592

신제품을 검토해 주셨으면 해요.

新製品をご検討いただきたく存じます。

귀사 제품이라면 저희들 요구에 맞는다고 확신하고 있어요.

御社の製品なら私どものニーズに合うと確信しております。

상품 품질에 관해서는 자부하고 있어요.

商品の品質に関しては自負しております。

특히 휴대폰 줄은 디자인이 독특해서 일본 시장에서도 인기를 얻을 가능성이 높아요.

特にケータイのストラップはデザインがユニークで日本のマーケットでも受ける可能性が高いです。

* 受ける 호평을 받다

Biz tip 상대방이 주목할 수 있는 솔깃한 이야기를 통해서 비즈니스 제안을 해 보세요.

저희 회사는 시스템 개발을 가장 자신 있게 할 수 있어요.

当社はシステム開発を得意としています。

Biz tip '~を得意とする(~가 가장 자신 있다)'는 가장 자신 있고 숙련된 분야나 기술을 소개할 때 많이 쓰는 문형이에요.

저희 회사는 50년간 세제 하나로 노력해 왔어요.

当社は50年間、洗剤一筋でがんばってまいりました。

* まいる 오다(겸양어)

Biz tip 한 분야에서 오래 사업을 했다는 사실은 경쟁력에 대한 신뢰도를 높여줍니다. 그만큼 상대방이 비즈니스 제안을 받아들일 가능성이 높아지죠. 참고로 대대로 이어져 내려오는 오래된 점포를 老舗라고 합니다.

관심이 있으시면 꼭 연락 주세요.

ご関心がおありでしたら、ぜひご連絡ください。

협조 요청

메일로 보낸 서류를 검토해 주세요.

メールで送った書類をご検討ください。

지도 잘 부탁드립니다.

ご指導のほど、よろしくお願いいたします。

발매일을 알려 주셨으면 하는데요.

発売日を知らせていただきたいのですが。

이하의 스케줄로 거행하겠으니 협조해 주세요.

以下のスケジュールで行いますので、ご協力ください。

갑작스런 부탁으로 죄송하지만 가급적 빨리 부탁드려요.

急なお願いで恐縮ですが、できるだけ早くお願いします。

참가자의 여권 사본을 급히 보내 주시겠어요?

参加者のパスポートコピーを至急送っていただけますか。

귀사 상품에 관한 문의에 회답해 줄 수 있나요?

御社の商品に関するお問い合わせにご回答願えますか。

서버 유지 보수에는 대략 8시간 정도 걸리니 이해 바랍니다.

サーバーのメンテナンスにはおよそ8時間ほどかかりますので、ご理解ください。

원본은 우편으로만 접수하고 있어요. 이해 바랍니다.

原本は郵便のみで受け付けております。ご理解ください。

*のみ 〜만

그 시간대에는 메일 송신을 피해 주셨으면 해요.

その時間帯はメール送信を避けていただきたく存じます。

무리한 부탁임을 알고 말씀드리는데요, 사양 변경을 부탁드릴 수 있을까요?

ご無理を承知で申し上げますが、仕様変更をお願いできるでしょうか。

확인해 주시고 가능한 한 빨리 정정해 주셨으면 합니다.

ご確認いただき、できるだけ早急に訂正していただきたいと存じます。

상품의 용도를 설명해 주세요.

商品の用途をご説明ください。

그것을 팩스로 보내 주실 수 있나요?

それをファックスで送っていただけますでしょうか。

관심이 있으신 분은 응모해 주세요.

ご関心のある方はご応募ください。

바로 끝나는 설문 조사이니 아무쪼록 협조해 주세요.

すぐに終わるアンケートですのでどうぞご協力ください。

거절하기

의뢰한 건에 대해서는 기대에 부응할 수 없어요.

ご依頼の件につきましては、ご期待に添うことができません。

＊添う 따르다

정말로 말씀드리기 힘들지만, 이번 증산은 어렵게 되었어요.

まことに申し上げにくいことですが、今回の増産は難しくなりました。

안타깝지만 제시해 주신 금액으로는 채산이 맞지 않아요.

残念ながら、ご提示の金額では採算がとれません。

안타까운 결과가 되어 죄송합니다.

残念な結果になりまして、申し訳ありません。

더 이상의 가격 인하는 무리입니다.

これ以上の値引きは無理です。

정말로 유감이지만 받아들일 수 없습니다.

まことに遺憾ながらお受けできません。

또 다른 기회에 함께 일할 수 있게 되면 좋겠네요.

またの機会にごいっしょできればと存じます。

거절하는 것은 매우 괴롭네요.

お断りするのは大変心苦しいです。

모처럼 제안해 주셨는데 죄송해요.

せっかくご提案いただきましたのに、申し訳ございません。

비용 면에서 어려운 점이 있어서 이번에는 보류하게 되었어요.

費用の面で難しいものがあり、今回は見送らせていただくことになりました。

＊見送る 보류하다

사내에서 검토하여 받아들이지 않는다는 결론에 이르렀어요.

社内で検討しまして、お受けできないという結論に至りました。

나중에 다시 검토하겠습니다.

後日改めて検討いたします。

Biz tip 거절의 뜻으로 쓰일 경우가 많은 문장이에요.

실현성이 부족한 기획인 것처럼 생각됩니다.

実現性に乏しい企画のように思われます。　＊〜に乏しい 〜가 부족하다

정말로 본의가 아니지만 거절할 수밖에 없네요.

まことに不本意ながらお断りするしかありません。

今回のご注文は、まことに不本意ながらお断りするしかありません。と申しますのは、季節商品のため、現在在庫を切らしているからです。あいにくすべての店舗で品切れ状態です。ただ、今回ご注文いただいた商品は、 5月末には入荷の予定です。もしよろしければ、優先的に確保します。いかがいたしましょうか。

이번 주문은 정말로 본의가 아니지만 거절할 수밖에 없네요. 왜냐하면 계절상품이어서 현재 재고가 바닥났기 때문입니다. 공교롭게도 모든 매장에서 매진 상태입니다. 단, 이번에 주문해 주신 상품은 5월 말에는 입하될 예정입니다. 혹시 괜찮으시면 우선적으로 확보하겠습니다. 어떻게 하시겠어요?

Biz tip 거절 메일을 쓸 때는 거절을 할 수밖에 없는 이유와 경위를 간단하게라도 설명하고 가능하다면 다음을 기약할 수 있는 메시지로 끝맺는 것이 좋아요.

다음 회의 관련

그런데 다음 회의 말인데요, 도저히 빠뜨릴 수 없는 안건이 나왔어요.

さて、来週の会議のことですが、どうしてもはずせない案件が出てきました。

전화 회의가 예정되어 있어요.

電話会議が予定されています。

다음 회의에는 클라이언트도 모일 예정이에요.

次の会議にはクライアントも集まる予定です。

회의 일정을 알게 되는 대로 연락드리죠.

会議の日程が分かり次第、ご連絡します。

다음 달 회의는 사무소에서 실시됩니다.

来月の会議は事務所で行われます。

7월에 서울지사에서 거래처를 초대하여 회의를 하고 싶어요.

7月にソウル支社で取引先をお招きし、会議をしたいと存じます。

회장 사정에 따라 회의는 변경될 것 같아요.

会場の都合により、会議は変更になりそうです。

일시에 대해서는 특별히 변경은 없어요.

日時については特に変更はございません。

회장 오버 부킹 때문에 회의는 연기되었어요.

会場のオーバーブッキングのため、会議は延期となりました。

＊～となる＝～になる

서울에서의 회의 건인데요, 태풍 때문에 취소되었어요.

ソウルでの会議の件ですが、台風のためキャンセルとなりました。

10월 회의 개최는 어렵지 않을까 싶어요.

10月の会議開催は難しいかと思います。

여러분 스케줄이 도저히 맞지 않아서 회의는 중지하겠습니다.

みな様のご予定がどうしても合わないため、打ち合わせは中止とさせていただきます。

첨부 자료

첨부한 설명서를 봐 주세요.

添付した説明書をご覧ください。

사이즈가 적힌 도면을 첨부합니다.

サイズが書かれた図面を添付します。

첨부한 서류에 기입해 주세요.

添付の書類にご記入ください。

첨부한 서류에 사인한 후 우편으로 보내 주세요.

添付した書類にサインした後、ご郵送ください。

첨부된 워드 파일을 열 수가 없어요.

添付されたワードファイルが開けません。

＊開く 열다

파일이 열리지 않는 경우에는 알려 주세요.

ファイルが開けない場合は、お知らせください。

파일이 깨진 것 같으니 다시 보내 주시지 않겠어요?

ファイルが壊れたようなので、再送していただけないでしょうか。

보내 주신 파일의 압축을 풀 수가 없어요.

送っていただいたファイルが解凍できません。

＊解凍 해동

초대권은 메일로 첨부했어요.

招待券<ruby>しょうたいけん</ruby>はメールに添付させていただきました。

참고하시라고 첨부할게요.

ご参考<ruby>さんこう</ruby>までに添付します。

좀 전에 보낸 메일에 데이터를 첨부하지 않았네요.

先<ruby>さき</ruby>ほどのメールにデータを添付しておりませんでした。

중요한 자료를 첨부했으니 전송 시에는 충분히 주의해 주세요.

大事<ruby>だいじ</ruby>な資料を添付しているので、転送<ruby>てんそう</ruby>の際<ruby>さい</ruby>は十分<ruby>じゅうぶん</ruby>ご注意ください。

> `Biz tip` '~ている'도 과거의 의미로 해석할 수 있어요. 지금 첨부한 상태라는 것은 결국 과거에 첨부했다는 의미도 되기 때문입니다. 상태가 지속되고 있음을 강조하기 위해서 '~ている'를 쓰고 있지만 우리말로는 '첨부 했다'라고 하는 편이 자연스러워요.

계약서 사본인데요, 본 메일에 첨부합니다.

契約書<ruby>けいやくしょ</ruby>の写<ruby>うつ</ruby>しですが、本メールに添付します。

엑셀 파일로 정리한 것을 첨부해 주세요.

エクセルファイルにまとめたものを添付してください。

첨부한 것은 회의 전에 읽어 주셨으면 하는 자료입니다.

添付したのは打ち合わせやミーティングの前に読んできてほしい資料です。

> `Biz tip` 打ち合わせ, ミーティング, 会議, 모두 '회의'인데요. 打ち合わせ는 4~5명 정도가 어떤 일을 준비하기 위해 유연하게 대처하는 모임이고, ミーティング은 6~10명 정도가 모여 서로의 정보나 스케줄을 공유하는 느낌의 회의예요. 会議가 모이는 인원수가 가장 많은 회의인데요. 어떤 안건에 대해 의견을 내고 토론 하여 결론을 이끌어내는 과정을 일컫는 경우가 많아요.

다음 회의에서 사용될 파워포인트 파일입니다.

次の打ち合わせで使われるパワーポイントファイルです。

첨부한 파일은 모두 5개입니다.

添付したファイルは全部で5つです。

상품 자료를 보냅니다.

商品資料<ruby>しょうひんしりょう</ruby>をお送りいたします。

다른 자료는 당사 홈페이지에서 다운로드 받을 수 있도록 해 두었어요.

他<ruby>ほか</ruby>の資料は当社<ruby>とうしゃ</ruby>のホームページからダウンロードできるようにしておきました。

늦어졌지만 상품 견적표를 보내 드립니다.

遅くなりましたが、商品の見積り表をお送りいたします。

명함을 스캔한 사진을 보냈어요.

名刺をスキャンした画像を送りました。　　　　　　　　＊画像 화상

사진은 용량을 작게 해서 보내 주세요.

写真は容量を小さくしてから、お送りください。

JPEG 파일 포맷으로 설정하시고 나서 스캔한 것으로 부탁드려요.

JPEGファイルフォーマットに設定の上、スキャンしたものでお
願いします。　　　　　　　　　　　　　　＊～の上 ～한 후에

**기밀 사항
관리**

저희 회사는 거래처 분과의 신뢰를 제일로 지키고 있어요.

弊社はお取引先様との信頼を一番に守っています。

이번 건에 대해서는 발설하지 않도록 부탁드려요.

今回の件については口外しないようお願いいたします。

＊口外 입 밖에 냄

데이터가 유출되어서는 곤란해요.

データが流出されては困ります。

회의 내용은 외부로 새지 않도록 해 주세요.

会議の内容は外部に漏れないようにしてください。　＊漏れる 새다

극비로 안건을 진행해 주세요.

極秘に案件を進めてください。

이번 건에 관해서는 은밀히 하겠으니 걱정 마세요.

この度の件に関しては、内密にしますので、ご心配なく。

비밀로 해 주시면 기쁘겠어요.

ここだけの話にしていただければ幸いです。

Biz tip 다른 데서는 말할 수 없고 여기서만 말할 수 있는 이야기라는 의미에서 ここだけの話는 '비밀 이야
기'가 되었답니다.

확인한 후에 파일 삭제를 잊지 마시길.

ご確認の上、ファイルの削除をお忘れなく。

검토하신 후에 연락 주세요.

ご検討の上、ご連絡ください。

메일 받으시면 바로 연락 주세요.

折り返し、ご連絡ください。 *折り返し 받은 즉시 곧

준비가 되면 연락 주세요.

準備が整いましたら、ご連絡ください。 *整う 정돈되다

제작에 걸리는 일수 등을 가르쳐 주셨으면 해요.

製作にかかる日数などを教えていただければと存じます。

회의가 끝나면 그 내용을 메일로 보내 주세요.

打ち合わせが終わりましたら、その内容をメールで送ってください。

상품이 도착하지 않을 경우에는 저희에게 문의 주세요.

商品が届かない場合はこちらまでお問い合わせください。

문의할 내용이 있으시면 아래 양식에 입력해 주세요.

お問い合わせがございましたら，下のフォームにご入力ください。

제품에 이상이 있으면 그 내용을 알려 주세요.

製品に異常がありましたら、その旨をお知らせください。 *旨 뜻

특히 볼트가 빠져 있거나 하는 결함을 발견하신 경우에는 바로 연락 주세요.

特に、ボルトがはずれていたりという不具合にお気づきの場合は、すぐにご連絡くださいませ。 *気づき 깨달음

만일 대안이 있으시면 주저 마시고 말씀해 주세요.

もし代案がございましたら、ご遠慮なくおっしゃってください。

요청 사항이 있으시면 담당자에게 메일 주세요.

ご要望がありましたら、担当の者にメールください。

내용 이해했어요.

内容、理解しました。

회의 건, 알겠습니다.

打ち合わせの件、承知いたしました。　　　　*承知 알아들음

打ち合わせの件、了解しました。　　　　　　*了解 이해

打ち合わせの件、かしこまりました。　　　*かしこまる 명령을 받들다

打ち合わせの件、了承いたしました。　　　*了承 납득함

지시에 따르겠습니다.

ご指示に従います。

그렇게 하겠습니다.

そのようにやらせていただきます。

요전 날 의뢰해 주신 건 받아들이겠어요.

先日ご依頼いただいた件、お引き受けします。　　*引き受ける 맡다

의뢰하신 건, 접수했습니다.

ご依頼の件、承りました。

> **Biz tip** 承るには '받아들이다'라는 의미도 있는데요, 그럴 경우에는 引き受ける의 겸양동사로 볼 수 있어요.

의뢰하신 업무 건 기꺼이 협조하겠습니다.

ご依頼のお仕事の件、喜んでご協力させていただきます。

그대로 진행해도 됩니다.

そのまま進めてけっこうです。

송년회 총무 건, 쉬운 일입니다.

忘年会の幹事の件、お安いご用です。　　　*お安いご用 식은죽 먹기

강연회 강사 건인데요, (제가) 맡기로 하죠.

講演会の講師の件ですが、お受けします。　　*受ける 응하다

미력이나마 가능한 한 힘껏 노력할게요.

微力ながらできるかぎり精一杯がんばりたいと思います。

미흡하나마 힘이 되면 기쁘겠네요.

及ばずながら、お力になれれば幸いと存じます。

　　　　　　　　　　　　　　　　　*及ばずながら 불충분하지만

기대에 부합할 수 있다면 기쁘겠어요.

ご期待に添うことができれば幸いです。　　*期待に添う 기대에 부합하다

스카이무역과의 거래가 결정되었어요.
スカイ貿易との取引が決まりました。

그럼, 계약 서류를 작성해서 보낼게요.
では、契約書類を作成し、お送りします。

계약을 종료하겠어요.
契約を終了させていただきます。

지난번 것을 갱신하는 형태로 계약을 추진하고 싶어요.
前回のを更新する形で契約を進めたいと思います。

계약은 빠르면 빠를수록 좋아요.
契約は早ければ早いほどいいです。

서로가 만족스러운 계약이 되었어요.
お互いが満足できる契約になりました。

무사히 계약으로 이어져서 정말로 잘됐다고 생각해요.
無事に契約に結びついて本当によかったと思っております。

계약서 내용을 확인 부탁드려요.
契約書の内容をご確認願います。

계약서를 봤습니다.
契約書を拝見しました。　　　　　　　　　　　* 拝見する 삼가 보다

계약 기간이 빠져 있었어요.
契約期間が抜けていました。　　　　　　　　　* 抜ける 누락되다

추후에 계약서를 받으러 찾아뵐게요.
追って契約書を受け取りに伺わせていただきます。　* 追って 조만간

계약서의 2조 3항 부분이 틀렸어요.
契約書の2条3項のところが間違っています。

4조는 빼도 될 것 같은데 어떠세요?
４条は抜いてもよさそうですが、いかがでしょうか。　* 抜く 빼다

4조 옆에 2부 모두 정정 도장을 부탁해요.
４条の横に、二部とも訂正印をお願いします。　　* 〜とも 〜모두

뒷면에 2부 모두 계인을 부탁합니다.

裏面に、二部とも契印をお願いします。

아직 합의에 이르지 못한 내용이 실려 있어요.

まだ合意に至っていない内容が載っています。

'2016년 4월 19일까지 대금 지불 완료'라고 덧붙일 수는 있나요?

「2016年の4月19日までに代金の支払い完了」と付け加えることはできるでしょうか。

                        * 付け加える 보태다

남아 있는 것은 날인뿐이군요.

残っているのは捺印のみとなりました。

                        * ～のみ ～만

계약서에 납득이 안 가는 부분이 있어요.

契約書に納得のいかないところがございます。

'보수 서비스에 예외 있음'이란 어떤 의미죠?

「補修サービスに例外あり」というのはどういう意味でしょうか。

동의하기 힘든 조항이 있었어요.

同意しかねる条項がありました。

지난번 회의대로 계약서를 만들었어요.

前回の打ち合わせどおり、契約書を作りました。

1,000개 이상의 대량 주문이면 3%의 할인이 있어요.

1,000個以上の大量注文ですと、３％の割引があります。

가격을 조금 낮춰 주시면 대량 주문도 가능해요.

値段を少し下げていただければ、大量注文もできます。

거래 말인데요, 꼭 신용 거래로 할 수 있으면 좋겠어요.

お取引ですが、ぜひとも信用取引とさせていただければと存じます。

단골인 귀사이기에 가능한 가격으로 해 드리죠.

お得意様である御社ならではの価格とさせていただきます。

                        * ～ならではの ～가 아니고는 할 수 없는

어느 정도 주문하면 가격 인하 대상이 되는 거죠?

どれぐらい注文すれば値引きの対象になるのでしょうか。

지금 주문해 주시면 첫 회 할인으로 20% 할인해 드려요.

ただ今ご注文いただきますと、初回割引で20%引きとさせていただきます。

도중에 해약도 가능해요.

途中で解約もできます。

계약 조건의 재검토가 필요해요.

契約条件の見直しが必要です。

지불 기일이 15일 결산 20일 지불이라고 되어 있는데, 어떻게든 월말 지불로 해 주실 수 없나요?

支払い期日が15日締め20日払いとありますが、何とか月末払いにしていただけないでしょうか。

*締め 결산

계약 연장 건 잘 부탁드려요.

契約延長の件、よろしくお願いします。

가격에서 좀 더 논의할 필요가 있을 것 같네요.

値段におきまして、もう少し話し合う必要がありそうです。

계약 갱신은 언제가 되죠?

契約の更新はいつになりますか。

출하·배송
관련

이번 주 중에 출하합니다.

今週中に出荷します。

출하 시기는 재고가 있는지 없는지에 따라 달라요.

出荷時期は在庫があるかどうかによって違います。

출하가 늦어진 경우의 대책은 세우고 있나요?

出荷が遅れた場合の対策は立てているのでしょうか。

출하 때에 일어난 파손 책임은 그쪽에 있어요.

出荷の時に起きた破損の責任はそちら側にあります。

Biz tip 상대방(당신)을 가리킬 때 そちら様나 そちら側라고 해요.

도착은 3일 후 정도예요.
到着は三日後ぐらいです。

순조롭게 배달되면 도착은 내일이 아닐까 싶어요.
順調に配達されれば到着は明日かと思います。

상품이 도착하면 꼭 알려 주세요.
商品が到着しましたら、ぜひご一報ください。　　　　　　*一報 알림

오늘 발송했으니 이틀 후에 그쪽에 도착할 예정이에요.
今日発送しましたので、二日後にお手元に届く予定です。

*手元 자기 주변

오늘 택배로 의뢰하신 상품을 발송했어요.
本日、宅配便でご依頼の商品を発送いたしました。

발송에 사용한 골판지 상자는 나중에 업자가 회수합니다.
発送に使ったダンボール箱は後で業者が回収します。

2016년 2월 1일에 주문하신 상품이 발송되었어요.
2016年 2月1日にご注文なさった商品が発送されました。

지불을 확인하는 대로 24시간 이내에 발송하겠습니다.
お支払いを確認次第、24時間以内に発送させていただきます。

새로 완성된 카탈로그도 동봉했어요.
新しくできたカタログも同封しました。

상품은 사가와큐빈이 배달해 드립니다.
商品は佐川急便がお届けいたします。　　　　　　　　*届ける 보내다

Biz tip 日本の主要な宅配会社にはクロネコヤマト, 佐川急便, ペリカン便, ゆうパック 等があります。

깨지기 쉬워서 포장은 튼튼하게 해 두었어요.
壊れやすいので梱包は頑丈にしてあります。　　　　　　*頑丈 튼튼함

50개 이하의 주문이면 배송료를 받고 있어요.
50個以下のご注文ですと、送料をいただいております。

정기 구입의 경우 배송료는 무료입니다.
定期購入の場合、送料は無料です。

배송료는 택배회사 규정으로 정해집니다.

送料は宅配便会社の規定で決まります。

배송료는 들지 않으니 안심하세요.

送料はかかりませんのでご安心ください。

(도착이) 20일이 무리라면 23일까지로 해도 됩니다.

20日が無理なら、23日まででけっこうです。　　　＊けっこう 괜찮음

수수료가 발생됩니다.

手数料が発生します。

배송 상황을 가급적 빨리 확인해 줄 수 없나요?

配送状況をできるだけ早く確認していただけないでしょうか。

추적 번호는 1234입니다. 배송 상황은 www.haiso.com에서 볼 수 있어요.

追跡番号は1234です。配送状況はwww.haiso.comで見られ
ます。

일부 주문하지 않은 것이 섞여 있어요.

一部注文していないものがまざっています。　　　＊まざる 섞이다

배송 정보는 정기적으로 갱신되니 나중에 확인해 주세요.

配送情報は、定期的に更新されますので、後ほどご確認くだ
さい。

악천후로 발송이 일주일 정도 늦어질 전망입니다.

悪天候で発送が１週間ほど遅れる見込みです。

최선을 다하겠지만 주문하신 상품의 발송이 늦어질 가능성이 높아요.

最善を尽しますが、ご注文品の発送が遅れる可能性が高いです。

상품의 발송 예정일을 가르쳐 주세요.

商品の発送予定日を教えてください。

발송 스케줄을 가르쳐 주세요.

発送スケジュールをお教えください。

더 이상 발송이 늦어지면 주문을 취소하지 않을 수 없어요.

これ以上発送が遅れると注文をキャンセルせざるを得ません。

＊〜ざるを得ない 〜해야 한다

발송을 보류해야 해요.

発送を保留しなければなりません。

예정대로 발송 작업이 끝났어요.

予定どおり発送作業が終わりました。

이틀이면 도착하는 항공메일로 발송해 달라고 말씀드렸는데 아직이네요.

2日で届くエアメールで発送してほしいと申し上げましたが、まだです。

2주일 이내에는 발송할 수 있지 않을까 생각해요.

２週間以内には発送できるかと思います。

등록하신 우송지로 발송할 수가 없어요.

ご登録の送付先に発送することができません。 ＊送付 송부

여기를 클릭하면 발송된 물품의 최신 상황을 메일로 받을 수 있어요.

ここをクリックすると、発送された物品の最新状況をメールで受け取ることができます。

어제 확실히 상품을 받았어요.

昨日、確かに商品を受け取りました。

운송업계 파업으로 계획에 차질이 생겼어요.

運送業界のストライキで計画が乱れています。 ＊乱れる 흐트러지다

1~3월로 예정하고 있던 선적이 4~6월로 늦춰질 것 같아요.

1～3月に予定していた船積みが4～6月にずれ込みそうです。

＊ずれ込む 늦어지다

항공편과 배편, 어느 쪽으로 보내면 될까요?

航空便と船便、どちらで送ればいいでしょうか。

지불 관련

은행 이체로 결제할 수 있나요?

銀行振込みで決済できるでしょうか。

지불을 완료했어요.

お支払いを完了しました。

지불은 은행 이체, 또는 수표 어느 쪽도 상관없어요.

お支払いは銀行振込み、または小切手、どちらでもかまいません。

수표 지불은 사양하고 있어요.

小切手でのお支払いはご遠慮いただいております。

신용카드로의 지불도 검토 중이에요.

クレジットカードでの支払いも検討中です。

저희들로서는 수표로 부탁하고 싶은데 가능하세요?

私どもとしましては、小切手でお願いしたいのですが、可能でしょうか。

다음 달 말까지 미쓰이 스미토모 은행으로 입금 부탁합니다.

来月末までに三井住友銀行に振込みをお願いいたします。

Biz tip 일본의 주요 은행으로는 三菱東京UFJ銀行, みずほ銀行, 三井住友銀行, 新生銀行, イオン銀行 등이 있어요.

귀사의 입금을 확인했어요.

御社からの振込みを確認いたしました。

御社から振込みがあった旨を確認いたしました。　　　　　　　*旨 뜻

御社からのご入金が確認されました。

입금해 주셔서 감사합니다.

お振込みいただき、ありがとうございます。

신속한 지불, 감사드려요.

迅速なお支払い、ありがとうございます。

귀사로부터의 지불은 아직 확인되지 않았어요.

御社からのお支払いはまだ確認できておりません。

송금은 언제 하실 예정인가요?

ご送金はいつのご予定でしょうか。

추가분 입금은 다음 달에 하셔도 됩니다.

追加分のお振込みは来月でけっこうです。

대체는 장점도 단점도 있어요.

振り替えはメリットもデメリットもあります。

샘플의 합계 금액을 알려 주시면 귀사의 은행 계좌로 입금할게요.
サンプルの合計金額を知らせてくだされば、貴社の銀行口座へ
お振込みいたします。

그 자리에서 신용 결제가 가능해요.
その場でクレジット決済が可能です。

편하신 지불 방법으로 하시면 됩니다.
ご都合のいいお支払い方法でけっこうです。   ＊都合 형편

저희 사정으로 지불이 다소 늦어질 것 같아요.
こちらの都合でお支払いが少し遅れそうです。

경리 문제로 월말에 지불을 못하게 되었어요.
経理のトラブルで月末にお支払いできなくなりました。

2주일 늦은 다음 달 10일경에는 지불할 수 있을 겁니다.
２週間遅れた翌月の10日ごろにはお支払いできると思います。

지불은 엔화 표시로 부탁해요.
お支払いは円建てでお願いします。

지불을 소홀히 하면 귀사의 신용에 큰 흠이 납니다.
お支払いを怠ると、貴社の信用に大きな傷がつきます。
                                              ＊怠る 소홀히 하다

지불하기 전에 송부할 곳을 확인해 주세요.
お支払いの前に、送付先をご確認ください。

조속히 지불해 주시도록 부탁드립니다.
早急にお支払いくださいますようお願い申し上げます。

바로 지불해 주시면 매우 큰 도움이 됩니다.
すぐお支払いいただけると大変助かります。

15일 이내에 일부만이라도 좋으니 지불해 주셨으면 합니다.
15日以内に一部だけでもいいのでお支払いいただければと思い
ます。

등록하실 때 전액 지불하셔야 합니다.
ご登録の際、全額お支払いいただきます。

이달 말까지 지불이 끝나지 않은 주문에 대해서는 캠페인 특전이 적용되지 않아요.

今月末までにお支払いがお済みでないご注文に関しましては、
キャンペーン特典が適用されません。

40일 이내에 지불이 없을 경우, 매달 1%의 이자를 지불하셔야 합니다.

40日以内にお支払いがない場合、毎月1%の利子を払っていただきます。

Biz tip '~ていただく' 자체는 겸양 표현이지만 '~ていただきます'로 쓰이면 은근히 강압적인 어감이 있어요.

5월 이후의 지불이 미지급 상태입니다.

5月以降のお支払いが未払いになっています。　　　　　* 未払い 미불

지불 건은 기일에 늦지 않도록 처리하는 중입니다.

お支払いの件は期日に間に合うように処理しているところです。

　　　　　　　　　　　　　　　　　　* ~ように ~하도록

지불이 기한을 상당히 지났어요.

お支払いが期限をかなり過ぎています。

지불 체납 기간이 90일을 넘었기 때문에 안타깝지만 고객님에 대한 서비스는 중지됩니다.

お支払いの滞納期間が90日を超えたため、残念ながらお客様へのサービスは中止となります。

청구서는 달러화 표시로 되어 있어요.

請求書はドル建てになっております。

청구서를 등록하신 주소로 발송했어요.

ご請求書をご登録の住所に発送いたしました。

이달 추가분의 주문은 청구서에 들어 있지 않아요.

今月の追加分のご注文は請求書に入っておりません。

특별 주문한 부분은 반영되어 있지 않아요.

特別注文分は反映されておりません。

이 대금은 세금이 포함된 금액인가요?

この代金は税金込みでしょうか。

총 금액의 10%를 선불해 주셨으면 합니다.

総金額の10%を先払いしていただきたいと存じます。

610

최소 발주 수량은 1,000개입니다.
最小ロットは、1000個です。

Biz tip ロット는 제품이나 상품의 생산 단위 수량을 의미해요.

정식 발주서는 내일 보내 드리죠.
正式な発注書は明日お送りいたします。

아무래도 청구서의 단가가 계약 때와 다른 것 같아요.
どうも請求書の単価が契約の時と違うようです。

どうも請求書の単価が契約の時と違うようです。ご提示の単価は1,200円で
したが、請求書ですと1,500円になっています。

아무래도 청구서의 단가가 계약 때와 다른 것 같아요. 제시하셨던 단가는 1,200엔이었는데 청구서에는 1,500엔
으로 되어 있어요.

발주 수량을 틀려서 현재 200개 정도 부족해요.
発注数を間違えてしまい、現在200個ほど足りません。

일단 주문을 받은 후에는 취소가 안 돼요.
一旦注文をお受けした後はキャンセルができません。

주문 내용의 변경도 시스템상 불가능해요.
ご注文内容の変更もシステム上できません。

200개를 주문했는데 300개로 변경할 수 있나요?
200個を注文しましたが、300個に変更できるでしょうか。

이달에는 주문이 2,000개였지만 다음 달부터는 3,000개로 할게요.
今月は注文が2,000個でしたが、来月からは3,000個とさせてい
ただきます。

대신 다른 상품으로 해 줄 수 있나요?
代わりに他の商品にしていただけるでしょうか。

대량으로 주문해 주셔서 감사합니다.
大量にご注文いただき、ありがとうございます。

추가 주문을 기다리고 있겠습니다.
追加オーダーをお待ちしております。

추가 주문은 현재 접수하고 있지 않습니다.

追加注文は今のところ受け付けておりません。　　＊受け付ける 접수하다

최소 주문 수량과 매입 가격을 가르쳐 주셨으면 해요.

最小注文数や仕入れ価格をお教えいただきたいです。

그 납기라면 저희들은 문제없어요.

その納期でしたら私どもは問題ありません。

납기에 늦지 않기 위해 매일 같이 잔업을 하고 있어요.

納期に間に合わせるため、毎日のように残業をしています。

납기 안에 납품하는 것은 불가능해요.

納期内に納品するのは不可能です。

가장 짧은 납기를 알려 주세요.

最短の納期をお知らせください。

아무쪼록 납기를 연기해 주실 수 있도록 부탁말씀드립니다.

どうか納期を延ばしていただけますよう、お願い申し上げます。

한국 공장에서의 생산이 따라가지를 못해요.

韓国の工場での生産が追いつけません。　　＊追いつく 따라잡다

신청 받은 순서로 납품하고 있어요.

お申し込みいただいた順に納品しております。

납품 수량과 주문 수량이 달랐어요.

納品数と注文数が違っていました。

주문하고 나서 일주일 이내에 납품해 줄 수 없을까요?

オーダーから1週間以内に納品していただけないでしょうか。

어떻게든 납기를 단축해 주실 수 없나요?

何とか納期を短縮していただけないでしょうか。

납기가 늦어지면 상당히 곤란합니다.

納期が遅れると大変困ります。

만일 납기가 변경될 것 같으면 알려 주세요.

もし納期が変わるようでしたらお知らせください。

재고 관리

현재 재고는 어느 정도 있는 건가요?
現在在庫はどれぐらいあるのでしょうか。

현재 재고가 50케이스밖에 없어요.
現在在庫が50ケースしかありません。

추가 주문을 하고 싶은데 재고는 어떤가요?
追加注文をしたいと思うのですが、在庫はいかがでしょうか。

큰 인기를 끌고 있는 '귀여운 시트'의 재고는 있나요?
大ヒットしている「カワイイシート」の在庫はありますか。

현재 그 상품은 품귀 현상을 빚고 있어요.
ただ今その商品は品薄になっております。   *品薄 품귀

재고가 없어지면 이제 생산은 하지 않아요.
在庫がなくなればもう生産はいたしません。

바로 재고를 체크했더니 500개 정도 여유가 있었어요.
さっそく在庫をチェックしたところ、500個ほど余裕がありま
した。

Biz tip '~たところ(~했더니)'는 어떤 일을 한 결과를 나타냅니다.

이 상품은 대단한 인기로 재고가 거의 남아 있지 않아요.
この商品は大変な人気で在庫がほとんど残っておりません。

다른 상품이라면 언제라도 주문을 받을 수 있어요.
他の商品でしたら、いつでも注文をお受けできます。

재고를 확보할 수 있는 대로 저희가 연락드리겠어요.
在庫が確保でき次第、こちらからご連絡いたします。

*~次第 ~하자마자

이대로는 재고가 늘어가기만 해요.
このままでは在庫が増える一方です。

Biz tip 一方가 문장 끝에 오면 오로지 그 경향만을 나타낸다는 의미의 '~하기만 함'이 돼요.

재고가 떨어져서 불편을 끼쳐 드리고 있어요.
在庫切れでご迷惑をおかけしております。

상품에 결함이 있었어요.

商品に欠陥がありました。

불량품이 발견되었어요.

不良品が見つかりました。

일부 데이터에 틀린 곳이 있어요.

一部のデータに誤りがありました。　　　　　　　　　＊誤り 실수

고객으로부터 불만이 접수되고 있어요.

お客様から苦情が来ています。

전혀 확인이 안 되고 있어요.

全然確認がとれません。　　　　　　　　　＊確認がとれない 확인이 안 되다

이대로는 저희 회사 업무에 지장을 가져옵니다.

このままでは当社の業務に支障を来たします。　　　　＊来たす 가져오다

공장 생산 라인에 문제가 생겼어요.

工場の生産ラインにトラブルがありました。

공장에 화재가 일어나 생산은 당분간 무리일 것 같군요.

工場に火災が起き、生産は当分無理なようです。

예기치 않은 사태가 일어났어요.

予期せぬ事態が起きました。

Biz tip '~ぬ'는 '~ない'와 같은 뜻인데 する와 합쳐질 경우에는 'せぬ'가 됩니다. '~ずに(=ないで)'가 '~せずに'가 되는 거나 마찬가지죠. 予期せぬ는 비즈니스 상황에서 자주 쓰이는 표현이니 통째로 외워 두세요.

출하 때 세관에서 약간 문제가 있었어요.

出荷の際、税関で少し問題がありました。

메일을 전혀 다른 사람에게 보내고 말았어요.

メールを全く別の人に送ってしまいました。

받는 사람이 다른 것이 왔는데 어떻게 할까요?

宛先の違うものが届きましたが、どうしましょうか。

실은 귀사로부터 구입한 세단기의 칼날이 파손되어 있었어요.

実は、御社から購入したシュレッダーの刃が欠けていました。

　　　　　　　　　　　　　　　＊刃が欠ける (칼날의) 이가 빠지다

몇 주 전부터 서버 상태가 안 좋아요.
数週間前よりサーバーの具合いが悪いです。

실수로 중요한 데이터를 삭제하고 말았어요.
誤って大事なデータを削除してしまいました。　　　　　*誤る 실수하다

인력 부족은 서비스 저하로 이어질지 몰라요.
人手不足はサービス低下につながりかねません。
　　　　　　　　　　　　　　　*〜かねない＝〜かもしれない

물가 급등으로 인해 지금까지의 가격을 유지하기가 힘들어졌어요.
物価の高騰により、今までの価格を維持するのが困難となりました。
　　　　　　　　　　　　　　　　　　　　　　　　*困難 곤란

**항의 및
클레임**

서비스가 만족스럽지 못해요.
サービスに満足していません。
サービスに不満があります。　　　　　　　　　　　*不満 불만

1개월 전에 샘플을 부탁했는데, 아직 아무런 연락도 받지 못했어요.
1カ月前にサンプルをお願いしましたが、まだ何の連絡もいただいておりません。

저희는 대폭적인 가격 인상에 다소 놀라고 있는 참입니다.
私どもは価格の大幅な引き上げに少々驚いているところです。

불량품의 원인을 조사해 주세요.
不良品の原因をお調べください。

귀사의 제품은 수준 이하예요.
貴社の製品はレベル以下です。

연락처가 본사가 아니라 지점으로 되어 있었어요.
連絡先が本社ではなく支店になっていました。

영업 종료 시간이 너무 빨라요.
営業終了時間が早すぎます。　　　　　　　　*〜すぎる 너무 〜하다

배상금을 지불해 주셨으면 해요.
賠償金を払っていただきたいです。

시연에서는 이렇지 않았어요.

デモンストレーションではこうじゃありませんでした。

실제로 사용해 봤더니 그 정도의 효과는 없었어요.

実際、使ってみたところ、それほどの効果はありませんでした。

서비스 예약을 좀처럼 잡을 수가 없어요.

サービスの予約がなかなかとれません。

세어 보았더니 몇 개인가의 부품이 부족해요.

数えてみたら、いくつかの部品が足りません。

고객에 대한 태도를 고치는 편이 좋아요.

お客様に対する態度を改めたほうがいいと思います。

고객센터에 전화했더니 엄청나게 기다려야 했어요.

カスタマーセンターに電話したら、さんざん待たされました。

Biz tip '待たされる(=待たせられる)'는 사역수동형인데요. 사역수동형은 '싫은데 억지로 해야 하는 상황'을 묘사합니다. 여기서는 고객센터가 이 사람을 매우 기다리게 만들었고 이 사람은 어쩔 수 없이 기다려야 했던 상황이므로 사역수동형으로 표현한 것입니다.

팸플릿도 참고했지만 전혀 움직이지 않아요.

パンフレットも参考にしましたが、全然動きません。

최악의 경우는 적당한 조치를 취하겠어요.

最悪の場合は、しかるべき処置をとらせていただきます。

* しかるべき 걸맞은

신속히 대응해 주지 않으시면 법적인 조치를 취할 수밖에 없어요.

早急に対応してくださらないと、法的な措置を取らざるを得ません。

심히 곤란하고 난처하네요.

はなはだ迷惑です。

* はなはだ 매우

성의 있는 답변을 기다리고 있겠어요.

誠意ある回答をお待ちしております。

지금에 와서 취소하신다는 것은 납득할 수 없어요.

今になってキャンセルされるというのは、納得しかねます。

* 〜かねる 〜하기 힘들다

아무쪼록 신속한 대처를 부탁드려요.
何とぞ早急な対処をお願いします。

앞으로는 제발 주의해 주세요.
今後はくれぐれもご注意ください。

대응하기

이후 조심하겠습니다.
以後、気をつけます。

앞으로는 이와 같은 일이 없도록 노력하겠습니다.
今後はこのようなことがないように努めます。

이와 같은 일이 두 번 다시 일어나지 않도록 하겠습니다.
このようなことが二度と起きないようにいたします。

저희 회사는 이를 계기로 품질 유지와 서비스 향상에 노력해 가겠습니다.
弊社はこれを機に品質の維持とサービス向上に努力してまいります。

*~を機に ~를 계기로

앞으로는 사원 교육을 철저히 하겠습니다.
今後は社員教育を徹底して行います。

この度、社員の不用意な言動により、お客様に大変ご迷惑をおかけしました。まことに申し訳ございません。今後は社員教育を徹底して行います。二度とこのような失態を繰り返さないように、以後十分に注意して業務に励みます。

이번에 사원의 조심성 없는 언동으로 인하여 고객님께 큰 폐를 끼쳤습니다. 정말 죄송합니다. 앞으로는 사원 교육을 철저히 하겠습니다. 두 번 다시 이와 같은 실수를 반복하지 않도록 이후 충분히 주의하여 업무에 힘쓰겠습니다.

*~に励む ~에 힘쓰다

무심코 하는 실수를 방지하도록 확인 작업을 철저히 시키겠습니다.
うっかりミスを防ぐよう確認作業を徹底させます。

*~よう(に) ~하도록

메일을 잘못 보내는 실수를 방지하기 위한 교육을 실시하겠습니다.
メールの送り間違いを防ぐための教育を実施します。

그 건에 관해서는 창구에서 상담해 주세요.
その件に関しては、窓口でご相談ください。

Biz tip 사안에 따른 적절한 안내를 통해 고객의 요구와 불만 접수에 대응하세요.

내용을 확인하는 대로 알려 드리겠습니다.

内容を確認次第、お知らせします。

확인했더니 실수가 있었습니다.

確認したところ、ミスがありました。

바로 조사하여 보고드리겠습니다.

さっそく調べまして、ご報告いたします。

부디 이해해 주시면 감사하겠습니다.

どうかご理解いただければと存じます。

불량품을 교환해 드릴게요.

不良品を交換させていただきます。

오늘 새 상품을 보내 드릴게요.

本日、新しい商品をお送りさせていただきます。

저희 회사 영업부 사원이 불량품을 받으러 찾아뵐게요.

弊社の営業部員が不良品を引き取りに伺います。

부디 불량품을 저희에게 반송해 주세요.

どうぞ不良品を私どもにご返送ください。　　　　　　　＊返送 반송

불량품은 아니니 부디 양해해 주십시오.

不良品ではありませんので、どうぞご了承くださいませ。

＊了承 양해

전체를 재검토하여 보다 강력한 패스워드로 바꿀 예정입니다.

全体を見直し、より強力なパスワードに変える予定でございます。

만족 못하실 경우에는 만족하실 때까지 지원합니다.

ご満足いただけない場合は、満足いただけるまでサポートします。

교환·환불·수리	다른 물건으로 교환하려면 어떻게 하면 되죠?
	他のものに交換するにはどうすればいいでしょうか。

＊〜には 〜하려면

일부 상품이 손상되어 있었어요. 교환해 주시겠어요?

一部の商品が壊れていました。取り替えていただけますか。

반품하겠으니 새것으로 교환해 주세요.

返品しますので新しいものにお取り替えください。

아직 사용하지 않은 물건은 반품하고 싶은데 가능할까요?

まだ使っていないものは返品したいのですが、可能でしょうか。

며칠 전 샘플을 받았는데 저희 회사 규격에 맞지 않았어요.

先日サンプルを受け取りましたが、当社の規格に合いませんでした。

안타깝지만 반품 및 교환은 할 수 없게 되어 있어요.

残念ながら返品ならびに交換はできないことになっております。

* ならびに 및

Biz tip '~はできないことになっている(~는 할 수 없게 되어 있다)'는 허용되지 않는 규정이나 규칙에 대해 이야기할 때 자주 쓰는 패턴입니다.

저희들이 상상했던 것과는 다릅니다.

私どものイメージしていたものとは違います。

Biz tip 교환이나 환불을 요구하는 이유 중의 하나입니다.

환불은 어떻게 하면 되는 거죠?

払い戻しはどうしたらいいのでしょうか。

환불은 언제까지 가능한가요?

払い戻しはいつまで可能でしょうか。

예약금은 전액 환불해 줄 수 있나요?

予約金は全額返していただけるのでしょうか。

환불에는 소정의 수수료가 듭니다.

払い戻しには所定の手数料がかかります。

* 所定 정해진 바

취급 수수료를 뺀 액수를 환불해 드리죠.

取り扱い手数料を差し引いた額をお返しします。 * 差し引く 공제하다

환불 절차에는 일주일 정도 걸려요.

払い戻しの手続きには1週間ほどかかります。

상당히 이전 모델인데요, 부품은 있을까요?

ずいぶん前のモデルなんですが、部品はあるでしょうか。

만약 시간이 걸릴 것 같으면 이참에 개비할 생각도 있어요.

もし時間がかかるようでしたら、この際買い換える考えもあります。

기계를 고칠 수 있는 분이 왔으면 해요.

機械が直せる方に来ていただきたいです。

수리가 끝날 때까지 대체 제품을 빌려 드립니다.

修理が終わるまで代替製品をお貸しします。

기타 문의

홈페이지에서도 제품 조회는 가능한가요?

ホームページでも製品の照会はできるでしょうか。

연락처를 여쭤 봐도 될까요?

ご連絡先を伺ってもよろしいでしょうか。

일본어로의 질문은 가능한가요?

日本語での質問は可能でしょうか。

출품하려면 어떻게 하면 좋은지 가르쳐 주세요.

出品するにはどうすればいいのか教えてください。

이번에 시행되는 캠페인에 대해 여쭙고 싶어요.

今度行われるキャンペーンについて伺いたいです。

예약 등이 필요한지 상세한 사항을 알려 주세요.

予約などが必要なのか詳細を教えてください。

예약이 만석일 경우 어떻게 되죠?

予約が満席の場合、どうなりますか。

이 모델에 맞는 부속품은 어디서 팔고 있나요?

このモデルに合う付属品はどこで売っているでしょうか。

담당자를 아시나요?

担当者をご存じでしょうか。

감사 · 축하 · 격려 · 사과

🎧 10-5.mp3

개인적 감사

항상 깊이 감사드립니다.
いつも深く感謝しております。

정성에 감사드립니다.
ご丁寧にありがとうございます。

늘 신경 써 주셔서 감사니다.
いつも気を使っていただき、感謝します。

일전에는 훌륭한 물건을 주셔서 뭐라 감사의 말씀을 드려야 할지 모르겠네요.
先日は、けっこうなものをいただき、感謝の言葉もありません。
　　　　　　　　　　　　　　　　　　　　　　　　＊けっこう 훌륭함

> **Biz tip** 感謝の言葉もない '말로 표현할 수 없을 정도로 감사하다'는 뜻이에요.

항상 무리한 부탁을 들어주셔서 뭐라 감사의 말씀을 드려야 할지 모르겠네요.
いつも無理を聞いていただき、感謝の言葉が見つかりません。

> **Biz tip** 감사의 말을 '찾을 수 없을(見つからない)' 정도로 깊이 감사한다는 의미예요.

장례식에도 와 주셔서 뭐라 감사의 말씀을 드려야 할지 모르겠네요.
お葬式にも来ていただき、お礼の言葉もございません。
　　　　　　　　　　　　　　　　　　　　　　　　＊お礼 감사

친절하게 대해 주셔서 너무나 감사합니다.
優しく接してくださり、感謝に堪えません。

> **Biz tip** 堪えない는 '감정 등을 억제할 수 없다'는 뜻이므로, 感謝に堪えない는 '감사하는 마음을 억제할 수 없다'는 의미가 됩니다.

안내해 주셔서 즐거운 여행이 되었습니다.
ご案内いただき、楽しい旅になりました。

고바야시 과장님께는 대단히 신세를 졌어요.
小林課長には大変お世話になりました。

저는 진심으로 기뻐서 (감동으로) 가슴이 벅차올랐어요.
私は心からうれしく、胸がいっぱいになりました。

이메일과 기타 문서 ▼ 5 감사 · 축하 · 격려 · 사과

621

가족처럼 이야기를 들어 주셔서 감사하고 있어요.

親身になって話を聞いてくださり、感謝しております。
しんみ　　　　　　　　　　　　　　　　　　　かんしゃ

Biz tip 親身는 원래 '가까운 친척'인데요. 그만큼 자기 일처럼 정성껏 보살펴 주는 것을 '親身になって(정성껏)'라고 해요.

이와 같은 기회를 주셔서 감사의 마음으로 가득합니다.

このような機会をいただき、感謝の気持ちでいっぱいです。
　　　　　　　き　かい

제가 여기까지 해 올 수 있었던 것은 김○○ 씨 덕분이에요.

私がここまでやってこられたのは、キムさんのおかげです。

이것도 전적으로 기무라 씨의 지도 덕택이에요.

これもひとえに木村さんのご指導のおかげです。　　＊ひとえに 오로지
　　　　　　　　　　　　　　　　　　しどう

야마다 씨의 조력 덕분입니다.

山田さんのお力添えのおかげです。
　　　　　　ちからぞ

이것도 김○○ 씨의 협조가 있어서 가능했던 일이라고 진심으로 감사하고 있어요.

これもキムさんのご協力あってのことと心より感謝しております。
　　　　　　　　　　きょうりょく

Biz tip 'AあってのB' 문형은 'A가 있기 때문에 비로소 B가 있다' 즉 'A가 없으면 B도 없다'는 의미입니다.

격려의 말씀을 주시니 감사합니다.

励ましのお言葉をいただき、ありがとうございます。
はげ　　　　こと ば

진심이 담긴 말씀 잊지 않을게요.

お心のこもったお言葉、忘れません。　　　　　　＊こもる 짓들다

따뜻한 말씀 격려가 되었어요.

あたたかいお言葉、励みになりました。
　　　　　　こと ば　はげ

마음 든든한 격려의 말씀을 주시니 감사하게 생각해요.

力強いご激励のお言葉をいただき、ありがたく思います。
ちからづよ　げきれい

　　　　　　　　　　　　　　　　　　　　　　　　　＊ありがたい 고맙다

축하

기념일 축하드립니다.

記念日、おめでとうございます。
き ねん び

계약 축하드립니다.

ご契約、おめでとうございます。
　けいやく

진심으로 축하드립니다.

心より<ruby>祝<rt>いわ</rt></ruby>い申し上げます。

Biz tip 'お+ます형+申し上げる'는 '~해 드리다'라는 의미의 겸양 표현이에요.

우선은 메일로 축하 말씀드립니다.

まずは、メールにて<ruby>祝<rt>いわ</rt></ruby>い申し上げます。 ＊にて=で

이번에는 창립 5주년 축하합니다.

この度は<ruby>創立<rt>そうりつ</rt></ruby>５<ruby>周年<rt>しゅうねん</rt></ruby>、おめでとうございます。

이번에는 영업부장으로 승진하신다고 들었는데, 정말로 축하합니다.

この度は、<ruby>営業部長<rt></rt></ruby>に<ruby>昇進<rt>しょうしん</rt></ruby>とのこと、まことにおめでとうございます。

Biz tip 'とのこと(~라고 함)'는 남한테 들은 이야기를 나타낼 때 써요.

역시 보는 사람은 보고 있구나 싶었어요.

やはり見ている人は見ているんだなと思いました。

예전 담당자로서 상당히 기쁘게 생각해요.

<ruby>元担当<rt>もとたんとう</rt></ruby>として<ruby>非常<rt>ひじょう</rt></ruby>にうれしく思います。

영업 성과가 높이 평가받은 것이겠지요.

<ruby>営業<rt>せいか</rt></ruby>の<ruby>成果<rt></rt></ruby>が高く<ruby>評価<rt>ひょうか</rt></ruby>されたのでしょう。

앞으로의 발전을 기원할게요.

<ruby>今後<rt>こんご</rt></ruby>の<ruby>発展<rt>はってん</rt></ruby>をお<ruby>祈<rt>いの</rt></ruby>りします。

앞으로의 활약을 기원하고 있을게요.

<ruby>今後<rt>こんご</rt></ruby>のご<ruby>活躍<rt>かつやく</rt></ruby>を<ruby>祈<rt>いの</rt></ruby>っております。

앞으로도 초심을 잊지 말고 힘써 주세요.

これからも<ruby>初心<rt>しょしん</rt></ruby>を忘れずにがんばってください。

분에 넘치는 영광입니다.

<ruby>身<rt>み</rt></ruby>にあまる<ruby>光栄<rt>こうえい</rt></ruby>です。 ＊身にあまる 과분하다

Biz tip 축하 메일의 답장에 쓸 수 있는 표현입니다.

위로 및 격려

부디 무리하지 마시길.

どうか、ご<ruby>無理<rt></rt></ruby>をなさいませんように。

몸조리 잘하세요.

お大事になさってください。　　　　　　　　　　　＊なさる 하시다

몸에는 부디 신경 쓰세요.

お体_{からだ}にはくれぐれもお気_きをつけください。

이번에는 큰일을 당하셨네요.

この度_{たび}は大変_{たいへん}な災難_{さいなん}でございました。

> **Biz tip** 상대방에게 불상사가 벌어졌을 때 일본 사람들은 이를 災難 즉 '재난'이라고 표현하면서 위로의 뜻을 전합니다.

이번에는 생각지도 못한 일로 힘드셨을 겁니다.

この度は思いもよらぬことで、大変だったことでしょう。

＊思いもよらぬ 뜻하지 않은

유감스런 결과에는 뭐라 위로의 말씀을 드려야 할지 모르겠네요.

残念_{ざんねん}な結果_{けっか}には、慰_{なぐさ}めの言葉_{ことば}もありません。

갑작스런 일이라 뭐라 드릴 말씀이 없네요.

突然_{とつぜん}のことに言葉もありません。

몸이 안 좋으셔서 휴가를 내셨다고 들었는데요, 그 후에 상태는 좀 어떠신가요?

体調不良_{たいちょうふりょう}で休暇をとられているとのことですが、その後_ごおかげんはいかがでしょうか。

＊かげん 건강 상태

> **Biz tip** とられる는 수동형으로 보이지만 여기서는 '존경'의 의미로 쓰이고 있어요. 수동형으로 해석했을 때 이상하다 싶으면 혹시 '존경 용법'으로 쓰인 것은 아닌지 의심해 보세요.

매우 걱정하고 있어요.

大変心配しております。

입원이라고 듣고 상당히 놀라고 있어요.

入院_{にゅういん}と聞き、大変驚_{おどろ}いております。

얼마나 고생을 하셨을지 짐작이 갑니다.

ご苦労_{くろう}のほどお察_{さっ}しいたします。　　　　　　　　　　＊察する 헤아리다

얼마나 마음이 아프실지 짐작이 갑니다.

ご心痛_{しんつう}のほどお察しいたします。

ご家族が入院されたと伺いました。ご心痛のほどお察しいたします。ご看病の疲れが出ませんよう、ご自愛ください。 가족분이 입원하셨다고 들었어요. 얼마나 마음이 아프실지 짐작이 갑니다. 간병으로 인해 피로가 쌓이지 않도록 몸조심하세요.

낙담한 나머지 몸을 해치지 않으시길.

お力落としのあまり、どうかお体を損なわれないように。

* 〜のあまり 〜한 나머지　損なう 해치다

업무가 걱정되시겠지만 이참에 충분히 쉬세요.

お仕事が気にかかることとは存じますが、この際十分にご静養なさってください。

* 静養 요양

하루속히 완쾌하시길 진심으로 기원합니다.

一日も早くご全快なさるよう心からお祈りします。　　* 祈る 빌다

피로로 건강을 상하게 하는 일이 없도록 기도할게요.

お疲れで、ご健康を害することのないようお祈りしております。

* 害する 해치다

회사를 그만두신다고 들었어요. 건투를 빕니다.

会社をお辞めになるという話を聞きました。健闘を祈ります。

Biz tip お辞めになる 辞める의 존경 표현입니다. 존경공식 'お+ます형+になる', 겸양공식 'お+ます형+する(いたす)'는 경어에서 가장 기본적인 패턴이니 꼭 기억하세요.

저로 도움이 되는 일이 있다면 무엇이든지 말씀해 주세요.

私でお役に立つことがございましたら、何なりとお申しつけください。

* 申しつける 명령하다

모든 일이 잘 풀릴 테니 너무 고민하지 마세요.

すべてうまくいきますから、あまり思い詰めないでください。

* 思い詰める 외곬로 생각하다

반드시 보답을 받을 거예요.

必ず報われると思います。　　　　　　　　　　* 報う 보답하다

신년 인사	새해 복 많이 받으세요.

よいお年を。

Biz tip 12월 마지막 주 정도부터 1월 1일이 되기 전까지만 쓸 수 있는 인사말이에요.

연말연시는 어떻게 지내시나요?

年末年始はどのように過ごされますか。　　　* 過ごされる 지내시다

멋진 휴일과 신년이 되시기를.

すてきな休日と新年になりますように。

이메일 관련 기타 문서

작년에는 정말로 신세를 졌어요. 올해도 잘 부탁드립니다.

昨年は大変お世話になりました。今年も何とぞよろしくお願い
申し上げます。

새해 복 많이 받으세요. 올해도 잘 부탁드립니다.

新年、あけましておめでとうございます。今年もよろしくお願
い申し上げます。

Biz tip 새해가 밝은 후에 쓰는 인사말입니다.

5일은 신년회를 엽니다.

5日は新年会を開きます。

 5日は新年会を開きます。詳しいことは追ってご連絡しますが、ぜひご出席
いただきたいと存じます。

5일은 신년회를 엽니다. 자세한 내용은 추후에 연락드리겠지만 꼭 참석해 주셨으면 합니다.

덧붙여 새해는 1월 5일부터 정상 영업합니다.

なお、新年は1月5日より平常どおり営業させていただきます。

＊平常どおり 평소대로

Biz tip 거래처로 보내는 새해인사 메일은 거의 정해진 문구가 있는데요. 다소 어려운 단어도 섞여 있어서 어
렵게 느껴질 수 있지만 이번 기회에 패턴을 익혀 봅시다.

 旧年中は格別のお引き立ていただき、深くお礼申し上げます。本年も一層の
尽力をいたして参りたいと存じますので、何とぞ変わらぬご愛顧を賜ります
ようお願い申し上げます。 작년에는 각별히 돌봐 주셔서 깊이 감사드립니다. 올해도 한층 더 힘을
다해 매진하겠사오니 부디 변함없는 애정으로 돌봐 주시기를 부탁 말씀드립니다.

| 사과 및
변명 | 우선은 사과드립니다.

まずはお詫びします。 ＊詫びる 사죄하다 |

우선은 사과드립니다.

まずはお詫びします。 ＊詫びる 사죄하다

정말로 어떻게 사죄를 드려야 할지 모르겠네요.

本当にお詫びのしようもございません。 ＊しよう 할 방법

납품이 늦어진 것에 대해 사죄드립니다.

納品が遅れましたことにつきましてお詫び申し上げます。

배송 문제로 인해 저희들의 납품이 늦어진 점을 깊이 사과드립니다.

配送トラブルにより私どもの納品が遅れましたことを深くお詫
びいたします。

626

폐를 끼쳐 대단히 죄송합니다.

ご迷惑をおかけしてまことに申し訳ございません。

컴퓨터 결함으로 인해 폐를 끼친 점 사과드립니다.

コンピュータの不具合により、ご迷惑をおかけしたことをお詫びいたします。

회의 취소 통지가 늦어진 점을 사과드립니다.

会議キャンセルのご通知が遅くなったことをお詫び申し上げます。

연락도 없이 결석해서 죄송합니다.

連絡もなしに欠席して申し訳ありません。　　　　　＊なし 없음

매우 까다로운 방법이라 죄송합니다.

大変ややこしいやり方で申し訳ありません。

헷갈리는 표현이라 죄송했습니다.

紛らわしい表現で申し訳ございませんでした。

계약이 끝나고 나서 이런 것을 부탁해서 죄송해요.

契約が済んでからこんなことをお願いして申し訳ありません。

다른 상품이 배송되어 버려 죄송합니다.

間違った商品を配送してしまい、申し訳ありません。

고객님이 주문해 주신 상품의 발송이 늦어져 버려서 대단히 죄송해요.

お客様にご注文いただいた商品の発送が遅れてしまい、まことに申し訳ございません。

빨리 납품해 주셨는데 지불이 늦어져 죄송합니다.

早く納品していただいたのにお支払いが遅れて申し訳ありません。

내용을 체크하는 데에 시간이 걸릴 듯하니 답장은 일주일 정도 기다려 주세요.

内容をチェックするのに時間がかかりそうなので、回答は１週間ほどお待ちください。

정말로 예상 밖의 일이었습니다.

まったく想定外のことでした。

현재 유지 보수 중입니다.

現在メンテナンス中です。

초보적 실수여서 제대로 체크했다면 바로 발견할 수 있었어요.

初歩的なミスであり、きちんとチェックすればすぐに見つけられました。

저희들은 세심한 주의를 기울이고 있으나 역시 어딘가에 부족한 부분이 있었던 것 같아요.

私どもは細心の注意を払っておりますが、やはりどこかで至らない部分があったようです。 　　　　　　　　　　　　　　* 注意を払う 주의를 기울이다

여러 가지로 익숙하지 못하여 불편을 끼쳤어요.

何かと不慣れで、ご不便をおかけしました。

일부 자료는 반출이 금지되어 있어요.

一部の資料は持ち出しが禁止されています。

이벤트 당일은 비가 왔기 때문에 어쩔 수 없이 스케줄이 변경되었던 것입니다.

イベント当日は雨天となったため、やむなくスケジュールが変更になった次第です。 　　　　　　　　　　　　　* やむなく 어쩔 수 없이

Biz tip 次第가 문장 끝에 오면 대체로 일의 경과나 경위를 설명할 때가 많아요.

사실은 말이죠, 디자이너가 갑자기 병에 걸렸어요.

実を申しますと、デザイナーが急病になりました。

Biz tip 実を申しますと는 어떤 사실을 고백하는 표현인데요. 변명할 때도 많이 씁니다.

배송 중에 일어난 문제가 원인인 것 같아요.

配送中のトラブルが原因のようです。

공장 쪽에서 작은 사고가 있었어요.

工場のほうで小さな事故がありました。

결론을 내기까지 꽤 시간이 걸리고 말았습니다.

結論を出すまでけっこう時間がかかってしまいました。

이메일 마무리

🎧 10-6.mp3

회신 요청

좋은 답장을 기대할게요.
よいお返事を期待しております。

답장을 받을 수 있기를 기다리겠습니다.
お返事をいただけることをお待ち申し上げております。

9월 25일까지 답장을 받을 수 있다면 큰 도움이 되겠습니다.
９月25日までにお返事をいただけると大変助かります。

신속한 답장을 받을 수 있다면 감사하겠습니다.
早急なお返事をいただけるとありがたく存じます。

신속히 답장을 받고 싶지만 무리일 경우에는 상의해 주세요.
早急にお返事をいただきたいところですが、ご無理な場合はご
相談ください。

바쁘시겠지만 답변을 부탁드려요.
お忙しいとは思いますが、ご返答をお願いいたします。

메일을 확인하시는 대로 전화 주세요.
メールを確認次第、お電話ください。

이벤트 일로 상의할 것이 있어요. 그러니 급히 답장 주셨으면 해요.
イベントのことでご相談があります。つきましては至急お返事
をいただきたく存じます。

한 번 생각해 보시고 답장을 부탁드려요.
ご一考されてご返信をお願いいたします。　　　＊一考される 일고하시다

발주 건, 급히 답장 부탁드려요.
発注の件、至急返信をお願いいたします。

바쁘신 중에 죄송하지만 급히 답장 주셨으면 합니다.
お忙しいところ恐縮ですが、至急返信をいただきたいと思い
ます。

이메일及 기타 문서

▼ 6 이메일 마무리

629

そうニ 6월 30일까지 출결 여부를 들려주셨으면 합니다.

つきましては6月30日までにご出欠をお聞かせいただきたく存じます。

맺음말

주저 마시고 메일 주세요.

ご遠慮なくメールください。

앞으로도 도움이 될 수 있도록 노력할게요.

これからもお役に立てるようがんばります。　　*役に立つ 도움이 되다

뭔가 일이 생기면 언제라도 연락 주세요.

何かありましたら、いつでもご連絡ください。

잘 모르시는 점이 있으면 주저 마시고 문의해 주세요.

ご不明な点がありましたら、遠慮せずお問い合わせください。

> **Biz tip** 고객에게 知らない, 分からない라는 표현을 쓰면 실례예요. 그래서 '불명확한'이란 의미의 不明을 씁니다.

뭔가 질문이 있으시면 아래 주소로 연락을 부탁해요.

何かご質問がありましたら、下記のアドレスまでご連絡をお願いします。

부디 주문을 받을 수 있으면 좋겠어요.

どうかご注文を賜りたいと存じます。　　*賜る 받다(겸양어)

날짜와 시간은 추후에 안내해 드리죠.

日時は追ってご案内いたします

납기 건은 다음 주에 다시 알려 드리죠.

納期の件はまた来週お知らせいたします。

부서의 여러분께도 안부 전해 주세요.

部署のみなさんにもよろしくお伝えください。

*よろしく伝える 안부 전하다

여러 가지로 불편을 끼쳐 드리겠지만 이해해 주세요.

何かとご不便をおかけすることと存じますが、ご理解ください。

630

면담에서 만나 뵐 수 있기를 기대할게요.
面談にてお目にかかるのを楽しみにしております。

지금까지 이상으로 후원해 주시길 부탁 말씀드립니다.
今まで以上のお引き立てをお願い申し上げます。

*引き立て 특별히 돌봐 줌

나고야도 음식이 맛있으니 나고야에 오실 때는 꼭 들러 주세요.
名古屋も食べ物がおいしいので名古屋にお越しの際はぜひお寄りください。

앞으로도 변치 않는 친분을 부탁드립니다.
これからも変わらないお付き合いをお願いいたします。

앞으로도 쭉 좋은 관계로 지냅시다.
これに懲りずに末長くお付き合いください。

Biz tip 懲りる는 원래 '질리다', '넌더리나다'의 뜻입니다. 그래서 '懲りず(=懲りないで)'에는 '실망하지 말고 계속해서'라는 의미가 담겨 있어요.

모든 일이 잘 풀리기를 바랍니다.
すべてがうまくいくことを願っています。

끝인사

아무쪼록 잘 부탁드려요.
どうかよろしくお願いします。

좋은 여름휴가를 보내세요.
よい夏休みをお過ごしください。

좋은 주말을 맞이하세요.
よい週末をお迎えください。

마지막으로 모든 분들의 한층 더 빛나는 활약을 기원하겠습니다.
最後に、みな様のますますのご活躍をお祈りします。

건강은 부디 조심하세요.
お体にはくれぐれもお気をつけください。

불편을 끼치겠지만 잘 부탁드립니다.
ご不便をおかけいたしますが、よろしくお願い申し上げます。

번거롭게 해 드리겠지만 부디 잘 부탁드려요.

ご面倒をおかけしますが、どうぞよろしくお願いいたします。

무리한 말씀을 드리지만 아무쪼록 잘 부탁드려요.

ご無理を言いますが、何とぞよろしくお願い申し上げます。

앞으로도 관심 어린 애정 부탁드립니다.

今後ともご愛顧のほど、お願い申し上げます。

Biz tip 비즈니스 메일에서는 '~のほど'라는 표현을 상당히 많이 쓰는데요. ほど에는 단정을 피하고 표현을 부드럽게 하는 용법이 있기 때문이죠. 굳이 해석은 안 해도 되지만 있느냐 없느냐에 따라 어감은 크게 차이가 나요.

대단히 뻔뻔스러운 부탁이지만 아무쪼록 잘 부탁드려요.

大変厚かましいお願いだとは存じますが、何とぞよろしくお願い申しあげます。

우선 서둘러 답장드립니다.

取り急ぎ、お返事まで申し上げます。

Biz tip 取り急ぎ는 비즈니스 메일이나 서간문의 말미에 자주 활용됩니다. 'とりあえず急いで(우선 서둘러서)'라는 의미로, 오랫동안 비즈니스에서 습관적으로 사용해 온 표현이라고 이해해 주세요.

기타 문서 작성

🎧 10-7.mp3

품의서

품의서란, 담당자가 어떤 일을 진행할 때 그 일의 필요성과 목적을 설명하고 조직 상층부의 승인을 얻기 위해 결재를 요청하는 내부 공문을 말합니다.

인가, 조건부 인가, 보류, 부결.
認可、条件つき認可、保留、否決。 *～つき ～부(付)

컴퓨터 구입 건. 〈제목〉
パソコン購入の件。

일의 능률을 꾀하기 위해서입니다.
仕事の能率を図るためです。

최신 정보를 배우기 위해서입니다.
最新情報を学ぶためでございます。

사원 건강에 관심을 가질 시기입니다.
社員の健康に目を向ける時期です。 *目を向ける 시선을 돌리다

지금 것은 데이터 처리 속도가 느립니다.
今のはデータの処理速度が遅いです。

거듭되는 고장으로 지금까지 10회나 수리를 하고 있습니다.
度々の故障でこれまで10回も修理を行っています。

견적서는 이미 완성되어 있습니다.
見積書はもうできております。

상품 리스트를 자료로서 첨부했습니다.
商品リストを資料として添付しました。
품의서에도 여러 가지 서류를 첨부합니다.

세미나 안내서를 첨부하였으니 잘 부탁합니다.
セミナーの案内書を添付しましたのでよろしくお願いします。

효율화가 예상됩니다.
効率化が見込まれます。 *見込む 예상하다

대폭적인 개선을 기대할 수 있습니다.
大幅な改善が期待できます。

품목, 가격, 수량, 구입처, 첨부 자료. 〈'아래(下記)'의 내용〉
品目、価格、数量、購入先、添付資料。

아래의 컴퓨터를 구입해도 좋을지 품의를 신청합니다.
下記のパソコンを購入してよろしいかと伺います。

결재해 주시도록 품의합니다.
ご決済くださるようお伺いします。

세미나에 참가해도 좋을지 품의합니다.
セミナーに参加してよろしいか伺います。

이상, 고찰해 주시기를 부탁 말씀드립니다.
以上、ご考察をよろしくお願い申し上げます。

보고서

Biz tip 보고서란, 업무 내용, 매출 실적, 조사, 프로젝트, 출장, 회의, 클레임 등의 결과와 경과를 상사에게 보고하는 문서입니다.

판촉 활동으로 도쿄에 출장 갔었습니다.
販促活動で東京に出張いたしました。

아래의 내용대로 보고드립니다.
下記のとおりご報告します。

도쿄상사의 야마다 사장님과 회의를 했습니다.
東京商事の山田社長と打ち合わせを行いました。

행동 보고, 주요 활동, 성과, 소감, 비용, 첨부 자료. 〈'아래'의 내용〉
行動報告、主な活動、成果、所感、費用、添付資料。

영상을 사용해서 설명했기 때문에 모두 잘 이해해 주셨습니다.
映像を使って説明したので、みなさんによく理解していただきました。

거래 약속을 성사시켰습니다.
お取り引きの約束を取り付けました。

여러 가지 정보를 얻을 수 있었습니다.

さまざまな情報を得ることができました。

일반 공개 세미나여서 참가자는 약 150명이었습니다.

一般公開のセミナーで、参加者はおよそ150人でした。

팸플릿을 맡기겠다는 구두 약속을 받아냈습니다.

パンフレットを任せるという口約束をいただきました。

가능하면 이런 기회를 많이 가지는 편이 영업에 효과가 있다고 생각했습니다.

できれば、こういう機会を多く持ったほうが営業に効果がある
と思いました。

재해 방지 상품의 필요성을 느꼈습니다.

防災グッズの必要性を感じました。

의미 있는 세미나였습니다.

有意義なセミナーだったと思います。

이를 살려서 팀 만들기를 지향하고 싶습니다.

これを活かし、チーム作りを目指したいです。

영업에 살릴 수 있다고 생각합니다.

営業に活かせると考えます。

`Biz tip` 思う 대신 考える를 쓰면 보다 논리적이고 합리적인 프로세스를 통해 도출한 생각이라는 인상을 줘요.

분석 결과는 별도 자료대로입니다.

分析結果は別紙のとおりです。　　　　　　　　　　＊別紙 별지

피해를 입었다는 고객으로부터 불평이 쇄도했습니다.

被害を受けたというお客様から苦情が寄せられました。

＊寄せる 보내다

충분한 설명이 부족했던 것 같습니다.

十分な説明が足りなかったようです。

배송 센터 착오에 의한 것으로 보입니다.

配送センターのミスによるものと思われます。

작업 매뉴얼을 지키지 않았던 사실이 판명되었습니다.

作業マニュアルを守らなかったことが判明しました。

조사했더니 불량품의 원인은 작업 사원의 부주의였던 것으로 밝혀졌습니다.

調べたところ、不良品の原因は作業員の不注意だったことが分かりました。

Biz tip 업무상의 실수나 트러블이 생겼을 때 문제의 자초지종을 보고하기 위한 문서인 경위서(顛末書)도 보고서의 한 종류인데요. 다른 말로 '트러블報告書(사건 보고서)'라고도 해요.

다행히 큰 사고로는 이어지지 않았습니다.

幸い、大事故にはなりませんでした。

고객님께 사과문을 보냄과 동시에 담당자를 방문하게 했습니다.

お客様にお詫び状を送るとともに、担当者を伺わせました。

개선에 착수하도록 지시를 내렸습니다.

改善に取り組むよう指示を出しました。

에러 음이 울리는 시스템을 도입했습니다.

エラー音が鳴るシステムを導入しました。

팀마다 안전회의를 실시했습니다.

チームごとに安全会議を行いました。　　　　　　　　＊〜ごとに 〜마다

끝.

以上。

회의록

Biz tip 회의록은 일본어로 議事録라고 하는데요. 회의에서 논의된 사항이나 결정 사항을 기록한 문서입니다. 요점을 파악하여 간결하게 작성하는 것이 중요하고, 일반적으로 경어를 사용하지 않는 경우가 많습니다.

2015년 12월 4일에 정례 회의를 가졌다.

2015年12月4日に定例会議を行った。

협의 내용은 다음과 같다.

協議内容は次のとおり。

결석자 : 고이케 부장 (출장 때문)

欠席者：小池部長(出張のため)

의제 : 서비스 향상

議題：サービス向上

11월의 영업 실적 보고 (다나카 부장으로부터)
11月の営業実績の報告(田中部長より)

자세한 스케줄에 대해서는 다음으로 연기됨.
詳しいスケジュールについては次回に持ち越される。

*持ち越す 미루다

예산을 늘릴 수 없는지 검토.
予算が増やせないか、検討。

견적을 서울제작소에 의뢰. (담당 : 기무라)
見積りをソウル製作所に依頼。(担当：木村)

디자인은 며칠 후에 보고한다. (김)
デザインは後日報告する。(キム)

절대 다수로 가결.
絶対多数で可決。

주문에 대해 의견 교환을 했다.
注文について意見交換を行った。

잘 팔리는 상품은 그대로 지속.
売れ筋商品はそのまま持続。

만듦새가 허술하다는 이유로 발주처 변경을 검토.
作りが雑という理由で発注先の変更を検討。

자료 수집 완료.
資料集め完了。

여름을 위해 캠페인 실시를 야마다 부장님이 제안.
夏に向けてキャンペーンの実施を山田部長が提案。

인기 상품의 리스트화를 결정하다. (박·12월 15일까지)
人気商品のリスト化を決める。(パク・12月15日までに)

다음 번 예정 : 12월 27일 14시부터, 제1회의실에서.
次回予定：12月27日14時より第１会議室にて。

Biz tip 기획서는 어떤 일을 실행하기 위한 구체적 계획을 기재한 문서이고, 제안서란 현재의 과제나 문제점을
지적하여 그 개선안을 기재한 것입니다. 두 가지 모두 업무를 촉진, 개선시키기 위한 사내 문서라고 할 수 있어요.

기획 취지, 기획 개요, 경비, 첨부 자료.

企画趣旨、企画概要、経費、添付資料。

신상품 이벤트 기획안을 아래와 같이 정리하였으니 검토 부탁드립니다.

新商品のイベント企画案を下記のとおりまとめましたので、ご
検討をお願いいたします。

검토해 주시기 바라며 제안드립니다.

検討していただきたく、ご提案します。

신상품의 타깃은 20대 여성입니다.

新商品のターゲットは20代の女性です。

'몸 안에서부터 아름답게'라는 것이 콘셉트입니다.

「体の中からきれいに」というのがコンセプトです。

'도쿄의 매력'을 캐치프레이즈로 했습니다.

「東京の魅力」をキャッチフレーズにしました。

기업 이미지를 조사하는 것이 목적입니다.

企業イメージを調べるのが目的です。

부담 없이 문의를 할 수 있는 광고를 지향합니다.

気軽に問い合わせができる広告を目指します。

프리미엄 맥주를 대대적으로 시장에 내놓겠습니다.

プレミアムビールを売り出します。　　　　＊売り出す (대대적으로) 팔다

이와 같은 캠페인을 기획했습니다.

このようなキャンペーンを企画しました。

좋은 라이벌을 갖는 것은 회사를 위해서도 좋습니다.

よきライバルを持つことは会社のためにもなります。

＊ためになる 이익이 되다

제1안은 사진을 메인으로 하고, 제2안은 의욕을 인상 지우는 디자인으로 되어 있어요.

第１案は写真をメインにし、第２案はやる気を印象づけるデザ
インになっております。

정신적 지원을 하는 것이 효과적이라고 생각합니다.
メンタルサポートをするのが効果的（こうかてき）と考えます。

기대 가능한 효과는 여러 가지 있습니다.
期待（きたい）できる効果はいろいろあります。

업무 스킬 향상이 기대됩니다.
業務（ぎょうむ）スキルのアップが見込（みこ）まれます。

매출 인상에는 최적의 방법이라고 생각합니다.
売上（うりあ）げアップには最適（さいてき）な方法と考えます。

시말서

시말서는 일본어로 始末書（しまつしょ）라고 합니다. 업무 규칙을 위반했거나 사고를 일으켜 회사에 손해를 입혔을 경우 제출하는 문서입니다. 시말서에는 사실 설명과 사과 및 반성 등이 들어갑니다.

이번에는 카탈로그에 가격을 잘못 게재하고 말았습니다.
この度はカタログに価格（かかく）を間違（まちが）えて掲載（けいさい）してしまいました。

저의 부주의로 대단한 폐를 끼쳐 정말로 죄송했습니다.
私の不注意（ふちゅうい）で大変なご迷惑（めいわく）をおかけし、まことに申し訳ございませんでした。

저의 운전 실수로 영업용 차에 흠집을 내고 말았습니다.
私の運転（うんてん）ミスで営業用の車を傷（きず）つけてしまいました。

＊傷つける 상처 내다

회사 이미지를 손상시키는 결과가 되었습니다.
会社のイメージを損（そこ）ねる結果（けっか）となりました。

그만 연락을 소홀히 하고 말았습니다.
つい連絡（れんらく）を怠（おこた）ってしまいました。

＊怠る 게을리하다

원인은 확인 부족과 (잘못된) 확신입니다.
原因（げんいん）は確認不足（かくにんぶそく）と思（おも）い込（こ）みです。

정오표를 준비하여 카탈로그에 덧붙여 배포하고 있습니다.
正誤表（せいごひょう）を用意（ようい）し、カタログに添（そ）えて配布（はいふ）しております。

＊添える 첨부하다

시말서에는 업무 과실에 대한 대응, 대처 내용도 기술합니다.

이메일과 기타 문서

▼ 7 기타 문서 작성

실수가 있었던 점은 대단히 죄송하고 진심으로 사과드립니다.

ミスがありましたことはまことに申し訳なく、心からお詫び申し上げます。

매우 깊이 반성하고 있습니다.

大変深く反省しております。

주의를 철저히 해 나갈 것을 굳게 맹세합니다.

注意を徹底して参ることを固く誓います。

아무쪼록 관대한 조치를 부탁드립니다.

何とぞ、寛大なご措置をお願い申し上げます。

일본어회화 핵심패턴 233

부록
·휴대용 소책자
·mp3 파일
무료 다운로드

이신혜 지음 | 296쪽 | 15,800원

233개 기초 패턴으로 일본어 말문이 트인다!

회화의 기초를 짱짱하게 다져주는 필수 패턴만 엄선했다!
초급자의 발목을 잡는 동사활용, 문법도 패턴으로 쉽게 끝낸다!

| 난이도 | 첫걸음 초급 중급 고급 | 기간 | 80일 |
| 대상 | 회화의 기초를 다지고 싶은 초급자 | 목표 | 내가 하고 싶은 일본어 표현 자유자재로 만들기 |

JPT 탄탄한 기본기 + JPT 실전 트레이닝
두 마리 토끼를 동시에 잡는다!

시험에 나오는 것만 공부한다!

시나공 JPT 독해

JPT초고수위원회 지음 | 496쪽 | 17,000원
부록: 휴대용 소책자

시험에 나오는 것만 공부한다!

시나공 JPT 청해

JPT초고수위원회 지음 | 484쪽 | 17,000원
부록: 휴대용 소책자, mp3 파일 무료 다운로드

상위 1% JPT 초고수들의 만점 비법을 공개한다!

파트별로 완벽하게 분석하고 비법으로 정리해 초보자도 쉽게 따라 할 수 있는 JPT 기본서!

난이도	첫걸음 | 초급 | **중급** | 고급	기간	7주
대상	JPT 수험자, 일본어 중급 학습자	목표	목표 점수까지 한 방에 통과하기